생명과 불사

나루를 묻다 08

생명과 불사

포박자 갈홍의 도교 사상

지은이 / 이용주
펴낸이 / 강동권
펴낸곳 / (주)이학사

1판 1쇄 발행 / 2009년 11월 30일
2판 1쇄 발행 / 2020년 10월 20일

등록 / 1996년 2월 2일 (신고번호 제1996-000015호)
주소 / 서울시 종로구 율곡로13가길 19-5(연건동 304) 우03081
전화 / 02-720-4572 · 팩스 / 02-720-4573
홈페이지/ ehaksa.kr
이메일/ ehaksa1996@gmail.com
페이스북 / facebook.com/ehaksa · 트위터 / twitter.com/ehaksa

ⓒ 이용주, 2009, 2020, Printed in Seoul, Korea.

ISBN 978-89-6147-371-2 94150
      978-89-87350-51-6 (세트)

이 책의 저작권은 저자가 가지고 있습니다.
저작권법에 의해 보호를 받는 저작물이므로 이 책 내용의 일부 또는 전부를 재사용하려면
저작권자와 (주)이학사 양측의 동의를 얻어야 합니다.

* 책값은 뒤표지에 표시되어 있습니다.

* 이 책은 한국간행물윤리위원회의 '2009 우수저작 및 출판지원사업' 당선작입니다.

이 도서의 국립중앙도서관 출판시도서목록(CIP)은 e-CIP 홈페이지
(http://www.nl.go.kr/cip.php)에서 이용하실 수 있습니다.
(CIP제어번호: CIP2020040091)

나루를 묻다
08

포박자 갈홍의 도교 사상

생명과 불사

이용주 지음

이학사

일러두기

1. 『포박자』는 『포박자 내편』 20권, 『포박자 외편』 50권으로 구성되어 있다. 이 책에서는 왕밍王明이 교석校釋하고 중화서국中華書局에서 출간한 『抱朴子內篇』 및 『抱朴子外篇』을 저본으로 참고하였다. 본문에서 출전을 밝힐 때는 각권의 이름을 한자로 표기하였다. 『포박자 내편』의 각권의 이름은 다음과 같다. 서序, 권1 창현暢玄, 권2 논선論仙, 권3 대속對俗, 권4 금단金丹, 권5 지리至理, 권6 미지微旨, 권7 색난塞難, 권8 석체釋滯, 권9 도의道意, 권10 명본明本, 권11 선약仙藥, 권12 변명辨明, 권13 극언極言, 권14 근구勤求, 권15 잡응雜應, 권16 황백黃白, 권17 등섭登涉, 권18 지진地眞, 권19 하람遐覽, 권20 거혹祛惑. (또한 이 책에서는 『포박자 외편』 50권 중에서 권1 가둔嘉遁, 권25 질류疾謬, 권50 자서自敍를 주로 인용하였다.)
2. 중국 인명은 청말민국초를 기준으로 그 이전은 우리말 한자음으로, 그 이후는 원지음으로 표기하였다. 중국 지명은 원지음을 원칙으로 하되 이 책이 주로 다루고 있는 당시(위진남북조시대)의 지명과 산 이름은 우리말 한자음으로 표기하였다. 그 외의 외국 인명과 지명 등은 현행 외래어표기법을 기준으로 표기하는 것을 원칙으로 하였으나, 표기 원칙이 정해지지 않은 것은 일반적으로 통용되고 있거나 굳어진 표현을 사용하였다.
3. 부호의 쓰임은 다음과 같다.
   《 》: 문헌집성명
   『 』: 도서명
   「 」: 도서(책) 내의 권, 편 이름, 논문명
   ( ): 지은이의 부연 설명, 출전, 연대
   〔 〕: 같은 뜻의 한자 및 한문 원문 병기, 인용문에서의 이 책 지은이의 부연 설명

차례

도교를 어떻게 이해할 것인가?

1. 도교 개념의 혼란   9
2. 종교 이해의 어려움   12
3. 도교 연구의 딜레마   18
4. 도교는 《도장》의 종교   21
5. 《도장》만으로는 불충분하다   25
6. 도교의 기원을 이해하는 차이   28
7. '도가/도교' 이분법의 한계   35

제1부 갈홍의 도교 사상

1장 갈홍 도교 사상의 형성   45
1. 갈홍 도법의 원류   45
2. 도술의 전승: 비밀 의례?   50
3. 가학 이외의 도술 전통   58
4. 갈홍 도학의 배경과 저술   67
5. 방술의 종합: 『포박자 내편』의 완성   77

2장 유교와 도교의 우열: 갈홍의 도교 경세론   81
1. 『포박자 내편』과 『포박자 외편』의 관계   81
2. 갈홍의 도가론   86
3. 유교와 도교의 우열: 도가 경세론의 입장   90

3장 도교, 유교, 무쬬의 갈등: 갈홍의 도교 정통론과 요도 비판   103
1. 유교와 도교의 비교   103
2. 음사 비판의 기본 입장   115
3. 도교와 무의 갈등, 장자의 경우   119
4. 갈홍의 '사이비' 도교[妖道] 비판   125

4장 신선의 존재증명론 130
1. 세속과 신성 130
2. 신선과 탈유교적 세계 135
3. 혜강의 신선 증명론 141
4. 갈홍의 신선가학론 145
5. 갈홍 '신선가학론'의 한계 151

5장 도와 기: 갈홍 신선도의 사상 기초 164
1. 우주 기원의 상상 164
2. 선도 수행과 궁극적 실재 172
3. 도교적 생명과 기의 수련 177

제2부 도교 방술, 불사의 탐구

1장 불사의 신앙과 도교 방술 187

2장 신선은 곡식을 먹지 않는다: 벽곡(단식)의 수행 198
1. 벽곡(단식), 일상의 재평가 198
2. 벽곡 수행의 발전 과정 205
3. 갈홍의 벽곡론 211

3장 욕망의 조절, 음양의 조화: 도교 방중술의 이해 217
1. 방중술의 효과: 갈홍의 방중술론 217
2. 음양의 조화: 욕망 조절의 기술로서의 방중술 224

4장 몸을 다스려라, 나라를 다스리듯: '섭생'의 예방 의료론 235
1. 국가와 신체의 상동성 235
2. 갈홍의 의학 양생론 241

5장 마음을 다스리면 불사도 멀지 않다: '무욕'과 '무위'의 수행 251
1. 도교의 '마음': '마음'은 하나가 아니다 251
2. 무욕, 신선 방술의 기초 261

6장 도를 네 안에 간직하라: '존사'와 '수일' 270
1. 지선 관념과 수일, 존사 방술 270
2. 존사, 수일 방술의 발전 275
3. 갈홍의 존사, 수일론 282
4. 존사 방술과 내단 방술의 연관성 288

7장 세속을 떠나 산으로 들어가라: 입산, 신성 공간의 탐색 293
1. 산, 신령이 사는 공간 293
2. 신성 공간의 탐색: 입산 방술 301

8장 하늘과 땅과 더불어 영원하라: 갈홍의 '금단' 이론, 그리고 그 의미 316
1. 갈홍 연단술의 전승 316
2. 금단 제조를 위한 준비 321
3. '금단'의 이론 전제: 금단의 상징성 329
4. 금단 대약의 종류와 효능 336
5. 갈홍의 불사 탐구는 헛된 것인가? 340

책을 마치며 345

부록 1 연금술과 연단술: 불가능한 것을 꿈꾸는 '어둠'의 상상력 361
부록 2 갈홍의 저술 목록 379
부록 3 도교 관련 도판 383

참고 문헌 403
찾아보기 407

도교를 어떻게 이해할 것인가?

1. 도교 개념의 혼란

'도교'란 무엇인가? 많은 연구자가 도교를 규정하고 그것의 정체를 밝히기 위한 다양한 노력을 경주해왔다. 그러나 '도교'란 무엇인가에 대해 분명한 해답을 얻는 것은 쉽지 않다. '도교' 개념 자체에 대한 충분히 합의된 정의를 갖고 있지 못하기 때문이다. 하지만 '무엇이 무엇인지' 잘 알지 못한다는 것은 비단 도교 연구에서만 직면하는 어려움은 아니다. '도교'에 대해 잘 모른다고 하는 것은 어쩌면 '당연한' 일이라고 할 수 있다. 무릇 '종교'라고 이름 붙여지는 다른 여러 종교, 불교나 기독교나 이슬람의 경우에도, 그것의 정체성을 이해하는 것은 쉽지 않다. 그러나 그 누구도 '불교란 무엇인가?' 혹은 '기독교란 무엇인가?' 하는 질문을 던지지 않는다. 그 누구도 그것이 종교라는 사실을 의심하지 않는다. 그것이 종교라는 것은 너무도 자명하고, 당연하다고 받아들여지고 있기 때문이다.

그렇다면 유독 도교 연구에서 '정체성' 문제가 유달리 크게 부각되는 이유는 무엇일까? 불교나 기독교의 정체성은 정말 자명한 것일까? 그런 근원적인 질문에서 시작하지 않는 것은 그 종교들의 정체성이 자명하기 때문일까? 아니다. 과연 누구나 동의할 수 있는 '기독교', 보편적인 '불교'의 정의는 존재하는가? 유교를 연구하는 연구자들 역시 '유교란 무엇인가?' 하는 질문은 거의 제기하지 않는다. 하지만 도교에 관심을 가지는 사람들은, '도교란 무엇인가?' 하는 근본 질문을 던지고, 그 질문에 대한 명확한 해답을 얻어야 한다는 강박관념을 가지고 있는 듯하다. 그 근본 질문에 대답하지 못하는 사람은 도교에 대해 말할 자격이 없는 것일까? 그 물음에 대한 속 시원한 대답도 얻을 수 없는 그 '도교'라는 대상은 지적 관심의 대상이 될 가치도 없는 것일까? 현금의 도교 연구는 그런 지적 엄숙함에 주눅이 들어 있는 것이 아닐까?

한국에서 소위 동양철학(혹은 중국철학)이라고 하는 고차적인(?) 지식 체계에 익숙한 식자들은 "(도대체?) 도교란 무엇인가?"라는 근원적인 질문을 서슴없이 제기한다. 그 질문 안에는, 고차적인 지식 체계인 철학에 비해, 그저 잘해야 미신적 종교에 불과한 도교는 '허접한 잡동사니'가 아닌가 하는 의구심이 은폐되어 있다. 그 질문을 던지는 사람들은 그런 의구심을 굳이 숨기려고도 하지 않는다. 한두 마디로 설명할 수 없으면 아예 말할 필요도 없다는 경멸적 태도를 숨기지 않는다.

모든 지적 작업에서 탐구 대상의 '근본 성질'에 대한 물음은 진지한 학문적 태도를 드러내는 것으로 보이기도 한다. 그러나 속을 뒤집어서 보면, 그 질문은 진지한 학문적 작업의 진행을 방해하는 트집 잡기에 불과한 것일 수도 있다. 무엇의 '본질'을 밝히는 것은 대단히 어려울 뿐 아니라, 무엇의 '본질'이란 애초에 존재하지 않는 것일 수도 있기 때문이다. '무엇의 본질에 대한 물음'은 대답 자체를 거부하는 난해한 근본 물음이다. 유치한 지적 관심을 충족시키는 통속적 해답이 아니라면, 무엇의 정체 내지 본질에 대한 물음에 답하는 것은 쉽지 않다.

그렇다면 '도교가 무엇인지 모른다.'는 사실 그 자체는 그다지 심각한 약점이 아닐 수 있다. 내가 누구인지 말할 수 있는 사람이 많지 않은 것처럼, 우리가 연구하는 대상이 정말로 무엇인지 말할 수 있는 사람도 그다지 많지 않다.

모든 학문적 범주는 인위적인 것에 불과하다. 그 인위적인 지식 범주를 충족시키기 위해 어떤 '사실'이 존재하는 것은 아니다. 인위적 인식 도구를 사용하여, 어떤 대상을 완전하게 설명하는 것은 처음부터 불가능한 시도라고 할 수 있다. 모든 범주 그 자체는 해석 혹은 설명을 통해서만 내용이 채워진다. 그 점에서 범주 그 자체는 공허하다. 공허한 범주는 우리의 사유와 상상력에 의해 내용이 채워질 때에만 지식으로서의 가치를 획득한다. 범주화는 복잡다기한 현실을 명확하게 만들어 그것을 우리의 인식 틀 속에 위치 짓기 위한 '잠정적' 시도에 불과한 것이다.

인식의 틀(범주) 안에 들어오지 않은 어떤 것이 존재하지 않는다거나 무의미하다고 말할 수는 없다. 철학이라는 지식 범주를 충족시키기 위해 사유 활동이 존재하는 것이 아니고, 역사학이라는 학문적 해석 범주를 위해 역사적 사건이 존재하는 것이 아니며, 문학이라는 지식의 장르(범주)를 위해 시와 소설이 창작되는 것이 아니다. 마찬가지로 '도교'라는 지식 범주를 충족시키기 위해 과거에 어떤 종교적 신앙과 실천이 존재했던 것은 아니다. 아니 거꾸로, 과거에 역사의 현장 안에 존재했고, 현재도 계속되고 있는 어떤 특정한 종교적 신앙과 실천은, 우리의 지식 범주와 무관하게 존재한다. 우리가 그것을 무엇이라고 이름 붙이든 그것은 의미 있는 종교적, 신앙적 실천으로서 존재한다. 그것에 대한 우리의 지식과 무관하게, 그리고 그것을 규범화하는 우리의 인식 틀과 무관하게 그것은 존재한다. 학문적 작업은 범주를 사용하여, 그 사실들을 규범화하고 단순화하여 우리 지식의 한계 안에서 체계를 부여할 뿐이다.

'도교'라고 범주화될 수 있는 종교적 현상, 종교적 사건들이 처음부터 '도교'라는 명칭을 가지고 역사에 등장한 것은 아니었다. 애초에 그것은 신선도神仙道, 방선도方仙道, 선도仙道, 선술仙術, 황로黃老, 도가道家, 노장老莊, 도학道學 등 다양한 명칭으로 존재했다. 그런 명칭들이 서로 완전히 동일한 현상을 가리키는 것은 아니지만, 그렇다고 해서 그 명칭이 엄격하게 구별되어야 하는 독자적인 여러 대상을 지칭하는 것이라고 볼 수도 없다. 그런 여러 명칭은 유사한 내용과 형식을 가진 어떤 종교적 실천과 신앙을 지칭하는, 잠정적인 범주화의 여러 시도라고 보아야 한다. 사람들은 그들의 사용하는 명칭을 통해 대상을 인식한다.

그런 범주화의 과정에서, 어떤 시점에, 도교라는 개념이 등장했고 그 개념을 준거로 삼아 이런저런 형태의 종교적 신앙과 실천을 정리하자고 하는 학문적 합의가 희미하게나마 만들어진다. 그 이후, 우리가 말하는 '도교'는 역사적 사실로서 형식적 존재성을 획득한다. 그러한 사정은 불교나 기독교, 이슬람의 경우에도 마찬가지이다. 그럼에도 불구하고 다른 종교들의 경우와 달리, 도교에 대해 이야기하는 자는 말해서는 안 되는 것을 말하고 있는 듯이 의심과 불안에서 비롯되는 주변으로부터의 눈총을 의식해야 하는 것이 현실이다. 약간의 부연 설명을 해보자.

2. 종교 이해의 어려움

오늘날 우리가 너무도 일상적으로 사용하는 여러 개념이 사실은 자명한 의미와 내용을 모두 가지고 있는 것은 아니다. 이 글의 주제와 관련하여, 너무도 자명한 것으로 생각되지만, 사실은 자명하지 않은 것이 바로 '종교'라는 개념이다.

대한민국에서 종교의 전문가가 아닌 사람이 있을까? 누구나 종교에 대해서는 일가견이 있다. 그 정도로 종교는 자명한 것처럼 보인다. 그러나 그 '종교'라는 개념의 의미는 사실상 그리 단순하지 않다. 막상 '종교란 무엇인가?' 하는 질문을 던져보면 사태가 그다지 간단하지 않다는 것을 알게 된다. 물론 약간의 지식을 가진 사람이라면, 여러 '종교'의 이름을 떠올릴 수 있을 것이다. 기독교, 불교, 이슬람, 힌두교, 도교, 모르몬교, 증산도, 대순진리교, 통일교, 이렇게 몇 종교의 명칭을 나열해보자. 그 순간, 우리는 '그것만 종교라고 할 수 있는가? 그렇다면 다른 것은 왜 종교가 아니지?' '종교를 종교가 아닌 것과 나누는 기준은 무엇이지?' '기독교와 통일교를 같은 차원에서 종교라고 말할 수 있단 말인가?' '그렇지 않다면 그것은 왜 그렇지 않은 것일까?' '이단도 종교인가?' '그러면 이단은 도대체 무엇인가?' 하는 의문들을 가지게 된다. 그런 의문들은 꼬리에 꼬리를 물고 이어질 것이다.

천주교와 개신교는 같은 종교인가, 그 둘 다 같은 기독교라도 그렇게 다른 이유는 무엇인가. 교황이 지상에서의 하느님의 대리인이라면 사후에 그는 어떻게 되는가. 통일교는 기독교의 일파인가, 아니면 그냥 이단 종교인가. 그렇다면 정통은 무엇인가. 기독교에는 왜 그리도 많은 파가 있는가. 모르몬교는 기독교인가. 장로교와 감리교는 어떻게 다른가. 기독교와 이슬람은 유일신 하느님(알라)을 믿는데, 유일신을 믿지 않는 불교도 종교라고 할 수 있는가. 신을 믿지 않는 종교도 종교일 수 있는가. 증산도가 종교라면 왜 그것은 도道라는 명칭을 가졌고, 교敎라는 명칭을 가지고 있지 않은가. 명칭의 차이가 정말 내용의 차이를 보여주는가. 유치하기 짝이 없어 보이기 때문에, 누구에게 물어보기도 쑥스러운 질문들이 꼬리에 꼬리를 물고 이어진다. 게다가 '유학'은 철학이고 '유교'는 종교라고 하는 어이없는 상식이 전공자들 사이에서도 횡행하는 것이 우리의 현실 아닌가. 더 나아가, 불교는 철학인가, 종교인가? 아니면, 기독교는 철학인가, 종교인가? 그 질문에 명확하게 답할 수 있는 사람은 있는가?

'기독교란 무엇인가?' 하는 질문에 대해 '명확하고' '정확하게' 답하는 것은 불가능하다. 명확한 답을 가지고 있는 사람이 있다면 그것이 오히려 이상하다. 그 답은 신앙고백(설교)이거나 헛소리, 둘 중의 하나일 가능성이 높다. 유교는 종교인지 아닌지, 증산도의 도와 유교, 도교에서 말하는 도는 같은 것인지, 교회에 다니는 사람은 제사를 반대하는데 그렇다면 제사는 우상숭배라서 반대하는지, 천주교에서는 제사도 인정하는데 그 이유는 무엇인지, 일부 개신교 인사들이 주장하는 것처럼 가톨릭은 이단적이라서 제사를 인정하는지, 달라이 라마의 종교는 불교인지 아니면 그냥 라마교인지, 라마교와 불교는 같은 것인지 다른 것인지, 무당의 굿도 종교 행위인지, 아니면 '그냥'(?) 민속놀이인지, 무당은 무교에 속하는 종교인인지, 무교는 '정말로' 존재하는지, 그들의 종교적 행위를 샤머니즘이라고 지칭하는 것이 올바른지? 일상생활에서 흔히 마주치는 상식적 질문들 중에서, 진지한 문제의식을 가지고 바라보면 단순한 것이 하나도 없다. 아주 단순한 질문들에서부터 문제는 그리 '간단하지 않다'.

조금 더 깊이 생각하는 사람이라면 더 커다란 혼란에 빠질 수도 있다. 기독교와 불교처럼 전혀 다른 모습을 가진 두 사상 체계가 어떻게 '종교'라는 하나의 이름으로 묶여질 수 있는가? 도교는 차치하고라도, 유교가 종교인가 아닌가 하고 물을 때 종교의 그 '기준'은 무엇인가. 논의의 기준조차 마련되지 않은 상태에서, 갑론을박하는 것이 의미 있는 일이라고 할 수 있는가.

유일신을 믿는 것을 종교라고 한다면 유교나 불교는 종교가 아닐 것이고, 경전이 있어야 종교라고 한다면 불교와 유교는 경전을 가지고 있으니 종교일 것이고, 내세에 대해 관심을 가져야 종교라고 한다면 기독교, 불교는 종교일 수 있겠지만 유교는 애매하다. 교회의 단체나 조직이 종교의 표준이라면 무교회주의는 어디에 위치시켜야 하는가. 가톨릭과 개신교의 교회는 상당히 다르지만 교회 조직이라는 점에서 동일하다고 한다면, 유교에서의 국가와 가정은 교회 조직이라고 볼 수 있는가 없는가. 이 모든 질문이 만만하지 않다. 종교를 전문적으로 연구하는 연구자라고 해서 그 질문들을 쉽게 볼 수는 없다. 이렇게 물음을 던져 가면 갈수록 문제는 더 꼬이기만 한다. 이처럼 우리가 자명하다고 상상했던 '종교'가 그리 간단하지 않다는 사실 앞에서 우리는 대개 이렇게 결론을 내린다. '허 참, 종교는 복잡하고 어려운 거야, 그건 믿는 사람들의 문제지, 나하고는 무관해!'라고.

그러나 그렇지는 않다. 예를 들어보자. 얼마 전 가톨릭교회의 수장 교황 요한 바오로 2세의 승하(죽음)가 현대사의 중요한 사건의 하나였던 것을 기억한다. 교황의 활동은 중요한 정치적 의미를 지니고 있었다. 그가 만나는 사람, 그가 전하는 메시지, 그가 하는 기도는 하나하나가 세계의 관심과 이목을 집중시키는 중대한 정치적 의미를 가진 것이었다. 티베트 불교 및 티베트 국민의 정신적 지도자 달라이 라마의 한국 방문을 둘러싼 정치권의 입장과 시민단체의 대립을 보면, 그의 방한 문제는 나와 그리 멀지 않은 곳에서 일어나는 중요한 정치적 의미를 가진 사건의 하나라는 것을 알게 된다. 9.11로 상징되는 미국에 대한 이슬람의 테러가 현대사를 양분하는 중대한 사건이며, 당장 비행기를 타고 여행하는 사람은 그 사건이 먼 나라의 이야기가 아니라 내 삶의 일부분이 되어버린 현재적 사건임을 실감하게 된다. 그 사건의 영향은 테러의 직접 목표가 되고 있는 미국의 여러 공항에서부터 실감할 수 있다. 한국 인구의 거의 반 이상이 기독교 혹은 불교라는 거대 종교의 신자로 등록되어 있고, 그 종교 단체들이 한국의 최고 재벌을 상회하는 거대한 자금 동원 능력을 가지고 있지만 종교 법인이라는 이유로 단 한 푼의 세금도 내지 않으며, 최근 20년 사이에 수도권에 세워진 수많은 대학이 종교 재단에 의해 설립되었으며, 어느 특정 종교가 한국 근대화의 동력이라고 할 정도로 막강한 사회적·정치적 영향력을 가지고 있으며, 지금까지 한국의 대통령을 지낸 인물 중에서 형식적으로라도 종교와 무관한 사람은 한 사람도 없었으며, 사립 중등학교의 대부분이 종교 이념에 근거하여 설립되었으며, 삼척동자도 이름을 아는 한국의 주요 대학들이 종교 재단에 의해 운영되고 있는 것이다.

이런 사실들만으로도 우리는 종교와 무관한 삶을 살고 있지 않다는 것을 알 수 있다. 그런데도 우리의 삶이 종교와 무관하다고 섣불리 말할 수 있는가? 그런 중요한 의미를 가진 종교에 무관심하다는 것은, 종교가 손쉽게 접근하기 어려운 현상이기 때문일 텐데, 그렇다고 하더라도 그 무관심은 불성실함과 통하는 것은 아닐까?

여기서 나는 종교의 문화적 중요성 그 자체를 강조하려는 것은 아니다. 한국처럼 철저하게 세속화된 사회에서조차 종교들은 눈에 보이지 않는 중요한 사회적, 경제적, 정치적 영향력을 발휘하고 있다는 사실을 지적하고 있을 뿐이다.

그런데 여기서 진짜 문제는 그 '종교들'이 20세기 이전에는 '종교'라는 명칭으로 불리지 않았다는 것이다. 20세기 이전에는 현재 우리가 알고 있는 그 '종교들'을 한꺼번에 포괄해서 통칭하는 명칭이 존재하지 않았다. 각 종교들은 각각 자신을 부르는 독자적인 이름들을 가지고 있었을 뿐이다. 유교, 유가, 유도, 도학, 불가, 불도, 불학, 선학, 도가, 도교 등

등. 그리고 각 종교의 내부로 들어가면 이루 헤아릴 수도 없는 많은 종파의 명칭이 존재했을 뿐이다. 이런 명칭들을 사용하여 그들은 스스로를 지칭하거나 다른 사람들의 신앙을 지칭했던 것이다. 그러다가, 우리나라를 기준으로 본다면, 20세기에 들어오면서 '종교religion'라는 번역어가 특별한 문화 영역을 지칭하는 인식 범주로 우리 삶의 영역 안으로 들어왔다. 그 결과 '종교'는 인간 문화의 기저基底이며, 그것을 이해하는 것이 세상과 인간의 역사를 이해하는 필수적인 통로라는 인식이 형성된다. 다른 한편 종교의 시대는 이미 지나갔으니 종교는 별스런 사람들의 문제라거나, 흘러간 옛 노래라는 식의 이해도 덩달아 형성된다. 그렇게 종교는 극단적으로 분열된 대접을 받기 시작한다. 그런 과정을 거쳐 현재 우리가 알고 있는 여러 '종교'는 포괄적인 '종교'라는 명칭하에 자기의 편안한 안식처를 얻게 된 것이다.

  그런데 그 '종교'라는 범주는 각 종교를 믿고 실천하는 개별적 신앙인을 '위해' 만들어진 것이 아니었다는 데서 문제가 복잡해진다. 종교라는 명칭은 학자들이 만든 인위적인 발명품이다. 세상에 존재하는 무수한 형태를 가진 사상과 신앙의 복잡함, 사상과 믿음과 믿음 실천의 복잡다기함을 간편하게 서술하고 설명하는 편리함을 위해 '종교'라는 인위적인 지식 범주가 만들어졌다. 그리고 그로 인해 문제가 복잡해지기 시작한다. 그리고 그 '종교'라는 범주는 무색투명한 객관적이 서술 범주가 아니라, 기독교라는 모델을 근거로 하여 특정한 방향성과 편견을 가진 것으로 만들어졌다는 데서 문제는 더욱 꼬이기 시작했다. 특정한 문화적 정황과 역사적 배경 속에서 성장해온 기독교가 일반 명칭인 '종교'의 모델이 되면서, 즉 기독교가 보편적인 '종교'와 동일시되면서, 기독교와 전혀 다른 배경과 역사와 신앙 내용을 가진 '종교들'은 뭔가 부족하거나 이상한 덜떨어진 종교라는 편견이 덩달아 만들어진 것이다. 세계의 서구화와 더불어 기독교를 기준으로 '종교'를 사유하고, 기독교를 뿌리로 가진 서구 문화를 기준으로 인간 '문화'를 사유하는 것이 거의 당연한 진리로 굳게 뿌리를 내렸던 것이다. 그 결과 '종교'라는 통합 개념이 존재하기 이전에는 단순히 어느 가르침에 따라 자신의 삶을 영위하던 어떤 인간의 삶의 방식이 언제부터인가 '종교'적 행위로 서술되기 시작했다. 그리고 그 '종교'적 행위는 기독교라는 보편 종교의 기준에 의해 재단을 당하게 되었다. 기독교가 가진 것을 가지지 않은 종교들은 '미신'이거나 덜떨어진 것이고, 기독교가 가지지 않은 것을 가진 종교들은 뱀의 다리처럼 '불필요한' 것을 가진 종교가 된 것이다.

학자들을 위한 편의적 도구로 창출된 종교 개념은 이제 종교를 평가하고 재단하는 기준이 되었다. '종교' 개념이 사실을 대상화하고 서술하기 위한 학자들의 편의를 위해 만들어진 개념이라는 것이 잊혀지고, 마치 우리의 믿음과 사상과 의례적 실천이 종교 개념을 충족시키기 위해 존재하는 것인 양 본말이 전도되는 현상이 발생한 것이다.

3. 도교 연구의 딜레마

도교는 기독교를 모델로 삼는 '종교'라는 보편 범주를 구성하는 하위 범주로서, 기독교와는 다른 특성을 가진, 즉 기독교에 비해 부족하거나 사족을 가진 지역적 '문화(삶의 방식)'와 '종교들'을 대상화하는 과정에서 창출된 개념이다. 원래 종교라는 명칭을 알지 못하던 비기독교권의 '삶의 방식들'이 종교의 한 유형으로 규정되고, 각각에 대해 서양의 기독교Christianity/christianism에 대응하는 자의적인 명칭이 부여되었다. 이슬람 혹은 모하메드교Islam/Mohamedanism, 힌두교Hinduism, 불교Buddhism, 도교Taoism, 유교Confucianism, 신도Shintoism 등이 그런 인식 과정에서 만들어져 보편 종교의 지역적 하위 형태로 탄생했다. (그것들은 모두 보편 종교의 기준에서 본다면 부족하거나 불필요한 요소를 가지고 있다.)

'도교'라는 새로운 명칭이 담아내려고 시도했던 신앙과 사상이 도교Taoism 개념 창출 이전부터 존재했던 것은 사실이다. 중국어로서 '도교道教' 개념 자체는 기원후 6세기 이후부터 존재해왔다. 유교, 신도, 이슬람 역시 그들의 신앙과 사상을 지칭하는 독자적인 명칭을 가지고 있었다. 그러나 상위 범주인 '종교' 개념의 하위 범주로서 그런 다양한 명칭을 가진 '종교들'이 오랜 과거부터 하나의 독립된 교리와 경전과 조직과 사상의 틀을 유지하면서 존재해왔다고 생각한다면, 그것은 오해다. 기독교의 교파주의적 관점이 다른 종교들을 설명하는 데 그대로 적용된 결과, 우리는 독자적 교리와 사상과 조직과 체계를 가진 '종교들'이 독자적인 운동체로서 존재해왔을 것이라는 선입견을 가지게 된 것이다.

우리가 '도교란 무엇인가?' 하는 기본적인 질문에 대해 곤혹감을 느끼는 이유는, 바로 그러한 질문 자체가 종교 개념의 창출과 더불어 작용하는 기독교의 교파주의적 관점에 근거하고 있기 때문이다. 그리고 현 시점에서 우리는 '종교' 개념을 비롯하여 지역 문화의 종교적 전통을 지칭하는 명칭(예를 들어 영어로 Taoism의 번역어로서 도교, Confucianism의 번역어로서 유교)을 사용하지 않고서는 한 발짝도 움직일 수 없는 인식적 딜레마에 빠져 있다.

그것은 엄연한 현실이다. 그것이 현실이기 때문에, 그 현실을 수동적으로 받아들인다고 해서 문제가 해결되는 것은 아니다. 좋은 게 좋다는 '좋음주의'는 학문적 문제를 해결하는 데 전혀 도움이 되지 않는다. 좋은 게 좋다는 '주의'와 인문학은 처음부터 양립하기 어려운 면이 있다. 딜레마란 피해 가야 하지만 피할 길이 없다는 의미가 아닌가. 여기서 강조되어야 하는 것은 '피해 가야 한다'는 당위성이다. 그 개념 틀을 피하는 것이 당연하지만, 그 개념 틀을 사용하지 않고서는 인식 작업을 진행할 수 없다. 그래서 딜레마이다.

우리의 동양학은, 우리가 영어로 글을 쓰거나 쓰지 않거나 상관없이, 이미 공기처럼 빽빽하고 차곡차곡 빈틈없이 우리의 사고를 구성하는 번역어를 경유하여 배운 서구적 개념과 범주를 통해, 서구적 방식으로 조직되어 있다. 그렇지만 절망할 필요는 없다. 그 딜레마는 어디로도 갈 수 없는 질곡인 것만은 아니라는 데서 희망을 발견할 수 있다. 그들이 가르쳐준 것으로 우리는 그들에게 대항할 수 있기 때문이다. 그 개념들이 역사와 한계를 가지고 있다는 사실을 인식함으로써 우리는 그 개념을 그들을 극복하는 도구로 사용할 수 있다.

그러나 그들이 가르쳐준 사유의 틀과 지식의 권력성을 단순히 무시하는 것으로 문제를 해결할 수는 없다. 우리의 방식과 다르니 우리식으로 연구하겠다는 것은 저항이 아니라, 오히려 무지를 드러내며 순응하는 방식에 불과하다. 표준화 시스템이 사회에 도입될 때 그 표준화를 거부하는 것은 자신이 불량품을 만들어낸다는 것을 스스로 인정하는 것과 다르지 않다. 우리 지식의 표준이 되어버린 그 시스템을 부정하는 것은 저항의 올바른 방법이 아니다. 그것은 오히려 설득력 없는 지식 체계를 구축하고, 그렇게 구축된 '우리식' 학문이 우리가 요구하는 사람과 사회를 만들어나가는 데 아무런 도움이 되지 않는다는 것을 만천하에 공표하는 것일 뿐이다.

우리에게 남겨진 유일한 저항의 길, 유일하게 가능한 '우리식' 학문의 길은 그들에게 배운 것을 이용하여 그들에게 맞서는 것이다. 독재자가 가르쳐준 방법으로 독재를 물리치고, 서양이 가르쳐준 문명의 이론으로 서양을 극복하는 것이다.

우리에게 남겨진 유일한 대안은 그들의 지식 시스템을 이용하여 그들의 시스템의 한계를 지적해야 한다. 그런 작업에서 명확한 우선순위를 정할 수는 없지만, 인문학의 중요성은 자명하다. 왜냐하면 인문학은 사유의 전제와 방법을 문제 삼는 지식 체계이기 때문이다.

4. 도교는《도장》의 종교

도교에 대해 알기 위해 우리는 어떤 자료를 연구해야 하는가? 도교를 이해하기 위해 어디서부터 연구를 착수해야 하는가? 그 질문은 동아시아 사상 전통의 중요한 일부인 도교를 어떻게 이해해야 하는가 하는 물음과 동떨어져 있지 않다.

도교를 연구하는 가장 기본적인 방법은 **경전을 통해** 그것의 실체에 접근하는 것이다. 그런 연구 방법을 중시하는 학자들은 도교의 실체를 파악하는 것은 쉽지 않기는 하지만, 그럼에도 불구하고 도교 전통에서 생산된 경전적 문헌을 이해하는 것이 도교 이해에서 가장 긴급한 과제라고 말한다. 결국 그들은 도교를《도장道藏》이라는 문헌 집성에 담겨 있는 종교라고 이해한다. 그것은 종교적 문헌 혹은 경전을 통해 한 종교의 실체를 해명할 수 있다고 보는 방법이다. 그 방법을 중시하는 연구자들은 도교의 사상과 실천에 관한 거의 모든 자료를 포괄하는《도장》을 분류하고, 정리하고, 해석하여, 문헌(문자) 전통으로서의 도교의 모습을 해명하려고 한다.

종교는 그 종교의 이념을 대표하는 문헌 내지 경전을 가지고 있으며, 경전의 전통을 이해하는 것은 종교의 실체를 해명하는 구체적이고 명확한 지름길이 될 수 있다고 보는 **실체론적 종교관**이 그러한 방법의 배경에 놓여 있다. 그런 실체론적 종교 이해는 전형적으로 기독교적 모델에 근거하고 있다. 도교처럼 '문자의 권위와 권능'을 중요시하는 종교 전통을 이해하기 위해서는 종교 문헌을 연구하는 것이 매우 중요하고도 바람직한 접근법이라는 생각을 완전히 부정할 수는 없다. 유대교, 기독교, 불교, 이슬람 등 세계의 주요한 종교 전통은 그 종교의 메시지를 기록하는 경전을 진리 그 자체라고 주장한다. 그런 경우 경전을 이해하는 것이 그들 종교를 이해하는 지름길인 것이 사실이기 때문이다. 마찬가지로 진리가 문헌에 담겨 있다고 믿는 도교의 경우에도, 문헌 연구는 필수적이다.

역사적으로 도교는 도교의 이념과 사상을 표현하는 역사적인 여러 문헌을 《도장》이라는 총체 속에 집대성하였고, 그 《도장》을 근거로 자신의 정체성을 확립하기 위해 노력했다. 따라서 《도장》은 도교 역사의 전개 양상을 살피는 데 반드시 필요한 문헌 집성이다. 불교의 《대장경大藏經》에 대항하기 위해 《도장》을 편찬했으니, 《도장》에 수록되어 있는 문헌을 전체적으로 분석하고 그 내용을 해명하는 것이 적어도 불교와 구별되는 특유한 종교현상으로서의 도교를 해명하는 길이 될 수 있다는 방법론적 태도는 나름대로 충분한 설득력을 가지고 있다. 《도장》의 연구와 분석을 통해 도교의 실체에 접근하고자 하는 방법은 분명 현재로서는 가장 설득력이 있다. 도교 연구자의 대다수는 《도장》에 담긴 도교 문헌의 해명이라는 문헌학적 작업을 자기 연구의 최고의 목표로 삼고 있다. 《도장》에 대한 연구는 도교의 분명한 모습을 이해하기 위해서 반드시 필요한 것이며, 미래에도 그 중요성이 감소되는 일은 없을 것이다.

《도장》이 도교의 '전모全貌'를 담고 있다고는 말할 수 없다고 하더라도, 도교 연구에 있어 《도장》이 필수 불가결한 출발점이 되어야 한다는 사실을 부정할 수는 없다. 《도장》이라는 방대한 도교 문헌의 보고寶庫가 누구나 이용 가능한 자료로 제시되기 전까지는 도교에 대한 연구는 어떤 면에서는 도청도설道聽塗說에 의존하는 피상적 연구가 될 수밖에 없었다. 특히 근대 이전에 도교는 유교 측의 일방적인 무시와 은폐와 비난의 대상이 되었다. 또한 근대 이후에 와서 도교는 합리주의를 표방하는 계몽주의적 역사 연구의 억측과 억지의 희생물이 되었다. 학문적으로 연구할 가치가 있는 사상(철학) 전통은 유교뿐이라고 보았던 후스胡適와 펑유란馮友蘭의 근대주의적인 방법적 태도는 그런 편견을 더욱 강화시켰다. 그 결과 도교는 대학에서 가르치는 중국철학 내지 동양철학의 연구 영역에서 배제되어버렸다. 그런 상황에서 철학적으로 가치 없는 잡동사니의 집적체인《도장》이 진지한 연구자의 관심에서 멀어진 것은 어쩌면 당연하다고 할 수 있다.《도장》의 실체를 도외시하는, 도교에 관한 피상적 이해는 필연적으로 유교적 합리주의 내지 근대적 계몽주의에 근거한 지배 논리의 편견과 억지를 그대로 지속시키는 것으로 이어졌다.

현재《도장》은 한문을 읽을 수 있는 사람이면 누구나 볼 수 있는 공개된 자료가 되었다. 그러나 그렇다고 해서《도장》의 전모를 이해하는 사람이 그만큼 불어났다고는 말할 수 없다. 특히 우리나라에서는 더욱 그렇다. 양적으로 방대한《도장》의 전모를 이해하는 연구자가 지극히 드물기 때문에, 과거의 피상적인 연구 방법의 관행을 지속하는 것이 학계의 현실이다. 따라서 도교하면 기껏해야 노자와 장자, 혹은 통속적인 수련 전통을 떠올리는 학문적 관행이 되풀이 되고 있다. 이런 상황에서 '도교는 《도장》의 종교'라는 상식은 여전히 힘을 발휘할 수 있다. 하지만 그런 상식조차 학문의 장에서 독자적인 가치를 얻지 못했고, 그것의 의미가 제대로 이해되지 않았다. 그 이유는 무엇인가? 근대의 합리주의적 편견에 의해 형성된 관점, 즉 도가와 도교를 구분하여 전자는 가치 있는 철학이고 후자는 무가치한 종교라고 보는 단순 무식한 이분법적 관점, 혹은 유교주의와 계몽주의의 왜곡과 은폐에 의해 뒤틀린 관점이 학계의 주류를 형성하고 있기 때문이다.

도가는 이론적 철학, 도교는 종교적 미신이라는 이분법은 근대 초기의 도교 연구자들이 거의 공유하는 관점이었고 현재도 크게 달라지지 않았다. 최초로 중국의 도교를 역사적으로 정리한 쉬띠산許地山(1934)의 『도교사道教史』이래 그러한 이분법은 강력한 인식 틀로 작용하고 있다. 쉬띠산은 아예 도교를 중국 사상의 전통에서 배제한 펑유란보다는 그나마 도교를 연구 대상으로 본다는 점에서 그래도 양호하다. 그러한 기본 이해 틀을 탈피하지 못하는 한, 도교에 대한 체계적이고 종합적인 연구는 불가능하다. 최근 서양에서, 과거에는 프랑스를 중심으로 현재에는 미국을 중심으로, 활발하게 제시되고 있는 연구 성과들에 힘입어, 도교에 관한 그러한 이분법이 도교의 실제 정황을 반영하지 못한다는 생각이 널리 받아들여지고 있다. 그러한 학문적 인식이 전적으로 공유되고 있다고까지는 말할 수 없더라도, 그런 이분법에 근거한 도교 이해를 반성해야 한다는 목소리가 높아진 것은 사실이다. 최근 서양 도교학의 성과를 포괄적으로 정리하고 있는 『도교 핸드북Taoism Handbook』의 서론에서 저자의 한 사람인 커크랜드Kirkland는 그 점을 잘 지적하고 있다.[1]

《도장》을 전체적으로 살펴보면 소위 '도가' 사상을 대표하는 『노자老子』혹은 『장자莊子』의 도교 전통 안에서의 위상을 엿볼 수 있다. 한대 이후의 『노자』, 『장자』의 중요한 주석서는 대부분 도교 내부의 인물들, 즉 도사道士라는 신분을 가졌거나 적어도 도교라는 종교 체계 내부에 속한 사람들이 저술한 작품이다. 그 점을 확인하기 위해서는 《도장》의 목록을

---

1) 더욱 최근에는 《도장》 전체의 문헌 해설서인 『도교 경전Taoist Canon』이라는 방대한 연구서가 시카고대학에서 출판되었다. 그 책의 책임 편집자는 프랑스 도교학을 이끌었던 쉬페르Kristofer Schipper 교수와 그 뒤를 잇는 베렐렌Fransicus Verellen 교수이다.

한번 훑어보는 것으로 충분하다. 도가와 도교를 분리하는 사람들은 소위 철학적 도가를 종교적 도교와 분리하지만, 그러한 입장은 역사적 현실을 애써 왜곡하는 것이다. 『노자』, 『장자』의 '철학적' 주석을 대표하면서 철학적 '도가'의 입장을 대표하는 것으로 평가되는 곽상郭象, 왕필王弼의 주석은 도교적(소위 종교적) 도가 이해와 분리될 수 없다.

5. 《도장》만으로는 불충분하다

《도장》이 도교의 문헌적인 집대성이라는 사실을 인정한다 해도, 《도장》에 수록되어 있는 문헌이 곧 도교의 전모를 보여준다고 할 수 있는가? 《도장》이 도교의 모든 것을 빠짐없이 담고 있는가? 이런 기본적인 의문으로 인해 《도장》 문헌 연구를 통해 도교의 전모를 밝힐 수 있다고 보는 관점을 그대로 받아들이기는 곤란해진다.

전통적으로 도교는 '잡다하여 그 정체〔단서〕를 파악하기 어렵다〔雜而多端〕.'는 평가를 받아왔다. 원대의 역사 문헌학자 마단임馬端臨이 도교를 그렇게 평가했고, 그 이후의 거의 모든 유가 지식인은 그 체계의 잡다함을 들어 도교가 사상적으로 허접하다는 평가를 내렸다. 도교를 구성하는 문헌들은 복잡한 체계를 가지고 있어서 그 구성 방식 자체를 파악하는 것이 쉽지 않다. 그리고 그 문헌의 내용 역시 복잡하기 그지없다. 따라서 마단임 이래의 평가는 도교가 의미론적으로 분명한 질서를 가지고 있지 않다는 점을 비판하는 것이라고 볼 수 있다. 산뜻한 체계를 선호하는 지식인의 관점에서 보자면 도교는 체계가 없는 잡다한 신앙의 집적물에 불과할 수도 있다. 그렇기 때문에 도교는 제대로 된 체계를 가진 종교로서의 가치를 인정받을 수 없었을 것이다. 도교를 잡다하고 종잡을 수 없는 내용을 가진 것이라고 평가하는 사람들은 자기들의 이해 영역을 벗어난 것을 지식의 범주에서 배제시키고, 그것의 존재 자체를 부정하고 있다. 합리화의 한계라고 할 수 있을 것이다.

여기서 중요한 것은, 《도장》이 도교의 문헌 전통을 종합한 것이라는 사실을 승인한다 하더라도, 현재의 우리가 대하는 《도장》이 곧바로 도교의 '모든' 전통을 담고 있다고는 말할 수 없다는 사실을 인식하는 일이다. 《도장》 자체가 일정한 관점에 입각하여 자료들을 취사선택하는 과정을 거친 '정통주의적' 해석의 산물이기 때문이다. 따라서 누가 어떤 관점에서, 어떤 역사적 맥락에서 《도장》을 정리하고 편찬했는가 하는 것이 충분히 밝혀질 필요가 있다. 《도장》의 편찬 역사가 학문적으로 중요한 주제가 되는 이유가 바로 여기에 있다. 《도장》은 도교적 현상 전부를 빠짐없이 담고 있지 않고, 일정한 관점에 근거한 선택의 결과일 뿐이다. (전통, 역사는 그런 선택의 산물이 아닌가?) 이것이 문헌 편찬의 역사에 대한 이해가 선행되어야 하는 이유이다.

현재의 《도장》은 '도교'라는 명칭이 어느 정도 확립되기 시작한 5~6세기 이후부터 16세기까지 거의 1,000년 이상에 걸친 도교적 '정체성의 확립 과정'을 보여주고 있다. 그러나 그 과정 자체가 단순하지 않기 때문에, 《도장》의 구성을 통해 도교의 발전 과정을 이해하는 것은 쉽지 않다. 마단임의 도교 평가는 그런 면에서 본다면 어쩔 수 없는 것이기도 하다. 그런 사실을 고려하는 일부 도교 연구자들은, 《도장》을 통해서만 도교의 전모를 이해한다는 것에 한계가 있다고 본다.

《도장》의 체계상의 혼란과 그것의 한계를 인정하는 연구자들 역시 《도장》을 중심으로 하는 도교의 문헌적 전통에 대한 연구가 중요한 방법이라는 것을 부정하지는 않는다. 하지만 그것만으로는 충분하지 않다고 생각한다. '도교의 정체'에 대한 보다 더 정확한 그림을 그리기 위해서는,

도교가 생명력을 가지고 있는 지역에서의 도교의 실제 상황을 면밀히 관찰하고, 그것을 과거의 문헌 전통과 비교해야 한다. 그들의 주장에 따르면, 도교를 제대로 이해하기 위해서는 문헌 연구에 한정되는 연구 방법을 지양하고 현지 조사와 문헌 연구의 통합을 추구해야 한다. 주로 현지 조사를 통해 대만이나 홍콩, 중국에서의 도교의 존재 양상을 연구했던 종교 인류학자 또는 인류학적 조사와 문헌 연구를 겸하는 문헌 연구자들이 이러한 방법을 선호한다. 그들의 연구 태도와 방법적 제안은 단순히 문헌의 해명에만 매몰되는 문헌학적, 사상사적 연구 방법론을 돌파하는 새로운 방법론으로서 주목을 받고 있다.

일본이나 중국의 연구자들은 중국 고전 문헌의 해독력과 이해력의 우월성을 이용하여 문헌학적 해명에 치중하는 반면, 아무래도 문헌의 기술적인 해명에서는 한계를 보일 수밖에 없는 구미歐美의 연구자들은 현지 조사에 바탕을 둔 연구에 치중하는 경향이 있다. 물론 서구 연구자들 중에도 거의 완벽한 문헌 해독 능력을 갖춘 연구자가 적지 않기 때문에, 그러한 단순한 개괄은 무리가 있다. 하지만 그런 예외에도 불구하고, 그러한 경향성은 분명히 존재한다. 한편 중국의 연구자들을 지배하는 이데올로기적 한계나 근대주의적 한계 역시 도교 연구의 커다란 장애물이 된다는 점을 지적할 수 있다. 당연히 일본이나 중국의 연구자들 중에도 현지 조사의 중요성을 간과하지 않는 경우도 있으며(酒井忠夫, 松本弘一, 劉枝萬 등), 구미의 학자들 중에도 문헌 연구의 중요성을 강조하는 경우(Strickmann, Bochencamp, Robinet, Verellen 등), 그리고 문헌 연구와 현지 조사를 동시에 중요시하는 경우(Schipper) 등 여러 입장이 공존한다.

본질적인 문제는 문헌 연구를 위주로 하는가, 혹은 현지 조사에 우위를 두는가가 아니다. 더욱 중요한 것은, '종교를 어떻게 이해하는가?' '무엇을 종교라고 보는가?' 하는 종교에 대한 근본적인 인식의 차이다. 종교에 대한 근본 인식의 차이로 인해 어떤 자료에 더욱 초점을 두느냐, 어떤 자료를 중심으로 연구할 것인가 하는 방법론적 차이가 발생한다. 도교 연구의 경우에 그러한 인식의 차이는 도교의 역사를 어떻게 이해하느냐 하는 문제와 직결되어 나타난다. 예를 들어 '도교의 시작을 언제라고 보는가?' 하는 질문에 대한 답은 학자마다 다른데, 그 다름은 '종교를 어떻게 이해하는가?'에 기인한다.

도교를 연구할 때, 문헌 자료가 도교의 실체를 가장 잘 알려주는 자료라고 보는 연구자들은 '도교가 언제 시작되었는가?'라는 질문에 대해서, (역시 모호한 점이 없지 않지만) 도교 관련 문헌이 등장한 때를 기준으로 대답할 가능성이 높다. 살아 있는 종교로서의 도교의 신앙 형태와 실천을 중시하는 연구자는 도교의 역사적 시작이라는 질문에 대해서, 반드시 문헌적으로 그 전통이 확립되어 있지 못하다 하더라도, 도교의 신앙적 실천의 양태가 드러나기 시작한 경우에는 '도교가 존재했다.'라는 대답을 할 것이다.

6. 도교의 기원을 이해하는 차이

인류학적 연구를 강조하는 학자들은 '도교의 기원'이라는 문제에 대해서는 거의 관심을 가지지 않는다. 그들은 주로 살아 있는 도교 현상에 관심을 가지고 있기 때문에 역사적 기원의 문제에는 그다지 관심이 없다. 굳이 그들에게 기원 문제에 대해 묻는다면, 그들은 오늘날 그들이 연구의 대상으로 삼는 도교의 종교현상과 비슷한 범주에 소속시킬 수 있는 종교적 현상들이 처음 등장하는 시기에 도교는 출현했다라고 말할 것이다. 물론 그 범주의 명확한 한계를 긋는 것은 불가능하다. 간단한 예로,

우리나라나 중국에서 무당의 종교 행위를 도교의 일종이라고 볼 것인가, 아니면 도교와 일선을 긋는 특별한 종교적 행위라고 볼 것인가. 종교의 아이덴티티에 관해서 명확한 기준을 확보하는 것은 언제나 쉽지 않다. 그런 이유에서, 인류학적 관점에서는, 종교 문헌의 존재 유무, 교리 혹은 체계화된 종교 사상의 존재 유무, 가시적인 교단의 존재 유무는 종교를 연구하는 데 크게 중요하지 않다고 생각하는 경향이 있다. 아무래도 종교 인류학자들은 문헌, 교리, 교단 등 종교적 실체에 주목하기보다는 종교적인 행위, 종교적인 신념, 종교의 사회 안에서의 기능 등에 주목하고 그것을 고정된 것으로 보지 않는 경향이 강하다고 할 수 있다. 그들은 종교를 실체적인 것으로 보지 않고 '서술적인 범주'로 이해한다고 말할 수 있다.

반면 문헌을 주로 연구하는 학자들은 종교를 '실체적인 범주'로 보는 경향이 강하다. 따라서 '도교의 기원' 문제는 문헌 연구를 위주로 연구를 진행하는 학자들의 주요 관심사가 되고 있다. 주로 문헌의 전통에 의존하여 도교를 탐구하는 연구자들 사이에서 도교의 기원에 대한 입장은 크게 둘로 나뉘어 있다고 볼 수 있다. 하나는 오두미도五斗米道 혹은 천사도天師道 등 도교적 종교 교단 조직이 역사적으로 출현한 시점 혹은 내부의 교단적 체계를 정립한 시점에 도교가 시작되었다는 관점이다. 다른 하나는 교단 형식으로서의 도교 조직이 출현하기 이전, 특히 전국시대에 출현한 신선 사상이나 주술적 종교 의례에서 후대에 '○○교'라고 불리게 될 사상과 신앙적 실천이 존재했으며, 그 시점부터 도교의 출현을 확인할 수 있다는 관점이다.

일반적으로 중국의 도교 학계는 천사도가 출현한 후한後漢 말기를 도교의 역사적 기점으로 삼고, 그 이전에 존재했던 신선 사상이나 주술적 의례 등은 본격적인 도교 출현은 아니며 나중에 출현하는 도교를 형성하는 데 영향을 준 도교의 전사前史로 취급하는 경향이 있다. 그런 입장에 의하면 도교는 고대 중국의 모든 종교적, 신앙적, 사상적, 의례적 전승의 총합체이며, 천사도라는 구체적인 종교 조직의 출현에 의해 비로소 도교는 역사 속에 실제적인 모습을 드러낸다고 설명한다. 그런 입장은 교단과 종교 경전의 출현이라는 실증적이고 명시적인 증거 자료를 요구한다는 점에서, 실체적 범주를 중시하는 입장의 자연스러운 결과물이라고 볼 수 있을 것이다. (한국 및 일본, 중국 학계의 지배적인 관점이다.)

나아가 기본적으로는 동일한 연구 관점에 입각하면서도 소위 도교의 전사에 주목하고 도교 성립 이전의 도교적 종교현상을 서술하는 데 중점을 두는 연구자도 있다. 중국에서는 완화된 유물론적 실증주의 연구 방법을 취하는 학자들이 그러한 설명 방식을 선호한다.

일본의 연구자들은 전통적인 견해에 따라, 천사도의 성립을 기준으로 도교사의 시작을 서술하는 것이 일반적이다.[2] 그러나 최근에는 서양의 도교학 연구 성과를 수용하면서 그러한 전통적인 연구 태도가 많은 수정을 받고 있다. 그러나 일본 연구자들의 주류는 역시 문헌적 연구라고 할 수 있다. 특히 최근 주목할 만한 연구 성과를 왕성하게 발표하고 있는 와세다대학의 코바야시 마사요시小林正美 교수는, '도교'라는 개념은 도교가 자기의 종교적 정체성을 명확하게 해가는 과정에서 창출된 명칭이며, 그 도교라는 명칭을 자각적으로 사용하기 시작한 육조시대 이후의 천사도(=정일교正一敎)에서부터 진정한 '도교'가 시작된다고 주장한다. 그의 정의는 엄격한 실증주의적, 교단주의적 관점에 근거하고 있다(小林正美, 1998).

코바야시 교수의 입장에 따르면 천사도 이전의 모든 도교적 종교현상

---

2) 구보 노리타다窪德忠의 『도교사』(구보 노리타다, 2000)가 대표적이다.

은 엄밀한 의미에서 도교사의 일부가 될 수 없고, 오직 도교 '전사前史'로서의 의미를 가질 뿐이라고 한다. 그의 방법적 관점은 도교 개념이 지나치게 확대되어 사용되면서 마침내 '도교란 무엇인가?' 하는 물음 자체가 무의미해지는 학문 상황에 대한 반발이라고 이해할 수 있다. 그러나 그의 문제의식을 긍정적으로 받아들인다고 하더라도, '도교'라는 명칭의 형성이라는 명목론적 사실에 한정하여 도교를 정의하는 것은 역시 많은 문제를 만들어낸다고 말하지 않을 수 없다. 그의 논점은 자칫 정일파正一派 도교의 형태를 도교의 유일한 정통이라고 보는 특정 도교 교단의 정통론을 반복하는 위험이 있다. 종교를 보는 코바야시 교수의 관점은 전형적인 실체주의 종교관에 근거하고 있다. 따라서 그는 교단의 존재, 경전과 교리의 존재, 그리고 종교 스스로가 자신을 부르는 자각적 명칭 등을 종교의 표지로 본다. 그는 정일파 성립 이전의 초기 형태의 천사도가 도교라고 불릴만한 명확한 교리적 체계를 확립하지 못했다고 보는 것이다.

어떤 종교든 정통론을 제시하고, 그 정통론적 입장에서 다른 종교 내지 분파를 이단 내지 사이비라고 배척하는 경향이 있다. 기독교의 경우는 그러한 이단 비판의 경향이 대단히 강하다. 기독교를 연구하는 경우에 그렇게 많은 유파, 종파, 종단 중에 어느 것을 정통으로 보아야 할 것인가 하는 문제를 피하기가 쉽지 않다. 적어도 교파주의적 관점을 벗어나는 객관적 관점에 서면 어느 유파(교파, 교단, 종파)의 정통 주장을 곧이곧대로 받아들일 수가 없다. 그리고 정통 교단의 역사가 그 종교의 역사 전체라고 말할 수도 없다. 기독교라는 명칭은 기독교 내부의 중요한 여러 교파는 물론, 정통에 의해 배제된 이단까지도 그 안에 포함하는 훨씬 넓은 개념이다. 도교의 경우도 마찬가지다.

도교의 정통론 논쟁은 갈홍葛洪의 『포박자抱朴子』에서부터 상당히 진지하게 제시되고 있다. 갈홍은 자신이 계승하는 전통을 정통적 도교라고 본다. 그 이외의 흐름에 대해서 그는 '음사淫祀' 혹은 '요도妖道'라고 폄하한다. 정일파 도교 역시 그런 정통론적 관점에서 그 이전의 여러 흐름을 취사선택하고, 동시대의 여러 도교적 실천 중에서 자기의 체계에 부적합한 것을 이단이라고 배제하면서 정통적 도교 교단으로 발전했다. 그 교단은 마침내 왕실의 비호를 받으며, 그 이전의 모든 중요한 도교적 전통을 자기의 체계 속에 포섭하는 유연성과 포괄성을 가지게 되었다.

현재《도장》은 정일파의 관점에서 다른 역사적 도교의 여러 형태를 종합하여 편찬된 것이다. 만일 역사적으로 존재했던 다른 교파의 입장에서 '도장'을 편찬했다면, 그 '도장'은 지금의《도장》과는 아주 다른 모습을 갖게 되었을 것이다. 그 정일파 중심의 체계 안에서는 다른 모든 역사적, 도교적 전통은 위계적 질서화를 통해 도교의 구성 부분 내지 '전사'로서 배치된다. 물론 그 질서화의 틀에서 완전히 배제되고 역사에서 사라진 '도교적' 전통 역시 존재할 것이다. 기독교에서도 우리는 그런 예를 얼마든지 볼 수 있다(Ehrman, 2005).

그렇다면 정통에서 배제된 도교적 실천, 이단으로 평가받은 도교적 신앙과 실천은 '도교'에 속하지 않는다고 보아야 할 것인가? 정일파가 배제한 도교적 사상과 신앙은 정말로 '도교'가 아니거나 '진짜' 도교를 위한 디딤돌에 불과한 것인가? 기독교를 예로 들어 말한다면, 로마 가톨릭을 기준으로 그 이외의 모든 종파적 흐름을 기독교의 역사에서 배제하거나, 가톨릭에 합류하지 못한 종파적 운동은 기독교가 아니라거나 기독교의 전사에 불과하다고 평가할 수 있는가? (고대, 중세, 근세의 소위 이단적 기독교 종파들은 기독교가 아닌가? 권력 투쟁에서 패배한 자는 모두 아무런 역사적 의의도 갖지 못하는가?)

중국 역사 속에서 도교는 정말로 그렇게 정일파(천사도)라고 하는 한정된 정통적 교단 질서의 틀 안에서만 성장하고 발전해온 것일까? 소위 명대의 정통正統 연간에 편찬되었기 때문에 《정통도장正統道藏》이라고 불리는 그 도교 문헌의 총체에서 제외된 도교적 신앙과 실천은 도교가 아니라고 할 수 있는가? 《정통도장》이 편찬된 이후 그 도장에 담기지 못한 자료들을 다시 수집하여 편찬된 《만력속도장萬曆續道藏》의 존재를 고려한다면, 도교의 실체를 그렇게 한정적으로 볼 수 없다는 것을 금방 알 수 있다. 그리고 최근에 정리된 《장외도서藏外道書》 및 《중화도장中華道藏》은 《정통도장》이나 《만력속도장》이 포괄하지 못하고 누락시킨 도교적 신앙과 실천을 보여주는 방대한 문헌들을 포괄하고 있다. 이처럼 《도장》 자체가 확정된 것이라고 볼 수 없다.

프랑스의 도교학자 쉬페르 교수는 당신이 대만에서 연구하던 1960~70년대, 대만의 도사들 중에는 《도장》의 존재 자체를 알지 못하는 사람이 적지 않았다고 나에게 말해준 적이 있다. 그리고 그들이 일상적으로 사용하던 도교 경전들 중에는 《도장》 속에 들어 있지 않은 것도 적지 않았다고 한다. 그렇다면 그 당시의 대만 도사들은 '도교'가 아닌 어떤 다른 종교 활동을 영위했다고 말할 수 있는가?

종교 연구에 있어 명목론적 접근법의 문제점은 여기서 나타난다. '정통orthodox'이 한 종교의 진정한 대변인이며, 정통에서 밀려난 것은 잊어도 좋은 것인가? 정통은 고정불변하는 진리의 증거일 수 없다. 그것은 역사적으로 형성되어온 과거의 전통을 독점적으로 '영유領有(자기 것으로 포섭)'하고자 하는 종교 내부의 권력적 갈등의 산물일 뿐이다. 종교의 정통성 주장은, 그 주장의 진리성 여부와는 무관한, 해당 종교 내부의 갈등을 보여주는 자료로서만 의미가 있다. 정통만이 진실의 증거라고 할 수 없고, 이단이기 때문에 고려할 가치가 없다고 볼 수 없다. 정통과 이단의 선악 이분법을 도덕적, 사회적 의미의 선악 이분법과 동일 차원에서 평가해서는 안 된다. 그것은 그 종교 내부의 문제일 따름이다.

객관적인 관찰자 내지 역사학자가 관심을 가지는 것은 오히려 그런 정통성 논의의 형성 과정과 배경이다. 정통성 갈등의 역사 그 자체가 종교사의 대상이 되어야 하는 것이다. 어떤 종교 현상을 객관적 입장에서 평가하고 서술하는 사람은 소위 정통의 주장에 대해서도 한 발 거리를 둘 필요가 있다는 것이다.

만일 도교 '전사'라는 개념을 사용하여 '정일파(천사도)' 이전의 도교적 종교의 형성과 발전을 정리하려고 한다면, 여전히 해결되어야 하는 하나의 근본 문제가 제기된다. 어디까지를 '전사'로 포함시켜야 하는가, 그 범위를 어디까지 잡아야 하는가 하는 문제다. 결국 코바야시 교수의 연구 방법은 명목론적으로 도교 기원의 문제를 해결한 것 같지만, 실제로는 설명하기 어려운 것을 '전사'에 미루어놓은 것에 지나지 않는 해결 방식이다. 남자를 정의하면서 여자가 아닌 인간이라고 정의했을 때, 그렇다면 여자란 무엇인가 하는 물음이 다시 제기된다. 이번에는 여자는 남자가 아닌 인간이라는 정의가 나오게 되고 그것은 영원히 순환된다. 도교와 도교 '전사'를 나누어 보는 관점은 그런 순환론을 반복하는 것에 지나지 않는다. 그 경우 도교의 '전사'라는 범주에 포함되는 것 역시 자의적인 기준에 따른 것일 수밖에 없다.

고대의 무속, 고대의 국가 의례, 고대의 천신 사상, 귀신 관념, 묵가 사상, 장자 사상, 불교 등 도교의 '전사' 내지 도교에 영향을 준 신앙 및 사상에 포함될 수 있는 것의 목록은 끝이 없다. 결국 질문은 처음으로 다시 돌아간다. 도교 '전사'에 속하는 모든 도교적 사상과 도교적 실천은 '도교'라는 범주를 염두에 두고 그 범주에서 배제된 것이며, 그것은 또 다시 독자적인 연구의 대상이 되어야 하기 때문이다. 도교를 이해하기 위해서는 다시 그것의 '전사'를 먼저 알아야 한다는 순환 관계가 형성된다. 따라서 코바야시의 해결 방법은 결코 해결이라고 할 수 없다. 그것은 단지 문제의 회피일 뿐이다.

　형식적, 명목적 관점보다는 실질적인 도교적 종교 현상의 출현을 더욱 중시하는 입장에서는, 소위 도교의 '전사'라고 평가되는 선진先秦 시대에 존재했던 선행적인 종교적 실천과 신앙에서부터 도교의 시작을 인정하려고 한다. 그런 관점을 견지하는 연구자들은 『노자』와 『장자』를 도교적 신앙과 실천의 전통을 보여주는 종교 문헌이라고 해석하거나, 신선 사상과 결부된 양생술적 기법과 주술적 의례에서 도교의 초기 형태를 발견할 수 있다고 본다. 사실 그러한 관점의 차이는, 전사에 속하는 그것을 도교 이전의 별개의 종교 전통이라고 보는가 아니면 도교라는 자각적 개념은 사용하지 않았지만 도교라고 평가할 수밖에 없는 종교 현상이라고 보는가에 달려 있다.

7. '도가/도교' 이분법의 한계

　엄격하게 말하면 '도교'라는 개념 자체는 코바야시 교수가 지적한 것처럼 위진남북조魏晉南北朝시대에 불교와의 대결을 염두에 두고 사용되기 시작한다. 그 이전에는 '도가'라는 명칭이 널리 사용되고 있었다. 하지만 '도가'라는 명칭 역시 선진 시대부터 존재했던 것은 아니다. 선진 시대에는 '도가'라는 개념이 존재하지 않았다. 널리 알려진 것처럼 '도가道家' 개념은 사마천司馬遷이 저술한 『사기史記』에 처음 등장한다. 즉 도가 개념은 전한 초기부터 사용되기 시작한 것이다. 따라서 엄격하게 말해서 '선진 시대의 도가'라는 표현은 옳지 않다. 노자와 장자를 '도가'의 계통을 형성하는 원류라고 보고 그들의 사상을 '도가'라고 정리하는 것은 『사기』를 저술한 사마천 부자에게서부터 시작되는 관점이기 때문이다. 따라서 '선진' 시대의 도가와 그 '이후'의 도가 사이에 존재하는 차이에 대해 말하는 것 역시 시대착오적이다. 선진 이후의 도가 역시 사마천이 창출한 도가라는 명칭에 의해 규정되는 명칭이라는 사실을 잊어서는 안 된다.

노자와 장자를 '도가'라는 일반적 학파 명칭으로 포괄적으로 지칭하는 것은 한대 이후의 관점이며, 선진 시대의 '도가'는 그 자체로 독자적으로 존재했던 하나의 사상 학파가 아니라 한대 이후에 만들어진 '도가'라는 명칭을 과거에 소급적으로 투영한 것에 불과하다는 사실을 기억할 필요가 있다. 전한 초기에 성립한 『회남자淮南子』에 처음 나오는 '노장老莊'이라는 명칭 역시 비슷한 성격을 가지고 있다. 그리고 그 두 명칭 모두 한대 말까지는 그다지 널리 사용되지 않았다.

후한 중기의 시점에서 그 이전의 많은 사상가 학파를 비판하는 왕충王充의 경우에도 도가 내지 노장이라는 명칭은 사용하지 않는다. 왕충은 도술道術, 호도학선好道學仙, 황로黃老 등의 명칭을 사용하여 현재 우리가 '도교'라고 부르고 있는 종교 및 사상의 흐름을 개괄하고자 했다. 왕충은 호도학선의 도술을 대표하는 저술로서 『회남자』를 꼽고 있다.3)

전국시대 말기부터 한대 초기에 걸쳐서는 '황로黃老'라는 개념이 오히려 널리 사용되었고, 그것은 현재 우리가 '도교(종교)'라고 부르는 종교적 신앙과 실천, 사상을 모두 포괄하는 것으로 사용되었다. 나아가 『포박자 내편抱朴子內篇』의 저자인 갈홍은 '황로'라는 개념과 '도가'라는 개념을 동시에 사용하면서 자신의 종교적 실천 및 신앙, 사상을 표명한다. 한대 말기까지는 '황로'라는 명칭이 널리 사용되었고, 그 이후에는 '도가'

---

3) 『회남자』는 『한서漢書』에서 제시한 학파 분류에서는 '잡가'로 분류되고 있으며, 노장이라는 명칭이 처음 등장하는 문헌이다.

라는 명칭이 도가적 종교, 도교적 사상을 포괄적으로 지칭하는 개념으로 사용되었기 때문에 갈홍은 그런 관행을 그대로 답습하고 있다고 말할 수 있다.

갈홍의 '도가' 개념은 당연히 사마천에게서 나온 것이다. 갈홍은 사마천의 관점을 대단히 신뢰하고 존중하면서 그 개념을 사용한다. 물론 갈홍이 '도가'라고 부르는 것은 사마천이 명명한 소위 선진 시대의 '도가'보다 훨씬 더 폭넓은 개념으로 의미가 '확대'되어 있었다는 사실에 주의해야 한다. 갈홍이 사용하는 '도가' 개념은 사마천의 '도가'와는 실질을 달리하는 것이다.

갈홍의 도가 개념은 소위 선진 시대의 도가는 물론이고, 신선가神仙家 및 방사方士의 종교 사상과 기법을 모두 포괄하는 종교적, 사상적 전통을 지칭하는 개념으로 확대되어 있었다. 그리고 그처럼 확대된 도가 개념은 그 이후 청말淸末에 이르기까지 중국 지식인들에게 널리 받아들여져 사용되었다. 갈홍이 활동한 위진 이후의 '도가' 개념은 단순히 선진 시대의 노자와 장자의 도가도 아니고 사마천의 '도가'와도 다르다. 위진 이후의 '도가'는 갈홍이 사용하는 의미의 '도가'와 외연과 내포가 동일하다. 갈홍의 '도가' 개념은 위진 이후 당송唐宋, 명청明淸 시기를 관통하는 '도가=도교'라는 의미로 사용되는 개념 사용의 원점인 것이다.[4]

갈홍 이후에 '도가(=도교)'의 내용적 발전 과정에서 '도교'라는 개념

---

4) 갈홍은 『한서』의 저자 반고班固의 관점에 대해서는 대단히 부정적이다. 반고의 도가 개념은 한편으로는 사마천의 도가 개념을 계승하고 있지만, 반고의 분류 체계 안에서 잡가, 음양가, 신선가로 분류된 저작들은 사실 갈홍의 '도가', 즉 '도교'의 범주에 포함될 수 있다. 고대 중국 사상의 학파 분류 자체가 분류하는 자의 인식적 입장에 의해 좌우되는 자의적 범주라는 사실을 잊지 않아야 한다. 그런 범주를 절대시하기 때문에 중국의 선진 사상을 연구할 때 많은 곤란이 초래되기도 한다.

이 새롭게 등장한다. 단순히 사상 학파를 지칭하는 것이라기보다는 신앙적 체계를 갖춘 사회적 유용성이 있는 가르침, 즉 인민을 지도하는 정치적, 교육적 효용성을 가진 체계적, 사상적, 실천적 총체라는 의미로 '도교'라는 개념이 사용되었을 것이라고 추측된다. 그 증거로서 당나라 시대에 서방으로부터 전래된 외래 종교는 거의 대부분 'ㅇㅇ가家'라는 명칭보다는 'ㅇㅇ교敎'라는 명칭으로 불렸던 것을 지적할 수 있다. 그때 'ㅇㅇ교'라는 명칭을 사용하는 사람들은 자신의 신념에 따라 선택한 종교적 가르침이 '철학philosophy'이 아니라 '종교religion'라는 분명한 의식이 있어서 그런 개념을 사용한 것은 결코 아니었다. 따라서 어떤 가르침의 명칭이 '가'인지 '교'인지에 따라 철학과 종교를 구분하려는 입장은 전혀 중국인의 언어 사용법을 고려하지 않는 태도이다. 'ㅇㅇ가'와 'ㅇㅇ교' 혹은 'ㅇㅇ도'와 'ㅇㅇ종'은 서로 구분 없이 넘나들 수 있는 것이었다.

'철학'과 구별되는 '종교'라는 개념 자체가 근대 이전에는 존재하지 않았다. 서양의 연금술사들alchemists은 자기들의 작업이 우주의 창조자인 신의 창조 작업에 비견될 수 있는 내용을 가지고 있다고 확신했고, 그러한 그들의 작업을 '철학philosophy'이라고 불렀다는 것은 널리 알려져 있다. 그러한 작업을 통해 창조되는 궁극적 물질을 그들은 '철학자의 돌philosopher's stone'이라고 명명했다. 여기서 우리는 철학과 종교를 이분법적으로 구분하는 입장 자체가 근대적 사유의 산물이라는 사실을 알 수 있다. 근대 이전의 서양에서는 '철학'과 '종교'의 구별 자체가 존재하지 않았던 것이다.

철학과 종교를 구분하고, 인간의 정신사가 주술(마술)에서 종교를 거쳐 철학 내지 과학으로 발전해나간다는 진화론적, 계몽주의적 관점은 바로 계몽주의적 근대에 들어와서 처음으로 형성된다. 그리고 그런 진화론적 관점이 '종교인 도교'와 '철학인 도가'는 같은가 다른가, 하는 논쟁을 낳는 계기가 된 것이다. 물론 그런 구분은 가능하지 않고 그런 논쟁 자체가 잘못된 전제 위에서 시작되었다는 것은 다시 말할 필요가 없다.

갈홍은 '도교'라는 개념을 사용하지 않는다. 마찬가지로 그는 '불교'나 '유교'라는 개념도 사용하지 않는다. 그가 불교라는 개념을 사용하지 않는다고 해서 그 당시에 남중국 지역에 불교가 유입되지 않았다거나, 유교라는 개념이 등장하지 않는다고 해서 유교가 존재하지 않았다고 말할 수는 없다. 더구나 갈홍이 '유가'라는 명칭을 사용한다고 해서 '유교'와 '유가'가 다르다고 말할 수는 없다. (유교는 종교, 유가는 철학이라는 널리 알려진 구분도 사실 황당하다.) 불교라는 명칭(그것은 메이지 시대 일본에서 만들어져 역으로 중국, 한국에 수출된 것이다. 그전에는 불가, 불학이었다)이 존재하지 않았다고 해서 '불교'와 '불가'가 다른 것이라고 말할 수 없는 것과 마찬가지이다. 그 명칭의 차이를 강조하여, 불가는 철학으로서의 불교를, 불교는 종교로서의 불교를 의미한다는 주장을 한다면 그것은 완전한 억지가 될 것이다.

중국인들의 언어 용법상 ○○교와 ○○가는 결코 다른 것이 아니다. 더 나아가 위진 이후의 중국에서 노장과 도가, 도가와 도교, 도교와 도술, 황로와 도가, 도술이라는 명칭의 내용적 차이는 존재하지 않는다(위진 이후 황로라는 개념은 거의 사용되지 않는다). 물론 전통 중국의 일부 사상가들은 신선 사상적 도가가 허황된 내용을 주장한다는 이유에서 그것을 비판하고, 노장의 순수한 정신을 높이 평가하기도 한다(유교 정통주의자인 주자朱子가 대표적이다). 그러나 소위 선진 시대의 도가의 참 정신은 선도仙道의 실천에 의해 비로소 실현된다고 생각했던 사람이 없던 것도 아니다(소위 하상공河上公 이후, 《도장》 전통을 형성하는 도교적 사상가들은 거의 대부분 그렇게 생각한다. 소동파蘇東坡 같은 지식인 역시 그런 사상을 계승한다).

하지만 최근의 도가, 도교 논쟁은 주희나 소동파의 정통주의 논점과는 약간 다른 전제에서 출발하고 있다는 사실에 주목할 필요가 있다. 최근의 논자들은 자기들이 미처 의식하지도 못하는 사이에 익숙해져버린 근대의 진화론적 계몽주의에 근거한 '철학/종교 이원론'의 관점을 전통 시대의 도교(도가)를 해명하는 잣대로서 사용하고 있는 것이다. 그러나 '도교' 혹은 '도가'라는 명칭에 대한 단순한 명목론에 사로잡혀, 그 명칭의 차이를 그 의미 내용의 차이와 동일한 것으로 보는 입장은 그 언어를 사용하는 화자들의 내면에 무관심한 비역사적 태도이다. 앞에서도 말했지만 역사적으로 보아도 당나라 시대 이후가 되면 도교와 도가 개념은 내용적인 구별 없이 사용된다. 사실 지금까지 학계에서 유행했던 도교의 기원에 대한 논쟁의 초점은, 도가와 도교의 관계를 어떻게 규정지을 것인가에 대한 것이었다고 볼 수 있다. 그것은 첫 단추를 잘못 끼운 데서 시작된 논쟁이었던 것이다.

 대체로 말해서 도교의 시작을 한대 이후로 한정하는 연구자들은 도교와 도가의 분리를 강조한다. (그러한 연구자들의 입장 자체가 근대주의적이고 실증주의적이다.) 그들은 '도가'가 노자와 장자로 대표되는 선진시대의 제자백가의 일파이며, 순수한 철학적, 사상적 입장이라고 본다. 그리고 그들은 '도교'는 한대 이후에 잡다한 형식을 갖기 시작한 민중적, 의례적, 주술적 종교 형식이라고 본다. 그러한 입장이 현재 한국학계, 중국학계의 주류라고 할 수 있는데, 그런 입장을 가진 연구자들은 철학과 종교의 위계적 질서를 전제하는 경향이 강하다. 일본학계에서는 그런 단순한 이분법을 주장하는 연구자는 줄어들고 있지만, 여전히 철학 내지 사상사 위주의 관심이 도교 연구를 지배하는 상황에서 아직도 그러한 위계적 관점에 근거한 이분법, 즉 '철학'은 수준 높은 지식인의 철학적 사유의 표현이며 '종교'는 무지한 민중의 미신적 신앙에 의해 형성된 저급한 환상이라는 이분법이 학계를 지배하고 있다.

여기서 우리는 도가/도교의 이분법, 철학/종교의 이분법 그 자체가 서구적 문명을 인간 역사가 나아가야 할 필연적인 방향으로 이해하고, 그것에 못 미치거나 남는 것을 정상적인 인간의 삶의 방식이 아니라는 식으로 폄하하고 배제시키는 방식이라는 점을 인식해야 할 것이다. 그런 사유의 서구 중심주의는 우리의 무의식에 깊이 뿌리내리고 있다. 그리고 그렇게 뿌리내린 서구 중심주의가 우리 학문의 권력 중심에 도사리고 있다.

제1부

갈홍의 도교 사상

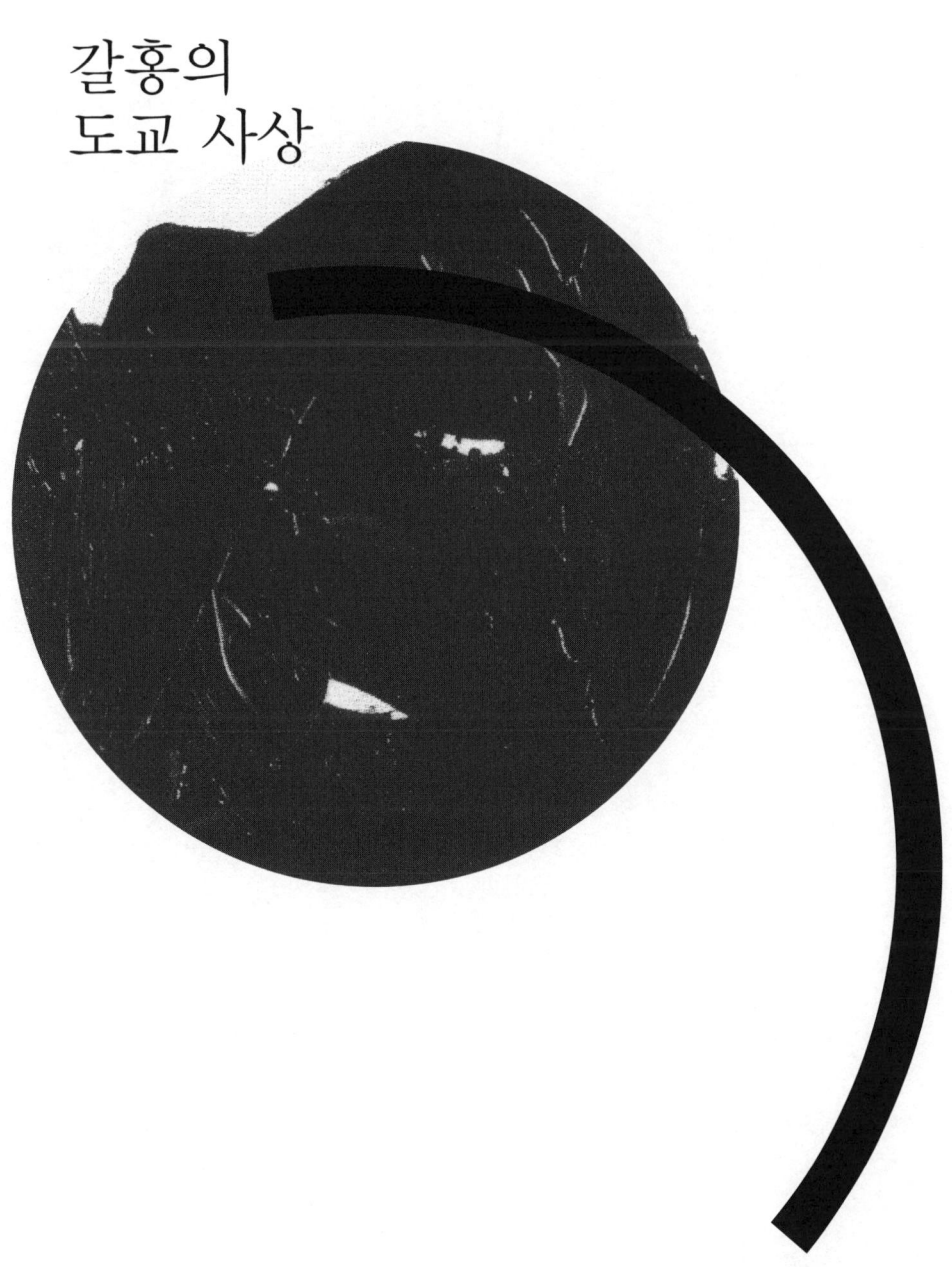

1장 갈홍 도교 사상의 형성

1. 갈홍 도법의 원류

후한 말에서 동진 시대에 이르는 시기는 이른바 '조직(교단)'의 형태를 갖춘 도교가 출현하는 시기였다. 그 시기에 북방 중국에서 활동한 장도릉張道陵, 장형張衡, 장로張魯와 남방 중국에서 활약한 갈현葛玄, 갈홍은 도교적 신앙과 실천, 수행의 체계화를 완성한 인물들이었다. 소위 삼장三張이라고 불리는 장도릉과 그의 아들 장형, 그리고 손자 장로는 현재 중국의 쓰촨四川 지방(촉蜀)에서 오두미도를 창립하고 교권과 정권이 합일된 종교 왕국을 건설했다. 그것이 물론 엄밀한 의미에서 도교 교단이라고 볼 수 있는가 하는 의문은 있을 수 있다. 앞에서 언급한 것처럼 코바야시는 그것이 도교의 '전사'에 불과한 종교 조직이라고 본다. 그러나 그런 관점은 오히려 어려움을 가중시킨다. 교단이나 조직의 형태를 갖지 않은 도교적 신앙과 실천의 여러 형태는 중국의 도처에 퍼져 있었고, 그런 움직임을 모두 도교적 종교 양태의 일부로 이해해야 하기 때문이다.

'하나'의 도교가 아니라 '다양'한 도교가 존재했고, 그 다양성을 모두 도교의 양태들로 인정해야 하는 것이다. 따라서 소위 북방의 천사도(오두미도), 남방의 갈씨도 등 역사적으로 드러난 몇몇 종교 양태만을 고대 중국의 도교적 종교 양태의 모든 것이라고 보아서는 안 된다.

갈현과 그의 손자 갈홍은 현재의 장쑤성江蘇省에 속하는 단양丹陽 구용句容에 근거지를 두고 활동하면서 금단 도파의 기초를 정립하고, 도교의 이론적 발전에 커다란 족적을 남긴다. 구용 지역은 도교의 다양한 형태가 존립했던 동남부의 해안 지역에 포함된다. 북방에서 종교 활동을 펼친 장도릉과는 달리 갈현, 갈홍은 어떤 특정한 명칭과 조직을 가진 도파를 창설하지 않았다. 그들은 자기들의 사상과 실천을 '도교'라고 명명하지도 않았다. 그러나 그들이 장도릉과 함께 도교의 정립자라고 불리는 이유는 연단술鍊丹術, 즉 금단을 중심에 두는 신선 수련의 이론을 정립하고, 도교적 종교 운동의 '다양한 형태 중의 하나'를 대표하고 있기 때문이다.

구용에 근거지를 둔 갈씨 가문의 도법은 당시에 벌써 명망을 얻고 있었다. 갈현은 보통 '갈선공葛仙公'이라 불렸으며, 갈홍은 '소선옹小仙翁'이라 불렸다. 또 갈홍의 손자인 갈소보葛巢甫는 《영보경靈寶經》이라는 일군의 경전을 세상에 유포시켰다. 《영보경》은 《상청경上淸經》과 더불어 남방 도교를 대표하는 중요한 도교 문헌군이다. 《상청경》이 주로 내면적 수련에 치중한다면 《영보경》은 의례적 실천을 중시한다. 《영보경》 자체가 종교적 의례에서 사용되는 '부적'들의 집합물이라고 보는 견해도 있다. 《영보경》 중에서 갈선공에 의탁하여 만들어진 경전들을 학자들은 선공계仙公系 영보경이라고 특별한 의미를 부여하기도 한다. 도교사에 있어서 갈홍은 이렇게 만들어진 도경道經들 속에서 신격화된 이미지를 가지고 있기도 하다. 하지만 갈홍은 도교 사상사에 있어서의 이론적 성취로 인해 도교사에서 가장 중요한 인물로 평가되고 있다.

이처럼 갈홍의 학문적 성취는 금단술의 이론으로만 축소되어서는 안 된다. 갈홍의 『포박자 내편』은 금단술 문서에 그치는 것이 아니라, 도교사의 전개 과정에서 출현한 수많은 도교 방술方術과 이론적 주제를 집약적으로 담고 있는 중요한 문헌이다. 이처럼 『포박자 내편』은 도교의 전모를 파악하기 위한 밑그림과 준거를 제공한다는 의미에서, 도교의 '축소판'이라고 말할 수 있다.

갈홍 시대에 흥망을 거듭했던 남방의 여러 왕조 중의 하나인 진나라 왕조의 역사를 기록한 『진서晉書』는 갈홍의 전기를 싣고 있다. 그의 인생 족적에 관한 공식적 기록인 「갈홍전葛洪傳」에서는 그의 "학문적 넓이와 깊이는 강남 지방에서 비교할 사람이 없을 정도로 최고 수준에 이르고 있었다〔博聞深洽, 江左絶倫〕."라고 평가한다. 갈홍은 소위 정통 사상인 유교의 사유 틀을 벗어난 주변적 사상과 문화를 습득한 지식인이었다. 그런 지식인들은 공식적인 틀에서 벗어나 있다는 의미에서 방사方士(방외지사)라고 할 수 있겠는데, 도교는 그런 방사들의 정신적 안식처였다고 할 수 있다. 도교의 신선을 논하는 선도仙道 이론과 단약丹藥 및 금단金丹의 제조 및 도교적 방술을 집대성했다는 점에서 갈홍의 위상은 절대적이다. (신선을 지향하는 도교의 모든 종교적 수련법이 방술이다. 도교의 근거가 되는 도를 실천하고 수행한다는 의미에서 도술이라고 불리기도 한다.)

도교학자들은 갈씨 가문의 도교학을 '갈씨도葛氏道'라고 명명한다. 갈홍은 갈현의 도법을 이으면서 금단도金丹道를 정리 집대성하였고, 갈소보는 상청파上淸派에 대항하기 위해 《영보경》을 만들고 그것에 근거한 도법을 발전시켰으며, 그것이 중요한 독자적인 도교학풍을 형성한다고 보기 때문이다. 나는 그런 명칭 자체에 반대하지는 않는다. 그러나 북방에는 천사도(오두미도), 남방에는 상청파 내지 갈씨도가 있었다는 식으로, 도교의 전통을 남북으로 나누어 단순화하기 위해 그 명칭을 사용한다면, 그것은 적절하지 않다고 생각한다. 갈홍은 당시 남방 중국에 존재했던 다양한 도교 집단 중의 '하나'의 흐름을 계승하고 발전시키고 있을 뿐이다. 그것은 좌자左慈, 갈현, 정사원鄭思遠으로 이어지는 계통이다.

그중에서도 정사원에서 갈홍으로 이어지는 흐름은 『포박자 내편』에 어느 정도 담겨 있지만, 다른 갈래들이 활동하고 있었다는 사실 또한 부정할 수 없다. 갈홍이 미처 몰랐거나, 때로 요도라고 비판하기도 하는 다양한 도교 집단이 존재했을 뿐 아니라, 갈홍과 함께 도를 수련하고 방술을 탐구했지만 나중에는 갈홍과 다른 길을 걸어간, 정사원의 다른 제자들도 있었다. 그들이 역사 속에 확고한 족적을 남기고 있지 않다고 해서, 그들의 존재 자체가 없었던 것은 아니다.

갈홍은 그 당시 남방 중국에 존재했던 다양한 도술(방술)을 종합하고 지양하려는 지적 포부를 가진 인물임에는 분명하지만, 그렇다고 해서 당시 남방 중국의 도교를 '갈씨도'로 단순화할 수는 없다. 당시 남방 도교의 양태는 상청파나 갈씨도로 수렴되는 것도 아니었다. 아쉽게도 현재 우리는 갈홍이 활동하던 당시의 도교의 다양한 흐름에 대해 충분한 정보를 가지고 있지 못하다. 우리는 갈홍이 수집한 수많은 문헌을 통해서 다양한 도교 집단이 존재했다는 것을 추정할 수 있을 따름이다.

갈홍은 『한서漢書』의 도서 목록(「예문지藝文志」)이 정리된 후 100년 남짓 지난 시점에서 그 목록에 등장하지 않는 엄청난 양의 도교 문서를 수집했고, 그가 수집한 일부 문서에 대해서는 도서 목록까지 만들어 보이고 있다.[1] 그런 사실을 어떻게 설명할 수 있을까?

---

[1] 『포박자 내편』「하람遐覽」의 도서 목록이 곧 갈홍이 수집한 도교 문헌의 전부는 아니다. 더구나 그 문헌이 당시 남방 중국의 도교 문헌 전부는 더더욱 아니다. 「하람」에 보이는 목록은 갈홍이 수집하고 연구했던 문서의 전체가 아닌 것이다. 『포박자 내편』「금단金丹」 등에서 언급하는 중요한 금단 문헌은 「하람」에 수록되어 있지 않

간단히 말하면 『한서』의 도서 목록 자체가 지극히 불완전한 것이었다. 『사기』의 학파 분류 관점과 『한서』의 도서 목록을 통해 선진 시대 및 진한秦漢 시대의 사상적, 종교적 지형을 충분하게 그리는 것은 '불가능'하다. 도교 및 도술 계통의 활동은 소위 공적 지식과는 전혀 다른 사회적 맥락 안에서 실행되고 있었기 때문에, 『한서』의 저자 혹은 편자들은 그 문헌들을 무시했다. 아니 그들은 도교 문서들에 대해 전혀 무관심했거나 알지 못했을 가능성이 높다.

갈홍의 학술적 성취는 두 방향에서 그 직접적 원류를 찾을 수 있다. 하나는 종조從祖 갈현으로부터 비롯되는 학문적 계승[師承] 관계이며, 다른 하나는 그가 살았던 구용 지역의 종교적 환경이다. 도교 도법의 전수에 있어서는 맹약을 통해 전승 관계를 맺는 스승[明師=盟師]의 역할을 중시한다. 특히 육조시대의 상층 집단은 학문과 혼인이라는 관계를 통해 서로 연결되어 있었고, 갈홍 본인 및 그 가족과 강남의 귀족[世家]들과의 연결은 갈홍의 학술과 사상에 최상의 조건을 제공했을 것이다. 도교사에서 구용은 초기 남방 도교를 대표하는 중요한 인물들이 출현한 지역이었다.

현재 장쑤성의 성도인 난징南京 남쪽에 위치한 구용은 강남의 작은 도시다. 타이후太湖 유역 내에 위치한 구용은 산과 언덕, 호수와 하천이 조화롭게 포진한 전형적인 강남 풍경을 가지고 있으며, 편리한 수리 교통과 풍부한 물자로 인해 육조시대 이후 정치, 문화의 요충지로 발전하였다.

갈씨 가문은 동한東漢(후한) 말부터 구용에 자리 잡은 중간 관료 집안이었다. 갈씨 가문은 갈현(164~244) 때부터 도교와 관계를 맺기 시작한다.[2]

다는 것이 그 증거다.
2) 갈홍과 갈씨 집안에 대한 기본 자료로는 도홍경陶弘景, 「오태극좌선공갈공지비吳太極左仙公葛公之碑」 및 『진서』의 「갈홍전」, 『포박자 외편抱朴子外篇』 「자서自敍」 등이 있다.

갈현의 자字는 노선老先으로, 젊은 시절부터 도술에 열성적인 관심을 가지고 저장성浙江省의 적성산赤城山에서 수도 생활을 했다고 한다. 갈현은 좌자를 스승으로 모시고, 그에게서 『단금액선경丹金液仙經』 등 금단 도법의 문헌들을 전수 받았고, 신선술 방술과 의학 방면의 지식을 배웠다. 연기煉氣, 보형保形, 치병治病, 핵귀劾鬼라고 불리는 종교적 기법(방술)들은 무shaman의 종교 직능과도 관련이 있다. 좌자에게서 금단 도법과 수련법을 전수 받은 갈현은 금단술을 실행할 수 있는 곳을 찾아서 강남 일대의 명산들을 편력하였다. 말년에 갈현은 명산의 하나인 합조산閣皂山(장시성江西省 칭장현淸江縣)에 와운암臥雲庵이라는 거처를 마련하고 신선에게 제사지내고 구전금단九轉金丹을 만드는 수련에 몰입했다고 한다.

좌자, 갈현이 전해준 금단 도법[外丹術]은 북방의 오두미도, 천사도 계통의 도교 법술과 나란히 도교사의 두 기둥을 형성한다. 천사도는 신령에 대한 기도 및 부적을 사용하여 병을 치료하는 치병 의례를 도법의 중심으로 삼는 반면, 갈씨도는 연금술을 핵심에 두고 기의 수련에 근거한 다양한 방술을 실천한다. 대체적으로 이렇게 그 두 계통을 구분할 수는 있지만, 그 두 계통이 무연하다고 볼 수는 없다. 장도릉의 도법 역시 연금술을 포함하며, 기의 수련을 근간으로 삼는 다양한 방술을 실천하고 있었기 때문이다. 하지만 일반적으로는 좌자로부터 갈현을 거쳐 정사원, 갈홍으로 이어지는 남방 도교를 금단도金丹道의 대표로 이해하고 있다. 왜냐하면 천사도 계통에 속하는 금단 문헌은 별로 알려져 있지 않기 때문이다.

2. 도술의 전승: 비밀 의례?

갈홍이 계승한 도법은 가학家學이었다. 그 학문의 전승 과정에서 정사원(정은鄭隱)은 중요한 매개자의 역할을 한다. 정사원은 갈현이 이끄는 오백여 제자 중의 한 사람이었다고 한다. 그 숫자에는 약간의 과장이 섞여 있겠지만, 당시 남방 도교 집단이 상당한 규모를 가진 집단으로 존재하고 있었다는 것을 추측할 수 있다. 갈홍의 스승 정사원 역시 수십에서 수백에 이르는 제자들을 이끄는 거대한 조직을 가지고 있었던 것이 거의 확실하며, 이가도李家道, 백가도帛家道 등 갈홍이 비판하는 도교적 종교 집단 역시 수십에서 수백 명이 무리를 이루어 활동을 하고 있었다.[3] 그러한 상황을 종합적으로 고려할 때, 갈현은 당시 강남 일대에 다양하게 존재했던 도교 방술(도술, 도법)의 수련자로서 상당한 명망을 가지고 있었을 것이라고 추측할 수 있다.

정사원(정은)은 원래 유생이었다. 왕충이 저술한 『논형論衡』 등 후한 시대의 상황을 알려주는 문헌들을 통해서도 알 수 있는 것처럼, 한대 이후에 지식인의 대명사처럼 사용된 유생儒生이라는 개념은 엄격한 정통론적 관점의 유학자, 더 나아가서는 오늘날 우리가 계승하고 있는 주자학(도학)에서 말하는 의미의 도학자적 유자儒者와는 성격이 많이 다르다. 그렇다면 정사원이 유생이었다거나 갈홍이 유학儒學을 공부했다는 것은,

---

[3] 『포박자 내편』「도의道意」에서 갈홍은 그런 유사 도교 집단을 요도라고 비판한다. 나는 그런 요도들 역시 고대 방술을 조직하여 도교로 발전하는 과정에서 출현했던 도교적 신앙과 실천의 다양한 양태에 속한다고 생각한다. 그러한 도교적 신앙과 실천의 여러 형태가 투쟁하고 결합하면서 나중에 우리가 '도교'라고 통칭하는, 거대하고 복잡한 문화 형태로서의 종교 집단이 완성되어간 것이다. 적어도 청나라 중기까지 그러한 도교적 신앙과 실천의 형태는 부단한 발전, 확대, 변화, 종합의 과정을 겪고 있었다. 오늘날의 기독교가 끊임없이 살아 움직이는 것처럼, 그리고 기독교 성립기에 엄청난 다양성을 가진 기독교 집단들이 존재했던 것처럼, 전통 시대에 도교는 중국 및 동아시아의 전체 역사 과정 안에서 살아 움직이는 생명체였던 것이다. 갈홍의 도교적 정통 의식과 요도 비판이라는 문제는 나중에 자세히 검토할 것이다.

그들이 반드시 학파적 구분의 관점에서 유가儒家에 속했다는 것을 의미하는 것이 아닐 수 있다. 어쨌든 유생으로서 정사원은 당시의 공인 지식인 유교의 '오경五經'을 비롯한 폭넓은 자연학적, 기술적 지식을 습득했을 것이다. 물론 그가 배운 것은 현대적 의미의 자연과학과는 거리가 있다. 그것은 굳이 말하자면 자연철학이라고 부르는 것이 적절하며, 고대 중국에서는 그러한 지식을 '술수術數' 혹은 '수술數術', 또는 '방술'이라는 범주에 포함시키고 있었다. 도교는 도의 이념을 바탕으로 고대의 여러 술수(=방술) 지식을 종합하고 그것을 수련, 수행의 체계로 승화시킨 것이다. 그 과정에서 당연히 취사선택이 이루어진다. 갈홍은 그가 거부한 방술을 요도妖道라고 불렀다. 당시의 유학 또한 '참위서'들이 제시하는 신비적 예언과 방술을 그 체계 속에 포함시키고 있었기 때문에, 정사원이 연구한 '유학'이라는 것도 그런 영역을 포괄하는 유학이었던 것이 분명하다.[4)]

그 당시의 유교적 방술과 도교적 방술의 차이는 생각보다 크지 않았다. '오경'(다양한 해석의 전통이 있다), 율력律曆(역법과 음악론, 종교적 의례에 관한 지식을 포함한다), 후위候緯(도참에 근거한 예측술) 등을 공부한 정사원은 고대부터 전해오는 방술 및 술수의 지식을 계승하여 발전시킨 도교 방술에 본격적인 관심을 갖게 된다. 그때 정사원이 선택한 스승이 갈현이었다. 갈현 문하에 들어간 정사원은 나중에는 다시 좌자에게서 도교 방술(도술)을 배운다. 『포박자 내편』에 등장하는 좌자(좌원방左

---

4) 무엇이 참된, 진정한 유학의 모습인지는 쉽게 말할 수 없다. 대체로 '오경'을 중심에 두는 사상, 지식 체계라고 유학을 느슨하게 정의할 수 있겠지만, 유학 역시 하나가 아니다. 도교는 물론 기독교나 불교, 나아가 이슬람 역시 마찬가지다. 그런 종교들이 단 하나의 모습을 가지고 있을 것이라는 생각 자체가 환상이다. 소위 '정통'은 권력적 환상이다.

元放)는 방술(=도술) 전문가였다. 갈현의 종손자 갈홍은 자기 할아버지의 제자인 정사원에게 도법(=도술)을 전수 받았고, 좌자와도 간접적인 관계를 맺고 있었다. 이런 계기를 통해 갈홍은 도교 방술학의 지식 체계를 구축할 수 있었던 것이다.

갈홍은 정사원의 문하에 들어가 수련을 쌓으면서 도교 방술 연구에 집중한다. 정사원 문하에서 상당한 시간이 흐른 다음 갈홍은 정식으로 정사원의 도술을 전수받는 자격을 획득했다. 기초 공부가 끝난 다음, 조직의 일원이 되는 '입문의례initiation rites'를 치르고, 정식 멤버가 될 수 있었던 것이다. 갈현과 정사원 등이 이끈 도교 집단은 특수한 '입문의례'를 통해 신앙과 의례, 방술을 전수하는 비밀의례 종교 조직Occult Religious Organization이었다고 추측할 수 있다. 따라서 그들이 습득한 비의적 의례와 방술은 일정한 '자격을 갖지 못한 사람[非其人non-initiated]'에게는 전할 수 없는 비밀적 성격을 가지고 있었다. 갈홍은 비밀 입문의례를 거치지 않은 사람[非其人]에게는 도술을 전수해서는 안 된다는 사실을 반복해서 강조하고 있다.[5]

5) 도교의 '비의성秘義性'은 그 이후에도 계속 유지된다. 예를 들어 내단 문서 중에서 가장 중요한 것으로 인정되는 『오진편悟眞篇』의 저자 장백단張伯端은 『옥청금사청화비문』이라는 내단 문서의 서문에서 자신이 『오진편』을 저술하여 금지된 '비의'를 공개하였기 때문에 신선들로부터 엄한 벌을 받았다고 말하고 있다. 그리고 신유학의 대가 주자[朱熹]는 도교 내단 수련 문서들의 효용성을 인정하면서, 그 문서들은 내부자(입문자)들이 아니면 알기 어려운 내용을 가지고 있어서 그 문헌들의 명확한 의미를 이해하기 어렵다고 말한다. 도교 문서들은 일반에게 공개되지 않는 것이 원칙이었으며, 공개된다고 해도, 그 내용을 제대로 수련하기 위해서는 자격을 갖춘 지도자의 감독이 반드시 필요하다고 한다. 갈홍의 경우, 그 스승이 정사원이었다. 자격을 갖춘 스승을 명사明師라고 부른다. 맹약盟約을 통해 도술을 전수받기로 맹세한 스승이라는 의미다. 명사는 제자에게 문헌의 표면적 내용을 넘어선 비밀을 전해준다. 구결口訣이라고 불리는 그 비밀을 알지 못하고, 표면적인 내용을 아무리 공부해도 소용이 없다. 갈홍은 『포박자 내편』에서 그 구결의 전수와 중요성에 대해 자주 강조한다.

비의적 도술을 전수받을 수 있는 '자격을 갖춘 사람〔其人〕'이 되기 위해서는 일정한 훈련과 학습, 의식을 거쳐야 한다. 그 의식이 곧 입문의례이며, 갈홍 역시 정사원 밑에서 공부하고 의례를 치르고 정식 도술 전수자로서의 자격을 획득했던 것이다.[6] 그러한 도술 전수자로서의 자격을 획득한 갈홍은 『포박자 내편』에서 그러한 자격 획득의 입문의례를 치른 자신의 경험에 대해 언급하고 있다.

그 입문의례의 자세한 절차를 여기서 재현하는 것은 쉽지 않다. 분명한 것은 그 입문의례는 신령적 존재에 대한 제사와 맹약盟約 의례를 포함한다는 것이다. 그런 맹약은 그 도술을 주관하는 신들에 드리는 것이지만, 동시에 도술을 전해주는 스승에게 드리는 것이기도 하다. 따라서 그 스승을 명사明師(=盟師)라고 한다. 간단한 방술의 전수에 있어서는 반드시 그런 엄격한 입문의례를 요구하는 것은 아니다. 그러나 해당 종교 조직의 생명과도 같은 핵심적 도술은 그런 엄격한 의례를 통해 전수자로서의 자격을 가진 사람, 즉 '기인其人the initiated'에게 전해져야 했다. 정사원의 종교 집단에서 그 핵심적 도술은 금단金丹 제조와 관련된 것이었다.

나아가 금단 제조의 방술은 위대한 신령이 거주하는 명산에서만 실행되어야 했다. 갈홍 역시 마적산馬迹山 산중에서 제단을 구축한 다음 맹약의 의례를 치르고, 정사원으로부터 금단 제조의 비밀〔金丹要訣〕을 전수받았다. 입문의례(맹약)를 치른 다음 갈홍은 입문자에게만 열람이 허락되는 금단 제조에 관한 경전을 전수받았다. 입문의례는 반드시 경전의 전수가 포함된다. 무협 영화 등에서 흔히 볼 수 있는 것처럼, 무가武家에

---

[6] 나중에 엄격한 조직을 갖추게 되는 정일파 도교에서는 자격을 갖춘 인물에게 일정한 계급과 직책을 부여한다. 천주교에서 여러 학습 단계를 거치고 입문의례를 거친 자가 성직자로서의 계급을 획득하는 것과 비슷하다.

서 비전秘傳을 담은 무경武經이 스승으로부터 제자로 전해지는 과정, 또는 선불교에서 스승의 의발을 특별한 제자에게만 전하는 전통을 떠올려 보면, 도교 내부에서의 문헌 전수 과정을 좀 더 생생하게 이미지화할 수 있을 것이다.

갈홍이 정사원에게서 전수받은 경전은 『금단지경金丹之經』, 『삼황내문三皇內文』, 『침중오행기枕中五行記』 등이었다. 갈홍은 정사원의 오십여 제자 중에서 자신만이 그 문헌들을 전수받았다고 말한다.[7] 그 이유는 무엇보다 갈홍이 도교 방술의 학습과 실천에서 뛰어난 능력을 보였기 때문일 것이다. 갈홍이 정사원의 스승인 갈현의 손자라는 사실도 적지 않게 작용했을 것이라고 추측할 수 있다. 하여튼 금단 도법의 핵심적 문헌은 이렇게 갈홍에게 전해졌다. 그러나 그렇다고 해서 갈홍이 정사원을 대신하여 정사원의 종교 집단을 이끄는 리더십을 획득한 것은 아니었다. 그후 갈홍은 정사원을 떠나 독자적인 도술 연구에 매진한다. 그 결과 갈홍의 금단 이론은 정사원에게서 전수받은 문헌에만 한정되지 않고, 그가 스스로 수집하고 습득한 지식을 포함하게 된다. 갈홍의 금단 이론이 당시 남방 중국에 퍼져 있던 여러 방법을 '집대성'했다는 평가를 받게 되는 이유가 여기에 있다.

갈홍의 도법은 폭넓은 문헌 수집과 연구를 통해 획득한 지식을 종합한 것이라는 점에서 긍정적인 평가를 받을 수 있지만, 도교 집단이 엄격한 비밀 전수의 규칙을 가진 조직이라는 사실을 고려한다면, 갈홍이 시도한 여러 이념의 종합(혼합syncretism)은 부정적인 의미를 가질 수도 있다. 갈홍은 그 이후에도 탐색과 실천을 거듭했고, 가학 전통을 훨씬 초과하는

---

7) "然弟子五十餘人, 唯余見受金丹之經及三皇內文枕中五行記, 其餘人乃有不得一觀此書之首題者矣."(「遐覽」)

폭넓은 문헌과 의례, 방술을 수집할 수 있었다. 갈홍이 『포박자 내편』의 「하람遐覽」에 기록해둔 도술 문헌 목록을 통해 우리는 그러한 갈홍의 탐색 정신을 엿볼 수 있다. 갈홍의 도교학은 당시에 존재했던 다양한 종교적 실천 및 사상을 종합한 결과물이었던 것이다. 갈홍의 사상을 제대로 평가하기 위해서는 그의 종교적 혼합주의religious syncretism를 함께 고려해야 한다.

여기서 특이한 점은, 갈현이나 정사원과 달리, 갈홍은 자기를 따르는 제자들을 거느리는 독자적인 종교 집단을 형성한 것처럼 보이지 않는다는 사실이다. 적어도 『포박자 내편』에서 갈홍은 자기의 도법을 함께 실천하거나, 그것을 전수받는 제자나 제자 집단에 대해서 아무런 언급도 하지 않는다. 그 이유는 두 가지로 생각할 수 있다. 하나는, 갈홍이 독립적 수행자로서 개인적 도술 탐색의 길을 걸었을 가능성이다. 다른 하나는, 갈홍이 도술적 관점에서 제자를 받아들일 수 있는 능력과 자격을 완성하지 못했을 가능성이다. 나는 후자의 가능성에 무게를 둔다.

우리는 갈홍이 비밀 의례 종교 단체의 지도자가 되기 위한 충분한 카리스마와 도술 능력을 갖지 못했을 것이라고 추측할 수 있다. 그것은 객관적인 능력의 부족이라기보다는 사회적, 종교적 조건이라는 관점에서, 그럴 수 있다는 말이다. 아무리 뛰어난 종교적 능력을 가진 사람이라도, 목사나 신부의 자격을 갖지 못한 사람이라면, 기독교에서 규정한 의례를 실행할 수 없는 것과 같은 이치다. 또 다른 곳에서, 갈홍은 자신이 금단 수련을 충분히 해보지 못했다고 말한 바 있는데, 그 고백 역시 그의 자격 부족에 관한 것이라고 읽을 수도 있다. 갈홍은 책을 통한 이론적 지식에 있어서는 다른 누구보다 앞서지만, 실제로 제자들을 지도할 만큼 충분한 연단 경험을 갖지 못했다고 이해할 수 있기 때문이다.

『포박자 내편』 안에서 갈홍은 정사원을 '정군鄭君' 또는 '명사정군明師

鄭君'이라고 부르면서 정사원에 대한 특별한 존경을 표시하고 있다. 그러나 두 사람의 사제 관계는 오륙 년 정도밖에 지속되지 못했다. 진晉 혜제惠帝 태안원년太安元年(302년)에 대란이 일어날 것을 예감한 정사원이 제자들을 이끌고 곽산霍山으로 은거해 들어갈 때, 갈홍은 그들을 따라가지 않았다. 갈홍은 그 일을 못내 아쉬워하고 있다.

> 나는 옛날 다행히 명사정군을 만났다. 그러나 내가 지혜롭지 못하여, 스승을 따르려고 하면 할수록 그분은 더욱 멀게만 느껴졌다. 그 당시 나는 제자로서 그분의 집 안팎을 청소하는 기회를 얻었지만, 재주가 천박하고 나이까지 어렸다. 게다가 뜻이 굳지 않고 세속에 대한 생각도 완전히 버리지 못했기 때문에 큰 깨달음의 기회를 얻지 못했다. 이것이 나에게는 큰 회한으로 남아 있다.[8]

이런 갈홍의 술회를 고려해서 생각한다면, 갈홍이 정사원에게서 전수받은 문헌은 금단 제조의 비밀 전부를 알려주는 완전한 것은 아니었을 것이다. 갈홍은 아직 학문이 완성되지 않은 상태에서, 정사원을 떠나 독자적인 길을 걷기로 결심했을 것이라고 추측할 수도 있다. 갈홍의 도법에 가장 중요한 영향을 준 스승이 정사원이었던 것은 분명하고, 또 그의 도법을 전수받았지만, 결과적으로 갈홍은 도법 전수에 가장 어울리는 '그 사람이 아니'었던 것이다. 하지만 정사원을 떠난 후에도 갈홍은 독자적인 금단 수련에 매진했다. 그리고 갈홍은 독자적인 자기만의 세계를 개척하기는 했지만, 자기 이론을 계승하는 제자를 만들지 못했을 수도

---

[8] "昔者幸遇明師鄭君, 但恨弟子不慧, 不足以鑽之堅極彌高耳. 於時雖充門人之灑掃, 旣才識短淺, 又年尙少壯, 意思不盡, 俗情未盡, 不能大有所得, 以爲巨恨耳."(「遐覽」)

있다.

개인적인 도법 연구를 거듭한 갈홍은 현재 저장성의 성도인 항저우杭州 서호西湖 북쪽 언덕에 위치한 갈령葛嶺을 비롯한 여러 명산을 편력하며 도술을 수련했다. 그리고 만년에는 광둥성廣東省 광저우廣州 부근의 나부산羅浮山에 은거한다. 정사원으로부터 배운 도법을 근거로 자기가 익힌 도법을 종합하여 금단술을 완성하기 위한 수행의 길이었던 것이다.

3. 가학 이외의 도술 전통

갈홍이 태어난 구용은 당시 남방 도교의 갖가지 흐름이 합류하는 지역이었다. 그곳에서 갈홍은 도법을 배웠다. 위에서 살펴본 가학이 갈홍 도법의 바탕이었지만, 다른 흐름들 또한 그 바탕에 흘러들어 갈홍이라는 커다란 물줄기를 만들어낸다.

갈홍이 배운 스승들 중에는 정사원 이외에도 포정鮑靚이라는 도사가 있다. 갈홍이 포정을 만난 때가 언제인지는 정확하게 알 수 없다. 어쨌든 갈홍이 35세(317년) 되는 시점에 기초가 완성된『포박자 내편』에는 포정의 이름이 등장하지 않는다. 그렇다면 318년 이후 포정이 구용에 은거하고 있을 때에 갈홍이 그와 교류했을 것이라고 추정할 수 있다. 이때 갈홍은 포정의 딸 포고鮑姑를 아내로 맞이했다. 포정이 구용에 머물 때에 모산파茅山派(=상청파)의 개창 인물 중의 한 사람인 허매許邁 등도 그로부터 도교 경전을 전수 받았다고 한다. 도교 상청파의 도법을 정리한 것으로 유명한 도홍경陶弘景은『진고眞誥』에서 당시 구용 사람들이 그를 포공鮑公이라고 불렀다고 하면서 그에 관한 기록을 남기고 있다. 이와 같이 구용은 초기 남방 도교의 이론 형성에 있어서 중요한 역할을 했던, 북방에서 전래된 천사도,《상청경》,《영보경》,『삼황문三皇文』의 형성과 연관이 있는 지역이었다. 갈홍은 그런 구용이라는 문화적 환경 속에서 자신의 폭넓은 사상적, 종교적 식견을 발전시켰던 것이다. 이하 간략하게, 당시 강남 지방에서 세력을 가지고 있던 도교 유파를 서술해본다.

천사도

천사도는 북방 지역에서 장릉張陵이 창립한 도교 교단으로, 한대 말기에는 '오두미도'라는 속칭으로 널리 알려져 있었다. 위진시대 이후 '천사도'라는 명칭이 정착되면서 오두미도라는 호칭은 점차 쓰이지 않게 된다. 본래 쓰촨四川 일대에서 성장한 '천사도'는 점차 전국 각지, 특히 강남 지역으로 전파해나가면서, 사회 상층을 중심으로 세력을 확대했다. 동한 말년에 '천사도'의 지도자 장로가 조조에게 투항한 후로 '천사도'는 구심력을 상실했고, 전국 각지로 흩어진 천사도의 제주祭酒 및 도관道官들은 새로운 지역 환경에 적응하면서 천사도 조직을 확대하거나 종교적 성격을 변화시켜나갔다. 상청파는 강남 지역에 전파된 천사도의 영향을 받으면서 새로운 종교 운동으로 발전한 대표적인 신도교 운동이라고 할 수 있다.

위진시대의 천사도는 한나라 말기 이래의 천사도 종교 조직과 종교 활동의 많은 부분을 계승하고 유지했지만, 전파된 지역의 사회적, 종교적 조건을 수용하며 새로운 발전 방향을 모색하면서 변화되어갔다. 그런 과정을 거쳐 천사도 의례 개혁에 공헌했던 육수정陸修靜의 노력과 구겸지寇謙之 등에 의해 시도된 천사도 개혁을 거치면서, 천사도는 확고한 교단과 의례, 교리의 체계를 확립하게 된다. 이 시기 이후 천사도는 '정일파'라는 명칭을 획득하고, 도교의 중심으로서의 지위를 확보하게 된다.

갈홍과 천사도의 관계는 분명하지 않다. 그러나 갈홍의 도교 사상과 밀접한 연관이 있었던, 초기 도교의 가장 중요한 계통 중의 하나인 상청파 형성에 직접 관여한 허씨 가문과 천사도의 관계는 비교적 밀접하다. 위화존魏華存이 천사도의 여관제주女官祭酒였던 사실, 또 허매가 천사도의 제주祭酒 이동李東을 스승으로 모실 만큼 그 두 계통은 근접한 체계였던 사실이 그것을 말해준다(『眞誥』卷20 참조).

북방에서 성립한 도교 교단(특히 천사도)의 남방 전래, 그리고 그런 움직임에 영향을 받으며 새로운 도경들이 만들어지는 과정에서 주목해야 할 것은, 소위 정통적 도교 수행자들과, 속신俗神에 대한 민중적 신앙을 근거로 활약하는 종교적 집단들과의 갈등이다. 갈홍은 그러한 속신을 신앙하는 민중적 종교 집단을 '요도' 혹은 '사도'라고 부른다. 『포박자 내편』의 여러 곳에 나타나는 속신 신앙에 대한 비판은, 천사도를 모델로 삼는 정통적 도교로 접근하고자 하는 강남의 새로운 도교 운동의 방향을 보여주는 것이라고 볼 수 있다. 갈홍을 비롯하여, 상청파의 여러 종교적 활동은 전통적으로 강남 지역에 강하게 뿌리내리고 있던 샤머니즘〔巫〕 신앙을 벗어나고자 하는 **도교적 종교 회심religious conversion**의 과정과 무관하지 않을 것이다. 허씨 일족 역시 그러한 샤머니즘 신앙으로부터 새롭게 전래되어온 도교 신앙으로 개종했던 사람들이라고 볼 수 있다. 천사도로 대표되는 북방 도교에서는 샤머니즘에 근거한 속신 신앙을 제거하려고 했으며, 그런 속신 신앙에서 실행되던 속신에 대한 제사, 특히 동물의 피를 바치는 희생 제사를 금지시키고, 종교 활동을 위해 많은 돈과 재물을 바치는 낭비 풍조를 일소시키려고 했다. 그런 종교적 이념을 직접, 간접적으로 수용했던 갈홍은 모든 제사 활동을 포기하지는 않았지만, 희생물의 제사를 통해 복을 비는 종교 활동을 사이비(요도, 음사)라고 부르면서 극력 비판한다.

이것은 한마디로 고대 중국 종교의 정화, 청약화淸約化라고 부를 수 있는 것인데, 갈홍의 도교에서 강조하는 신체 기법과 금단 중시, 음사적淫祀 희생 제사에 대한 비판적 입장은 그런 청약화의 방향을 보여주는 것이었다. 영보파 나아가 허씨의 상청파 역시 이러한 도교의 정화 내지 청약화의 방향에 기여하였다. (천사도 내부에서의 개혁은 위에서 말한 육수정의 도교 의례 정비와 북방에서 구겸지가 재조직한 신천사도新天師道에 의해 완성된다.)

구용 지역에서 갈홍에 의해 전개된 신선 도교 활동과 허씨 일족에 의해 시작된 상청파 운동은 이러한 샤머니즘적 속신 비판, 도교 정화의 초기 단계에 해당하는 것이었다고 평가할 수 있다. 그리고 그러한 정화 운동은, 도교가 더 이상 민중의 저층에서 성장하여 그들의 삶의 세계를 지탱하는 단순한 민중적 종교에 머무르지 않고, 유교적 가치관이 지배하는 새로운 세계 질서 안에서 독자적인 종교로 자리를 잡아가는 표지라고도 해석할 수 있을 것이다.

상청파

갈홍이 생존했던 시대는 남방 도교의 형성기인 동진 시대에 해당한다. 남방 도교 중에서도 가장 세력이 크고 교리적으로 어느 정도 체계를 갖추고 있었던 상청파 역시 구용을 중심으로 발전한 도법 체계였다. 상청파의 종교 문헌인《상청경》9)을 처음으로 전했다고 하는 위화존이 북방

---

9)《상청경》은 어느 한 권의 서적을 가리키는 명칭이 아니라 상청파 그룹 안에서 제작되고 전수된 일련의 문서를 총칭하는 것이다. 그《상청경》의 중심에『황정경黃庭經』,『대동진경大洞眞經』등이 있다. 로비네Isabelle Robinet의《상청경》문헌에 대한 포괄적인 연구를 참조할 수 있다. 상청파의 역사적 전개에 대해서는 스트리크만Michel Strickmann의 연구가 있다. 도홍경의『진고』를 중심으로 상청파의 도법 체계를 연구한 일본인 학자의 연구가 있다.

에서 도경들을 남방으로 가져온 시기는 서진에서 동진으로 넘어가는 과도기였다. 상청파의 기록에 의하면, 천사도의 제주로 위부인魏夫人이라고 불리는 위화존은 성제成帝 함화咸和 9년(334년) 그 도법을 그의 아들인 유박劉璞을 거쳐 양희楊羲 등에게 전해주었다. 그리고 그 위부인이 승천하여 천관天官이 된 후에도 자주 모산茅山에 내려와 도를 강설하였다는 전설이 있다. 이런 전설적 경전의 전수 계보를 집중적으로 전하고 있는 글이 「진계眞系」이며, 그 글은 북송 시대에 편찬된 도교 문헌 집성의 하나인 《운급칠첨雲笈七籤》에 실려 있다. 위에서 밝힌 경전 전수 계보는 사실상 상청파 내부에서 형성된 신화들이지만, 위화존이 전해준 상청파의 도법과 모산의 밀접한 관계를 확인하기에는 충분하다. 상청파가 모산파라고 불리는 이유 역시 거기에 있다.

상청파의 도경과 의례(경법經法. 경전과 경전의 내용을 수행 실천하는 의례. 경은 경전, 법法은 도교적 종교 의례를 의미한다) 전수의 역사에서 초기 인물에 해당하는 양희, 허밀許謐, 허휘許翽는 모두 구용 사람이었다. 양희(330~368)는 본래 오인吳人(현재의 난징 일대)으로서 구용에 들어와 살았지만, 두 허씨는 원래 구용에 자리 잡았던 구문벌 귀족이었다. 특히 갈씨와 허씨는 한 마을에 살았던 동향인이었다.

양희, 허씨들이 전수 받은 도교 문헌(진경眞經. 천신이 직접 전수해준 진짜 계시 문서라는 의미에서 그렇게 부른다)은 대부분이 샤면적 트랜스 상태에서 초월계로부터 전달받은 것이라고 말해지기 때문에, 도교 학계에서는 특히 그 문헌을 전수한 양희 등을 정통적인 도교 교단 성립 이전에 민간에서 활약하던 종교 직능자, 즉 무巫shaman라고 보기도 한다. 그리고 그 문헌들을 계시해준 진인眞人들은 위부인을 제외하고는 대부분이 상청파에서 존숭되는 신선들과 진인들이었다.

양희는 어려서부터 신통력을 갖고 있었으며 서화에서도 뛰어난 재능

을 보였다고 한다. 양희는 위부인의 아들 유박으로부터 『영보오부靈寶五
符』를 전수받은 것 이외에도, 흥녕興寧 2년 위부인이 강림하여 경법을 직
접 전해줄 때에, 예서체로 고어誥語(하늘에서 전해진 계시의 말)를 기록
하여 그것을 두 허씨[二許]에게 전하였다고 한다. 상청파에서는 서도에
정통한 사람을 '능서能書'라고 부르는데, 그들은 단순한 서예가가 아니라
하늘로부터 주어진 진실한 계시인 진고眞誥를 기록하는 사람이다. 중국
역사상 가장 위대한 서예가의 한 사람으로 왕희지체를 창안한 왕희지王
羲之가 상청파와 깊은 관계를 가지고 있었다는 것은, 서예가 신적인 계시
를 기록하는 한 방식이었음을 알려주는 좋은 예이다. 이슬람 문화에서
서예caligraphy가 모든 형상화를 금지하는 알라의 말씀, 코란의 진리를 미
적으로 표현하는 중요한 종교적 수행 방법의 하나인 것처럼, 중국에서도
서예는 종교적 실천과 연결되어 있었던 것이다.

능서들이 기록한 '진고'는 '진적眞迹'이라 불리기도 한다. 초기 상청파
는 그러한 진적(진고)을 대단히 중시하였다. 나중에 고환顧歡이라는 도
사는 그러한 진적들을 수집 편집하여 『진적경眞迹經』, 『도적경道迹經』이
라는 명칭을 가진 도교 경전을 만들었고, 도홍경은 그러한 문서들을 다
시 정리 편집하였다. 도홍경이 편집한 『진고』 및 『등진은결登眞隱訣』은
도교사에서 가장 중요한 가치를 지닌 종교 문헌에 속한다.[10]

허밀(305~367)은 박학다재한 관료였다.[11] 그러나 허밀의 진정한 관심

---

10) 『포박자 내편』이 금단 도교의 이론과 도교 방술의 체계를 이해하는 데 필수적인
문헌이라면, 『진고』는 상청파 도교에서의 도법과 이론 체계를 이해하는 데 가장
중요한 문헌이다.
11) 이발李渤이 정리한 「진계」에서는 그를 허령許슈이라 부르고, 『진고』 「서록敍錄」에
서는 허장리許長吏라고 부른다. 「진계」는 《운급칠첨》에 실려 있는 것을 참조. 최근
에 일본 교토대학 인문과학 연구소에서는 『진고』의 정리, 주해본을 내놓았다. 그
것이 『眞誥校註』(吉川忠夫 外, 2006)로 중국에서 번역 출간되었다.

영역은 '참된 학문(=도술, 도학)'을 수련하여 도를 체득하는 데 있었다. 그런 종교적 지향을 가진 허밀은 소방산 뒤에 있는 뇌평산雷平山의 서북에 정실靜室(도술 수련의 위한 장소)을 짓고 도술 수련에 정진하였다. 허휘는 허밀의 셋째 아들로 역시 뇌평산에서 도술 수련에 정진했다. 이처럼 도술 수련에 매진한 허씨 집안과 갈씨 집안의 혼인 관계는 어쩌면 자연스러운 것이었다고 볼 수 있다.

갈홍의 손위 누이는 허밀의 숙부였던 허조許朝와 결혼했으며, 허휘의 아들 허황민許黃民은 갈만안(갈홍의 둘째형의 손자)의 딸을 아내로 맞았다. 허황민은 아내를 맞은 후 대방산 포박봉抱朴峰에 '포박산암'을 짓고 거기서 머무르며 수도했다고 한다. 갈홍은 그 산 봉우리의 이름을 따서 자신의 호를 '포박자'라고 지었을 것이다. 이처럼 갈씨와 허씨는 구용의 유력 가문에 속하며, 같은 지역에 살면서 같은 종교를 신앙하고 실천하는 집안이었기 때문에 혼인 관계까지 맺을 수 있었을 것이다. 육조의 지방 귀족들은 문제門第 사이의 혼인 관계 이외에도, 종교 신앙의 유사함에 의해 맺어지는, 동일 신앙자들 사이의 혼인 관계를 통해 사회적 관계를 유지하였던 것을 알 수 있다.

영보파

동진 시대에 출현한 남방 도교의 삼대 경파 중에서 '영보파'의 역할을 무시할 수 없다. 왜냐하면 당송 이후의 도교의 과의科儀 등 도교적 의례 전통은 이 '영보파'의 문헌들에 기원을 두고 있기 때문이다. (정식 도사에 의해 수행되는 도교 의례를 과의라고 부른다. 가톨릭에서 신부가 집전하는 미사 의례와 유사하다.) '영보파'가 형성되는 계기를 만든 인물은 앞에서도 언급한 갈씨 집안의 갈소보였다. 도홍경은 갈소보가 "영보경을 만들어 크게 유행시켰다."[12]라고 말하고 있다. 프랑스 도교학자 칼텐막

Kaltenmark은 '영보靈寶'라는 개념의 본래 의미가 '신령한 부적'이라고 해석한다(Kaltenmark, 1960: 559~88). 그렇다면 갈소보가 만든 초기 영보경은 사상적 체계를 갖춘 경전 문서라기보다는 주술적 의례에서 사용하는 부적 정도에 불과했던 것이라고 볼 수도 있다. 그런 초기 형태에서 점차 발전하여 의례적 내용을 가진 정식 문서로 정비된 것이 일군의《영보경》이었을 것이다. 그리고 갈소보의《영보경》제작에 자극을 받아《상청경》계통의 경전을 제작, 유포시키는 무리가 증가하였다고도 한다.

이 시기는 남방 도교의 경전들이 본격적으로 만들어지는 형성기였으며, 어떤 의미에서는 도교 경전 생산의 하나의 절정기를 이루고 있었다.[13] 특히 이 시기는 위기의 시대를 뛰어넘고자 하는 종교적 사유, 낡은 시대의 종말과 새로운 시대의 기대를 담은 종교적 종말론이 새로운 도교 경전의 창조를 통해 분출하는 시대이기도 했다. 그 시대의 위기는 기본적으로는 사회, 정치, 경제적 위기였으나, 불안정한 사회적 동태와 함께 밀어닥친 수많은 자연 재해 역시 그런 위기감을 더욱 증폭시켰다. 동진의 태원太元 말기에서 융안隆安에 이르는 시기에는 양쯔 강 하류의 강남 지역에 대홍수와 전염병이 빈발하였다.《영보경》계통의 도경들은 재난 구제나 질병 구제 등 민중의 재난을 구제하고자 하는 구제 이념을 담은 문서들이 많다.[14]

갈소보가《영보경》을 만들어냈다고 하지만, 사실은 갈소보 이전에 갈

---

12) "造構靈寶, 風教大行."(『眞誥』「敍錄」참조)
13) 도교 경전이 만들어지는 또 하나의 절정기는 북송 시대에서 남송에 이르는 시기다. 프랑스의 도교학자 스트리크만은 북송-남송의 도교 변혁 운동을 "도교의 르네상스"라고 부르면서, 그 시기의 중요성을 강조한 바 있다(Strickmann, 1981 참조).
14)《영보경》문헌에 대한 포괄적인 연구로는 오후치 닌지Ofuchi Ninji의 초기 연구를 비롯하여, 보켄캄프(Bochkenkamp, 1983), 몰리에(Mollier, 1990) 등의 연구가 대표적이다.

홍이 지은 『포박자 내편』에 《영보경》에 대한 언급이 여러 번 나온다. 예를 들어 「변문辨問」에서 갈홍은 정기正機, 평형平衡, 비귀수질飛龜授袟 등 세 종류의 《영보경》 문헌이 모두 선술仙術이라고 말한다. 나아가 공자가 그 문헌들을 보고서, 그것은 영보 문헌으로서 장생長生의 방법을 알려주는 것이라고 말했다는 전설을 소개한다(「辨問」). 그리고 《운급칠첨》 권3의 「영보약기靈寶略紀」에서는 갈홍의 종조부인 갈현이 그 문헌을 전수했다고 말하고 있는데, 그런 기록을 종합해볼 때, 《영보경》의 출현이 반드시 도홍경이 말하는 것처럼 그렇게 늦은 것은 아닐 수도 있다고 생각된다.

갈홍이 「등섭登涉」에서 인용하는 말15)은 현존하는 『태상영보오부서太上靈寶五符序』(권하)에 보인다. 천구어푸陳國符는 그 사실을 근거로 『포박자 내편』에서 인용하고 있는 《영보경》은 사실은 『영보오부경靈寶五符經』이며, 송대 도사 가선상賈善翔이 지은 『유룡전猶龍傳』 권5에서 한대의 천사天師 장릉이 『영보오부서』를 찬술했다고 하는데, 그것이 소위 고영보경古靈寶經의 중심이라고 하는 「오부서五符序」(『태상영보오부서』)와 동일한 문헌이라고 한다(陳國符, 1964: 64). 갈홍이 '영보경왈靈寶經曰'이라고 인용하고 있는 《영보경》은 동진 이전에 존재하고 있던 도경으로서, 일종의 부적과 그것에 대한 간단한 해설을 담은 문서들이었던 것이다.

갈소보가 제작했다고 하는 《영보경》은 갈홍 이후의 문서로, 갈현 이래 계속되던 가학 전통으로 전해지던 고영보경에 근거를 두면서, 그 시대의 종교적 요청에 응답할 수 있는 새로운 경전들을 만들어 세상에 널리 유포시켰다고 보아야 할 것이다. 그 새로운 《영보경》을 대표하는 문헌이 『영보적서오편진문靈寶赤棲五篇眞文』이었다. 갈소보가 유포시킨 신新영보경은 '모든 사람을 구제한다[普度一切人].'라는 구제 이념을 내걸고 일체

---

15) "靈寶經云, 入山當以保日及義日, 若專日者大吉, 以制日伐日必死, 云云."(「登涉」)

중생을 홍수, 질병 등의 재난에서 구원할 수 있다는 신앙을 선전하고 있다. 사상적으로 오행 사상에 기초를 두면서, 그는 오방신군五方神君에 대한 기도와 주술적 힘에 의해 홍수와 난리를 피할 수 있다고 주장했다. 특히 재난의 제거, 일체 중생의 구제 등의 사상은 당시에 이미 사인士人들 사이에서도 알려지기 시작한 대승불교의 영향을 받은 것이라고 생각된다.

갈소보는 갈현, 갈홍 등에 의해 가학으로 전해지던 『영보오부』에 근거하면서 그것을 확대시켜 『오편진문』을 만들었다고 추측된다. 그는 당시에 무수히 발생하는 홍수, 전란 등의 사회적 참변을 목도하면서, 대승의 중생 구제의 이념을 흡수하여 주력呪力을 갖춘 부적을 중심으로 삼는 일군의 종교 문서를 제작하여 '세상에 널리 유행'시켰던 것이다. 그것은 종교가 사회의 종교적 수요에 응답하고자 하는 종교가들의 노력에 의해 발전해나간다는 것을 보여주는 좋은 예라고 볼 수 있다.

4. 갈홍 도학의 배경과 저술

갈홍의 학문은 위진시대의 낡은 학풍과 새로운 학풍이 교체하던 시점에 형성된 것이다. 그의 학문적 성취는 위魏 정권의 발전과 함께 형성된 신학문인 현학玄學이 낙양洛陽에서 강남으로 유입되는 시기와 일치한다. 당시 강남의 학풍은 보수적인 색채를 띠고 있었다. 강남에서는 현학이 빛을 보지 못하였고, 한나라 유학(漢儒)의 학풍을 계승하며 경전에 대한 주석(傳注)을 기본으로 삼는 전통 경학이 지배적이었다. 갈홍은 이러한 다양한 남북의 학술과 사상을 종합할 수 있는 역량을 갖추고 있었고, 자기의 영역을 새로이 만들 수 있는 창조력을 가지고 있었다. 갈홍은 폭넓은 영역에 대해 골고루 관심을 기울였다. 갈홍은 젊은 시절 경사자집經史

子集으로 구성된 전통 지식의 거의 모든 영역을 포괄하는 지적인 편력을 거친 후, 자기의 본령인 신선 방술 연구에 몰두하여 도교 이론의 새로운 영역을 개척하였다. 갈홍의 노력에 의해 중국 도교, 특히 신선 방술 영역의 이론적 기초가 확립되었다는 것은 부정할 수 없는 사실이다. 이러한 갈홍의 학문적 성취는 그가 활동한 지역과 가학 및 사승 관계와 밀접한 관계가 있다.

갈홍의 학문은 가문에서 전해지던 유학에서 출발한다. 앞에서 본 것처럼 그의 선생이었던 정사원 역시 원래는 '유생'이었다. 『포박자 내편』에서 갈홍은 정사원을 대유大儒라고 부르기도 한다. 물론 그가 말하는 '유생' 내지 '대유'라는 표현의 내면적 의미는 단순하지 않다. 중국의 역사 속에서, 공자 시대에서부터 유교 국가가 막을 내리는 근대기에 이르기까지 유자儒者라는 개념의 내적 의미의 변화는 대단히 복잡하다. 하여튼 당시 지식인의 기초 교양이 유학에 바탕을 둔 것이었기 때문에 지식인을 유자라고 칭하는 것은 당연한 것이라 생각할 수 있다. 당시의 독서인, 지식인의 존재 의의는 적어도 이념적으로는 국가 관료 기구의 일원이 되는 것이었다. 그 자격을 얻기 위해서는 통치 권력이 공식적으로 인정하는 책들을 읽고, 그 책의 내용의 대체를 이해할 필요가 있었다. 물론 그 책들이 반드시 세계의 창조와 개조를 위한 구체적이고 실질적인 지식과 지혜를 제공하는 것이라고는 말할 수 없다. 권력 집단이 체제의 질서 유지라는 목적을 달성하기 위해 지식인에게 유교 지식의 습득을 강요하기 시작한 이래, 즉 소위 유교의 '국교화' 이래, 그러한 지식의 비현실성, 무용성, 나아가 그런 지식 습득을 최고 목표로 삼는 일반 독서인의 정신적 무기력과 정신력의 쇠퇴에 대한 비판이 그치지 않았던 것은, 유학 지식이 현실에 대해 무력한 이념이었다는 비판으로 읽을 수 있다.

중국의 사상을 대표하는 사상가들은 거의 예외 없이, 그러한 공식적 지식의 축적과 습득을 인생의 목표로 삼는 공부를 무의미한 것이라고 비판했다.16) 그렇지만 그러한 지식을 습득하는 것은 적어도 안전한 '밥그릇'을 확보하기 위해서 중요한 일이었기 때문에, 어느 누구도 유교 지식에 근거한 평가 체계를 완전히 무시할 수는 없었다. 오늘날 한국 사회에서 국가고시의 강력한 힘이나 대학(특히 일류 대학이나 외국 대학)이 부여하는 학위의 힘을 생각하면, 그러한 역설적 상황의 의미를 쉽게 상상할 수 있다. 민주적 법치를 명패로 내세우는 대한민국에서 육법전서의 지식을 습득해야 공무원도 되고 판검사도 되고 정치가도 될 수 있는 현실을 생각하면, 소위 국가의 공식적 이데올로기(전통 시대의 소위 '국교')라는 것의 권력적 힘과 또 그것의 지적 허구성을 상상할 수 있다.

갈홍이 전수한 갈현의 선학仙學 역시 한대에 유행했던 방술학方術學을 계승한 것이었다. 갈홍은 그의 다른 저작인 『포박자 외편抱朴子外篇』「질류疾謬」에서 당시의 새로운 학문이며 유행 학문이었던 현학의 학풍과 사회의 풍조를 비판하고 있다. 현학은 유가적 체제 이념에 의해 주변부로 밀려난, 도가 사상에 뿌리를 두고 있는 아나키적 지향이 강한 사상이었다. 체제 바깥에 머물거나, 기존의 체제와 전혀 다른 체제를 지향하기 때문에, 어느 시대이든 아나키는 위험한 사상으로 평가된다. 따라서 당시의 현학가들은 인간 사회[人事]가 요구하는 가장 절실한 문제들을 해결할 능력이 없다고 비판을 받았다. 갈홍 역시 그런 현학적 학문과 지식의 비현실성과 무용성을 비판했다. 갈홍이 추구했던 것은 구체적으로 현실에

---

16) 국가의 공식 지식 습득을 위한 학습을 진정한 학문(공부)이라고 볼 수 없다는 생각은 많은 사상가가 주장했던 것이다. 대학 입시를 위한 학습이나, 고시 공부가 진정한 학문이라고 보기 어려운 것과 비슷하다. 정이천程伊川, 주자朱子, 왕양명王陽明, 이탁오李卓吾, 왕부지王夫之, 대진戴震 등 중요한 중국 사상가들은 거의 예외 없이 과거를 위한 공부를 진정한 학문이라고 평가하지 않는다.

영향을 끼칠 수 있는 사상, 구체적으로 현실의 문제를 해결할 수 있는 실천적 지식이었다. 젊은 시절의 갈홍은 그런 실천적 힘과 효용을 가진 학문을 발견하고 배우고 탐색했다.

갈홍은 인간사에서 필요한 다양한 지식 분야를 탐구하면서, 종교적인 영역, 국가의 의례적 질서와 전쟁 문제, 그리고 역사 문제 등의 복잡다기한 인간사를 해결할 수 있는 학문은 대체로 다음의 세 가지로 총괄 된다고 보았다.[17]

하나는 신선참위지학神仙讖緯之學이고, 둘은 예제전장지학禮制典章之學이며, 셋은 음양율력지학陰陽律曆之學이다. 언뜻 보아도 이러한 내용을 가진 학문이 단순한 '유학'일 수는 없다. 그리고 그것은 고전적 의미의 '도가'와도 같지 않다. 그것은 유학적인 동시에 도가적이며, 한나라 시대를 풍미했던 신선 사상의 특징과도 연속된다. 강남의 유학 및 갈현, 정사원, 포정 그리고 갈홍으로 이어지는 학문은 그러한 시대적 특징을 가진 학술 흐름과 무관하지 않았다. 이런 의미에서 갈홍이 연구하고 종합한 도교 학술은 당시의 복잡한 학문적 상황과 연결되어 있었다.

역사서의 기술에 따르면, 갈홍의 저술은 확실히 한학의 유풍을 보여주고 있다. 그중에서 '예제전장지학' 방면의 저술은 그다지 많지 않지만, 『포박자 외편』에서 갈홍은 예제禮制의 정통적 입장에 서서 당시에 성행하던 현학의 학풍을 비판하고 있으며, 그 점에서 그가 그 방면에 대해 상당한 식견을 가지고 있었던 것을 알 수 있다. 또 '음양율력지학'은 자연의 규율에 관한 이론을 주역잡점周易雜占, 둔갑遁甲, 귀결龜決 등 방술적 저술을 통해 표현하고 있다. 그것은 한대의 술수학과 밀접한 연관을 가

---

17) "坱素之微言, 鬼神之情狀, 萬物之變化, 殊方之奇怪, 朝廷宗廟之大禮, 郊祀禘祫之儀品, 三正四始之原本, 陰陽曆律之道理, 軍國社稷之典式, 古今因革之異同."(「自敍」)

진 것이었다. 그리고 『포박자 내편』의 「등섭」, 「잡응雜應」 등 여러 편에서 갈홍은 둔갑 등 음양오행 사상에 관한 지식을 유감없이 발휘하고 있다. 사실 갈홍은 자신의 학문적 전공 영역이라고 할 수 있는 '신선참위지학'의 관점에서 다른 두 영역(예제학과 음양학)을 포괄하고 종합하려는 학문적 의도를 가지고 있었다고 말할 수 있을 것이다.

갈홍은 도가, 도교 그리고 술수 방면의 저작 이외에도 당시 유학을 공부했던 지식인의 기본 소양이라고 할 수 있는 경經, 사지史志, 기전記傳 등을 학습하는 과정에서 그 방면의 초보적인 저술을 지었던 것 같다. 갈홍은 역사서의 초록, 정리는 물론이고 '잡전雜傳' 형식을 통해 당시 역사학의 새로운 영역을 대표하기도 하였다. 이 외에 특히 주목해야 할 것은, 갈홍이 신선학 연구의 한 측면으로서 의학, 약학에 관심을 기울였고 다량의 의학 및 약학 관계의 저술을 남겼다는 사실이다.

갈홍 본인의 학문 훈련은 '유학'에서 출발하지만 그는 순수한 유교 지식인이 아니었기 때문에 경전[經]의 해석을 통해 자기의 입장을 밝히는 경전 해석학[注疏學]에 대해서는 거의 무관심했던 것 같다. 하지만 갈홍은 학문을 배워가는 초기 단계에서는 유교의 경전인 '오경'을 요약하고 그 내용의 대강을 정리하는 기록을 남기기도 했다. 앞에서 말한 것처럼 비교적 보수적인 강남의 학문 전통을 배웠던 갈홍으로서는, 경학이 강남으로 전해진 다음 발생한 고전 경학 전통의 변화에 대해, 전통적인 예제의 중요성을 옹호하는 입장을 견지하고 있었던 것으로 보인다. 그러한 예학 연구의 일부로서 『상복변제喪復變除』를 저술했고, 그 저술은 육덕명陸德明의 『경전석문經典釋文』(권10), 두우杜佑의 『통전通典』(권87)에 인용되고 있다. 갈홍의 다른 저작인 『요용자원要用字苑』은 문자학 방면의 저술로서 남북조시대에는 제법 널리 알려졌던 것 같다. 북제北齊의 안지추顔之推는 『안씨가훈顔氏家訓』의 권17~18에 해당하는 「서증書證」과 「음사音辭」에서 갈홍의 해석을 인용하고 있다. 한대에서 육조에 이르는 시기는 중국 문자가 정리되는 단계였기 때문에 자서字書 편찬자의 수도 증가하였으며, 갈홍 또한 경서를 초록하는 과정에서 문자학 방면의 저술을 남긴 것은 충분히 예상할 수 있다.

역사서의 초록 또한 지식인의 학습 과정에서 중요한 것이었다. 갈홍이 이 방면에서 남긴 저술로는 『사기초史記鈔』, 『한서초漢書鈔』, 『후한서초後漢書鈔』 등을 들 수 있다. 그리고 갈홍은 당시 성행했던 사학 사상에 발맞추어 새로운 사학 저술을 집필하였는데, 그중에서 대표적인 것으로는 잡전류인 『양리전良吏傳』, 『은일전隱逸傳』을 들 수 있다. 그 저술들은 육조 말기의 전란기에 이미 산일되었기 때문에 『수서隋書』 「경적지經籍志」에는 언급되지 않는다. 한나라 말 진나라 초에 걸쳐 은일隱逸의 풍조가 유행하였다. 『포박자 외편』의 「가둔嘉遁」은 이러한 시대의 풍조를 반영하는 것인 동시에 갈홍 자신의 생각을 표현한다. 은일의 풍조는 당시의 관료 체제에 대한 비판을 담고 있으며, 인륜과 강상 윤리를 중시하는 유교적 입장과 개인의 개성과 자유를 중시하는 도교적 사상 사이에서의 모순, 갈등을 반영한다. 이러한 풍조 속에서 은일지사의 전기를 편찬하는 것은 지식인의 소일거리의 하나가 되어 있었다. 황보밀黃甫謐의 『고사전高士傳』, 장현張顯의 『일민전逸民傳』, 손성孫盛의 『일인전逸人傳』 등이 그러한 예에 속한다.

잡전 혹은 잡사류 또한 당시에 유행하였던 사학 저술의 한 유형이었다. 『서경잡기西京雜記』는 한고조漢高祖 유방劉邦에서부터 신新을 세운 왕망王莽에 이르는 동안의 패관야사稗官野史이다. 갈홍이 이 책의 진짜 저자인가에 대해서는 연구자들 사이에 의견이 나뉘지만, 적어도 그 책은 갈씨의 후예와 관계있는 남북조의 강남 지역에서 편찬된 것은 사실이다. 당시 사람들은 '잡전'을 사부史部에 분류하였다. 왜냐하면 그들은 '잡전'

에 기록된 사실들의 진실성, 적어도 부분적 진실성을 신뢰하였기 때문이다. 갈홍은 이러한 전설 자료들을 편집하였을 뿐 아니라, 거기에 기록된 사실들을 근거로 하여 신선의 유무에 관한 논증을 펼치기도 하였는데(『포박자 내편』「논선論仙」에 그런 논의가 집중되어 있다), 그러한 방법 또한 당시에 유력한 논증 방식의 하나였다.

갈홍은 이러한 잡전류에 속하는 또 하나의 명저 『신선전神仙傳』을 우리에게 남겨주고 있다. 『신선전』은 갈홍이 창도한 신선설을 뒷받침하는, 세속을 초월한 신선(仙眞)들의 전기였다. 오늘날 우리가 볼 수 있는 『신선전』은 갈홍이 지은 원본이 아니라, 명대에 정리하여 집성한 것이지만, 갈홍 신선설의 독특한 관점이 신선들의 전기를 통해 표현되고 있다. 갈홍은 위진시대에 새롭게 발전했던 여러 도술, 예를 들어 연단鍊丹, 복식服食, 존사存思 등을 성선成仙의 새로운 기법으로 채용하는 신선설을 도입하였다. 『포박자 내편』은 그런 다양한 신선술을 집중적으로 정리한 중요한 문헌이다. 나아가 그는 신선에는 여러 품계가 존재한다는 '신선삼품설神仙三品說'을 응용하여 은일 사상과 지선地仙의 관념을 결합시키고, 은일자의 풍모를 가진 선인仙人의 이미지를 형성해가는 등 신선학의 새로운 차원을 열기도 하였다.

『포박자 외편』의 「자서自敍」에서 갈홍은 방술 방면의 저술에 대해서는 전혀 언급하지 않는다. 이를 통해서 볼 때 우리는 갈홍이 『포박자 내편』을 저술하는 35세 이전에는 방술에 관한 책을 쓰지 않았다는 것을 알 수 있다. 그러나 갈홍이 『포박자 내편』「등섭」에서 말하고 있는 것처럼, 그는 "젊었을 때부터 입산의 뜻을 품고 있었기 때문에 둔갑서들을 연구하였고, 그것들은 '60여 권에 이르는 방대한 것이었기 때문에, 짧은 시간에 그 요점을 익히는 것이 쉽지 않아서, 내용을 초록하여 '낭중입성囊中立成'을 만들었다."18)고 말할 정도로 양한 시대에 유행한 술수術數 방면의 학문에 깊은 관심을 가지고 있었다. 그렇다면『수서』「경적지」에 언급되어 있는『둔갑주후입성낭중비일권遁甲肘後立成囊中秘』(1권)은 갈홍의 초기 관심의 연장선에 있는 저술이라고 생각할 수 있다. 또 같은「등섭」에서 "명산에 들어가고자 할 때에는 둔갑의 비술을 알지 않으면 안 된다."[19]고 하는『옥령경玉鈴經』의 말을 인용하는 것을 볼 때도, 금단 제조나 약물 탐색을 위한 입산의 경험이 둔갑술을 비롯한 방술 문헌을 연구했던 동기가 되었을 것이라고 추측할 수 있다. 그러한 청년 시대 이후의 공부가 축적되고 무르익어 35세 무렵에 갈홍은 비로소『포박자 내편』이라는 도교 역사상 가장 중요한 대작을 저술할 수 있었던 것이다.

귀결, 주역잡점 또한 술수의 서적으로서 점복占卜류에 속한다. 양한 시대의 학술 중에서는 역학의 발전이 특히 두드러지며, 갈홍은 그의 스승 정사원을 통해 율력, 후위侯緯, 점후占候와 관계된 이론을 배웠고, 그런 학습을 기초로 하여 독자적인 연구를 심화시켰다. 이러한 술수학 외에도 갈홍은 '혼천론渾天論'의 주장자로 알려져 있으며, 병법과 관련하여『병법고허월시비요법兵法孤虛月時秘要法』을 저술하기도 하였다. 또 송대의 정초鄭樵가『통지通志』에서 언급하고 있는『음부십덕경陰符十德經』또한 병법의 이론에 관한 저술이다. 그러나 이 책은 후대 사람이 갈홍의 병학 관계의 문장을 모아서 증보한 것이라고 생각되기 때문에 갈홍 본인의 저작으로 보기는 어렵다.

『진서』「갈홍전」은 갈홍이 "의술을 폭넓게 연구하였으며, 그가 저술한 의학 관련 서적은 모두 시비를 자세히 탐구하고 있는 것들이다."라고 평

---

18) "余少有入山之志, 由此乃行學遁甲書, 乃有六十餘卷, 事不加卒精, 故銷集其要, 以爲囊中立成, 然不中以筆傳."(「登涉」)
19) "欲入名山, 不可不知遁甲之秘術."(「登涉」)

가하고 있다. 이러한 의학 관계 저술들은 대부분 35세 이전에 완성되었다고 생각된다. 왜냐하면 『포박자 내편』 「잡응」에서 갈홍은 다음과 같이 말하고 있기 때문이다. "나는 100권의 의서를 지어 『옥함방玉函方』이라고 이름 붙였다. 거기에서는 병명 별로 나누어 증상을 분류하고 중복이 생기지 않도록 배려하였다. 그 안에 포함된 『구졸救卒〔주후구졸방肘後救卒方〕』 3권은 단독으로 통용시킬 수 있다. 그것을 참고하면 손쉽게 병에 대처할 수 있고, 간단하면서도 좋은 효과를 볼 수 있을 것이다. 그 책을 참고해보면 주변에 널린 것이 약이 아닌 것이 없는데, 그것으로 갑작스레 찾아오는 온갖 병에 대처하지 못할 것이 없다. 집안에 이 처방을 갖추고 있으면, 특별히 의사를 청할 필요가 없을 것이다. 의사들은 대개 그 직업을 세습하는데, 이름만 의사지 실력이 없는 경우가 많고, 헛된 명성을 만들어내어 재물만을 얻으려는 사람들이 많다."[20] 이 구절을 말 그대로 믿을 수 있다면, 갈홍은 35세 이전에 이미 100권에 달하는 『옥함방』을 저술한 것이다.

위의 인용문에서 갈홍은 『옥함방』을 완성한 이후에 스스로 그 방대한 책의 요점을 간추려 『주후구졸방』(3권)을 저술했다고 한다. 100권으로 구성된 『옥함방』을 3권의 『구졸』로 정리할 수 있었다는 것은 방만한 지식을 간추릴 수 있는 능력을 가지고 있었다는 것을 말해준다. 갈홍이 3권으로 된 의서를 저술한 동기는 가난한 사람들이 쉽게 참조할 수 있는 처방을 제공하기 위해서였다. 『주후구졸방』은 원래 81수首의 시로 되어 있었지만, 나중에 상청파 도사 도홍경이 101수로 된 『보궐주후백일방補闕

20) "余所撰百卷, 名曰玉函方, 皆分別病名, 以類相續, 不相雜錯, 其救卒參卷, 皆單行徑易, 約而易驗, 籬陌之間, 顧眄皆藥, 衆急之病, 無不畢備, 家有此方, 可不用醫. 醫多承襲世業, 有名無實, 但養虛聲, 以圖財利."(「雜應」)

肘後百一方』을 지어 그 책의 부족한 부분을 보충하였다. 금나라 때 양용도 楊用道는 도홍경의 『백일방』을 다시 증보하여 『부광주후방附廣肘後方』을 만들었다. 오늘날 《도장》 정일부正一部에 수록되어 있는 『주후비급방肘後備急方』(8권)은 갈홍의 원본을 기초로 도홍경이 편찬한 '보궐', 양용도의 '부방' 세 부분으로 구성되어 있다.

갈홍은 『포박자 내편』 「잡응」에서 "옛날부터 도를 닦는 사람은 의술을 함께 배워 가까운 질병의 재난을 피했다."21)고 말하면서 도사가 의술을 함께 연구해야 한다고 강조한다.

이런 입장에서 이루어진 의학적 성취 이외에도, 의학과 관련을 가진 신선 약물의 탐구는 갈홍의 신선 복식服食 이론과 대단히 밀접한 연관을 맺고 있다. 『신선복식약방神仙服食藥方』(10권)은 신선이 될 수 있게 하는 식물과 약물을 수집 정리한 것이다. 또 그가 저술한 『태청신선복식경太淸神仙服食經』이 있었다고 전해지지만, 현재에는 그 어느 것도 남아 있지 않다. 그러한 저술을 통해 표명된 갈홍의 복식 사상을 구체적으로 알 수는 없지만, 『포박자 내편』의 복식 사상을 검토함으로써 그 저술들의 기본 입장을 간접적으로 이해할 수는 있을 것이다.

위에서 언급한 저술 외에도 갈홍은 『방중비술房中秘術〔序房內秘術〕』(1권)을 지었다고 전해지는데, 그것은 신선 방술의 한 방법인 방중술을 전문적으로 다룬 저서였던 것 같다. 갈홍은 『포박자 내편』 「석체釋滯」에서 여러 종류의 방중술을 가르치던 당시의 여러 방중가〔房中之家〕의 주장에 대해 다음과 같이 논평한다. "방중술을 가르치는 사람들은 열 유파 이상이 있다. 그들 중 어떤 사람은 방중술로 〔기의〕 손상을 회복하고 보충할 수 있다고 주장하고, 다른 사람들은 그것으로 갖가지 질병을 치료할 수 있

---

21) "古之初爲道者, 莫不兼修醫術, 以救近禍焉."(「雜應」)

다고 주장한다. 또 어떤 이들은 음陰[여성의 기]을 받아들여 양陽[남성의 기]을 보충할 수 있다고 하며, 그것으로 생명을 연장시킬 수 있다고 말하는 사람들도 있다. 하지만 그 방중술의 요점은 한마디로 '환정보뇌還精補腦' 하나로 귀결된다."[22]

5. 방술의 종합:『포박자 내편』의 완성

갈홍은 자신의 대표작인『포박자 내편』에 대해 "내가 스무 살이 조금 지났을 때에, 번쇄한 작은 문장을 짓는 일이 단순히 시간을 낭비하는 일이라는 사실을 깨달았다. 그 이후 일가의 이론을 세우는 자서子書를 저술하기로 결심하였고, 초고를 만들기 시작했다. 그러다가 병란에 휩싸이고 이리저리 피난을 다니는 중에 초고들 일부가 사라져버렸다. 그러나 길거리에서 떠도는 십여 년 동안 붓을 들 기회를 얻지 못했다. 그러다 건무建武년에 비로소 정고定稿를 완성할 수 있었다."(「自敍」)고 술회하고 있다. 건무년은 서력으로 317년이다. 하지만『포박자 내편』의 정확한 완성 시기에 대해서는 다양한 견해가 있다.「자서」의 술회와『포박자 내편』의 말들이 모순되는 경우가 왕왕 있기 때문이다. 그러나 당시의 출판 상황 등을 고려해볼 때 엄격한 연대의 추정은 무리가 있다.

갈홍은 20세 전후, 시문을 쓰는 일이 시간 낭비라는 것을 깨닫고 사상가로서의 입장을 담은 '일가의 이론'을 정립하여 체계가 있는 '자서子書'를 집필할 것을 목표로 삼는다. 그후 십여 년의 방랑 기간 동안 초고가

---

[22] "房中之法十餘家, 或以補救傷損, 或以攻治重病, 或以采陰益陽, 或以增年延壽, 其大要在於還精補腦之一事耳."(「釋滯」)

상실되는 어려움을 겪기도 했지만, 마침내 317년을 전후하여 그동안 저술한 것을 모아 원고를 확정하고, 세상에 그 결과를 발표하기로 결심하였을 것이다. 당시 갈홍의 의도는 「자서」에서 말한 것처럼 "'오경'을 정밀하게 연구하여 하나의 자서를 저술하고 후세에 문유로서 알려지는" 것이었을 것이다. 그러한 그의 의도와 적합하게 맞아떨어지는 문장을 모으고 다시 정리와 수정을 계속하여 완성된 것이 『포박자 내편』이라는 것은 쉽게 추측할 수 있다.

『포박자 내편』을 어느 정도 완성한 후에 갈홍은 『포박자 외편』을 저술하려는 계획을 세우고 자료를 수집하기 시작했고, 그것이 나중에 『포박자 외편』으로 일단 정리된다. 그 내용을 언뜻 보아도 알 수 있는 것처럼 『포박자 외편』은, 『포박자 내편』과 비교해본다면, 유기적인 구조를 갖추지 못하고, 때로 단지 자료를 수집한 것에 불과하다는 인상을 얻을 정도로 산만하다. 갈홍 자신은 「자서」에서 『포박자 외편』이 유가에 속하는 책이라고 분류하고 있지만, 그 내용을 살펴보면 『포박자 외편』이 단순한 유교 경학 관련 저술이 아니라, 당시의 사회에 던진 강렬한 비판의 책이라는 것을 알 수 있다. 내용적인 미비함과 체계성의 결핍에도 불구하고, 『포박자 외편』을 단순하게 유학적이라고 평가하는 것은 무리가 있다. 『포박자 외편』의 강렬한 사회 비판은 기본적으로는 동진東晉 초기 강남으로 이주한 낙양 출신 대문벌 귀족의 타락한 기풍을 겨냥하고 있었다. 보수적이었던 강남의 지식인들의 생활 속으로 침투해 들어오는 새로운 생활, 새로운 의식에 대한 비판이 거기에 담겨 있었던 것이다. 강남 구귀족의 단순하고 질박한 생활 의식이 화려하고 가벼운 북방 낙양의 풍조에 휩싸여 참된 맛을 잃어간다고 여기던 강남 지식인의 형상은 '포박抱朴[순수함을 껴안는다embrace the simplicity]'이라는 자기 호칭 속에 잘 표현되고 있다.

「자서」에서 갈홍은 자기의 성격에 대해 다음과 같이 평가한다. "나는 마음을 항상 되게 가다듬는 것을 좋아하며 세상의 변화를 쫓으려 하지 않는다. 그리고 말을 할 때에는 솔직하고 진실하며 세상의 시끄러운 유희들을 결코 즐기지 않는다. 또 진정으로 대화를 나누고 싶은 상대가 아니면 하루 종일이라도 침묵을 지키며 입을 열지 않는다. 이런 나의 성격을 보고 마을 사람들은 '포박지사'라는 이름을 붙여주었는데, 이 책을 씀에 있어서 그 호를 취하여 책의 이름으로 삼고자 한다."

'포박지사' 혹은 '야박지인野朴之人'을 자처하는 갈홍의 세속 비판은 위진시대 남방 오인吳人이 공통적으로 간직하는 정신적 태도였다고 추측할 수 있다. 수시로 변화하는 정국 속에서 새로이 출현한 왕조의 권력은 대부분 중원의 구귀족이 차지하고 있었다. 거기에다, 그런 권력 구조 속에서 사치가 만연하고, 전통적 예법은 자취를 감추어가고, 번문욕례繁文縟禮로 인해 예의 실질이 무너져가는 현상이 나타났다. 따라서 갈홍은 『포박자 외편』에서 엄격한 형벌을 시행할 것을 주장하는 한비자의 법치 사상을 높이 평가하고, 그런 법치를 실행하여 엄정한 사회 풍기를 바로잡을 것을 주장하기도 했다. 한편으로 묵자의 절약, 검약의 사상, 예 간소화 및 절장節葬 주장에 동의하는 주장을 펼치기도 하였다. 이러한 비판은 모두 남방 구귀족의 질박한 생활 태도를 직접 경험한 '포박지사'가 신 정권을 담당하는 지배 집단에 던지는 것이었다.

갈홍은 관료 조직 안에서 출세하는 것을 목표로 삼지 않았지만, 사회적 성취에 대한 희망을 처음부터 완전히 버린 것은 아니었을 것이다. 마침내 갈홍은 현실에 대해, 관료가 되는 사도仕途에 대해 어느 정도 초탈한 입장에 도달할 수 있었을 것이다. 그리고 그러한 초탈에 입각하여 '입언立言'의 저술을 목표로 삼는 쪽으로 방향을 전환할 수 있었을 것이다. 갈홍이「자서」를 집필할 당시 그는 이미 이러한 방향에 서 있었다. "세상의 영화로운 지위와 권세, 이익은 모두 한때 머무르는 지나가는 손님[寄客]에 불과하다. 그것은 항상 머무르는 것이 아니기 때문에 떠나는 것을 만류하여 붙잡아 둘 수도 없는 일이다." "권세를 떨치던 사람들도 다 죽어가고, 이름을 날리던 사람들도 사라져간다. 마치 봄꽃이 순식간에 시들어버리는 것과 같다. 그러한 권세와 명예를 얻어 좋은 것이 없는데, 잃는다 한들 슬플 일이 무엇이랴?"

35세 이후 인생의 황금기에 도달한 갈홍은 이미 인생을 관조할 수 있는 정신적 경지에 도달할 수 있었다. 그것은 본래 '포박'을 즐기는 성격 탓도 있겠지만, 그의 불우한 환경과도 무관하지는 않을 것이다. 이런 달관의 태도를 획득한 갈홍이 관료로서의 출세를 대신하는 '일가지언一家之言'의 저술을 완성하여 문유文儒로서 역사에 남겠다는 목표를 세운 것은, 결코 위진시대의 사회 풍조와 무관하지 않다. 위진시대는 사회적으로 실패한 지식인들이 사회적 지위가 아니라 사상으로 자신의 정신을 역사 속에 남기고자 하는 저술 열기로 가득 찬 시대였던 것이다. 갈홍은 그 시대의 한가운데서 고투했다.

2장 유교와 도교의 우열:
갈홍의 도교 경세론

1. 『포박자 내편』과 『포박자 외편』의 관계

일반적으로 학계에서는 갈홍의 『포박자 내편』은 도가적인 관점을 제시하는 책이고 『포박자 외편』은 유가적인 사회윤리 사상을 제시하는 책이라고 평가한다. 그러한 평가는 갈홍 본인이 『포박자 외편』의 「자서」에서 자기 저술에 대해 그렇게 말한 것에 근거를 둔다.[1] 그리고 그것은 거의 정설화된 관점이기도 하다. 갈홍을 본격적으로 살핀 연구 논문에서는 물론, 통사적인 저술에서도 그런 관점이 관철되고 있다. 하지만 개괄적인 서술을 넘어서는 『포박자 외편』에 대한 본격적 연구는 그 수가 많지 않다. 『포박자 외편』의 사상은 유가적이기 때문에 통상의 유가 사상과 큰 차이가 없고, 갈홍의 독자적인 특징 내지 독창성을 발견할 수 없다고 보

---

1) "그 외편은 인간사의 득실과 옳고 그름에 대해 논하였다. 유가에 속한다〔其外篇言人間得失, 世事臧否, 屬儒家〕." (「自敍」)

기 때문일 것이다. 그러나 그것으로 모든 설명이 끝난다고 할 수 있을까?

나는 『포박자 외편』이 단순한 '유가적' 저작이 아니라 분명히 **도가적** (여기서의 도가는 한대 이후의 의미의 '도가'=도교) 정신을 구현하고 있는 저작이라고 생각한다. 그 점에서 『내편』의 갈홍과 『외편』의 갈홍은 분열을 일으키지 않고, 일관성과 통일성을 유지한다. 갈홍은 『포박자 외편』에서 분명히 사회적인 관심, 윤리적인 관심을 강하게 표출하고 있다. 세상사의 득실과 옳고 그름을 논했다고 하는 본인의 평가도 그렇다. 그렇다면 그 경우, '유가적'이라는 말의 의미가 문제될 수 있다.

그 저작은 분명 도가의 정체성 수립에 고심한 갈홍이라는 인물이 제시한 또 다른 유형의 경세론經世論이라 할 수 있을 것이다. 그러나 그것은 단순한 유가의 경세론이 아닌 '도가' 이론가 갈홍의 경세론이다. 도가는 내적인 관심에 몰두하고, 유가는 외적, 사회적 관심을 가지고 있다는 이 분법을 단순하게 적용한다면, 『포박자 외편』이 유가적 저작이라고 단순하게 말할 수도 있을 것이다. 그러나 『포박자 내편』에서 갈홍은 그런 단순한 이분법에 동의하지 않는다. 유가는 외적 관심을 가지고 있기 때문에 경세에 적합한 사상인 반면, 도가는 내적인 수양에 관심에 가지기 때문에 경세에 부적합하다는 단순 이분법은, 도가를 사회적 영역에서 배제하려는 권력적 편견에 불과하다는 것이 갈홍의 기본 입장이다. 그렇다면 도가적 '경세론'이라는 것이 과연 존재하는가? 경세는 유가의 전유물이 아닌가? 문제는 바로 그 점에 있다.

'경세(사회적, 윤리적, 정치적 실천을 향한 관심)' 하면 우리는 곧장 유가를 떠올린다. 사실 유가 사상의 모든 관심은 경세를 지향하고 있기 때문에 유가 사상은 곧 그 자체가 경세 사상이라고 하는 것은 거의 틀림이 없는 사실이다. 물론 성리학처럼, 경세론을 초월하여 심성의 이론이나 수양의 논리가 큰 주제가 되는 경우도 없지 않지만, 그 경우에도 경세가 유학으로서의 성리학의 핵심이자 목표라는 사실에는 변함이 없다. 이처럼 '경세'라는 '개념'은 유가의 전유물이라고 말할 수 있을지 몰라도, 경세 '사상' 자체가 유가의 전유물이라고 말할 수는 없다. 특히 제자백가의 사상을 전체적으로 고려할 때, 사회윤리적 관심, 정치적 관심, 사회질서의 수립을 지향하는 관심, 한마디로 '경세적' 관심을 유가가 독점하고 있었다고는 결코 말할 수 없다. 아니, 경세적 관심은 선진 시대에 등장한 거의 모든 사상 학파의 공통된 관심사였다. 그런 의미에서 선진 사상, 제자백가 사상은 곧 경세 사상이라고 명명할 수 있을 것이다. 그중에서도 후세의 중국적 경세 사상을 형성하는 데 큰 기여를 한 사상들, 중국 역사에 가장 큰 족적을 남기고 있는 유가, 법가, 묵가, 도가 등 네 학파의 사상은 철두철미 경세적이었다는 사실을 부정할 수 없지 않는가. 『노자』가 내적 수양의 문서인 동시에 철두철미하게 경세론, 정치론적 관심을 갖고 있다는 것은 이미 학계의 공동 식견이 아닌가? 그렇다면 경세 사상을 유가의 전유물이라고 볼 수 없다는 것은 일단 분명해진다.

유가. 묵가. 법가. 도가. 그 네 사상 학파 중 진한 이후에는 묵가 사상이 세상에서 모습을 감춘다. 그 결과 사상적 유파는 유가, 도가, 법가로 축소된다. 나중에 법가는 실제로 유가에 흡수되고(일부 도가와 결합하는 면도 없지는 않다), 사라진 묵가 사상은 유가 사상을 확대하는 근거를 제시하기도 하고, 도교의 신앙적 이론을 풍부하게 만드는 데 기여하기도 한다. 그 점에서 묵가의 사상적 성격은 복잡하다. 그리고 불교의 중국 유입과 더불어 중국 사상(종교)의 주요 흐름은 유가, 불가, 도가로 재편성된다고 할 수 있다.

재미있는 사실은 주도적인 사상 유파의 수가 축소되고 재편성될수록, 각 사상(종교) 유파의 내용이 더욱 확대되고, 그 결과 그 세 유파(종교)는 서로 다른 모든 유파를 포괄할 수 있을 정도로 사상적 외연이 확대되었다는 점이다. 그러한 학파적, 사상적 분할과 통합은 진한 이후를 거쳐 위진시대에도 꾸준히 진행되었으며, 중국사 전 시대에 걸쳐 중국 사상의 기본적 경향으로 존재하게 된다. 특히 위진시대는 불교의 출현으로 인해 사상적 분할과 통합이 가속화된 시대였다.

갈홍이 『포박자 내편』을 저술한 시기는 바로 위진시대 특유의 사상적, 종교적 통합이 시작된 시대였다. 그 시대에는 실제로 법가 사상이 거의 유가 사상 속으로 통합되고, 유가의 사상적 내용과 의미가 선진 시대와는 180도 달라져 있었다. 유가의 내실 변화는 전국 말에서 진한시대를 거치는 500~600년 동안 착실하게 진행되었다.

먼저 유가는 '음양오행학설'을 적극 수용하여 자기화하는 데 성공했다. 그것이 전국시대 말기에 발생한 유가의 첫 번째 내실 변화였다. 그다음으로 유가는 법가의 정치론과 법률 사상을 자기화하여 다시 그 내실을 확대했다. 진시황의 중국 통일을 단순히 법가 사상의 통일이라고 볼 수 없는 이유가 거기에 있다. 진시황은 통일을 완성한 이후에 유가적 이념을 제국의 지배 사상으로 수용하고, 스스로 유가적 성군聖君의 모델에 따른 존재가 되기 위해 부심했다는 것이 그 증거이다. 그 과정에서 유가는 다시 그 내실의 극단적 변화를 경험한다. 그다음 단계에서 유가는 도참적圖讖의 신비 사상을 수용하여 새로운 한 제국의 주권적 권위를 뒷받침하는 사상으로 환골탈태하는 과정을 겪는다. 이 시기 동안 유가는 선진 시대의 도가적 요소를 수용하기도 하고, 음양 사상을 더욱 치밀하게 발전시키기도 하고, 법 사상과 법 제도를 발전시키기 위한 이론을 구상하기도 하면서, 명과 실 양면에서 제국적 삶의 모든 영역을 커버할 수 있는 지배 이념으로서 성장한다. 그런 긴 과정을 거쳐 유교는 서서히 왕조 국가의 정치적 이념, 국가의 주권을 정당화하는 이념으로서 자기 정립을 완성한다. 그렇게 완성된 왕조 국가의 질서 이념으로서 유교는 인간 삶의 공적인 영역을 거의 포괄하는 방대한 규모와 이론적 틀을 갖추게 된다(제도, 의례, 신화, 신앙, 정치, 행정, 법률, 예술, 천문, 역법 등의 거의 모든 삶의 영역).

그렇다면 그런 규모를 갖춘 유가의 이론적 틀이 언제 완성되었는가? 그것이 결국 학계의 현안 문제로 떠오른 유교의 '국교화state religion' 문제이다. 간단히 말하자면 학계의 견해는, 유교의 국교화는 전한 무제기에 전격적으로 이루어졌다는 전통적인 입장과, 전한 말기에 와서 왕망 정권의 시도에 의해 비로소 완성된다는 입장으로 나뉘어 있다. 물론 '국교화'라는 개념 자체를 어떻게 이해하는가에 따라 그 답은 상당히 달라진다. 중국 학계의 유교 국교화 논의는 '국교'란 무엇인가, 무엇을 '국교화'라고 이해할 것인가에 대해 근본적인 질문을 결여한 채로 전개되었다. 그 점에서 유교 '국교화' 논의는 전면적인 재검토를 요청한다.[2]

---

[2] 도대체 무엇을 '국교'라고 할 것인가, 어떤 의미에서 유교를 '국교'라고 규정할 수 있는가, 정말 유교가 중국 왕조 국가의 종교인 동시에 인민 전체의 신앙으로서 '국교'였다고 말할 수 있는가, 일반 민중의 종교 신앙의 자유가 유교적 국교의 존재에 의해 부정되었는가? 등등 논의를 전개하는데 근본적이라고 할 수도 있는 현안 문제들에 대한 질문과 대답이 이루어지지 않은 상태에서, '국교화'라는 개념이 제시되고 논의되었다. 더구나 로마제국에서의 기독교의 국교화를 염두에 두면서 로마제국에 비견할 수 있는 중국의 고대 제국 한 제국에서의 유교 국교화가 논의의 대상이 되었다. 그런 논의의 배경에는 다종교 상황을 거쳐, 유일 종교의 지배, 종교적 세계관을 넘어서는 이성적, 과학적 무종교 상황으로 세계사가 진행되어간다는 헤겔적 진보사관 혹은 계몽주의적 역사관이 작용하고 있었던 것이다. 로마에서의 기독교의 국교화는 그 실체적 의미가 왜곡되어 있는 중요한 연구 대상이다. 마찬가지로 중국에서의 유교의 국교화는 전면적인 재검토가 필요한 새로운 주제의 하나이다. 그처럼 논쟁의 초점이 정리되지 않은 상태에서 국교화 논의가 진행되고 있었다.

2. 갈홍의 도가론

이런 역사의 와중에서 갈홍은 도가의 존재 방식을 정리하고, 도가에 새로운 의미를 부여하려고 한다. 『포박자』(『내편』과 『외편』)의 저술이 그 노력의 구체적인 결실이다. 『포박자』의 저술을 통해 갈홍은 도가가 새로운 시대의 지도적 사상으로 거듭날 수 있도록, 도가에 새로운 내용과 정신적 힘을 부여하려고 했던 것이다.

물론 이미 말했던 것처럼, 갈홍의 심중心中에 있던 '도가'(도교, 도술, 황로, 선도)는 이미 선진 시대의 고전적 '도가'가 아닌 것은 당연하고, 사마천이 명명한 '도가'와도 성격을 달리한다. 유교가 오랜 시간에 걸쳐 변화를 거듭하고 내실을 확대해나간 것처럼, 도가 역시 그런 변화와 변질을 경험했다. 갈홍이 말하는 '도가'는 이미 그러한 역사적 변화를 거친 새롭게 의미 부여된 '도가'였다. 그러나 갈홍 본인은 그러한 사실을 긍정하지 않을 수도 있다. 그는 자기가 이해하는 '도가'야말로 가장 원론적이고 가장 본질적인, 심지어 이상적인 '도가'의 형태라고 생각하고 있음에 틀림없다. 맹자의 유가, 순자의 유가, 동중서의 유가, 왕충의 유가가 그 주창자 본인으로서는 가장 완전한 이상적인 형태의 유가(유교)였던 것과 마찬가지로, 갈홍 역시 자신이 제시하는 도가가 가장 완전한 이상적인 형태의 도가(도교)라고 생각했을 것이다.

갈홍의 역사적 중요성은, 중국 사상사에서 처음으로, 한 사람의 일관된 관점에 의해 도가의 정체성에 대한 자기주장, 도가의 자기 정립을 위한 담론을 제시했다는 점에서 찾을 수 있다. 갈홍 이전에 도가의 정체성에 대한 논의가 전혀 없었던 것은 아니다. 『장자』 '외편', '잡편'에서의 도술道術에 관한 평론, 특히 『장자』 「천하天下」에 나오는, '방술'과 대비되는 진정한 도의 기법으로서의 '도술' 담론, 『사기』의 '도가' 개념 창출과 그 평가, '노장'이라는 새로운 개념을 만들어 도가적 전통을 정리한 『회남자』 등 긍정적인 관점에서 도가의 의의와 장점을 주장하는 일련의 문장이 존재한다. 그러나 사회적으로 큰 영향을 가진 도가 담론의 대부분은, 유가적인 관점에서 도가를 부정하고 폄하하는 것이 주류를 이루고 있었다.

유가적 사유가 중국 사상, 나아가 동아시아 전통 사상의 '주류' 내지 '정통'으로 인정되는 현재의 관점에서, '도가'의 정체성 논의는 자연스럽게 유가적 편견에 의해 물들 수밖에 없었다. 그런 관점에 익숙한 연구자들은 '도가'를 마이너적인 사상, 주변적인 사상으로 취급해왔고, 그것을 당연시해왔다. 갈홍의 시대에도 그런 유가적 편견에 물든 도가 폄하의 분위기가 지식인 사회를 지배하고 있었다. 따라서 주변적인 사상으로서 '도가'는 세상일에 무관심한 사상, 기껏해야 세상 도피적인 관심을 가지고 있거나, 세상일을 다룰 자격이 없는 자들이 관심을 가지는 내면적인 문제를 다루는 사상이라는 편견이 지배하고 있었던 것이다.

그런 유가적 편견에 근거한 관점은 갈홍이 『포박자』(『내편』과 『외편』)를 저술한 목적과 연결되고 있다. 그런 편견은 갈홍 본인의 시대에 '이미' 일반화되어 있던 지식인의 상식이었다. 갈홍의 목적은 그런 상식과 싸우는 것이었다. 다수가 점유하는 맹목적 권위와 싸우기 위한 도가道家 옹호의 문서가 바로 『포박자』였다고 볼 수 있다. 『포박자』의 모든 문장은 투쟁과 변호로 이루어져 있다. 그것은 편견과 맞서 싸우고 천박한 상식을 불식시키기 위한 변호였다.

갈홍이 맞서 싸우려고 하는 상식, 편견은 먼저 경세적 관심이 곧 유가적 사상의 본령이라고 보는 관점이다. 도가는 과연 세상의 바른 운영과 인민의 행복을 추구하는 데 관심이 없는가? 다시 말해 도가는 '경세'에 관심이 없는 사상인가? 그것을 넓은 의미의 정치라고 한다면, 그런 관심을 갖지 않은 사상을 진정한 의미의 사상이라 할 수 있는가? 그런 배제의 전략에 의해 도가적 사유를 세상에서 제거해버리는 것이 과연 정당한 것인가? 도가는 개인적 수양에 대해서만 관심을 가지고 있다고 보는 것이, 과연 역사적으로 존재했던 도가의 사상 전체를 정당하게 평가하는 것일 수 있는가?

갈홍은 한마디로 도가란 유가의 사회적, 윤리적, 정치적 관심을 한층 더 높은 차원에서 완성하는 사상이라고 주장한다. 하지만 갈홍이 저술한 『내편』과 『외편』의 입장이 전혀 다르며, 그 두 저서를 저술한 동일 인물이 각 책을 저술할 때 서로 모순되는 관점을 드러내고 있다고 하는 해석이 아무런 반론을 받지 않고 통용되고 있다. 그런 해석이 통용되는 이유는 두 가지가 있을 수 있다. 하나는 『포박자』를 편견에서 자유로운 관점에서 진지하게 읽지 않았기 때문이며, 다른 하나는 소위 제자백가의 사상의 내실에 대한 총합적인 연구가 아직 충분히 이루어져 있지 않기 때문이다.

여기서 우선 문제가 되어야 하는 것은 다음과 같은 생각이다. '유가'는 사회윤리에 중요성을 부여한다. 정치적, 윤리적 관심을 가지는 자들은 '유가'다. 반면 비사회적 문제, 신선 장생술 내지 양생술에 관심을 가지는 자들은 '도가'다. 유가 및 도가에 대한 그런 전형화된 이해 방식 자체가 다시금 재평가되고 문제 삼아져야 하는 것이다.

갈홍의 도가 담론은 『포박자 내편』에서 분명하게 제시되고 있다. 일견 모순처럼 보이는 『내편』과 『외편』의 차이는 갈홍의 사상적 입장 전체에서 볼 때 결코 모순되는 것이 아니었다. 오히려 갈홍은 『내편』의 관점을 완성하기 위해, 『내편』의 주장을 정당화하기 위해 『외편』을 저술했다고 말할 수 있다. 갈홍은 유가주의적 관점에 의해 왜곡되고 축소된 도가의 본래 의미, 도가 사상의 본래적 성격을 회복하려고 시도한다. 그리고 갈홍의 『포박자 내편』의 「명본明本」은 그 시도의 요점을 제시한 문장으로 볼 수 있다. 『포박자 내편』 전체에 걸쳐 갈홍은, 산림에 은거하여 수도하는 사람들의 소극적 패배주의를 넘어서서 세상에 대해 도가의 존재 의의를 주장함으로써 도가의 제자리 찾기를 기도한다. 그리고 『포박자 외편』 에서는 더욱 적극적으로 세상을 교정하고 본래적인 도의 완전함을 회복하는 것을 지향하는 (도가적) 경세학을 강조하고 있다.

  그 당시 갈홍이 목도하는 사회적 혼란과 도덕의 퇴락은 여러 사회적, 정치적 원인에 의해 초래된 것이다. 그런 퇴락의 원인들 중에서도 눈여겨보아야 할 것이 이민족 문화의 유입이라는 정황이다. 이민족의 사상, 종교, 생활 풍습, 권력이 중국에 유입되면서, 중국 사회는 이전에 경험하지 못한 새로운 위기 상황을 맞이한다. 그런 시대적 정황을 염두에 두면서 갈홍은 전통적인 유교적 경세관으로는 그런 새로운 사회문제에 대처하여 평화로운 세계를 만드는 것이 어렵다고 판단한 것이다. 유교적 경세 이념이 작동하지 않는 시점에서, 본래 도가가 지닌 통치 이념, 경세 이념을 되살려야 하는 것이 아닌가. 갈홍은 산림 속에 은거해온 도가의 패배주의와 열등의식을 떨쳐내고, 도가가 본래 가지고 있던 총합적 완성의 학문으로서의 도가적 경세론을 주장한 것이다. 개인적 득도의 수양 및 내면적 정신의 완성에 근거하여 경세적 과업을 완성해야 한다는 주장이 바로 그것이다.

  이러한 갈홍의 의식 속에서 『내편』과 『외편』은 도가적 관점과 유가적 관점의 분열의 결과물이 아니다. 갈홍은 『내편』과 『외편』을 저술함으로써 비로소 도가적 내면주의의 한계를 극복하고 인간 사회의 본래적 평화와 질서를 회복하는 것을 목표로 삼는 도가 사상의 총체를 제시할 수 있었다. 그가 제시하는 사회적, 경세적 이념으로서 『외편』에서 논하는 도가가 실제로 얼마나 유효한 정치 윤리 이념이었는지를 검증하는 것은 별개의 문제이다.

갈홍은 그『포박자』의『내편』과『외편』을 모두 완성함으로써,『내편』에서 토로하고 있는 것처럼, 그가 존경하는 최고의 스승이었던 정사원을 끝까지 따라가지 않은 아쉬움을 다른 방향에서 극복할 수 있었는지도 모른다. 아니 갈홍이 정사원의 곁을 떠나 양생적 도술 연마에서 거리를 유지한 이유는 바로 갈홍이 도가의 본래 정신에 대한 자각을 갖기 시작했고, 정사원의 도술이 그 자각과 약간 동떨어져 있었기 때문이 아닐까? 갈홍은 도가의 본래 정신, 총합적 관점을 회복함으로써 정사원에 대한 아쉬움과 미안함을 속죄하고 싶었는지도 모른다. 말년에 갈홍은 다시 내면적 도가, 양생적 도가의 실천으로 되돌아간다. 수행자로서의 도가의 이상은 아마 그 방향이었으리라. 세상에서의 인간으로서의 의무를 완수하고 그다음에는 세상을 떠나 '진실한 자기'를 찾는 수행의 길로 접어드는 것이 갈홍이 생각한 원초적인 도가의 이상이었던 것이다. 이처럼『내편』과『외편』은 갈홍의 총체적 도가관을 반영하는 자연스런 성과물이라고 볼 수 있다.

3. 유교와 도교의 우열: 도가 경세론의 입장

갈홍의 도가 이해는 당연히 갈홍 자신의 해석이 개입되어 있다. 그렇다고 해서 그 해석 방식이 갈홍의 억지라거나 그만이 제시하는 독특한 것이라고는 볼 수 없다. 이 문제는 나중에 다시 자세하게 살펴볼 것이다. 여기서는 우선 다음과 같은 사실을 간단히 지적해두려고 한다.

도가라는 개념을 사용하면서 도가의 사상적 특성을 간략하게 제시한 최초의 문서는『사기』의「육가요지六家要旨」였다. 그리고 그「육가요지」

에서 제시한 개괄은 갈홍의 도가 이해와 상당히 근접한다. 나아가 '노장'이라는 개념을 사용하여 도가의 흐름을 정리하고자 했던 『회남자』의 도가(노장) 이해 역시 그런 이해의 연장선에 서 있다. 한편 『한서』는 이론적으로 잡다하여 순수성이 결여되어 있다는 의미에서 '잡가雜家'라는 새로운 범주를 설정하여, 한대 초기에 사마천 부자가 '도가'라고 부르고, 회남자가 '노장'이라고 지칭한 사상적 저작을 유가적 관점에서 부정적으로 재평가하여 '잡가'로 분류하였다.

현재 거의 상식으로 자리 잡은 관점, 즉 '도가는 양생을 중심으로 개인적 수양에만 관심이 있다.'라고 하는 관점 자체가 왜곡된 관점, 정확하게 말하자면 『한서』의 유가 중심주의에 의해 왜곡된 '도가' 이해의 산물이라고 생각할 수 있다.

사실 갈홍의 『포박자 내편』과 『포박자 외편』은 '도가'와 '유가'의 학파적 차이를 드러내며 저자 개인의 정신적 분열을 보여주는 저작이 아니다. 오히려 그 둘은 갈홍이 이해하는 '도가'의 통합적인 관점을 잘 보여주고 있다. 도가의 정체성에 대한 역사적 편견으로 인해 갈홍은 지금까지 왜곡되어왔다. 많은 사람이 『포박자』(『내편』과 『외편』)의 중요성을 인식하지만, 그 중요성의 참된 의미는 제대로 평가받지 못했다. 그 결과 갈홍은 『포박자 내편』의 저자로서, 터무니없는 신선 담론과 유사-과학적인 금단(연금술) 이론을 정리한 인물 정도로 평가되었다. 물론 그 경우 그나마 긍정적 평가를 받은 것은 그의 '금단(연금술)' 이론이었다. 근대 과학이 성립되기 전에, 중국 전통 과학을 선도한 것으로서 그나마 언급할 가치가 있었기 때문이다. 그러나 정작 갈홍의 도가, 도교 이론이나, 그것이 도교 사상사에서 차지하는 의미에 대한 적절한 평가는 이루어져 있지 않다.

나는 북송에 이르러 《운급칠첨》이 등장하기 이전의 도교 사상사에서 도교의 전모를 보여주는 단 한 편의 저술을 제시하라고 한다면 『포박자 내편』을 추천할 수 있다고 생각한다. 그런 의미에 『포박자 내편』은 그 자체가 한 권의 도교 개론서다. 그러나 그 책의 전체상, 나아가 그 책의 역사적 의미를 밝히려고 시도한 해설서는 많지 않다.

여기서 나는 갈홍의 도가론 및 유가-도가 비교론을 통해, 소위 '도가' 사상의 실체에 대해 다시 생각해보고자 한다. 먼저 갈홍의 도가 우월론, 도가 변증론의 관점을 살펴보자.

'유가와 도가의 선후(우열)〔儒道之先後〕'에 대해 묻는 사람에게 갈홍은 "도가는 유가의 근본이며 유가는 도가의 말류이다."[3]라고 대답한다. 다시 말해 갈홍은 도가道家가 근본이며 유가儒家는 그 도가에서 파생된 사상, 즉 도가의 근본으로부터 전개되어 나온 사상이라고 한다. 도가가 근본이고 유가는 말류라는 주장은 일반적인 '유교-도교 우열론'을 역전시키는 중요한 관점이다. 유가와 도교의 관계에 대한 갈홍의 관점은 '도가가 근본이며 유가는 말류〔道本儒末〕'라는 한마디로 요약될 수 있다. 유가와 도가가 근본적으로 다르다기보다, 그 두 가르침이 '본말本末〔원본과 파생물〕'의 관계에 있다는 것이다. 근원적인 도가가 세속화되고 타락한 형태가 유가라는 주장이다.

---

[3] "道者, 儒之本也. 儒者, 道之末也."(「明本」) 갈홍은 '유가'라는 개념은 사용하지 않고 단순히 유, 혹은 유자라는 표현을 사용한다. 한편 도자라는 표현보다 '도가'라는 개념을 더 즐겨 사용한다. 인용문에서처럼 단순히 도라고 지칭하는 경우도 있다. 그런 개념 사용의 차이는 미묘한 것이라고 생각된다. 갈홍이 유가라는 개념을 사용하지 않는 이유는, 유가가 '육경'을 근거로 삼고 사회윤리적인 이론 등 나름대로 분명한 사상적 경향을 가지고 있지만, 하나의 사상적 입장을 가진 체계적인 사상으로서의 자격을 결여하고 있다는 야유적인 의미가 포함되어 있는 것이 아닌가 하는 느낌이 든다. 하지만 나는 이 글에서 논의의 편의를 위해 도가와 유가라는 개념을 사용할 것이다.

위의 주장에 이어 갈홍은 『사기』「육가요지」를 인용하면서 각 학파의 장단점을 정리하고, 도가의 의미를 다시 규정한다. 『사기』「육가요지」는 선진 시대의 수많은 사상적 흐름을 여섯 학파로 구분하고, 각 학파의 장단점을 정리한 일종의 사상사 범주론으로, 그 이후 중국 사상사에서의 학파 분류 방법의 전범을 제시한 글이다. 여기서 우리가 문제 삼고 있는 '도가'라는 명칭은 「육가요지」에서 처음 제시된다. 「육가요지」에서 제시된 '도가'라는 사상 범주는 노자老子(도가 사상의 개조)와 장자莊子(노자의 계승자)를 축으로 삼는 사상적 흐름을 지칭하는 것이었다(『史記』「老莊申韓列傳」 참조). 노자에 의해 창안되고 장자에 의해 계승된 사상 체계를 전제하고, 그 사상을 계승하거나 발전시킨 사상 전통이라는 의미를 가진 '도가'라는 관념은 「육가요지」에 의해 정립되었다. 노자 및 장자와 친연성이 강한 「육가요지」에서는 전국시대 말기에 큰 세력을 가졌던 '황로'라는 학파 범주를 사용하지 않지만, 사마천은 '도가'라는 새로운 호칭을 창안하여 전국 말 진한 초기에 '황로'라고 불리던 사상(종교) 전통에 새로운 의미를 부여하고자 했다. 그러나 '황로'와 '도가'는 거의 같은 내용을 가진 사상 범주였다.[4]

「육가요지」가 제시하는 각 학파의 장단점은 다음과 같다. 음양가[陰陽之術]는 수많은 금기를 준수하기 때문에 사람들이 그것에 사로잡혀 그것을 지켜내기가 어렵다. 유가[儒者]는 폭넓은 문제에 관심을 가지고 있지만 요점이 결여되어 있고, 많은 노력을 요구하지만 그것으로 얻는 결과는 많지 않다[博而寡要, 勞而少功]. 묵가[墨者]는 지나치게 근검을 강조하기

---

[4] 개념이 달라진다는 것은 개념화하는 주체의 시각이 달라졌다는 의미라고 볼 수 있다. 황로와 도가의 같은 점과 다른 점에 대해서는 다른 기회에 검토해보아야 할 것이다.

때문에 모든 사람이 그 요구를 지켜내기란 쉽지 않다〔儉而難遵, 不可遍循〕. 반면 법가는 엄격함을 강조하지만 사람들을 사랑하는 애정이 결여되어 있기 때문에 인과 의를 해치는 경향이 있다〔嚴而少恩, 傷破仁義〕. 그러나 도가의 가르침〔道家之敎〕은 그들 여러 학파의 것과 다르다.

오직 도가의 가르침만이 사람의 정신을 도와 합치하게 만들고, 욕망에 흔들리지 않게 만들고, 눈에 보이지 않는 도〔천지〕의 움직임과 하나가 되게 만들어준다. 도가는 유가와 묵가의 장점을 흡수하고, 법가와 명가〔논리학파〕의 요점을 종합하여, 천지의 변화와 더불어 움직이고 자연에 순응하여 변화한다. 도가의 내용은 간결하고 분명하기 때문에 적은 노력을 들이고서도 큰 성과를 얻을 수 있다. 도가는 인간이 본래 지닌 최초의 순수함을 회복하고 완성하는 데 온 힘을 기울인다. 또 도가는 참된 근원을 지키는 것을 목표로 삼는다.[5]

이처럼 갈홍은 『사기』「육가요지」의 도가론을 거의 그대로 수용하고 있기 때문에, 당연히 반고班固가 저술한 『한서』의 제자백가 해석론에 동의하지 않는다. 그 둘은 서로 다른 관점을 가진 사상 해석의 결과물이었기 때문이다.

갈홍은 일찍부터 반고(『한서』)가 유교 중심주의적 관점에 입각하여 사마천(『사기』)의 관점을 부정하는 해석을 제시하고 있다는 사실을 간파했다. 갈홍은 반고의 유가 중심주의를 비판한다. 사마천이 황로(즉 도가)를 중시하고〔先黃老〕육경(유가의 경전)을 부차적인 것으로 취급했던〔後六

---

[5] "唯道家之道, 使人精神專一, 動合無形, 包儒墨之善, 總名法之要. 與時遷移, 應物變化, 指約而易明, 事少而功多, 務在全大宗之樸, 守眞正之源也."(「明本」)

經) 것과는 달리, 반고는 유가 중심주의적 관점에서 도가를 폄하하고 도가 사상을 현실 부정적인 수양주의로 축소시켰다는 것이다. 반고는 『한서』의 「사마천찬」(사마천에 대한 역사적 평가)에서 사마천이 '황로'를 앞세우고 '육경'을 부차적으로 취급한다고 비판했는데,[6] 갈홍은 그런 반고의 사마천 평가야말로 반고 자신의 식견이 낮다는 것을 드러내는 증거라고 주장한다. 나아가 갈홍은 반고의 사마천 비판을 뒤집어, 반고야말로 유가주의에 사로잡혀 도의 참된 의미를 이해하지 못하며, 일상적 편견에 사로잡혀 전체를 고르게 볼 수 있는 안목을 결여했다고 비판한다.[7]

갈홍의 의도는, 반고가 도교 사상의 진정성을 곡해하고 있다는 사실을 지적하고, 도교의 가르침이 단순한 양생의 공부에 한정되는 것이 아님을 보여주려는 것이었다. 갈홍은 도가의 사상이 양생을 지향하는 개인주의 혹은 세상일에 무관심한 은일지사의 초超세속적 가르침으로 좁게 이해되어서는 안 된다고 생각했다. 도가를 그렇게 축소 해석하는 것은 유가 측의 정치 공작이며, 유가의 의도적인 폄하라고 보았던 것이다. 갈홍은 「육가요지」가 제시한 도가에 관한 전일적이고 총체적인 해석을 되살려 도가의 새로운 가능성을 발견하기 위해 반고의 유가 중심주의적 도가 해석을 비판한 것이다.

한나라 왕조가 확립되어가는 과정에서, 유가는 정치권력과의 결합을 더욱 공고하게 유지해갔고, 그 결과 사마천이 제시한 전일적인 도가 이해는 전면적으로 부정된다. 유가 중심주의가 지배하기 시작하면서 도가 본래의 정신이 왜곡되는 위기에 처한다. 유가 중심주의적 관점은 유가를 중국 사상의 고대적 종합이라고 보고, 유가 이외의 모든 학파를 부정하

---

6) "班固以史遷先黃老而後六經, 謂遷爲謬."(「明本」)
7) "班固之所論, 未可據也. 固誠純儒, 不究道意, 玩其所習, 難以折中."(「明本」)

는 배제와 차별의 논리를 전면에 내세운다. 갈홍의 반고 비판론, 그리고 그에 이어지는 도가 옹호론은 당시 이미 확고한 위치를 점하고 있던 유가 중심 이데올로기와 그것에 근거한 역사 해석의 왜곡을 비판한 것으로서 중요한 가치가 있다.[8]

갈홍은 도가의 의미에 대한 전일적 이해를 견지하면서 다음과 같은 반문한다. "도가道家가 추구하는 도道라고 하는 것이 '한갓' 양생〔=治身〕의 일에만 몰두하는 것이라고 할 수 있겠는가?"[9] 갈홍은 도가 사상을 개인주의적 수양론〔養生〕의 틀 속에 가두어두려는 유교적 관점을 부정하기 위해 그런 질문을 던진 것이다.

도가를 개인적 양생 수양론 속에 가두어두고 보려는 유가주의적 관점은 오늘날 우리를 사로잡고 있는 현대적 종교 이해에 의해 더욱 강화된다. 다시 말해 종교와 정치를 구분하여, 정치는 공적 영역을 담당하는 것이고, 종교는 정치가 배제된 사적 영역에 한정된다고 보는 입장, 그런 근대적 정교분리론의 입장에 따라, 종교는 더 이상 공적 영역에 관심을 가

---

8) 유가 이념과 국가의 정치 이데올로기가 결합되면서, 비유교적 사상-종교, 특히 도가적 사상-종교에 대한 중앙 권력의 위기의식은 일반인의 상상을 초월한다. 중국에서 통일 왕조가 등장하는 바로 그 시점부터 종교적 반란, 특히 도교적 배경을 가진 정치적 반란의 움직임은 중국의 권력자를 가장 괴롭힌 것이었다. 특히 태평을 기치로 내걸고 발생했던 태평도의 반란은 도가적 치국-치신의 이론을 근간으로 삼고 새로운 정치 세계를 구상했던 대혁명 운동이었다. 그 이후 중앙 권력은 종교적 이념을 내건 정치-종교적 운동에 민감하지 않을 수 없었다. 더구나 '치국'을 강조하는 도가 사상은 '태평도'와 마찬가지로 종교적 반란 단체로 지목될 수 있는 위험성을 가지고 있다고 본다. 중국에서 발생한 대부분의 민중 반란이 도가적 이상주의, 도가적 평화주의를 기치로 내세우는 정치=종교적 성격을 띠고 있었던 것은 부정할 수 없는 사실이다. 최근 중국에서 리훙즈李洪志가 이끄는 파룬궁法輪功이 정치적으로 무자비한 탄압을 받고 있는 것은 그런 역사적 맥락에서 이해할 수 있다.
9) "夫所謂道, 豈有養生之事而已乎."(「明本」)

져서는 안 된다는 입장이 굳어진 것이다. 그리고 그런 관점은 곧바로 고대 중국의 사상-종교 유파인 도교를 이해하는 경우에도 무의식적으로 적용된다.

도가를 정신적 수련, 깨달음의 추구, 초월의 영역에만 관심을 가지는 것으로 한정하고, 이 세상에서 도가를 배제시키려고 하는 차별에 도전하는 갈홍의 관점은 유교적 독단주의에 대한 도전인 동시에 현대적 역사 해석에 내재한 근대주의적 편견에 대한 도전이 될 수 있다. 갈홍의 문제 제기는 도가 및 도교를 개인적 양생의 영역으로 축소하는 것에 익숙한 우리들에게도 중요한 도전이 될 수 있다.

갈홍은 도가를 내적 영역, 개인적 영역으로 축소하는 것에 대해 단호하게 반대한다. 소위 유가적 관점에서 도가적 삶의 태도에 의문을 제시하는 논자들은 도가를 이렇게 비판한다. 먼저 유가는 기본적으로 '육경'과 주공 및 공자의 가르침에 근거를 두고 정치 사회적 질서〔治世存正〕와 사회적 참여를 근간으로 삼는 윤리적 실천〔立身擧動〕을 설파하기 때문에, 국가와 가정을 다스리고자 하는 자는 유가 사상을 부정할 수 없다고 주장한다.[10] 반면 도가의 도를 수행하는 인사들은 정치적, 사회적 질서〔禮敎〕에 무관심하고, 사회적 윤리 도덕〔大倫〕을 무시하고, 동물처럼 산속에 은거하는 것을 좋아하기 때문에 사회적 효용이 없다고 비판한다.[11] 그러나 갈홍은 유가와 도가에 대한 그런 통속적 비교론은 도가에 대한 전형적인 왜곡이며, 그런 왜곡이 발생하는 계기를 제공한 자가 바로『한서』의 저자 반고라고 말한다. 갈홍은 도가를 비판하는 사람에게 다음과 같이

---

10) "或曰, 儒者, 周孔也, 其籍則六經也, 蓋治世存正之所由也, 立身擧動之準繩也, 其用遠而業貴, 其事大而辭美, 有國有家不易之制也."(「明本」)
11) "爲道之士, 不營禮敎, 不顧大倫, 侶狐貉於草澤之中, 偶猿猱於林麓之間, 魁然流擯, 與木石爲隣, 此亦東走之迷, 忘葵之甘也."(「明本」)

대답한다.

> 노자는 예의 가르침을 종합하고 구시[장생불사의 수양]까지도 겸비하였으니, 그를 주공과 공자를 파괴한 사람이라고 말할 수 없다. 그렇기 때문에 중니[공자]는 자기 스스로를 노자에 비유하여 그를 찬탄했다는 말은 있지만, 노자를 비난했다는 말은 들어본 적이 없다. 그러나 말세의 어리석은 사람들이 노자의 가르침을 이해하지 못하고, 유가와 묵가만을 공부하면서 도가를 비난하는 것이다.[12]

갈홍의 반론은, 도가를 사회적 영역으로부터 배제하고 도가를 산속에 은거하는 은둔자의 양생적 가르침으로 축소 해석하면서 도가를 현실적 정치 세계로부터 배제하는 유가 이데올로기의 정치 공작에 대한 반론이다. 그의 반론은 정치적 독점권을 확보하고자 하는 유가에 대한 반론인 동시에, 당시의 도가가 소극적 패배주의에 사로잡혀 산속으로 숨어들어 가는 상황에 대해 각성을 촉구하는 목소리라고도 읽을 수 있다.

갈홍은 『주역周易』의 「설괘전說卦傳」과 「계사전繫辭傳」의 말을 인용하면서, 음양, 강유, 인의의 균형에 의해 도의 참된 정신이 완전해진다는 것을 지적한다.[13] 유가와 영역을 나누어 가지자는 의미가 아니라, 근본

---

12) "老子旣兼綜禮敎, 而又久視, 則未可謂之爲滅周孔也. 故仲尼有竊比之嘆, 未聞有疵毁之辭, 而末世庸民, 不得其門, 修儒墨而毁道家."(「明本」) 공자가 자기 스스로를 노자에 비유했다는 것은, 갈홍이 논어에 나오는 "절비어아노팽竊比於我老彭"에서 노팽을 노자로 이해한 것이다. 갈홍의 이해는 도교에서의 입장으로, 현대의 논어 연구자들은 논어의 노팽은 노자가 아니라 팽씨 성을 가진 어떤 인물이라고 보는 것이 일반적이다.

13) "易曰, 立天之道, 曰陰與陽, 立地之道, 曰柔與剛, 立人之道, 曰仁與義. 又曰, 易有聖人之道四焉, 苟非其人, 道不虛行."(「明本」)

적 진리를 탐색하는 도가의 가르침이 안과 밖, 양생과 경세라는 양면적 가치의 종합에 의해 완전해진다는 주장이라고 볼 수 있다. 양생에 몰두하고 개인의 생명의 완전함에만 온 관심을 기울이는 것이 도가의 가르침이라면, 그런 도가는 편벽된 것일 수밖에 없다. 경세에만 관심을 가지는 유가가 불완전한 이유는 그 가르침이 외적 세계와 내적 세계의 공통된 존재론적 원천인 도의 근원성에 무관심하기 때문이다. 도가가 완전한 가르침인 이유는 강과 유의 균형, 양생과 경세의 양면에 뛰어난 효용성이 있기 때문이다.

갈홍의 주장은 이렇게 요약할 수 있다.

도가, 즉 황로는 근본을 탐색하기 위해 힘을 쓰는 반면, 유가와 묵가는 말단에 힘을 쓸 뿐이다. 둘 중에 더 중요한 것은 물론 근본이다. 하지만 근본에만 매달리는 것 역시 일정한 한계가 있는 것이 아닌가? 도를 탐구하는 유도지사有道之士들은 고금의 변화에 통달하고, 하늘의 일과 세상의 일에 밝고, 기의 변화와 미묘한 상징적 징후를 잘 읽어내며, 국가 흥망의 운명을 이해하는 것이 빠르고, 세상의 질서와 혼란의 이유를 잘 이해한다. 그들은 마음 안에서 더 이상 혼란을 느끼지 않으며, 질문을 받고서 대답하지 못하는 것이 없다. 그런 득도자들은 더 이상 장생의 법을 탐구하거나 선인들의 족적을 뒤쫓기 위해 노력할 필요가 없을지도 모른다. 그러나 뚫어진 지붕 틈새를 통해서만 하늘을 보는 사람들(유자), 갈대 구멍으로 하늘을 살피는 사람들은 노자의 가르침을 따르기 위해 산림에 은거하는 수행자들을 비웃으며 그들이 작은 진리(小道)에 사로잡혀 있다고 비웃는다. 그러나 그렇게 비웃는 자들이야말로 한낮에 방안에서 촛불을 밝히고 앉아서 하늘의 밝은 태양 빛을 보지 못하는 자들이다. 그들이야말로 말발굽에 의해 만들어진 작은 물웅덩이만을 알고 세계의 광대함을 이해하지 못하는 자들이다. 그들은 황하와 장강이 깊은 줄만 알지, 그 물을 뿜어내는 것이 곤륜산이라는 사실을 모른다. 즉 말류만 알고 근본을 모르는 것이다. 도는 모든 인간을 다스리는 근본이며, 자연과 만물의 원리이다. 세상에는 시야가 좁고 견식이 얕은 인간이 대부분이고, 깊은 식견을 가진 자의 수는 적다. 적은 수가 많은 수를 이길 수는 없다. 따라서 사마천은 뛰어난 식견을 가지고 있었지만 세상에서 이해되지 못했고, 반고는 짧은 지식밖에 가지고 있지 못했지만 비판을 받지 않았다. 반고를 따르는 사람이 많았기 때문이다.[14]

도가의 근본인 도는 안으로는 몸과 마음을 다스리고, 밖으로는 나라를 다스리는 가르침이다.[15] 도가에 있어서 정치론과 수양론은 분리되지 않는다. 도가는 내면적 수양론 아니면 정치론이라고 하는, 양자택일적인 해석이 횡행하는 이유는 도가 자체가 분열적 사유를 가지고 있기 때문이 아니라, 역사를 바라보는 왜곡된 유교주의와 현대주의의 분열증 때문이다.

그 결과 도가의 이념을 실현하면, 모든 정치 활동은 법도에 맞게 실행되고, 자연의 음양 두 기가 조화롭게 움직이게 되고, 사계절의 순환이 절도에 맞는다. 그 결과 전염병이 발생하지 않고, 재난이 일어나지 않으며, 전쟁을 위해 성루를 만들 필요가 없고, 무기를 더 이상 사용하지 않아도 된다. 강력한 법령이 필요하지도 않고, 논의하지 않아도 모든 일이 순조롭게 제대로 돌아가고, 약속하지 않아도 신뢰가 지켜지고, 모든 일은 자연의 법칙에 따라 자연스럽게 잘 돌아간다.

이것이 도가가 지향하는 태평성세의 전형적인 모습이다. 그리고 그러한 태평성세의 완성은 자기 몸과 마음을 다스리는 수행적 노력과 분리되지 않는다. 자기의 몸과 정신을 다스릴 수 없는 자가 세상을 경영한다는

---

14) 이 단락은 「명본」(p. 185)의 내용을 요약한 것이다.
15) "夫道者, 內以治身, 外而爲國."(「明本」)

것은 처음부터 어불성설이다. 이것이 바로 도가가 지향하는 올바른 정치, 즉 치세治世의 모습이며, 자연스러운 정신 수행의 방식이다. 갈홍은 여기서 전형적인 도가의 무위 정치론을 제시한 것이다. 이 세상이 어지럽고 혼란스러워진 이유는 도의 참된 정신과 의미가 사라지고 잊혀졌기 때문이다.

도가 실행되는 사회(치국과 치신이 동일한 원리에 의해 실천되는 사회)는 모든 것이 자연스럽게 잘 운영된다. 도가 쇠퇴한 사회는 아무리 분주하게 노력해도, 아무리 엄한 형벌을 강제해도, 오히려 실패와 간사한 무리가 끊이지 않고 일어난다. 법이 분명한 데에도 도적은 더욱 많아지고, 맹약이 자주 맺어져도 반란이 더욱 심해진다. 그리고 군신이 자리를 바꾸는 일이 더욱 자주 발생하고, 아버지와 자식이 서로 칼끝을 맞대는 일도 자주 발생한다. 어지러운 나라일수록 충의가 강조되고, 효가 무너진 가정일수록 효자는 더욱 높이 평가된다. 질병과 전염병이 발생한 후에 무당과 의사가 귀해지고, 도덕이 무너진 다음에 유가와 묵가의 가르침이 중시되는 것과 같은 이치이다.

『포박자 내편』에서 갈홍이 제시하는 정치론은 『노자』의 정치론에 근거를 두고 그것을 발전시킨 것이라는 사실은 다시 설명할 필요가 없을 정도로 분명하다. 나아가 그의 정치론은 『노자』의 정치론과 마찬가지로, 수행론적 메타포와 실천의 방안으로 가득 차 있다. 나중에 다른 곳에서 살펴보겠지만(이 책 「제2부 6장 도를 네 안에 간직하라」 참조), 치국과 치신, 즉 정치와 수양은 연속적인 일체를 이루고 있다. 도가적 세계관 안에서는 정치와 종교는 구별되지 않는다.

수행(종교)과 경세(정치)를 구분하는 것은 '근대적 관점을 고전 읽기에 투영함으로써' 발생한 오해일 뿐이다. 치신과 치국을 동일시하는 관점은 『노자』 자체의 기본 관점일 뿐 아니라, 『노자』의 최초의 완전한 주석서인『노자하상공주老子河上公注』의 기본 입장이기도 하다. 따라서『노자』를 정치론으로만 한정하는 해석은 일면적일 수밖에 없다. 마찬가지로『노자』를 양생론적으로만 읽는 것도 일면적이다. 그 두 관심은 분리되지 않는다. 갈홍은『노자』정치론의 포괄성, 양면성을 계승하면서 도교적 정치론＝수양론을 전개하고 있다.

3장 도교, 유교, 무巫의 갈등:
갈홍의 도교 정통론과 요도 비판

1. 유교와 도교의 비교

갈홍은 『포박자 내편』 곳곳에서 유가에 대한 도가의 우월성을 강조했다. 그것은 당시 정치적, 사회적으로 우위에 서 있던 유가를 비판함으로써 도가의 입지를 강화하려고 하는 호교론적護敎論的 입장을 가지고 있던 갈홍으로서는 당연한 시도였다고 할 수 있다. 한편 갈홍은 민중의 전폭적 지지를 받고 있던 민중적 종교 신앙을 '요도妖道'라고 비판하고, 정통 도교의 우수성을 드러내기 위해 힘쓴다. 사도邪道 혹은 요도에 대한 갈홍의 비판은 도가의 우월성을 강조하는 그의 도가(도교) 이해의 다른 측면이라고 말할 수 있다.

갈홍은 도가道家가 내면적, 정신적인 양생뿐만 아니라 정치적, 경세적 실천에 대해서도 깊은 관심과 실천 능력을 가지고 있다고 주장하면서, 도교의 우수성을 강조한다. 그는 도가가 이러한 두 측면 모두를 포괄하기 때문에, 유가뿐 아니라 다른 모든 가르침을 넘어설 수 있는 가능성을 가지고 있다고 말한다. 다른 한편 갈홍은 당시 성행하던 다양한 도교적 신앙이 모두 올바른 도교라고 평가할 수는 없다고 생각한다. 갈홍은 도가의 우수성을 제대로 평가하기 위해서라도, 정통적인 도교를 사이비 도교와 구별할 필요가 있다고 보았다. 도교의 우수성을 인정받기 위해서는, 사회적 비난을 초래하는 사이비 도교가 올바른 정통적 도교와 혼동되는 것을 저지해야 했다. 갈홍은 사이비 도교를 요도, 음사,[1] 혹은 요사妖邪, 요위妖僞 등 다양한 이름으로 부른다. 갈홍은 그런 종교 행태들은 도교와 혼동될 수 있을 정도로 비슷하지만, 진짜 도교가 아니라고 한다.

갈홍의 종교가로서의 임무는 **첫째**, 유교로부터 도교(도가)에 가해지는 비난을 극복하는 것, **둘째**, 사이비 도교(요도)와 참된 도교를 구분하여 정통적 도교의 이론과 존재 방식을 확립하는 것이었다. 그런 임무를 달성하기 위해, 갈홍은 먼저 유교와 도교의 차별성을 강조하고, 이어서 민간에서 큰 영향력을 행사하던 요도(=사이비 도교) 비판으로 나아간다.

도교는 하나의 독립된 체계를 갖춘 종교로 자리 잡아가던 초기 단계서부터 두 방향으로부터의 도전을 받아왔다. 하나는 소위 통치 이념과 결합한 유교로부터의 도전이며, 다른 하나는 무속, 즉 민간의 속신 신앙으로부터의 도전이다. 유교는 한대 이후 왕조 국가의 제사 이념으로 정착되어갔다. 한편 무속은 도교적 신앙을 가능하게 만들어준 신앙적 토양이라고 할 수 있다. 전자로부터의 도전은 유교적 정통론과의 갈등으로 표출되었으며, 후자로부터의 도전은 도교 내부의 정통성 담론, 즉 요도(사도) 비판이라는 형식으로 전개되었다.

---

[1] 음사淫祀 개념은 원래 유교 내지 국가 종교에서 비정통적 제사 혹은 민간적 종교 행태를 비난하기 위해 사용되던 개념이었다. 대략 위진시대가 되면 도교에서도 그 개념을 차용하여, 비정통적 도교, 사이비 도교, 민간의 속신 신앙을 비판하는 데 사용한다.

갈홍은 도가와 유가를 비교하면서, "유가는 제사를 통해 복을 기원하고 도가는 도의 올바름을 실천함으로써 사악함을 물리친다."[2]라고 말한다. 갈홍은 더 나아가 유가가 권세와 권력(勢利)을 지향하는 사상이라면 도가는 무욕無欲을 귀중하게 여기고, 유가가 명예(名利)를 추구하는 데 급급하다면 도가는 도를 간직하며 홀로 자기의 가치를 지키는 것(獨善)을 좋아하고, 유가가 서로 싸우며 쟁취하는 것에 관심을 갖는다면 도가는 욕심을 버리고 싸움을 경계한다고 그 두 가르침의 차이를 요약한다. 갈홍의 유도 비교는 어차피 도교 사상가로서의 호교론적 주장이기 때문에, 그 말을 사실 그대로 받아들일 수는 없다. 하지만 유교에 대한 비판적 언설을 자제하고 본다면, 갈홍의 비교론은 나름대로 유교와 도교의 가치 지향의 차이를 잘 지적하고 있다고 평가할 수 있다. 그의 유교 도교 비교론 중에서, 특히 우리의 관심을 끄는 것은 유교의 제사祭祀-기복祈福과 도교의 이정履正-양사禳邪를 비교하고 있는 대목이다.

나는 갈홍의 그런 평가는, 유교와 도교의 우열을 단순히 비교하는 논의와는 차원이 다른, 유가(유교)와 도가(도교)의 본질과 관련된 중요한 사실을 지적하고 있다고 생각한다. 따라서 그 말의 의미에 대한 자세한 분석이 필요하지만, 사실 갈홍이 강조하는 도가의 바로 그런 특징으로 인해 정통 도가와 사이비 도가를 구별하는 것은 더욱 어려워진다.

종교는 이념(신앙, 교리)과 실천(의례)의 종합체이다. 한 종교의 신앙 내용이나 교리만을 보아서는 그 종교의 독특한 특징을 발견하는 것이 쉽지 않을 수도 있다. 따라서 궁극적으로는 의례의 차이가 하나의 종교와 다른 종교를 외적으로 구별하는 표지가 되기도 한다. 그렇다면 갈홍의 앞의 발언은 의례의 실행과 그 의례의 목적이라는 관점에서 유교와 도교

---

[2] "儒者祭祀以祈福, 而道者履正以禳邪."(「明本」)

를 비교하는 대단히 의미심장한 비교 종교론적 논의라고 볼 수 있다. 단순한 호교론적 관점에서, 누가 옳고 누가 그르다는 상호 대립적 주장은 너무도 자주 볼 수 있지만, 두 종교의 의례(제사祭祀와 과의科儀)를 비교하고, 그것을 통해 그 두 종교의 차이를 단적으로 부각시키는 논의는 다른 곳에서는 쉽게 찾아볼 수 없다.

그런데 여기서 우리는 갈홍이 도교 의례에 그다지 중요한 의미를 부여하지 않은 것이 아닌가 하는 의구심을 갖게 된다.

당연히 금단 제조와 약물 복용에 최고의 가치를 부여하는 갈홍의 입장에서 볼 때, 의례적 행위를 통해 구원을 추구하는 도교의 종교적 실천에 대해서는 부정적인 태도를 취했다고 생각하기 쉽다. 실제로 갈홍은 신령에 대한 희생 제사나 기도 등을 통해서 도를 얻으려고 하거나 신선이 되는 것을 추구하는 의례적, 주술적 도교에 대해서 대단히 비판적이었다. 그러한 그의 입장에서, 음사 및 요도에 대한 비판적 태도는 자연스런 것이라고 볼 수 있다. 하지만 갈홍의 금단도金丹道 안에서 의례적 실천이 완전히 배제되었다고 말할 수는 없다. 금단을 조제하는 수련 과정에서 의례는 중요한 역할을 하고 있을 뿐 아니라, 방술 수행의 모든 단계에서 의례적 행동은 중요한 것으로 인정되고 있다. 따라서 도교 안에서 의례가 어떻게 평가되는가 하는 것은, 의례의 의미와 역할에 대한 이론적 문제에 그칠 뿐, 어떤 형태의 도교든, 신령에 대한 신앙과 신령에 대한 의례적 활동을 부정하는 경우는 없다. (도교는 넓은 의미의 의례 종교라는 사실에 대해서는 다른 글에서 자세히 살펴볼 것이다.)

유교(유가)의 경우에도 같은 말을 할 수 있다. 유교의 성격에 대해서 말할 때에 우리는, 공자의 학문적 유가, 주자의 형이상학적 유가, 왕양명의 수양적 유가라고 하는 식으로 막연한 이미지를 가지고 있다. 더구나 유교는 종교가 아니라 인격 수양을 위한 학문, 형이상학적 사변에 몰두하는 '철학'이라는 생각이 널리 퍼져 있다. 그 결과 유교가 왕조 국가의 공식적 의례를 담당하는 종교로서 기능했다는 사실, 더구나 의례적 실천이 유교의 중심이었다는 사실을 잊어버리는 경우가 많다. 한 종교의 이념과 사상은 의례적 실천과 분리되지 않는다. 만일 연구자들이 유교의 의례적 차원에 관심을 기울였다면, 또는 유교가 국가나 가정에서 제사의 실천과 이념으로 기능하고 있었던 현상을 관찰할 수 있었다면, "유교는 종교인가 아니면 철학인가?" 하는 무의미한 논쟁은 처음부터 제기되지 않았을 것이다. 유교 종교 혹은 유교 철학 논쟁은 유교의 사회적, 역사적 맥락에 관심을 기울이지 않은 채 그것의 이론적 차원에만 관심을 가진 결과 만들어진 '가짜 문제'일 뿐이다. 소위 유학자는 일상 속에서 '사상가'이기 이전에 '의례 실천자', 즉 제사 집행자였다. 순수한 의미의 사상가 내지 철학자라고 이름 붙일 수 있는 사람은 유자들 중에서도 극소수에 불과했다.

대부분의 중국 사상(철학) 관련 서적은 유가(철학)와 유교(종교)를 구분할 뿐 아니라, 도가와 도교를 구분하고, 도가는 철학이며 도교는 종교라고 평가한다. 하지만 그런 구분과 평가는 커다란 오해에서 비롯된 것이다. 도가와 도교라는 명칭의 차이는 그 둘을 구분하는 근거가 될 수 없다. 도가(도교)가 철학적인 것과 종교적인 것으로 구분된다는 이분법 역시 성립할 수 없다. 그런 구분이야말로 전형적인 서구 중심주의적 관점의 투영물일 뿐이다.[3]

---

3) 도교 혹은 도가는 그 내부에 존재하는 다양한 학파 혹은 교파마다 서로 다른 이론을 가질 수 있다. 그것은 도가와 도교가 다르기 때문에 발생하는 것이 아니라, 하나의 통합된 보편적 도교(도가)란 존재하지 않기 때문에 발생하는 내부적 다양성 혹은 차이일 뿐이다. 하나의 통합된 교리 체계로서 도가(도교)를 상정하려는 태도로는 동아시아 종교를 이해하기 어렵다. 한국의 동양학 연구자들이 종교와 철학의 개념의 형성 과정이나, 그 개념이 가진 역사적, 문화적 함의에 주의를 기울이지 않고, 철

도교(도가)는 철두철미하게 의례적, 실천적 전통이다. 의례적, 실천적 전통의 근거인 도道를 사유하는 종교가 자연과 인간 및 사회에 대해 어떤 관점과 해석의 입장을 가지는 것은 당연하다. 만일 도교의 사상적, 철학적 내용만을 연구한다면 그야말로 그 내용은 한 줌도 안 되는 원론적 주장을 반복하는 단조로운 것이 되고 말지도 모른다. 도교가 진정으로 도교인 이유는 그것이 풍성하고 다채로운 의례를 지니고 있기 때문이다.

유교에서도 다양한 의례가 유교의 중요한 구성 부분이 되고 있다. 수백 수천에 이르는 복잡한 유교 의례 중에서 가장 중요한 것은 '제사'다. 그 '제사'에도 제왕이 드리는 제사, 지방관이 드리는 제사, 가장이 드리는 제사 등 다양한 제사의 층과 형식이 존재한다. 제사는 확고한 계층적 구조를 지니면서, 엄청나게 복잡한 내용을 포함한다.

도교 역시 추상적인 사상으로서가 아니라 의례적 전통으로 존재해왔다. 도교 의례를 지칭하는 명칭은 다양하다. 크게 말해서 도교의 의례는 '법法'과 '술術'로 구분된다고 말할 수 있지만, 법과 술의 내용은 교단과 교파마다 다르기 때문에, 전체적으로 도교 의례를 하나로 보고 단순하게 규정하는 것은 불가능하다. 특히 정일파나 영보파 도교에서처럼 거대한 조직을 가진 교단의 공식적 의례를 과의科儀라고 부르는데, 그것 역시 시대와 지역에 따른 변화와 발전을 거듭하고 있기 때문에 단순화하기는 쉽지 않다. 공식적 도교 의례는 마치 한 편의 연극처럼 여러 작은 구성 부분을 포함하고, 그것은 다시 여러 세부적인 의례 행위로 이루어진다. 의례 집행자로서 도사는 자기에게 허락된 다양한 몸짓〔=法, 術〕을 통해 도

학은 좋은 것이라는 근대 초기의 관점을 그대로 계승하면서 동아시아의 사상 문화를 안이하게 연구하는 것이 사실 문제의 근원이다. 서양 학자들 안에서 그런 단순한 관점을 가진 사람은 거의 없다.

교적 의례를 수행한다. 도사의 위계가 높을수록 위계가 낮은 도사를 지휘하면서 더 복잡한 의례를 집행할 수 있다. 지위가 높은 도사는 마치 오케스트라의 지휘자나 연극의 연출자처럼 의례 절차 전체를 관장하는 역할을 하고, 지위가 낮은 도사는 의례의 한 작은 부분을 담당하여 지휘자의 지시에 따라 자기가 맡은 단순한 역할을 수행한다.

그런 모든 몸짓이 모여 만들어진 한편의 체계화된 연극으로서의 도교 의례(=과의)를 지내는 목적은 무엇인가? 도교 의례의 목적은 한마디로 재난과 질병, 사악한 귀신을 물리치는 양재禳災다. 도교에서는 이 세계가 신령적 존재로 가득 차 있다고 본다. 세상을 어지럽게 만드는 악령, 귀신, 악귀, 요매妖魅, 온역瘟疫 등 무수한 사악한 신령들의 개입 때문에 세상이 혼란에 빠지고, 전염병에 고통을 당하고, 난리를 겪는다. 그 악한 신령의 개입을 물리치기 위해서는 특별한 의례가 필요하다. 도교 의례는 악령을 물리치고 세상을 바로잡는 신성한, 조직화된 행위다. 도교 의례는 우주적 근원인 도道를 이용하여 사악한 힘을 제거한다는 공통적 신념과 목표를 갖는다. 그 점에서 도교 의례의 목적은 한마디로 사악한 귀신이나 악령을 제거하는 '양재'라고 말할 수 있다. 세상을 어지럽히는 사악한 힘이나 귀신을 물리친다는 의미에서 축귀逐鬼 혹은 정사正邪 의례라고 부를 수도 있다.

『포박자 내편』에는 '과의'라는 개념이 등장하지는 않지만, 갈홍은 도를 획득하는 수행을 논하는 곳에서 다양한 방술(=법, 술)에 대해 언급한다. 방술에서 방方은 방법, 길[道]이다. 방술은 일정한 **규칙**에 따라 일정한 **목적**을 달성하기 위해 행해지는 **규정된 몸짓**이다. 그런 방술들이 하나의 목적을 향해 체계화되고 조직된 것이 도교 의례다. 앞에서 말한 것처럼, 도교 의례의 궁극 목적은 사악하고 부정적인 힘을 제거하는 것이다.

예를 들어 금단 제조라는 최고의 신선술과 관련된 의례에 대해서 말해

보자. 금단을 제조하기 위해 도사는 산에 들어가야 한다. 산에서는, 사악한 악귀, 맹수, 재난, 온갖 방해꾼이 나타나 도사의 시도를 좌절시키려고 한다. 그런 온갖 곤란을 이겨내지 못하면, 금단을 만들고 그것을 복용하여 불사의 신선이 되고자 하는 꿈은 물거품이 된다. 그래서 도사는 부적을 만들어야 하고, 거울과 검, 인장을 이용하여 귀신을 발견하고 쫓아내어야 한다. 때로는 도적을 피할 수도 있어야 하고, 맹수의 공격을 피하기도 해야 한다. 물에 빠질 수도 있고, 식량이 떨어져 굶을 수도 있다. 그 모든 어려움을 견뎌내기 위해 부적을 만들 수 있어야 하고, 거울과 검과 인장을 이용한 법술에도 정통해야 한다. 몸을 숨기는 은신술이나 둔갑술, 형태를 변화시키는 변형술에도 정통해야 한다. 물에 빠져도 살아날 수 있는 잠수술, 산에서 만나는 악귀의 방해를 피하는 온갖 법술에도 정통해야 한다. 우보禹步라는 독특한 의례적 걸음걸이를 실천해야 하고, 목욕재계沐浴齋戒하고, 다양한 금기를 준수해야 한다. 식량이 떨어졌을 경우 먹지 않아도 살아남을 수 있는 벽곡辟穀의 방법도 알아야 한다. 그뿐만이 아니다. 금단 제조에 앞서서 신명에게 희생을 바치는 제사도 치러야 하고, 금단의 지식을 알려주는 스승에게 도를 전수받을 때도 맹약의 의식을 치르고 천지신명에게 제사를 지내야 한다. 그런 모든 행위가 금단의 조제술과 연관된 의례적 행위들이다. 결국 불사를 획득하기 위해 수련자가 실행하는 모든 행위, 의례적 행동은 사악한 방해 세력의 힘을 제거하는 '양재'의 의례라고 볼 수 있다.

이처럼 도교 의례의 목적은 한마디로 양재, 즉 부정한 초인간적 힘이 개입하는 것을 배제하는 것이라고 말할 수 있다. 그런 점에서, "유가는 제사를 통해 복을 기원하지만", "도가는 이정履正을 통해 양사禳邪한다."고 말하는 갈홍의 말을 일단 이해할 수 있다. (물론 약간만 시각을 달리하고 보면, 그 두 종교 의례의 목표인 '기복'(유가)과 '양사'(도가)는 사실상 같은 것의 다른 측면을 지칭하는 것에 불과하다고 볼 수도 있다.)

여기서 좀 더 생각해보아야 할 문제는, 갈홍이 도교적 의례, 과의, 방술을 통한 양사(양재)를 정당한 것으로 평가하면서, 유교적인 제사를 통한 기복 행위를 부정적인 것으로 평가하고 있다는 사실을 어떻게 판단할 것인가 하는 것이다.

우리는 갈홍이 도교적 의례를 '이정履正'이라고 표현하고 있다는 점에 먼저 주목할 수 있다.

'이정'의 이履는 실천한다, 실행한다는 의미이다. 허신許愼은 유교적 의례를 지칭하는 예禮를 이履라고 해석한 바 있다(『說文解字』). 이履는 실천, 몸짓, 행위이다. 정正은 사邪의 반대말로, 우주의 근원인 도가 올바르게 실현된 상태, 우주적 기가 바르게 정립된 상태를 가리킨다고 해석할 수 있다. 그 단어는 '바르게 만든다'는 동사로 읽을 수도 있다. 갈홍이 도교의 의례를 '이정'이라고 표현한 것은 물론 그의 도교 호교론의 관점을 드러내는 것이지만, 도교 의례에 대한 가장 기본적인 관점이라고 말할 수 있다.

도교 의례는 도의 존재 방식에 어울리는 상태, 즉 도와 일체가 되는 올바른 상태를 회복하는 것을 지향한다. 도가 올바르게 실현되는 것을 방해하는 사악함[邪]을 제거하고, 도가 바르게[正] 존재할 수 있도록 회복하는 것을 목표로 삼는다. 결국 '이정'은 도가 이상적으로 존재하는 상태를 구현한다는 의미로 이해할 수 있다. 그때의 올바름[正]은 단순히 인간적, 윤리적 판단에 따르는 도덕 기준과는 다르다. 도교의 올바름[正]은, 우주적 질서이며 인간적 질서의 근거인 도에 의해 규정되는 올바름이다. 그 도의 실천, 즉 올바름[正]을 실현함으로써 세상을 위험에 빠뜨리는 사악함[災, 邪]이 저절로 사라진다. 그것이 갈홍이 말하는 '이정'의 의미다.

현실적으로 도교의 올바름(정)은 유교의 사회적, 도덕적 질서를 부정하는 것이 아니다. 갈홍은 『포박자 내편』에서 도교가 사회적, 윤리적 차원을 부정하지 않을 뿐 아니라, 오히려 적극적으로 사회적, 강상적 윤리를 긍정한다는 사실을 말하고 있다. 그런 윤리적 실천이 신선 득도의 전제가 되어 있을 정도다. 그러나 유가적 현실 질서가 도교적 올바름[正]의 전부라고는 말할 수 없다. 도교의 도는 현실의 질서를 훨씬 넘어선다. 정치적 세계 안에서 도교는 유가적 질서로부터 전적으로 자유로울 수는 없었다. 그 점에서 도교는 유교적 질서와 윤리에 '굴복'하고 있었다. 그럼에도 불구하고 도교는 유교의 질서를 전적으로 수긍하지는 않는다. 유교와 도교의 공존은 언제나 갈등 관계에 놓일 수 있는 아슬아슬한 공존일 수밖에 없었다. 도교는 유교적 왕조 질서를 근본에서 무너뜨리는 에너지를 내포하는 반권력적 저력底力을 지니고 있었다. 그 에너지가 반정권적 지향을 가진 에너지와 결합할 때, 왕조 지배 자체를 무너뜨리는 힘이 되었다는 것은 중국사의 상식에 속한다.[4]

도교 의례에서, 정正을 수행[履]하는 주체는 도사다. 그리고 그 도사는 의례를 실행할 수 있는 능력과 자격을 갖추어야 한다. 도사 개인의 정신적 힘을 기르는 것, 즉 수련 혹은 수양이 의례 실행의 전제로서 요구되는 것이다. 그런 정신적 수행은 도교의 활동 전체를 대표하는 것으로 보이

---

[4] 중국 도교학자 꺼자오광葛兆光은 도교가 현실적으로 유교 윤리를 부정할 수 없었을 뿐 아니라, 오히려 적극적으로 유교 윤리의 틀 안으로 들어가지 않을 수 없었던 역사적 사태를 두고, 유교에 대한 도교의 굴복이라고 표현한다. 따라서 적어도 한대漢代 이후, 도교의 역사는 유교에 대한 굴복의 역사라고 평가한다. 분명히 그런 점이 있다. 하지만 유교에 대한 굴종이 한계에 도달했을 때, 그 굴종을 더 이상 견딜 수 없게 되었을 때, 도교적 초월 이념을 이용한, 왕조 질서에 대한 반란이 없었던 것은 아니다. 중국사의 대부분의 농민기의農民起義(반란)는 도교를 기치로 내걸고 진행되었다. 안정기에 도교는 다시 유교의 질서 이념을 수용하는 방향으로 순화된다. 중국 사회에서 정치권력과 결합된 유교적 강상 윤리의 힘은 사실 강력하다.

기도 한다. 하지만 그것은 분명 오해다. 도교의 정신적-육체적 수련 활동을 의례라는 맥락과 분리시켜보면 도교의 전체 지평을 놓치게 될 위험이 있다. 나중에 도교의 정신적 수행은 '내단' 수행이라는 이름으로 발전하고, 세속 사회에 널리 퍼진다. 그 점에서 일반인들이 도교의 활동을 '내단' 정신-육체 수행과 동일한 것으로 보는 것은 나름대로 이유가 있지만, 도교 내부에서는 내단이 종교적 의례(科儀)와 분리되지 않는다. 내단 이론이 대체로 완성되는 당나라(8~10세기) 이후에, 내단을 중심으로 하는 정신 수련은 그 자체로서 도사가 추구하는 불사의 기법으로 실행되기도 했지만, 도교의 전체 맥락 안에서는 의례 전문가가 되기를 준비하는 도사가 정신적, 신체적 자격을 획득하기 위한 예비 훈련이라는 성격을 가진 것이었다. 물론 정식 도사가 된 다음에도 도교 의례가 요구하는 정신적, 신체적 힘을 가지기 위해서 내단 수련을 지속적으로 계속해야 한다.

　도교에서의 정신적-육체적 수행은 사악한 귀신이나 요괴를 제거하고, 도의 권능을 발휘하기 위한 정신적 에너지를 획득하는 준비 과정이라고 생각된다. 그 정신 수련은 구체적으로는 기(氣)의 수련을 요구하는데, 그것은 기가 우주적 근원인 도와 물질적 존재를 연결하는 매개물이라고 생각되기 때문이다. 기 수련이라는 정신-육체의 단련을 통해 수행자는 도와 하나가 될 수 있다. 그것이 도교적 의미의 완성이고, 도교적 수양, 수련의 목표다. 정신적(동시에 육체적)으로 완성된 도사는 **도의 권능을 체득한 인간, 즉 도와 하나가 된 인간, 불사의 존재**로 여겨진다. 도사는 그 힘을 바탕으로 역시 도의 바른 존재 방식을 구현하는 의례의 실행을 통해 사회 및 우주에 만연한 부정한 힘과 대결한다. 정신-신체의 훈련으로서 내단 수련은 올바른 신령, 즉 도의 권화(權化)로서의 바른 신령(正氣=神=道)의 힘을 이용할 수 있는 능력을 획득하는 기법이었던 것이다. 도의 권능

(=정기正氣)을 이용하여 사악한 힘(=사기邪氣=악신)의 침해를 배제하는 것이 도교 의례의 원리다. 내면적, 정신적 수행과 외적 의례의 실행 사이에 존재하는 그러한 연속 구조는, 도교의 정신적, 내적 훈련과 경세적, 외적 실천의 통일성을 주장하는 노자 및 갈홍의 경세론의 구조와 대응된다.

갈홍이 도교의 특징이라고 말한 '이정'과 '양사(=벽사辟邪)'는 사실상 도교에서의 수련과 의례의 연속성을 다른 관점에서 말한 것이라고 볼 수 있다.

유교와 도교를 비교하는 자리에서 갈홍은 유교의 제사를 직접적으로 비판하지는 않는다. 하지만 갈홍은 고대 여러 제왕이 제사를 통해 도와 불사를 탐구했던 사실을 비판하고, 그런 노력이 무의미한 헛된 것이라고 말하는데, 그것을 보면 갈홍이 간접적으로 유교의 제사를 비판하고 있음을 알 수 있다. '도와 하나 됨〔與道合一〕'을 추구하는 정신-신체의 수련(양생養生=기의 수련)은 도교의 의례 실천〔履〕의 근본 전제다. 그 사실을 강조함으로써 갈홍은 도교의 의례가 천지의 신명神明(=신령)에 대한 단순한 아부 행위가 아니라, 우주적 신성성(=도)에 참여하고 그 신성성을 현실에 구현하는 행위라고 자부하고 있는 것이다.

정신-육체적 수련을 거치지 않고, 신적 존재들에게 제물을 바치는 것으로 복을 얻을 수 있다고 믿는 것은, 정당하지 않은 신령에게 아부하는 음사와 다를 바 없는 행위라는 비판이 그의 논의 속에 담겨 있다.[5]

---

[5] 유교의 제사는 제사 드리는 자의 내면적-육체적 수련을 직접적으로 요구하지는 않는다. 그러나 이념적으로 볼 때, 유교의 수양 역시 제사 지내는 자가 갖추어야 할 내면적 순수함을 얻는 과정이라고 볼 수 있다. 경건함의 요구, 일정한 금기와 목욕, 재계 등이 그것이다. 그러나 주자학 이전의 유교에서는 정신적-육체적 수양을 크게 문제 삼지 않았을 뿐 아니라, 신유학적 수양론에서도 도교에서 강조하는 기의 수련

2. 음사 비판의 기본 입장

갈홍의 논리에 따라 도교 의례의 기본 관점을 이해하고 나면, 갈홍이 도교(도가)의 정체성을 수립하기 위해 한편으로는 유교에 대한 도교의 우월성을 주장하고, 다른 한편으로는 정당하지 않은 의례를 실행하는 사이비 도교, 즉 음사 및 요도를 비판하는 의도를 더 잘 이해할 수 있다.

여기서 '음사' 내지 '요도'라는 표현은 도교의 정통 의례에서 벗어난 사이비 의례를 가리키는 말이다. 물론 그것은 갈홍의 '정통주의'적 관점이다. 갈홍은 도의 근원성과 궁극성을 체현하지 못하는 종교 의례를 비판하면서, 부정적 함의를 가진 '요도'라는 명칭을 사용한다. 갈홍은 도교 법술과 방술(도술)의 전통을 적극적으로 수용하는 한편, 도교 전통과 유사하면서도 그 전통과 의미적으로 구별되는 민중적 속신 신앙과 잡술(민중 종교 의례)을 사도 또는 음사라고 불렀다. 그러나 관점을 달리해서 본다면, 갈홍이 말하는 음사, 사도, 요도는 도교의 다양한 모습 중의 하나라고 볼 수 있다.

갈홍이 비판하는 요도, 사도, 음사란 구체적으로 어떤 것인가?

우선 갈홍은 흔히 무巫의 종교적 표지라고 이해되는 신통력의 획득을 반드시 사이비적인 행위라고 보지는 않는다. 그 단적인 예로, 갈홍은 '금단도'의 원류에 해당하는 좌자左慈를 신통력을 획득한 인물로 그린다. (갈홍의 사상 형성을 말하는 곳에서 말했듯이 갈홍의 금단도는 좌자→갈현→정사원→갈홍으로 이어지는 도술 전통이다.) 좌자는 기의 수련

을 진지하게 요구하지 않는다. 신유학에서 수양을 강조하게 되는 것은, 그것을 의례의 전제로 요구하는 도교의 영향이라고 볼 수 있다. 그 차이는 정도의 문제일 수도 있고, 기에 대한 이해 차이일 수도 있다.

을 통해 신통력을 획득하였고, 그 신통력을 이용하여 전염병에 걸리지 않았으며, 주술적 의료 행위에서 특별한 영험성을 발휘하였으며, 대자연의 재난을 피할 수 있었고, 귀신을 물리쳤고, 뜨거운 물에 손을 넣어도 데지 않는 능력을 가지고 있었고, 불에도 타지 않으며, 추위에도 얼지 않는 특별한 신체-정신 능력을 획득한 인물로 그려지고 있다.[6] 갈홍은 신통력을 획득하는 것이 넓은 의미의 기 수련, 즉 행기行氣의 중요한 효용이라고 말한다.

기의 수련을 통해 특수한 능력(하늘을 날고, 물에 젖지 않고, 물속에서 질식하지 않고, 불에 타지 않고, 전염병의 침범을 이겨낼 수 있는 능력 등)을 획득한, 득도한 신선의 특징들에 대한 묘사는 『장자』에서부터 나타난다. (신통력 획득자로서의 기 수련자의 모습은 「소요유逍遙遊」의 신인神人 묘사에서 시작하여, 「제물론齊物論」, 「대종사大宗師」 등의 '내편'과 '외잡편'의 여러 편에 보인다.) 기의 수련, 즉 행기行氣는 거의 모든 도교 법술의 기초이다. 수련자가 기를 수련함으로써, 즉 일정한 우주의 생명 에너지를 자기화함으로써 특수한 능력을 획득할 수 있다고 보는 것은 도교의 기본 입장이다. 그것은 기를 매개로 인간과 우주의 연속성을 인정하는 기론적氣論的 사유의 연장선에 있다.

사람은 기 세계 속에 머무르고 있고, 그 기는 사람의 몸을 구성한다. 하늘과 땅, 그리고 만물 중에서 기 없이 존재할 수 있는 것은 아무것도 없다. 행기를 잘 실천하는 사람은 안으로는 몸을 보전할 수 있고

---

6) "大疫不染, 甚有明驗, 禳天災, 禁鬼神, 以氣禁沸湯, 手不灼爛, 大寒不冰."(「至理」) 좌자는 갈홍이 편찬한 것으로 알려진 『신선전』에서도 신통력을 획득한 중요한 인물로 등장한다.

밖으로는 사악한 기운을 물리칠 수 있다. 그러나 일반인들은 일상적으로 기를 받아들이고 있으면서도 그 사실을 이해하지 못한다.7)

갈홍의 기론 사유의 핵심을 잘 전해주는 문장이다. 기를 수련하는 것은 득도의 전제로서 대단히 중요하다. 기를 수련한 자는 몸을 보전하며, 자연의 재난을 물리칠 수도 있고, 악귀와 사악한 요정〔邪魅山精〕을 쫓을 수도 있고, 귀신을 몰아낼 수도 있고, 맹수의 공격을 피할 수도 있다. 이처럼 기의 훈련을 통한 신통력 획득은 득도자의 중요한 표지였다.

기 수련을 통한 신통력 획득이 사이비의 표지가 아니라면, 갈홍이 사이비 도교를 비판할 때 내세웠던 기준은 무엇인가? 갈홍은 『포박자 내편』 「도의道意」에서 '요도'에 대한 비판을 집중적으로 전개한다. 거기서 갈홍은 정통적 도교의 '도'론을 제시하고, 도道의 우주론적 근원성, 존재론적 초월성을 전제하지 않는 모든 사상과 행위는 '사이비'일 수밖에 없다는 결론을 내린다. 도의 근원성, 초월성을 부정하는 모든 종교적 활동이 '음사'다.

갈홍은 도를 다른 말로 천리天理, 즉 자연의 선험적 법칙이라고 규정한다. 갈홍의 도道는 글자 그대로 사람이 걸어야 할 길이고 하늘(자연)의 길이다. 하늘의 길인 도는 우주 창조의 근본이자 우주를 지배하는 법칙〔=天理〕이다. 인간은 처음부터 그 도=천리를 자기 안에 간직하고 있다. 그러나 욕망과 쾌락에 눈먼 인간은 그 도=천리를 상실한다. 세상에 눈이 멀어 내면의 순수함이 사라지는 것이다.8) 도를 생각하고, 도를 닦는

---

7) "夫人在氣中, 氣在人中, 自天地至於萬物, 無不須氣以生者也. 善行氣者, 內以養身, 外以御惡, 然百姓日用而不知焉."(「至理」)
8) "誘於可欲, 而天理滅矣. 惑乎見聞, 而純一遷矣."(「道意」)

다는 것은 천리를 회복하는 것이다. 도를 천리와 동일시하는 사상, 그리고 잃어버린 도=천리를 회복해야 한다는 수양론적 주장은 잘 알려진 성리학적 수양론과 유사하다.[9]

도는 자연의 법칙이자, 세상사의 유일한 기준이기 때문에 갈홍은 그것을 천리 혹은 순일이라고 불렀다. 요도는 그 순일한 도道를 이해하지 못하고 그것을 부정하고 파괴하는 종교 활동이다. 요도의 실행은 도를 회복시키는 것이 아니라 도를 더욱 상실하게 만든다. 그 활동은 언뜻 도교의 활동과 대단히 비슷하다. 그렇기 때문에 더 위험하다. 그래서 사이비다.

갈홍의 '요도' 비판은 민중적 신앙과 의례 활동에 대해서 그대로 적용된다. 갈홍은 소위 무巫 종교에서 실행하는 속신 제사 활동을 요도 혹은 음사라고 부른다. 민중적 속신 제사를 비판하는 곳에서 갈홍은, 전통적인 유교의 음사 비판의 담론을 그대로 이용하면서, 그들을 비판한다. "희생 제물을 삶아서 여러 신령에게 바친다고 [상실된 생명의 기운을] 보충할 수 있는 것이 아니다. 신들에게 공손한 태도를 취한다고 복을 불러들일 수 있는 것이 아니고, 제물을 그을린 연기를 바친다고 재난을 멀리 물리칠 수 있는 것이 아니다. 만일 거듭된 기도와 제사로 생명을 연장할 수 있고, 풍성한 제사로 질병을 낫게 할 수 있다면, 부자나 귀인은 병에 걸리지도 않을 것이고, 당연히 장생불사하지 않겠는가?"[10] 갈홍은 천리와

---

9) 주자가 『논어論語』의 '조문도석사가의朝聞道夕死可矣'를 해석하면서 도道를 이리라고 규정한다는 것은 잘 알려져 있다. 그러나 갈홍의 입장에서 볼 때, 주자의 규정은 오히려 상당히 협소한 것이다. 공자의 도道, 주자의 도道는 윤리적인 질서에 한정되는 것이기 때문이다. 도를 '천리'라고 보는 주장은 『장자』에 처음 나타난다. 성리학적 도론道論이 선진 시대의 도가, 특히 장자의 영향을 받았다는 것은 잘 알려져 있다. 갈홍의 도=천리론은 그 장자 사유의 연장선에 있다.
10) "其烹牲群, 何所補焉. 夫福非足恭所請也, 禍非煙祀所禳也. 若命可以重禱延, 疾可以豊祀除, 則富姓可以必長生, 而貴人可以無疾病."(「道意」)

도에 대한 확신이 없이, 천리의 순일함을 간직하는 무욕의 태도를 견지하지 않은 상태에서, 재물을 써서 신들에게 제사를 드리고 복을 비는 행위가 무용하다는 것을 다시 강조한다. 이런 갈홍의 속신 제사 비판, 음사 비판은 유교의 제사에 대한 비판과 완전히 맥을 같이 한다. "신이란 자기 자손이 아닌 사람이 드리는 제사를 받지 않고, 귀신은 음사를 받지 않는다."[11] 갈홍은 고대 중국에서 이미 확립되고, 중국의 모든 왕조 국가에서 확고하게 계승되고 있던 음사 비판론의 기본 입장을 유교의 제사 비판과 민간의 속신 제사를 비판하는 데 역으로 이용한다.

3. 도교와 무의 갈등, 장자의 경우

무(샤먼) 종교 활동에 대한 도교적 비판은 갈홍이 처음 제기한 것은 아니다. 도교는 발생 초기부터 도교 그 자체의 정신적 토양이라 할 수 있는 무(샤먼) 활동과 갈등해왔다. 기 수련자가 획득하는 특수한 능력들은 넓은 의미의 샤먼shaman이 보여주는 종교적 능력과 거의 비슷하다. 무(샤먼)는 불의 지배자이고, 자연의 리듬을 이해하는 선견자로 등장한다. 무(샤먼)는 특수한 정신 능력으로 인해 (영혼의 차원에서) 하늘을 비상할 수 있고, 죽음을 극복하여 다시 살아나는 존재이며, 불과 물을 지배한다. 샤먼은 신적 세계와 교통할 수 있다(엘리아데, 1992). 도교의 득도자, 혹은 기 수련자 역시 무(샤먼)의 능력과 거의 다르지 않은 특별한 자질과 육체

---

11) "神不歆非族, 鬼不享淫祀."(「道意」) '신불흠비족'은 『좌전左傳』에 나오는 말이다. 『좌전』에는 '신불흠비류神不歆非類'라고 되어 있다. 혈연관계가 있는 신령에게만 제사를 드려야 한다는 원칙이다. '음사'는 정당하지 않은 제사, 제사의 원칙에서 어긋나는 제사다. 음淫은 과도하다, 지나치다는 의미다.

적, 정신적 능력을 획득한다. 이처럼 거의 닮은꼴이라고 할 수 있는 도교 득도자와 민중적 기층문화의 무(샤먼)가 갈등하는 이유는, 서로 너무나 비슷하기 때문일 것이다. 서로 닮은 자의 상호 선망과 경쟁 심리가 도교와 무 종교의 갈등의 뿌리이다. 그 갈등은 오늘날에도 계속되고 있다. 중국 종교의 역사는 서로 닮은 모습을 가진 여러 신앙과 신념이 갈등하면서, 서로를 조장助長해온 역사라고도 볼 수 있다. 도교와 무속의 갈등을 비롯하여, 불교와 도교의 갈등, 유교와 도교, 유교와 불교의 갈등이 그러한 경쟁과 조장의 전형적인 양상을 보여준다. 이단 비판은 서로 다른 두 이념이 서로 닮은 지점에서 가장 첨예하게 대두된다.

『장자』는 신통력을 획득한 신선과 무 종교가에 대한 중요한 정보를 담고 있다. 활달하고 풍부한 상상력과 심오한 사상을 담고 있는 『장자』를 읽는 것은 중국 사상의 전통을 이해하는 데 필수적인 과제이지만, 고대 종교의 사료로서도 『장자』는 중요하다. 특히 『장자』에는 후대의 성숙한 도교에서 나타나는 기 수련을 비롯한 다양한 방술의 원형이 등장한다는 점에서도 종교 사료로서 가치를 발휘한다.

특히 『장자』에 나오는 무(샤먼) 종교가는 기 수련을 통한 신통력의 획득이라는 점에서, 진정한 도 수련자, 득도자와 혼동될 수 있다.[12] 『장자』

---

12) 여기서 주의할 사실이 있다. 『장자』 「천하」에서 말하는 '방술'과 한대 이후에 등장하는 지식(=사상=기술)의 범주로서의 '방술'이 동일하지 않다는 것이다. 한대 이후의 지식 범주로서의 '방술'이라는 개념은 방기方技와 술수術數의 복합어이다. 그 경우 '방술'은 「천하」의 도술과 방술 모두에 연관된 자연에 관한 이론적, 기술적 지식을 지칭한다. 이 책에서 다루는 『포박자 내편』 및 성숙한 도교의 실천으로서의 '방술'은 이론과 지식은 물론 종교적 실천을 폭넓게 지칭하는 개념이라는 것을 밝혀둔다. 그리고 '도술'이라는 개념을 사용할 때에도 그것은 장자적 의미에서의, '방술'과 대비되는 도의 근원성을 실현한다는 의미에서의 '도술'이 아니라, 도교적 도의 실천으로서의 방술, 넓은 의미의 도교적 방술을 줄여서 '도술'이라고 보

「소요유」에 등장하는 열어구列禦寇(열자)가 바로 그런 샤먼 종교가의 전형이다. 열어구는 기 수련을 통해 일정한 수준의 신통력을 획득하고 있다. 그는 기를 수련하며 구름을 타고 다니는 특수한 능력의 소유자다. 구름을 타고 우주의 리듬에 맞추어 왕래하는 그는 무(샤먼)의 전형이다.

열자는 바람을 조종하여 오고 다니는데, 그 모습이 상쾌하고 가볍다. 그는 15일에 한 번 갔다가 돌아온다. 그는 사람에게 복을 가져다주는 일 따위에는 마음을 두지 않는다. 그는 걸어 다니는 것을 면했지만, 여전히 무엇인가에 의존한다. 만일 천지의 올바른 기운을 이용하고, 자연의 변화를 조종하며, 무궁의 경지에 노니는 사람들이 있다면, 그들은 더 이상 무엇에 의존한다고 할 수 있겠는가? 따라서 지인은 자기 자신을 잊고, 신인은 자기가 세운 공을 잊고, 성인은 자기의 이름을 잊는다고〔집착하지 않는다고〕한다.[13]

열어구의 경지는 나름대로 상당한 수준이지만, 아무것에도 의존하지 않는, 바람에조차 의존하지 않는 진정한 득도자(지인, 신인, 성인)의 수준에는 이르지 못했다. 그는 외형적으로 득도의 경지에 다가가 있지만, 완성의 경지에는 이르지 못했다. 열어구는 도에 근접했지만, 도와 하나가 되지 못한 '사이비'라는 것이다. 「소요유」의 열어구 우화는 도를 체득

고 있다는 사실을 언급해두고 싶다. 후대 도교에서 도술과 방술은 사실 거의 같은 개념으로 볼 수 있다.
13) "夫列子御風而行, 泠然善也, 旬有五日而反. 彼於致福者, 未數數然也. 此雖免乎行, 猶有所待者也. 若夫乘天地之正, 而御六氣之辯, 以遊無窮者, 彼且惡乎待哉. 故曰, 至人無己, 神人無功, 聖人無名. 夫列子御風而行, 泠然善也, 旬有五日而反. 彼於致福者, 未數數然也. 此雖免乎行, 猶有所待者也. 若夫乘天地之正, 而御六氣之辯, 以遊無窮者, 彼且惡乎待哉. 故曰, 至人無己, 神人無功, 聖人無名."(『莊子』「逍遙遊」)

한 자의 관점에서 샤먼적 신통력을 비판하는 것이라고 읽을 수 있다. 장자는 고대 중국에서 널리 퍼져 있던 신선 신앙의 언어를 동원하여, 열자의 정신적 수준을 표현하고 있다. 열자는 분명 득도자의 형상에 근접하는 인물 유형이다. 그러나 장자는 열자의 정신적 수준을 높이 평가하면서도, 아직 무엇인가를 타고서야 움직인다는 것이 그의 한계라고 말한다. 그의 행위는 여전히 '유소대有所待(무엇엔가 의존하는 상태)'에 머문다. 그렇다면 장자가 지향하는 득도는 '유소대'가 아닌 '무소대無所待'여야 할 것이다. 그 무소대란 다름 아닌, 도와 하나가 된 상태, 이것과 저것의 대립을 넘어서 총체성을 회복한 경지다.

이어서 열자는 치복致福에 무관심한 인물이라고 평가된다. 세속적인 화복禍福의 가치 분별을 넘어선 열자는 세속적인 의미의 복을 받았다고 해서 행복해하지 않고, 또 화(손해)를 입었다고 해서 불행하다고 느끼지 않는다. 그는 그런 행복과 불행에 얽매이지 않기〔未數數然〕 때문에, 그 둘을 넘어섰다. 화복의 관념을 초월한다는 것은, 신에게 복을 빌기 위해 희생물을 바치거나, 기도를 드리는 민중 종교의 종교 의례에 무관심하다는 것을 말하는 것으로 읽을 수 있다.

장자는 신선 신앙을 흡수하는 한편 그것을 초월하는 지향을 가지고 있었다. 장자는 무巫 종교shamanistic religion에서 발전한 치복의 종교 의례까지도 넘어서려고 하는 지향을 가지고 있었던 것이다. 장자에게서 보이는 초기의 도교는, 새롭게 정립된 도 이념에 근거하여, 민중의 속신 신앙과 기복 의례를 넘어서려고 했다. 자연의 이법, 천리로서의 도는 세상사에 개별적인 개입을 하지 않는다. 인간의 성공과 실패, 화와 복은 신이 내려 주는 상이나 벌이 아니라, 인간의 행위의 결과일 뿐이다. 장자가 생사를 초월하고, 화복을 초월하고, 운명을 초월하라고 가르친 그 배후에는, 이러한 종교적 관념의 변화라는 더 근본적인 전환이 자리 잡고 있었다. 갈홍이 유교의 기복 제사와 속신 신앙의 음사를 비판하는 것과 완전히 같은 논리다.

『장자』「응제왕應帝王」에 나오는 호자壺子와 정 나라 신무神巫 계함季咸의 대결을 말하는 우화는, 도와 무의 갈등 및 무 종교에서 도 종교로의 전환을 단적으로 보여주는 또 다른 중요한 이야기다. 그 우화에서 호자는 득도자, 계함은 샤먼적 신통력을 가진 인물이다. 계함은 사람의 얼굴만 보고 그 사람의 과거와 미래의 길흉화복을 판단할 수 있다. 그 두 사람은 호자의 제자인 '열어구'를 매개로 만나서 도력道力을 겨룬다. 결국 계함은 어리석어 보이는 호자에게 크게 당하고 줄행랑을 놓고 만다. 그 마지막 순간에도 열어구는 아직 어리둥절하다. 진정한 도와 사이비 도를 구별하는 것은 쉬운 일이 아니다. 이 우화에서도 '열어구'는 조금 덜떨어진 인물로 그려진다. 진정한 도를 체득하지 못한 단순한 수련자는 화려해 보일 수도 있지만 득도자를 능가할 수 없다는 것이 『장자』 우화의 논지다.

『장자』의 마지막 부분에 위치한 「천하」는 『장자』 전체에 대한 일종의 총괄이자 결론으로서, 도술(진정한 도의 실천)과 방술(편면적인 도의 이론)을 구별하는 원론적 관점을 제시한다. '방술'은 도의 총체성을 구현하지 못하는 편면적인 이론과 실천이다.14)

---

14) 「천하」에서 말하는 '도술' 및 '방술'의 구별은 기 수련자의 정통성을 말하는 것과는 약간 거리가 있는 것으로 보이지만, 그렇게 단순하게 볼 필요는 없다. 도가, 도교에서 말하는 기 수련은 단순한 신체-정신 수련에 한정되는 것이 아니다. 그들은 신체-정신 수련(治身)과 사회적 실천인 정치(治國)는 분리되지 않는다고 하는 기본 이념을 가지고 있다. 따라서 「천하」에서 말하는 '도술'과 '방술'의 구분은 정신적 완성의 단계에 대한 구분인 동시에, 사회적 실천 자격에 대한 구분이라고 볼 수 있다. 도교에서는 도를 체득한 덕자德者라야만 진정한 치자治者로서의 자격이 있다고 생각한다. 기를 수행하여 도와 하나가 된다는 것은 우주의 힘을 자기 것으로 만들고 동시에 그 힘을 세상에 구현하는 것이다.

「천하」의 '도술 대 방술' 이분법은, '진짜 도(도술) 대 사이비 도(방술)'라는 구분으로 이해할 수 있다. 그리고 『장자』의 도술 대 방술 이분법 자체가, 곧 도가의 정통론의 한 형태라고 볼 수 있다. 무 종교를 실천하는 (샤먼적) 득도자는 '방술', 즉 '사이비 도'의 전형이다. 그런데 「천하」에서는 도술이 타락하여 방술이 나타난다고 말한다. 도술이 방술보다 더 근원적이라는 입장이다. 그리고 『장자』의 그런 관점이야말로, 도가적 정통주의이다.

역사적 전개라는 측면에서 본다면 완전한 것이 타락한 경우도 있겠지만, 거꾸로 불완전한 것이 점차 다듬어져 완전한 것이 되는 경우도 있을 수 있다. 후자의 관점에서 본다면, 『장자』에 보이는 도술은 오히려 샤먼적 종교에서 발전해 나왔을 가능성이 높다. 「천하」의 '도술' 개념은 고대의 무(샤먼적) 종교를 초극하여, 우주적 원리인 도에 근거한 새로운 종교를 창출하려는 새로운 정신적 흐름을 표현하기 위해 도입된 개념이라고 볼 수 있다. 그런 점에서 「천하」가 제시하는 '도술', 나아가 장자 학파의 종교-사상 활동은 고대 중국에서의 종교 개혁의 한 형태라고 볼 수 있을 것이다.

유교 역시 무 종교와 경쟁하며 상호 교섭했다. '유교 대 무속' 역시 서로 물고 물리는 경쟁 관계에 놓여 있었다. 유儒가 고대 중국의 무 종교 집단의 후예라는 것은 부정할 수 없는 사실이다. 무 종교에서 발전해 나온 유가들, 특히 공자와 그의 후계자들은 고대의 종교적 이념과 실천 방법을 재해석하면서 고대의 무 전통을 초극하는 새로운 종교를 만들기 위해 분투했다.[15] 마찬가지로 장자와 그의 후계자들도 도에 근거한 또 다른 이념과 실천의 체계(도가-도교)를 창조하기 위해 분투했던 것이다.[16]

---

15) 일본인 학자 시라카와 시즈카白川靜는 그의 중요한 저서 중의 하나인 『공자전孔子傳』에서 공자 사상과 초기 유교의 종교적 배경을 잘 보여준다.

4. 갈홍의 '사이비' 도교(妖道) 비판

갈홍은 『포박자 내편』 곳곳에서, 특히 「도의」와 「거혹祛惑」 등에서, 당시의 샤먼적 의례와 결합한 사이비 도사들의 종교 활동 및 속신 신앙을 비판한다. 그 비판은 결국 정통론적 입장에서의 비판으로서, 구체적으로는 갈홍 당시에 강남 지역에서 널리 유행하면서 많은 추종자를 끌어들인 수많은 도교적 종교 집단을 향하고 있다. 물론 사도 및 요도, 혹은 음사는 그들 사이비 종교가들의 집단에 한정되는 것은 아니다. 아직 조직적 틀을 갖추지 못한 단순한 민중적 종교 의례, 또는 한대 이후에 널리 발전했던 술수가들의 기법들 역시 그 비판의 사정권 안에 들 수 있다. 갈홍은 도교 방술을 정리하고 체계화하는 과정에서, 그런 전통적인 잡술雜術의 일부는 수용하고, 일부는 배척하는 태도를 보인다. 그러나 여기서 우리가 주목하는 것은 도교의 근본이념에 어긋나는 종교적 의례들에 대한 갈홍의 비판적 관점이다.

갈홍은 그런 '요도' 비판을 통해, 정통적 도교와 혼동될 수 있는 종교 집단의 활동을 가려내고, 아직 형성기에 있던 도교의 정체성을 확립하는 데 관심을 가졌던 것이라고 볼 수 있다. 정통론은 언제나 정체성 수립을

---

16) 참고로 덧붙이면, 여기서 우리는 중국 고대 종교사의 발전 도식을 다음과 같이 상정할 수 있다. '무 종교→예 종교→유교' : '무 종교→(예 종교)→도교'. 공자의 정신을 근거로 유교라는 새로운 종교 체계가 형성된다는 것은 예수의 인격과 정신을 토대로 기독교가 형성되는 것과 유사한 현상이 아닐까? 유대교를 개혁하고 완성하기 위해 노력했던 예수에서 기독교의 원조 예수로 발전하는 것처럼, 예 종교를 재해석하고 완성하기 위해 노력했던 공자로부터 유교의 개조 공자로의 발전을 상정할 수 있다. 공자는 주나라의 예를 전승하고 그것을 회복하려는 의도를 가지고 있었지만, 독자적으로 유가라는 종교(사상)를 만들려는 의도를 가지고 있지는 않았다. 그러나 결과적으로 공자는 주나라의 예 종교를 개혁하고 새로운 의미를 부여하는 과정에서 새로운 사상의 창도자가 된 것이다.

위한 투쟁의 일환으로 제기된다. 그리고 그 정통성 투쟁은 일종의 인정 투쟁의 양상을 띤다. 정치적으로 말하자면 그것은 권력자들, 나아가 힘 있는 신자들을 끌어들이기 위한 인정 투쟁이다. 그렇기 때문에 정통론은 단순한 이론의 문제에 그치지 않고, 라이벌을 배제하기 위한 종교-권력 적인 투쟁의 모습을 지닐 수밖에 없다.

당시에 이미 북방에서 남방 중국으로 전해진 천사도, 그리고 그 영향을 받으면서 새로운 조직을 만들어가고 있던 상청파와 영보파 도교는 갈홍 도법 형성에 지대한 영향을 끼친, 갈홍 도교의 연원에 해당한다. 하지만 갈홍은 금단도의 우월성과 근원성을 강조하는 곳에서, 간접적으로 천사도, 상청파, 영보파 도법의 한계를 비판하고 있다고 말할 수 있다.

갈홍은 금단 도법을 체계화하는 과정에서 다양한 도술 전통을 널리 취사선택하지만, 금단 이외의 모든 방법을 부차적인 것으로 본다는 점에서, 그들에 대한 간접적인 비판 의식이 작동하고 있었다고 볼 수 있다. 하지만 갈홍은 천사도와 상청파와 영보파의 도법을 적극적으로 '요도'라고 비판하지는 않는다.

갈홍이 '요도'라고 비판하는 당시의 종교적 라이벌은, 그가 말하고 있는 것처럼, 수백 종류가 넘었던 것 같다. 민간에서는 끊임없이 속신 제사 활동이 전개되고 있었을 뿐 아니라(「도의」에서 집중적으로 다루어진다), 「근구勤求」에서 말하는 것처럼, 인민의 재물을 갈취하기 위해 '헛된 이론과 거짓말을 일삼는'[17] 수많은 '엉터리 도사'[18]가 활동하고 있었다. 그런 엉터리 도사들의 활동 중에서 특히 '이가도李家道'와 '백가도帛家道'는 큰 무리를 이루고 활동하면서 수많은 추종자까지 만들어내고 있던 거대

---

[17] "務廣浮巧之言, 以崇玄虛之旨."(「勤求」)
[18] "諸虛名道士, 雜猥道士之輩."(「勤求」)

한 유사 도교적 종교 조직이었다. 당연히 갈홍의 요도 비판은 그런 종교 집단을 겨냥한다.

이가도[李氏之道]에 대한 역사적 정보는 많지 않다. 갈홍은 이단 도교 혹은 요도 비판의 과정에서 이가도에 대해 비교적 자세한 언급을 하고 있는데, 그것은 역사적으로 유사 도교 집단의 존재 방식을 알려주는 귀중한 자료가 될 수 있다. 갈홍에 따르면, 이가도는 삼국 시대 초기에 촉 지방의 이아李阿라는 인물이 만든 유사 도교 집단이었다. 이아는 동굴에서 살면서 음식을 먹지 않고도 수백 살을 살았다고 알려진 전설적인 인물이다. 갈홍이 알려주는 전설에 의하면, 팔백세공이라고 불렸던 이아는 사람의 길흉화복을 점치는 능력을 가지고 있었는데, 사람들이 자주 그에게 가서 미래의 길흉을 물었다고 한다. 그러면 이아는 아무 말도 하지 않고 얼굴색으로 묻는 사람의 길흉을 알려 준다. 그의 얼굴이 밝고 기쁜 모습을 띠면 묻는 일이 길吉이고, 안색이 슬픈 모습을 보이면 흉하고, 미소를 머금고 있으면 큰 경사가 생기고, 약간 탄식하는 분위기면 깊은 우환이 발생한다고 한다. 그러다가 그는 홀연히 사라졌고, 아무도 그가 간 곳을 몰랐다. 그후에 이관李寬이라는 사람이 오나라로 와서 촉나라 사투리를 사용면서, 축수祝水로 질병을 치료한다고 선전하고 다녔다. 그러자 주변 사람들은 그 이관이 곧 이아라고 말하면서, 하나같이 그를 이팔백李八百이라는 이름으로 부르기 시작했다.19)

갈홍은 당시 강남의 오나라 지방에서 수많은 추종자를 끌어모으고 큰

---

19) "或問, 李氏之道起於何時? 余答曰, 吳大帝時, 蜀中有李阿者, 穴居不食, 傳世見之, 號八百歲公. 人住住問事, 阿無所言, 但占阿顏色. 若顏色欣然, 則事皆吉. 若顏色慘戚, 則事皆凶. 若阿含笑者, 則有大慶. 若微嘆者, 卽有深憂. 如此之候, 未曾一失也. 後一旦忽去, 不知所在. 後有一人姓李名寬, 到吳而蜀語, 能祝水治病頗愈, 於是遠近翕然, 謂寬爲李阿, 因共呼之爲李八百, 而實非也."(「道意」)

인기를 모았던 종교 집단의 창시자가 이아 혹은 이관이라고 하는 전설을 소개한다. 갈홍은 이아와 이관을 별개 인물로 보면서도, 그들의 종교 활동이 일정한 유사성을 가지고 있다는 사실은 인정한다. 갈홍 역시 이가도의 창시자에 대한 확실한 정보를 가지고 있지는 않았던 것 같다.

이어서 갈홍은 그들의 종교 활동의 상황을 간단하게 소개한다. 이아가 종적을 감춘 후 이관이 오나라에 와서 종교 활동을 개시했는데, 그의 문하에는 공경 이하의 관리들이 구름처럼 몰려들었다. 그후 이관은 귀한 몸이 되었고, 대중에게 모습을 잘 드러내지 않게 되었다고 한다.

갈홍이 알려주는 바에 따르면, 그들의 종교 활동의 중심은 점복占卜 등 미래 예측과 축수를 이용한 질병 치료, 부록符籙의 활용, 도인導引과 행기 등의 방술이었다.[20] 이런 종교 활동은 천사도의 종교 활동과 거의 동일하다. 따라서 그들의 종교 활동 및 이아 혹은 이관이 쓰촨(촉) 지방과 연관이 있다는 사실 등을 종합해본다면, 이가도는 천사도 계통에 속하는 도교 일파가 남방 중국으로 전래되어온 것이라고 판단할 수 있다. 갈홍은 천사도 자체를 요도라고 비난하지는 않지만, 그들의 도법이 민간의 속신 신앙과 결부되어 인민을 호도하는 상황을 부정적으로 바라보고 있다는 것을 간접적으로 드러내고 있다. 당연히 갈홍은 그들의 종교적 활동이 궁극적으로 불사를 탐구하는 도교의 정통적 지향에서 한참 멀리 떨어진, 수준 낮은 천박한 방술〔其術至淺可知〕이라고 비판한다.

〔그들은〕 몸을 다스리는 방법의 요점, 신약을 복식하는 방법, 생명을

---

20) "自公卿以下, 莫不雲集其門, 後轉驕貴, 不復得常見, 賓客但拜其外門而退, 其怪異如此. 於是避役之吏民, 依寬爲弟子者恆近千人, 而升堂入室高業先進者, 不過得祝水及三部符導引日月行氣而已."(「道意」)

연장하는 방법, 불사의 방법에 대해서 전혀 알지 못한다. 그들이 실행하는 탄기〔행기〕와 단곡〔벽곡〕의 방술로는 백 살을 겨우 넘길 수는 있을지 몰라도, 그 이상을 기대할 수 없다. 이것으로 볼 때 그들의 방술이 천박함을 알 수 있다.[21]

또「거혹」편에서 갈홍은 고강古强, 채탄蔡誕, 항도項都, 백화帛和에 가탁한 엉터리 도사 및 도교 일파의 종교 활동을 소개하고, 비판한다. 그들 이외에도 갈홍은『포박자 내편』에서 무수히 많은 사이비 도교 종파 내지 요도의 존재를 비판한다. 갈홍의 요도 비판은 무수한 엉터리가 판치는 세상에서 진정한 도교와 엉터리 도교를 구별하여, 진정한 도교를 되살리기 위한 고심의 결과였다. 갈홍 역시 그런 사태를 넘어서고자 하는 호교론적 열정을 가지고 있었다.[22] 갈홍의 선도 사상은 그가 엉터리, 사이비라고 비판한 요도를 사상적, 실천적으로 극복하는 과정에서 확립된 것이라고 말할 수 있다.

21) "了無治身之要·服食神藥·延年駐命·不死之法也. 呑氣斷谷, 可得百日以還, 亦不堪久, 此是其術至淺可知也."(「道意」)
22) "不可不精簡其眞僞也."(「祛惑」)

4장 신선의 존재증명론

1. 세속과 신성

갈홍의 신선 사상은 두 가지 초점을 가지고 있다. 하나는 당시의 많은 지식인이 지녔던 신선의 존재에 대한 회의주의적 태도를 극복하는 것이며, 다른 하나는 누구나 노력과 수행을 통해 신선이 될 수 있다는 것을 주장하는 것이다. 첫 번째 초점은 신선이 존재한다는 사실을 밝히는 신선의 존재 증명론으로, 후자의 초점은 배움으로 신선이 될 수 있다는 '신선가학론神仙可學論'으로 제시되었다. 나는 도교사에 있어 갈홍의 사상적 의미는 전자보다는 후자에 있다고 생각한다. 그럼에도 불구하고 신선의 존재 증명론 역시 갈홍의 도교 사상을 이해하는 데 있어 중요한 부분이며, 도교의 성립 근거를 제공하는 도교 호교론으로서의 의미를 상실하지 않는다.

갈홍의 신선 존재 증명론은 무엇보다 신선은 존재하지 않는다고 말하는 소위 경험론자들에 대한 비판에서부터 출발한다. 갈홍은 신선 비판론자들의 회의론이 천박한 상식론에 불과하다고 본다. 갈홍의 신선 존재론은 인간의 천박한 인식 능력과 의식 상태에 대한 비판에서 시작하여, 일반적 자연법칙의 관점에서도 신선의 존재를 부정하는 것은 불가능하다는 결론을 내리는 수순을 밟는다. 그때 갈홍이 근거하는 이론적 관점은 세계의 순환과 반복에 관한 고전적 세계관이라고 할 수 있다.

고대 중국에서는 만물은 끊임없이 변하고, 그런 변화의 결과 존재하는 모든 것(성공과 실패, 생명과 죽음 등)은 끊임없이 반복되고 순환한다는 사유가 일반화되어 있었다. 『주역』으로 대표되는 그러한 순환적 이론, 순환적 자연관은 종교학자 엘리아데Mircea Eliade가 고대 종교의 기본 관념이라고 말한 '영원회귀eternal return'의 관점과 대단히 유사하다. 갈홍의 신선 증명론은 기본적으로 이러한 세계관에 의해 지배되고 있었다. 그러나 순환적 이론에 근거하여 신선의 존재 문제에 관해 설득력 있는 대답을 얻는 것은 쉽지 않다. 자연의 순환이라는 일반 원칙을 믿는 갈홍은 한편 이 일반 원칙의 예외성에 대해서도 주의를 기울인다.

갈홍은 자연의 순환이라는 일반 원칙에 입각하여 신선의 비존재, 불사의 불가능성을 주장하는 회의론을 견지하는 지식인의 비판적 반론을 소개한다. "시작이 있으면 반드시 끝이 있다. 처음[始]이 있으면 반드시 그 결말[卒]도 있게 마련이다. 존재하는 모든 것은 반드시 사라진다[亡]."[1] 이러한 비판은 신선이 존재한다고 주장하는 신선가의 신앙에 대한 상식적인 반박이라고 말할 수 있다. 그 반박에 대해 갈홍은 "생명을 가진 것은 반드시 죽고, 시작이 있는 것은 끝이 있다는 말은 과연 자연의 대체적인 법칙이라고 할 수 있다."고 전제한 후 다음과 같이 말한다. "하지만 모든 것이 그 법칙의 지배를 받는 것은 아니다. 어떤 것은 그렇고 또 어떤

---

1) "夫有始者必有卒, 有存者必有亡."(「論仙」)

것은 그렇지 않다. 이처럼 사물은 저마다 차이를 보이며 변화를 종잡을 수 없는 경우가 많다. 기괴하고 규율이 존재하지 않으며, 이렇기도 하고 아니기도 하고, 처음은 하나지만 끝이 달라지는 등 하나의 법칙으로 사물을 전부 설명할 수는 없다."2)

갈홍은 일반론을 인정하면서도 예외성에 주목해야 한다고 말한다. 신선이라는 것은 어디까지나 예외적인 존재이기 때문이다. "시작이 있는 것은 반드시 끝이 있다고 말하는 사람이 많지만 그것도 사물의 성질에 따라 달라지는 것이기 때문에 그것을 '일반적 원칙〔通理〕'이라고 말할 수 없다."3) 갈홍은 일반적 원칙을 벗어나는 예들을 열거한다. 모든 사물이 성장하는 여름에도 보리처럼 시드는 것이 있고, 모든 초목이 시드는 겨울에도 대나무나 잣나무처럼 푸른 것이 있다. 하늘과 땅은 시작이 있지만 끝이 없이 무궁하고, 거북이나 학은 장수한다. 또 여름이라고 해서 반드시 더운 것은 아니고 겨울이라고 해서 반드시 추운 것도 아니다. 강물은 동쪽으로 흐르지만 북쪽으로 흐르는 물줄기도 있고, 고요한 땅이 흔들리거나 무너지는 경우도 있다. 물은 본래 차가운 성질을 가지고 있지만 더운 열기를 뿜는 온천도 있고, 불은 본래 뜨거운 성질을 가지고 있지만 찬 기운을 뿜는 불꽃도 있다. 이처럼 "사물은 〔하나로 단정할 수 없을 정도로〕 온갖 차이를 지니고 있기 때문에 어느 하나의 성질만 가지고 단정해서 말할 수 없다."4)

갈홍은 원칙에서 예외가 되는 현상이 적지 않게 존재하며, 이 세상에 존재하는 모든 현상을 철저하게 완전히 검증해보지 않은 상태에서 상식

2) "夫存亡終始, 誠是大體. 其異同參差, 或然或否, 變化萬品, 奇怪萬方, 物是事非, 本鈞末乖, 未可一也."(「論仙」)
3) "夫言有始者必有終者多矣, 混而齊之, 非通理矣."(「論仙」)
4) "萬殊之類, 不可以一槪斷之."(「論仙」)

적 자연법칙을 근거로 모든 세상사를 단정적으로 판단해서는 안 된다고 주장한다. 알려진 상식적 법칙이라는 것은 사실 불완전하다. 그 자연법칙으로는 예외적 현상을 다 설명할 수 없다. 신선 역시 상식적으로 이해하고 있는 자연법칙의 예외적 현상일 따름이다. 갈홍의 반박은 대체로 이렇게 정리할 수 있다.

갈홍은 "태어난 것은 반드시 죽는다[有生者必有死]."라고 하는 상식적 일반 원칙의 관점에서 '신선'의 존재를 근본적으로 부정하는 입장을 다시 부정하려고 시도한다. 하지만 누가 보아도 갈홍의 신선 존재 증명론은 논거가 대단히 빈약하다는 것을 알 수 있다.

갈홍의 논변은 분명 궤변적인 측면이 없지 않다. 그러나 그것을 단순히 궤변이라고 일축하기보다는 종교가의 호교론으로서 받아들여야 할 것이다. 사실 신선 존재 증명론의 불완전함 내지 논거의 빈약함을 갈홍 개인의 논리력 부족의 탓으로만 볼 수는 없다. 모든 종교적 호교론은 일면 궤변적인 측면을 가지고 있는 것이 아닌가? 신 혹은 신선처럼 인간의 인식을 근본적으로 초월하는 존재의 실재성에 대한 논의는, 검증이나 반증을 넘어서 있는 모든 종교적 담론에서 공통적으로 발견되는 것이다. 당시의 과학 수준에서 볼 때 자연계의 다양성에 대해 풍부한 식견을 지니고 있었던 갈홍은 일상적 상식에 만족하지 않고 단순한 경험 세계를 초월하는 미지의 세계에 대한 깊은 관심을 가지고 있었으며, 그것의 비밀을 탐구하고자 하는 과학적 동기에 의해 사유하는 인간이었다는 사실에 주목할 필요가 있다.

갈홍은 현대적인 의미의 과학과는 근본적으로 다른 동기를 가지고 있었다. 갈홍이 추구했던 지식은 일상적 현실을 객관적, 분석적으로 탐구하는 것이 아니었다. 그의 목표는 일상 세계를 근본적으로 가능하게 만드는 신성한 세계의 질서를 이해하는 것이었다. 마치 보이지 않는 도가 보이는 세계의 근원이듯이, 보이지 않는 초일상의 세계가 보이는 일상의 세계를 가능케 하는 근원이라는 확신을 갈홍은 버리지 않았다. 그 신성성의 근원을 상실한 인간 세계는 비참하다고 그는 생각했을 것이다. 그 신성한 세계를 이해하기 위해 그는 현상 세계에 주목했다. 그 결과 그는 생명을 가진 것은 죽는다고 하는 자연의 법칙을 벗어난 특수한 존재인 신선은 신성한 존재이며, 그 신성성으로 인해 일상의 법칙에서 자유로울 수 있다고 믿었다.

도교적 방술은 일상적 법칙을 넘어서 있는 우주의 심오한 법칙을 탐구하는 것이었다. 그런 점에서 본다면 도교의 세계 자체가 비일상적 세계이며, 도교의 관심 자체가 비상식적이다. 그러한 비상식은 상식에 의해 지배되는 일상 세계의 저속함과 일상 세계의 천박함에 대한 비판적 시선을 놓지 않는다. 여기서 우리는 일상적이지만 저급한 몰상식과 일상을 넘어서서 궁극 세계 내지 신성 세계를 상정하는 초상식超常識을 구별할 필요가 있다. 그러한 초상식에 근거하여 도교 지식인들은 자연에 큰 관심을 쏟았다. 눈에 보이지 않는 자연의 비밀을 벗기기 위해 그들은 목숨을 버렸다. 동양인이 성취한 자연과 인간에 관한 지식은 대부분이 도교적 자연 탐구의 부산물로서 얻어진 것이었다. 우리가 동양에서의 과학 발전을 논할 때 '도교'를 반드시 언급해야 하는 이유는 도교가 초자연적인 신성한 세계에 관한 지식을 탐구하는 과정에서 부산물로 얻은 수많은 자연과학적 지식을 축적하고 있기 때문이다.[5]

---

[5] 조셉 니덤Joshep Needham, 네이션 시빈Nathan Sivin 등의 연구를 통해서 우리는 도교가 중국의 자연과학과 긴밀한 관련을 가지고 있었다는 사실을 알 수 있다.

2. 신선과 탈유교적 세계

갈홍이 활동하던 위진시대는 후한 말기의 혼란을 경험한 후 '오경'으로 대표되는 유교의 권위가 의심받던 시기였다. 후한 말에 이르면서 경학이 쇠퇴하고 지식인들은 경학 이외의 영역, 전통적 경학이 소위 잡학雜學이라고 폄하하던 지식 영역에 많은 관심을 기울이게 된다. 중국 문화의 역사에서 위진남북조시대는 유교적 경학의 연구가 가장 저조한 시대인 반면 방술, 잡학, 도교, 그리고 불교를 위시한 '이단적' 사유가 활발하게 전개되었던 시대였다. 당시의 선진적 지식인들은 오히려 전통 유교에서 벗어난 주변적 지식 세계를 통해 정통적인 권위에 도전하였고, 경학적 세계관을 벗어난 새로운 세계 질서를 모색하고자 하는 의욕으로 충만해 있었다. 그 시대는 요즘식으로 말하자면 경학에 대한 해체주의적 관심이 팽배한 시대였다고 말할 수 있을 것이다.

실제로 중국의 근대 전환기의 대표적인 사상가 장빙린章炳麟과 그의 영향을 받고 문학 활동을 전개했던 루쉰魯迅은 서구적 근대가 초래한 이성적 합리주의의 일면성을 극복하는 이념적 근거로 위진시대의 자유로운 시대정신을 활용할 수 있을 것이라고 생각했다. 장빙린은 중국 사상의 발전 과정을 살피면서 송명 시대보다 문화적, 사상적으로 앞서는 위진시대의 중요성을 강조한다. 나아가 그는 위진시대의 정신적 풍모를 되살리기 위해 언어의 엄격한 논리적 구조를 중시하는 송명 유학의 합리주의적 글쓰기를 벗어나 위진시대의 사륙병려체 문장이 추구했던 상상력과 수사적 글쓰기를 다시 살려내려고 노력한다. 나아가 루쉰은 위진시대의 잡학적 지식, 그중에서도 특히 비합리성이 강한 지괴志怪의 문학적 유산을 활용하여 문학 창작 활동에 응용하려는 노력을 기울이기도 했다. 그러한 근대 지식인들의 시도는 완전한 성공을 거두었다고는 보기 어렵다. 하지만 그런 시도는 위진시대의 '해체주의적' 시대정신이 근대적 합리주의 및 주자학적 합리주의를 극복하는 자원으로 활용될 수 있는 가능성을 보여준 것으로 높이 평가할 수 있다.

위진시대에는 당시의 유학 질서에 대한 해체적 관심과 맞물려 인도에서 전파된 새로운 세계관인 불교와 고전 시대부터 존재했지만 이 시기에 시대의 고난을 구제하는 종교적 이념을 기치로 재조직되기 시작한 도교가 활발하게 전개될 수 있었다. 당 말 이후에 다시 전면에 등장하기 시작한 신유학 운동은 유교를 중국 문화의 중심으로 회복하고자 하는 사상, 정치, 종교를 아우르는 거대한 문화 운동이었지만, 그것은 어떤 면에서 보자면 위진남북조시대 이후의 다문화적 분위기 속에서 성장했던 활발하고 자유로운 정신의 말살을 의미한다는 사실을 기억할 필요가 있다. 신유학의 엄격한 정통 의식, 이단 비판 언설이 등장한 배경에는 다원적 사상 풍토라는 현실이 있었다. 신유학은 그런 다원주의적 정신을 억압하면서 등장한다.

갈홍의 신선 사상은 위진시대의 자유로운 시대 분위기 속에서 형성되었다. 갈홍은 전통적 지식 체계를 담고 있는 유교 경서와 역사서를 폭넓게 연구하였을 뿐 아니라, 스스로 잡사雜史를 저술하고 잡기雜記를 기록하는 등 패사잡전稗史雜傳에도 깊은 관심을 갖고 있었다. 이러한 갈홍의 관심은 그와 가까운 교우 관계를 맺고 있었던 『수신기搜神記』의 저자 간보干寶, 『산해경山海經』, 『목천자전穆天子傳』, 『초사楚辭』에 주석을 단 곽박郭璞과의 교류를 통해 지속되고 확대되었다.

당시 많은 유학자는 유교의 경전 속에서는 장생불사를 목표로 하는 신선 방술에 관한 기록이 나타나지 않는다는 것을 근거로 신선 사상과 신선술을 비판했다.

불사不死를 추구하는 선도仙道가 진실한 것이라면, '오경'은 왜 그것에 관해 말하지 않았으며, 주공과 공자가 왜 그것을 언급하지 않았으며, 성인은 왜 득도의 신선이 되지 않았으며, 최고의 지혜를 가진 사람들이 영원히 살지 못했겠는가? 주공과 공자가 알지 못했다면, 그것으로는 성인이 될 수 없다는 의미가 아닌가? 만일 그것의 존재를 알고도 배우지 않았다면, 그것이 선도가 아니기 때문이 아닌가?[6]

유학자들은 그들이 진리라고 믿었던 '오경'에 기록되지 않은 것, 그 진리의 체현자, 성인 주공이나 공자가 말하지 않은 것은 무가치한 것, 연구할 필요도 없는 일이라고 말하고 있는 것이다. 그러나 갈홍은 그러한 비판이 유자들의 좁은 식견에 근거한 것이라고 오히려 그들을 몰아세운다. "'오경'이 기록하지 않은 것은 무한하다. 주공과 공자가 말하지 않은 것도 적지 않다. 나는 여기서 그중의 만분의 일만 말해보겠다."[7] 갈홍은 '오경'이라는 좁은 세계에만 매몰되어 넓은 세상사에 관심이 없는, 식견이 좁은 유자들은 근원적인 도를 이해할 수가 없을 것이라고 비판한다. 그리고 갈홍은 천문과 지리의 폭넓은 세계, 제자백가의 주장들을 언급하면서, 정통적 유가들이 전부라고 생각하는 그 지식이 얼마나 빈약한가를 폭로한다.

하늘과 땅은 크고 넓어서 눈을 들어볼 수 있는 것도 다 연구할 수 없을 정도인데, 하물며 신비롭고도 신비로운 것, 오묘하고도 지극히

---

[6] "果其仙學可求得者, 五經何以不載, 周孔何以不言, 聖人何以不度世, 上智何以不長存. 若周孔不知, 則不可爲聖. 若知而不學, 則是無仙道也."(「釋滯」)

[7] "夫五經所不載者無限矣, 周孔所不言者不少矣."(「釋滯」)

오묘한 것을 어떻게 그들이 모두 알 수 있겠는가?[8)]

    공자님 말씀으로 세상 모든 일을 해명할 수 있고, 세상의 모든 문제가 공자님 말씀을 통해 이해될 수 있다고 믿는 사람들, 그 공자님의 사상을 확대하고 재해석한 주자만 알면 모든 철학과 공부가 다 끝날 뿐 아니라 오늘날 우리가 목도하는 인간사의 난문을 다 해결할 수 있을 것이라고 믿는 도학자들은 요즘 세상에도 적지 않다. 그런 사람들을 향한 갈홍의 비판은 과연 정곡을 찌르는 면이 있다. 유교 경전과 그것의 해석 전통을 넘어서서 자유로운 지적 세계를 추구했던 방사적方士的 지식인들은 세계의 다양한 모습은 물론, 경전이라는 좁은 틀 안에 담을 수 없는 사람들의 신앙과 초월적 세계에도 관심을 기울였다. 도교의 중요 내용은 이런 방사들의 지식 탐구를 계승한 것이다. 그런 방사적 지식인의 한 사람이었던 갈홍은 유학자들에 의해 이단시되고 무시당하던 방술 관계의 서적들을 폭넓게 섭렵하였다. 그러한 비정통적 지식으로 무장되어 있던 갈홍은 정통적 지식 체계인 유학의 한계를 비판하고, 유교의 이상적 존재인 성인을 철저하게 상대화시킨다.

    후한 시대의 왕충은 『논형』에서 이미 성인이 '모르는 것이 없는〔無所不知〕', 혹은 '할 수 없는 일이 없는〔無所不能〕' 초인간적 존재가 아니라고 주장하면서, 성인을 격하시키는 논의의 발단을 제공한 바 있다. 왕충은 성인들의 특이한 출생에 관한 신화를 비판하였으며(「奇怪」), 성인의 지식이 무한하다고 하는 일반의 믿음을 의심하고(「實知」), 심지어 성현들의 말이라고 모두 다 옳은 것은 아니라는 입장을 피력하기도 한다(「問孔」). 유교적 성인을 상대화는 갈홍의 관점은 후한 말기부터 제기되기 시작한 이런

---

8) "天地之大, 舉目所見, 有不能了, 況於玄之又玄, 妙之極妙者乎."(「釋滯」)

성인 비판론의 연장선 위에서 이해될 수 있다. 하지만 갈홍은 왕충이 제기하는 도교적 신앙에 대한 비판, 신령, 신적 존재를 믿는 세상 사람들의 신앙에 대한 비판을 그대로 받아들이는 것은 아니다.

갈홍의 목표는 신선의 존재를 부인하는 유가들의 비난에 담긴 문제점과 한계를 지적하고, 신선이 존재한다는 사실을 증명하는 것이었다. 하지만 신선의 존재를 부정하는 그들의 한계를 지적하는 것에 그치지 않고 적극적으로 신선의 존재를 '증명'하는 일은 결코 쉬운 작업이 아니라는 사실을 갈홍은 잘 알고 있었다. 갈홍은 신선에 관한 일은 "신비롭고도 신비로운 것, 오묘하고도 지극히 오묘한 것[玄之又玄, 妙之極妙者]"(「釋滯」)이기 때문에, 선도 자체는 지극히 미묘하고 손쉽게 밝힐 수 없는 어려운 문제라는 것을 강조하기를 잊지 않는다. 또 그는 신선의 존재란 '증명'에 앞서서 신앙의 차원에서 먼저 해결되어야 하는 문제임을 지적하기도 한다. 신선의 존재를 부정하는 속인들의 '불신不信'이 신선 존재의 확인을 가로막는 가장 큰 장애로 작용하고 있다는 사실을 지적했던 것이다.

갈홍은 그 속인들의 '불신'에 대해 이렇게 말한다. "신선과 관계된 도술道術은 다른 일들에 비해 훨씬 증명하기가 어렵다. …… 어찌 사람들은 자기의 작은 지식[孤信]에 만족하여 안주하고자 하는가?"(「金丹」) 세상 만사는 보통 사람들의 좁은 식견으로 다 이해할 수 없는 것이 아닌가? 더구나 신성한 영역에 속하는 신선 세계를 이해하는 일은 더욱더 어렵다. 신선됨을 추구하는 것이 어리석은 일이라고 비웃음을 당할 수는 있지만, "정말로 신선의 세계가 존재한다면 그 불사의 도를 얻은 사람들로부터 비웃음을 받을 수도 있지 않는가?"(「論仙」) 파스칼의 '내기'를 연상시키는 도교 호교론자 갈홍의 논변은 나름대로 진지함으로 가득 차 있다.

갈홍은 신선의 존재에 대한 자신의 지식은 '비교 검증[校驗]'이라고 불리는 탐구 방법에 의해 얻어졌다고 말한다.

참된 지식은 수많은 사실을 비교 검토(校練)한 연후에 올바른 증거를 가지고 그것을 확인하고(徵驗) 나서야 비로소 지식으로 성립할 수 있다.(「論仙」)

먼저 드러난 것에서부터 숨겨져 있는 것으로 나아가고, 쉬운 것에서 시작해서 어려운 것을 얻고, 작은 사실들의 검증을 통해 큰 문제를 증명해낼 수가 있다. 위의 절차들이 명확하게 된 연후에 아직 시험해보지 않은 사실까지도 밝힐 수 있다.(「塞難」)

"작은 사실들의 검증(小驗)을 통해 큰 문제를 증명(大效)"한다는 것은 이미 증명된 사례들을 많이 수집하고 그 사례들을 비교 검토하고 귀납적인 결론을 얻은 후에 확대 유추를 통해 결론을 얻는 방법이다. 갈홍은 방술적 지식, 유사 과학적 지식에 속하는 논증 사례들을 대량으로 열거하면서 '신선 존재 증명'을 위한 조건을 마련한다. 그리고 그 논증 방식의 권위를 높이기 위해 갈홍은 고대의 역사적 기록과 고대 문헌을 근거로 제시한다. 그것은 그가 한편으로 문헌적 권위주의의 그림자에서 완전히 벗어날 수 없었던 그의 사상적 한계를 노출시키는 것이기도 하였다.

  어쨌든 갈홍은 역사와 전통의 권위를 다른 어떤 권위보다 높은 자리에 놓는 중국적인 태도를 고수하면서, 신선의 존재가 과거에서부터 확인되어온 사실이었음을 주장한다. 「논선」에서 말한 것처럼 "뭇 신선에 관한 기록은 옛 문헌들, 즉 죽간과 비단에 가득하다."[9]는 것이 갈홍이 제시하는 최대의 논거였다. 그가 제시하는 논거는 유교적 경전에 한정되지 않는다는 점이 유교적 지식인의 비판론과는 다르다. 갈홍은 한나라 때의

---

9) "列仙之人, 盈乎竹素."(「論仙」)

유향劉向이 지은 『열선전列仙傳』에 등장하는 신선들의 역사성을 믿어 의심치 않았고, 그 기록을 신선 존재 증명의 중요한 논거로 삼았다. 오늘의 관점에서 보자면 갈홍의 신선 증명은 진정한 의미의 증명이라고 할 수 없을 것이다. 그러나 전혀 증명이라 할 수 없는 호교적 논증으로 일관하는 갈홍의 '신선 존재 증명'은 비신자를 설득하기 위한 목적을 가진 것이라기보다는, 불사에 대한 신앙과 신선을 향한 희구가 고대 중국의 보편 신앙으로 지식인은 물론 민중의 삶 속에 뿌리 깊게 퍼져 있었다는 사실을 확인하기 위한 것이었다고 보는 것이 타당할 것이다.

3. 혜강의 신선 증명론

『포박자 내편』의 중심 주제는 장생불사의 탐구였다. 그것은 도교의 궁극 목표이며, 도교 변증가로서의 갈홍의 주 관심사이기도 했다. 종교적 이념으로서의 장생·불사·성선이라는 목표가 종교 사상으로 체계화되기 위해서는 신선이 존재한다는 사실에 대한 확신과, 인간적 노력에 의해 신선이 될 수 있다는 가능성이 사실로 확립되어야 한다. 초기 도교 이론의 완성 단계에서 신선의 존재, 성선의 가능성이라는 문제는 '신선됨'을 목표로 하는 신선 도교의 대전제였기 때문에, 그것에 대한 확고한 논리와 논변이 확립되지 않고서는 도교 자체의 체계가 확립될 수 없었을 것이다. 도교 사상가 갈홍은 '신선설'이 당면한 과제를 충분히 이해하고 있었다. 따라서 그는 도의 근본 성격을, 말할 수 없는 아득한 것, 현玄이라고 규정한 후, 곧바로 '신선의 존재'를 논증하는 신선설의 핵심 주제로 이행하였던 것이다.

신선의 존재 여부에 대한 토론은 동한 시기부터 지식인들 사이에 중대한 관심사로 떠올랐다. 왕충은 『논형』에서 신선에 대한 신앙을 허망한 것이라고 비판한다. 왕충의 신선 비판은 역으로 당시에 신선에 대한 신앙이 얼마나 뿌리 깊게 퍼져 있었는지를 웅변하는 것으로 읽혀질 수도 있다. "신선이란 존재하지 않는다."는 비판적 입장에도 불구하고, "신선은 존재한다."는 신앙적 태도가 만연되어 있었으며 그러한 신앙적 입장이 오히려 사회의 주류를 형성하고 있었던 것이다. 민중적 차원의 종교 신앙에서는 물론, 인격의 완성을 초인간적인 힘의 획득이라고 이해하고 있던 당시 지식인들의 관념 세계 안에서도 '신선의 존재'는 이상적 인격이 도달할 수 있는 하나의 가능성으로서 인정되고 있었다. 그리고 그런 상황에서는 신선의 존재 여부에 관한 토론보다는, 과연 '인간의 노력으로 그런 초월적 역량을 가진 신선이 될 수 있는가?' 하는 '성선 가능성'에 대한 물음이 토론의 초점을 형성하고 있었다.

이런 상황에서 갈홍은 '신선의 존재'를 증명하는 것과 함께 인간적 노력에 의해 '신선이 될 수 있다.'는 주장을 펼치는 데에 관심을 기울이고 있었다. "인간의 노력에 의해 신선이 될 수 있는가?" 또는 "인간은 배움에 의해 신선이 될 수 있는가?"라는, 도교 신앙에 있어 관건이 되는 물음은 갈홍보다 시기적으로 약간 앞선 현학 사상가 혜강嵇康의 「양생론養生論」에서 본격적으로 제시되었다. 당시 지식인들의 인격 수양론에서 중요한 문제는 유교·불교·도교, 삼교三敎가 주장하는 이상적 인간상으로서의 성인聖人·부처〔佛〕·신선神仙이란 과연 인간의 노력으로 도달할 수 있는 경지인가 아닌가 하는 것이었다. 혜강의 「양생론」에서 본격화된 '도교'의 신앙적 실천 문제에 대한 도교적 해답이 다름 아닌 '신선설'을 핵심으로 삼는 갈홍의 도교 변증론이다.

혜강의 「양생론」은 신선의 존재를 인정하는 당시의 유력한 관점이었다. 그러나 「양생론」에서 말하는 '성선론成仙論'은 갈홍이 정식화한 신선 도교의 주장과는 중대한 차이를 보인다. 혜강은 이렇게 쓴다. "내 생각을 간략하게 말해본다면, 신선이란 눈으로 확인할 수 있는 존재는 아니지만 과거의 기록이나 전적典籍에 의해 전해지고 있고 또 역사책에도 남아 있는 것을 보면, 그 존재를 의심할 수 없는 것이라고 해야 할 것이다. 그러나 신선은 특별한 기氣를 자연적으로 타고난 사람만이 도달할 수 있는 경지이지 배움의 축적에 의해 얻을 수 있는 경지는 아니다."

혜강은 역사 기록 및 과거의 문헌에 근거하여 신선은 존재한다는 주장을 펼치고 있다. 혜강의 글은 갈홍의 신선 '존재 증명론'이 등장하기 이전에 이미 그와 유사한 논리를 이용하여 신선의 존재를 밝히고자 했던 논의가 있었다는 사실을 확인시켜준다. 「양생론」에서 혜강은 '신선의 존재'에 관해 당시에 유력했던 두 가지 관점을 제시한다. 하나는, 불사의 신선은 경험론적으로 볼 때 존재할 수 없다고 보는 소위 '경험론자'들의 관점이다. 둘은, 신선은 존재한다라는 '신선가'의 관점이다. 혜강과 갈홍의 입장은 말할 것도 없이 기본적으로는 후자에 속한다. 즉 신선의 존재 자체를 부정하는 것은 문화적 유산을 충분히 검토하지 않았기 때문에 생기는 무지와 어리석음의 소치일 뿐이라고 그들은 믿었던 것이다.

그러나 혜강은 배움이나 수련 등 인위적인 노력에 의해 신선이 될 수 있다고 하는 '신선가학론'에 전적으로 찬성하고 있는 것은 아니다. 혜강이 '학습' 자체를 반대한 것은 아니다. 그렇지만 신선이 되기 위해서는 인간의 노력과는 전혀 이질적인 대단히 중요한 조건이 요구된다는 것을 지적한다. 즉 '특별한 기를 자연적으로 타고난[時受異氣, 稟之自然]' 사람만이 그러한 특별한 기의 바탕 위에서 수련을 쌓고서 신선이 될 수 있는 것이지, 특별한 기의 품수라고 하는 전제 조건 없이 배움에만 의지하여 누구나 신선이 되는 것은 아니라고 한 것이다. 이 문제는 유교 전통 안에 존재했던, 성인聖人은 성인의 자질을 갖고 태어난다고 보는 '생이지지生

而知之'의 입장과 배움에 의해 성인이 될 수 있다고 보는 '학이지지學而知 之'의 입장 사이의 대비와 대단히 유사한 성격을 가지고 있다. 그리고 갈 홍의 '신선가학론'은 신유교의 '성인가학론'과 일맥상통하는 이론적 연 관성이 있다고 생각된다.

갈홍 역시 『포박자 내편』에서 신선의 존재를 증명하기 위해 고대의 기 록을 근거로 제시한다. 그렇다고 해서 갈홍의 신선론이 그 이전에 있었 던 신선론의 단순한 반복은 아니다. 도교의 역사에서 갈홍의 공적은 과 거에 있었던 '신선 존재론'을 보다 풍부한 자료를 통해 논증하고, 신선됨 〔成仙〕의 의미를 도교적 신앙과 결부된 '금단金丹'과 연결시킨 점에서 찾 을 수 있다. 갈홍은 『포박자 내편』의 도처에서 '신선이 존재함'을 주장한 다. 그중에서도 「논선」(권4)은 '신선의 존재 증명'을 위해 할당된 논설로 서 신선 도교 이론의 핵심을 보여주는 부분이다.

갈홍의 신선 이론은 '신선이 존재한다.'라는 신앙적 입장을 공유한다 는 면에서, 일단 혜강의 논점을 심화시킨 것으로 이해할 수 있다. 그러나 거기에서 한 발 더 나아가 갈홍의 신선론은 혜강의 신선 존재론, 나아가 갈홍 이전의 모든 신선론과 근본적인 획을 긋는 중요한 의미를 가지고 있다. 다시 말해 신선이란 선천적 자질에 의해 결정되는 것이 아니라, 수 양 및 배움의 노력에 의해 도달할 수 있다는 주장은 갈홍이 처음으로 제 시하였고, 그것이 도교의 역사에서 기본적인 패러다임으로 자리 잡은 것 이다. 갈홍이 체계화시킨 "신선은 배워서 도달할 수 있다〔神仙可學而成〕." 라는 신선 도교의 근본 교리는 '신선가학神仙可學'의 주장으로 정식화되 어 갈홍 이후의 도교 사상의 정통적 이론으로 계승되었다.

갈홍 이후에 신선가학론은 수많은 도교 이론가에 의해 계승되었다. 그 중에서도 특히 중요한 문헌으로는 '신선가학'을 정면으로 논하는 당나라 오균吳筠의 「신선가학론」(『吳筠集』)과 뇌법 의례 및 도교 남종의 완성자로 유명한 백옥섬白玉蟾의「신선가학론」(『上淸集』)이 있다. 그 글들은 갈홍의 '신선가학론'을 기본적으로 계승하고 있지만, 시대적 상황의 논리 및 도교 수양법의 발전에 따라 갈홍의 가학론과 커다란 차이를 보인다. 갈홍의 신선 이론이 금단을 위주로 하는 것임에 비해, 오균의 방법은 장자를 계승하는 내면적 수양론(좌망坐忘과 심재心齋)이며, 백옥섬의 방법은 내단적 방법과 의례적 방법의 결합에 의한 신선의 추구라는 차이를 지적할 수 있을 것이다.

4. 갈홍의 신선가학론

여기서 우리는 기독교의 역사에서 가장 중요한 신학적 문제의 하나인 아우구스티누스와 펠라기우스의 논쟁을 떠올릴 수 있다. 즉 기독교적인 구원이 하느님의 일방적 은총에 의한 것이냐, 아니면 인간 측의 윤리적, 종교적 행위에 의한 것이냐 하는 논쟁이 그것이다. 아우구스티누스의 입장은 극단적 은총론은 아니다. 그러나 아우구스티누스는 인간의 이니셔티브를 더욱 중요시하는 펠라기우스적 행위론을 반대하여 바울의 입장을 지지한다. 기독교의 역사에서 극단적 펠라기우스주의는 '이단'의 판정을 받아 중세 기독교의 전면에서 사라졌지만, 실상 로마 가톨릭은 어느 정도는 펠라기우스적 입장을 받아들인 것이 사실이다. 그런 면에서 그것은 반半semi펠라기우스주의라고 말할 수 있을 것이다. 한편 종교개혁을 주도한 루터의 칭의론(구원론)은 바울과 아우구스티누스의 입장을 지지한다. 즉 루터는 인간적 이니셔티브가 구원의 중요한 계기가 된다고 보는 반半펠라기우스적 입장을 배격하고, 철저하게 하느님의 은총과 하느님의 이니셔티브를 강조하는 방향으로 나아간 것이다. 개신교 신학의 기본 입장은 이러한 루터적 칭의론 위에 서 있다. 이러한 비교를 통해 우리는 한 종교 전통의 의미를 더 잘 이해할 수 있다. 그리고 그런 비교를 통해서 우리는 도교의 중요한 문제 관심이 종교의 보편적이고도 중요한 관심과 닮았다는 사실을 이해할 수 있다. 서양 기독교의 신학은 대단히 세련되고 도교는 뜬구름 잡는 쉰 소리라고 하는 일반적 이해가 반드시 옳은 것은 아니라는 것을 알 수 있다. 그렇다고 해서 도교의 신앙과 신학이 반드시 믿을 만하다고 주장하는 것은 아니다. 그것은 어디까지나 개인적인 신념의 문제이다.

한편 비슷한 문제가 유교의 영역에서도 존재했다. 유교에서는 '배움과 수양을 통해 성인이 될 수 있다.'는 관점을 성인가학론聖人可學論이라고 하는데, 그런 관점은 송대 신유학, 특히 정주 계통의 사상가들에 의해 정착된 것이다. 그러나 '성인가학'론이 모든 유교 사상가로부터 골고루 인정을 받았던 것은 아니다. 예를 들어 주희의 논적이었던 진량陳亮은 '성인가학'의 입장에 반대한다. 그리고 일본 에도江戶 시대의 유학자 오규 소라이荻生徂徠 역시 주자학적인 '성인가학'론에 대해 비판적이었다. '성인가학'을 둘러싼 논쟁은 근세 동아시아 유교 사상을 이해하는 데 주요한 주제였던 것을 알 수 있다.[10]

---

10) 사실 이 문제는 종교의 영역에 한정되지 않고, 인간 삶에서 마주치는 여러 곤혹감과도 연결되어 있다. 만일 성인이니, 신선이니, 구원이니 하는 말을 '성공'이라고 바꾸어놓는다면 어떨까? 성실하고 진실한 사람이 성공하는가, 아니면 윗사람의 비위를 잘 맞추고 줄 잘 서는 사람이 성공하는가? 열심히 노력하면 성공할 수 있는가, 배경이 좋아야 성공하는가? 선한 자가 성공하는가, 악한 자가 성공하는가? 물론 학교 이데올로기는 노력하는 사람, 성실한 사람이 성공할 수 있다고 말한다. 그러나 현실의 조직 이데올로기와 시장 이데올로기는 그런 사실을 반드시 인정하는 것은 아니다. 갈홍의 '신선가학론'은 세상에서 흔히 마주치는 당혹감에 대한 나름의 답안이라고 볼 수 있다. 그러나 그 답안이 물론 완벽한 정답은 아니다. 노력해서 신선(성공)이 될 수 있다면 누구나 노력할 것이다. 그런데 사실은 그렇지 않

이야기가 약간 빗나갔지만, 어쨌든 혜강이 제시한, 신선의 기를 타고 나야 한다는 주장, 즉 기품설氣稟說은 갈홍의 신선 이론에서는 원칙적으로 부정되고 있다. 그리고 바로 그 점이 신선 도교 신학의 역사에서 갈홍의 중요한 공헌이라고 평가할 수 있다. 갈홍 이후 도교 신학에서 가장 기본적인 전제는 '배움에 의해 신선이 될 수 있다.'는 가학론可學論이다. 갈홍이 제시한 신선가학론의 전제는 "아명재아我命在我, 부재천不在天"이라는 멋진 공리로 정립되었다. 인간 생명의 장단이 하늘이 정해준 운명에 의해 결정되는 것이 아니라, 개인의 노력에 의존하고 있다는 의미이다. 그러나 선천적으로 신선이 될 수 있는 자질을 중요시하는 '기품론' 역시 간단하게 무시할 수 없는 흐름을 형성하고 있다. 후대의 내단 문헌에서 흔히 등장하는 '선골仙骨'이니 '도골道骨'이니 하는 표현에서 볼 수 있는 것처럼, 신선이 되기 위해 타고난 자질이 요청된다는 주장은 실제적인 종교 생활에서는 가학론의 원칙을 오히려 능가하고 있는 감마저 없지 않다. 그 정도로 기품설의 흔적은 도교의 이론과 실천 속에서 깊이 자리를 잡고 있었던 것이다.

배움이 아무리 필수적인 과정이라고 해도, 신선이 될 수 있는 타고난 자질을 갖지 않았다면 어떤 인간적인 노력에도 불구하고 신선이 될 수

다면 노력의 가치는 반감된다. 그렇다면 이런 정도의 답안은 어떨까? 노력 이외에는 다른 어떤 배경도 가능성도 없는 사람이 '성공하려면 노력밖에는 다른 길이 없다. 자격시험이라도 붙으려면 공부라도 잘해야 하니까. '성공'하기 위해서 서슴없이 남을 모략하고 자리를 지키기 위해 어떤 짓이라도 할 수 있는 사람이 아니라면 착하게 살 수밖에 없다. 착하면 최소한 원한의 칼은 맞지 않을 테니까. 성실한 사람에게는 다른 사람 밑에서 일할 기회가 온다. 그리고 약간 튀어라. 하지만 많이 튀어서는 안 된다. 힘 있는 사람들은 순진하고 순종적이면서도 창의적인 사람을 좋아하니까. 정말 어렵다. 아마도 우리가 배운 학교 이데올로기의 의미는 바로 그런 것이 아닐까?

없다는 것이다. 대단히 현실적인 관점이다. 능력과 운의 결합, 능력과 배경이 결합되어야 성공할 수 있다는 것이다. 갈홍의 '신선가학론'이 지닌 매력에도 불구하고, 그와 반대되는 입장을 벗어나기 어려웠던 것은 당연한 것처럼 보인다. 갈홍이 말하고 있는 것처럼 "신선이 되려는 사람은 소털처럼 많으나, 신선이 되는 사람은 '소뿔'만큼 드물다."라는 것이 현실인 상황에서, 인간적 노력에 의해 신선이 되는 험난한 길을 선택할 수 있는 사람의 수는 극히 한정될 수밖에 없었을 터이다.

갈홍의 신선 존재 증명론은 위진시대의 지식인들을 사로잡았던 첨예한 문제들과 연관되어 있었다. 나아가 갈홍의 이론이 사회적으로 통용될 수 있는 기초를 만들어준 것 역시 현학가 혜강의 「양생론」이었다. 갈홍은 혜강의 논의를 기반으로 자기의 입장을 펼칠 수 있었던 것이다. 그리고 갈홍은 도교의 역사에서 가장 체계적인 변증론을 제시하였고, 도교 신학의 이론적 기초를 제공할 수 있었다.

그렇다면 왜 세상 사람들(俗人)은 신선의 존재에 대해 확신을 갖지 못하는가? 갈홍은 일반인들의 한정된 경험과 왜소한 식견이 그 원인이라고 생각하였다. 갈홍의 임무는 속인들의 무지를 깨우쳐주는 것이었다. 그러한 목적을 위해 갈홍은 신선의 비밀을 공개하는 것을 금지하는 도교의 금기를 깨고『포박자 내편』를 저술하였다.

갈홍은 인간 경험의 한계를 지적하면서 신선의 존재를 부정하는 입장을 비판한다. 경험하지 못했다는 사실이 곧 신선은 존재하지 않는다는 유력한 증거가 될 수 있는가? 갈홍은 신선 존재를 부정하는 사람들이 알지 못하고 이해하지도 못하는 방법을 채택한다면, 신선의 존재를 증명하는 것이 가능하다고 주장한다. "귀신을 직접 목격하지 않았다는 이유만으로 귀신이 존재하지 않는다고 할 수 없다. 마찬가지로 신선을 목격하지 않았다는 이유로 인해 세상에 신선이 존재하지 않는다고 말할 수는 없다."(『論仙』) 갈홍의 주장은 단순한 경험론에 대한 반론으로서는 의미가 있다. 하지만 신선 존재에 대한 적극적인 증명으로서는 논거가 빈약하다. 신선 존재 증명의 운명은 서양 신학에 있어서 신 존재 증명이 부닥친 어려움과 동일한 것이다. 그것은 과학적 검증의 영역을 넘어서는 신학적이며 신앙적 차원의 문제였다. 도교의 신선 사상은 인식론적 비판이나 증명이 아니라, '탁한 세상을 초월한 존재의 순수함이 힘을 발휘하는 영역이 존재한다.'는 믿음을 확인하는 데 있다. 도교적 믿음은 세속의 현실에 대한 비판과 초월을 향한 실천에 중점을 둔 것이었다. 갈홍이 말한 종교적 초월은 지식으로 얻어지는 것이 아니다. "세상일을 모두 다 알 수 없기" 때문이다. 할 수 있는 일은, "다만 인식의 장애를 끊어버리고〔극복하고〕온 마음으로 장생長生의 도를 배우는"(『論仙』) 것이다. 갈홍은 '신선 존재론'을 통해 신선의 존재를 경험적으로 증명하는 것을 목표로 삼지 않았다. 갈홍의 『포박자 내편』을 읽을 때 우리가 잊지 않아야 할 사실은, 그의 모든 관심과 논리는 철저하게 종교가로서의 실천적 목표를 가지고 전개되고 있다는 점이다. '범속profane'의 현실을 비판하고 부정하면서, '신성sacred'의 영역이 존재한다는 것을 일깨워주려는 종교가의 목표를 이해하지 못하고, 그의 주장이 비합리적이라든가 비과학적이라고 비판하는 것은 갈홍의 '삶의 자리'를 무시하는 것이다. 도교 양생학의 상투어의 하나인 '초범입성超凡入聖'(혹은 종범입성從凡入聖)을 지향하는 태도가 갈홍의 신선 존재론의 근본에서 작용하고 있음을 간과해서는 안 될 것이다.[11]

---

[11] 초범입성은 북송의 중요한 내단 문헌인 『종려전도집鍾呂傳道集』에 나오는 중요한 도교 술어이다. 종범입성은 《운급칠첨》에도 보인다. 그 표현은 도교 내단 수련법이 일반 세속의 지식인들 사이로 퍼지기 시작한 북송 이후에는 도교의 전용어로 머물지 않고, 수양을 통해 인간적 한계를 초월하는 어떤 경지를 지칭하는 용어로

'신성'한 영역에 대한 믿음은 경험적 지식의 축적에 따라 점진적으로 획득되는 것이 아니라 신앙적 확신과 동시에 획득되는 것이라는 점에서 비이성적인 것이라고 말할 수 있다. 갈홍이 증명하고자 했던 '신선의 존재'는 이러한 '신앙적 진리'였던 것이지 인식적 진리가 아니었다. 그런 점에서 본다면 사람들이 신선의 존재를 부정하는 이유는 경험과 지식의 부족 때문만은 아니다. 갈홍은 사람들은 세속적 관심 때문에 진실을 깨달을 수 있는 열린 이해가 결여되어 있고, 초월의 세계를 상상할 수 없다고 본다. 그러면서도 자신의 작은 총명함을 신뢰하고 그 식견에 확신을 가지는 속된 무리들의 태도는 '입성入聖'의 최대의 장애물이다. 갈홍은 아집我執에 사로잡힌 가짜 지식인을 매도하고 있다. "세상 사람들은 능히 손쉽게 얻을 수 있다고 생각되는 것은 존재한다고 말하고, 자기들의 역량으로 미치지 못할 것에 대해서는 그런 것이 존재하지 않는다고 단정을 내린다. 그렇게 본다면 이 세상에서 존재한다고 말할 수 있는 것이 대단히 적다."(「對俗」) "세상 사람들은 가까이 있어서 알기 쉬운 것, 좁은 식견만을 배우는 데에 만족하고 또 그것을 지키기에 급급하다. 그런 좁은 식견에 사로잡혀 선도仙道를 엉터리라고 말하고 황로黃老의 가르침을 망언이라고 말한다."(「至理」) 또 "속유俗儒는 통속적이고 무능해서 신선에 관한 일들을 받아들이지 않는다. 그들은 약간의 총명함을 가지고는 있지만 그것에 지나치게 얽매이고 편벽된 생각을 가지고 있기 때문에 스스로 옳다고만 생각하고 자기의 생각을 고치려고 하지 않는다."(「塞難」) 팽팽한 긴장감이 감도는 논전이다.

유교 지식인들 사이에서 폭넓게 사용되었다. 남송의 대유학자 주희가 『주자어류朱子語類』에서 유교적 수양론의 목표로서 성인이 되는 것을 '초범입성'이라고 말하고 있다는 사실에 유의할 필요가 있다. 주자학의 수양론이 얼마나 도교적인지를 다시금 확인할 수 있게 해준다.

갈홍도 말하는 것처럼, 신선의 존재에 관해 모든 사람이 동의할 수 있는 논리를 제공하는 것은 불가능하다. 비교적 객관적이라고 볼 수 있는 단순한 경험적 인식의 문제에 관해서조차 인식의 상대성이라는 현실을 완전히 극복하기가 쉽지 않다면, 일상적인 경험적 인식을 초월하는 신선의 존재에 관한 문제에 대해 손쉬운 해답을 바라는 것 자체가 식견의 부족일 수 있다. 따라서 갈홍은 "궁극적 이치[至理. 신선의 존재에 관한 진실]는 손쉽게 밝혀질 수 있는 것이 아니다. 그리고 신선의 존재를 믿지 못하는 것 또한 어제오늘의 일이 아니다."(「塞難」)라고 말하면서 자신의 논변을 마무리할 수밖에 없었을 것이다.

5. 갈홍 '신선가학론'의 한계

갈홍은 문헌의 권위에 의존하여 신선 존재론을 주장했다. 문헌에 의존하는 갈홍의 신선 존재 논증 방식은 선진 시대의 유명한 사상가 묵자의 귀신 존재 논증 방식과 유사하다. 초월적 존재인 신선의 존재에 관한 도교의 논증 방식은, 묵자의 영향을 받고 있는 것이다. 그 점에서 일부 학자들(장빙린 등)이 도교의 사상적 뿌리를 묵자에게서 찾는 것은 전혀 근거 없는 주장이라고 볼 수 없다. 그리고 민중적 신앙에 근거하여 사상 체계를 수립하고자 했던 묵자의 사상과 역시 민중적 종교 세계를 적극적으로 수용하고, 그 민중의 세계에 파고들었던 도교 사이에 사상적 친연성을 발견할 수 있는 것은 어쩌면 당연한 일이라고 할 수 있을 것이다.

갈홍의 신선 존재론의 주안점은 '신선이 존재한다는 사실'을 증명하는 것보다는, '배움에 의해 신선이 될 수 있다[神仙可學].'는 사실을 주장하는 데에 있었다고 할 수 있다. 그러나 그의 관점이 모든 사람의 지지를 얻고 있었던 것은 아니다. 배움과 학습을 통해 신선이 될 수 있다는 것에 반대하는 논자들은 다음과 같이 말한다.

"어떤 사람이 문제를 제기하였다. 노자나 팽조는 나무로 비유하자면 소나무나 잣나무처럼 장수한 사람들이다. 그들은 그런 긴 수명을 자연으로부터 부여받은 것이지, 배움에 의해 얻은 것은 아니지 않는가?"(「對俗」)

이러한 비판에 대해 갈홍은 "배움과 수양에 의해 신선이 될 수 있다."는 신선가학의 입장을 포기하지 않는다. 사실 신선 존재론은 물론 가학론 역시 객관적 증명의 문제가 아니라 신앙의 문제이다. 그런 신선 신앙에 근거하여, 갈홍은 특수한 기를 천부적으로 부여받음으로써 신선이 될 수 있다는 '기품설'을 인정할 수 없었던 것이다.

어떤 사람들은 그들[仙人]이 모두 특이한 기를 부여받았다[特稟異氣]고 말한다. 그러나 그들이 장생의 도를 얻은 것은 스승의 가르침을 통해 배운 금단金丹의 복용의 결과이지 그들이 나면서 본래 장생의 비결을 획득[生知]하고 있었던 것은 아니다. …… 선도仙道는 손쉽게 얻어지는 것이 아니다. 그것을 수행하기 위해서 지켜야 할 수많은 금기 사항이 뒤따른다. 처음부터 세상을 벗어나고자 하는 의지가 없거나, 뛰어난 재주를 갖고 있지 않으면 그 금기 사항들을 모두 지켜낼 수가 없다. 일반인들은 마음에 쉽게 의심을 품고 중도에서 수련을 포기해버리거나 장생의 선도는 배움과 수행에 의해 얻을 수 있는 것이 아니라고 단정해버리곤 한다. 그러나 『선경』에서는 다음과 같이 말하고 있다. '단약丹藥의 복용과 수일守一의 정신 수련을 통해 하늘과 함께 생명을 마칠 수 있으며, 환정보뇌와 태식胎息의 호흡을 통해 무한한 생명을 누릴 수 있다.'라고.(「對俗」)

'특이한 기를 부여받은' 사람, '나면서부터 장생의 비결을 획득한' 사람이라면 수련을 거칠 필요도 없이 신선이 될 수 있다는 입장, 즉 혜강의 「양생론」에서 제시되었던 신선 기품설의 입장은 한대의 신비주의적 유교의 유행과 함께 널리 퍼져 있었던 "성인생지설聖人生知說"과 밀접한 관계가 있었다. 성인(여기서 말하는 성인은 공자)은 배움과 노력에 의해 만들어지는 존재가 아니라 하늘의 선택에 의해 처음부터 성인으로 태어난다는 입장이 그것이다. 그러한 '성인생지설'은 유교가 왕조 국가의 종교로서 확립되기 시작하는 한대 이후 유교가 일관되게 견지했던 유교 신앙의 핵심의 하나로 근대까지 유지되었던 것이다.

'성인생지설' 내지 '신선가학론'은 세계 종교사에서 종종 등장하는, 비교 종교학적으로 대단히 의미 있는 주제 중의 하나이다. 특히 갈홍의 신선가학론은 기독교의 '그리스도 본성론'과 비교될 수 있는 중요한 종교 이론이다. 기독교에서 예수 그리스도가 처음부터 신으로 태어났는가 아니면 인간으로 태어나 신적 존재로 전환해가는가 하는 '그리스도 본성론'은 초기 기독교 역사에서 중요한 논쟁점이었다. 나아가 예수가 처음부터 신이었다면 예수의 어머니 마리아는 신을 낳은 여인이 되지만, 예수가 인간이었다면 마리아는 인간을 출산한 여성이 된다. 예수가 인간으로 태어나 죽고 부활한 다음 비로소 신이 된다는 입장은 초기 기독교를 분열시키는 중대한 논쟁점이었고, 많은 기독교 분파의 분열을 가져오는 중요한 문제였다. 이러한 그리스도 본성론은 오늘날에도 기독교의 여러 분파를 낳는 중대한 요인이 되는 문제의 하나이다.

기독교의 그리스도 본성론의 중요성은, 단순히 교리적, 이론적 관심에서의 흥미로운 주제에 그치지 않는다. 초기 기독교가 로마제국의 정치적 질서권 안으로 들어가 제국의 종교가 되어가는 과정에서 그리스도의 본성이라는 문제는 기독교의 존재 이유 혹은 기독교의 포교라는 문제와 관련하여 대단히 중요한 쟁점으로 제시되었다고 해석할 수 있다. 기독교가 민중의 삶 속으로 파고들어가, 선택된 자들의 신비로운 신앙의 종교가 아니라, 민중을 위한 윤리적 실천의 종교로 뿌리내리기 위해서는, 그리고 선택받은 선민에게만 허락된 가르침이 아니라 누구든지 마음을 여는 사람에게 허락된 종교로 발전하기 위해서는, 그리스도의 본성 문제가 중요한 교리적 계기가 되었음이 분명하다. 그리스도가 처음부터 신이었다면, 신자들이 할 수 있는 일은 단지 그를 신으로 숭배하고 섬기는 것일 뿐이다. 물론 기독교를 절대적 신앙의 종교로 만들고자 했던 교리가들도 존재했다. 그러나 기독교를 신앙의 종교인 동시에 윤리적 실천의 종교로서 확립하고자 했던 이론가들도 존재했다.

　기독교는 그리스 문화에 젖어 있던 사람들에게 새로운 삶의 가능성을 알려주기를 원했다. 종교가 사람을 지도하는 윤리적 가르침으로서 존재한다는 사실을 이해하지 못하는 비유대적 종교 세계를 살고 있던 사람들도 있었다. 그들이 섬기던 올림포스 신들이나 비의적 종교의 신들이 현실적 삶과 현실의 역사에 무관심한 것과 달리, 기독교는 인간의 삶의 일거수일투족에 관심을 기울이는 신, 역사에 직접 개입하는 신이 요구하는 새로운 삶의 방식, 즉 그들이 지금까지 살아 온 것과 근본적으로 다른 종교적 삶의 방식을 가르쳐주고자 한다. 기독교를 새로운 삶의 가능성을 알려주는 새로운 윤리적 가르침으로 확립하고자 하는 사람들도 있었다. 그런 사람들에게 그리스도는 처음부터 하느님이 아니라 인간으로 태어났다고 이해되었다. 그리고 고난과 자각과 노력을 통해 신의 은총을 획득하고 신이 되었다는 스토리가 더욱 의미 있는 가르침으로 이해되었을 것이다. 그러니 그대들도 예수를 본받아라, 그리스도를 본받아 모두 신의 은총을 받아라, 그런 삶을 산 성인들, 죽음의 고난에도 불구하고 그리스도의 삶을 본받은 성인들의 삶을 본받아라. 그들에게 그리스도교는 단순한 믿음의 종교가 아니라 본받음의 종교, 신앙의 종교가 아니라 실천의 종교였던 것이다.

그와 비슷한 관점을 나는 갈홍의 신선가학의 논리 속에서 발견할 수 있다고 생각한다. 그리고 시대가 흐른 다음, 유학이 민중의 삶을 지지하는 가르침으로 확산되기를 기대했던 신유학자들은 '배움에 의해 성인이 될 수 있다.'는 '성인가학론'을 제시하는데, 그것은 거꾸로 '신선가학론'의 영향하에 형성된 유교적 인간 완성의 표현 방식이라고 평가할 수 있다.

한대 이후 유교에서 주장되고 있던 '성인생지설'의 신앙은 신선가들의 신선 신앙에도 영향을 주었다. 위진시대의 신선가들이 주장했던, 신선 역시 성인과 마찬가지로 신성한 초월적 능력을 선천적으로 타고난 존재라고 하는 '신선기품론'은 '성인생지설'의 신선가적 표현이라고 볼 수 있다. 그렇게 사상과 종교는 고립되어 있지 않고 상호 영향을 주고받으며 성장한다.

물론 기독교의 그리스도 본성론과 도교의 신선기품론은 종교적 풍토의 차이, 신적 존재의 의미 부여의 차이, 유일신 관념의 유무라는 차이 등으로 인해 단순한 비교가 불가능한 측면을 가지고 있다는 사실을 무시해서는 안 될 것이다. 비교 연구는 쉽지 않다. 단순한 내용의 평면적 나열은 학문적 의미의 비교가 아니다. 비교 연구를 위해서는 비교 대상이 되는 두 사상 사이의 내용적 유사점과 차이점, 그리고 그런 유사와 차이가 발생하는 역사적, 정황적, 풍토적 차이점에 대해 민감하고도 신중한 인식 능력이 요구되기 때문이다. 그럼에도 불구하고 여기서 그리스도 본성론과 갈홍의 신선가학론이 흥미 있는 비교 대상이 된다고 생각하는 이유는 단지 표면적인 논리의 유사성 때문만은 아니다. 윤리 종교로서 유, 불, 도교가 경쟁하는 위진시대의 상황에서 도교적 신앙과 실천의 사회적 가치를 다시 평가하고자 하는 갈홍의 도교 호교론자로서의 태도가 그 논점을 통해 더욱 분명해진다고 생각하기 때문이다.

갈홍은 신선이 배움에 의해 도달 가능한 존재라고 주장함으로써 단순히 세속을 초월한 초세간의 종교, 신비가(신선가)들의 전유물이 되어 있던 초속적 종교로서의 도교를 민중의 일상의 세계로 끌어들이려고 노력했다. 나는 그의 그런 노력이 그가 제시한 '신선가학론'의 논리 속에서 작동하고 있었다는 것을 강조하고 싶다. 갈홍은 윤리 규범을 매뉴얼화하여 교화의 도구로 삼는 공과격功過格의 방법을 도교 체계 안에 처음으로 끌어들인 인물이기도 하다. 도교의 공과격 사상과 실천은 『포박자 내편』에서 처음으로 보인다.

학문과 스스로의 수행 노력에 의해 신선이 될 수 있다면, 누구나 노력할 필요가 있고, 노력이 성공과 완성의 유일한 길이 된다. 신선이 되는 노력은 신비적, 비밀적 수련만이 아니라 도덕적, 사회윤리적 노력도 포함한다. 신선과 사회적 윤리는 모순되지 않는다. 모순되는 것은 오히려 사회적으로 비난받아 마땅한 무절제한 사치와 욕망이다.

갈홍이 거듭해서 말하고 있듯이, 권력자들이 신선이 되는 것에 실패한 이유는 그들의 무절제한 욕망과 인간의 선의를 사랑할 줄 모르는 비인간성, 그리고 과도한 지배의 욕망 때문이다. 순수한 인간성의 자질을 관찰하고, 인간이 본래 지닌 단순함, 순수함을 회복하기 위해 무절제한 욕망을 줄이고, 검소하고 그리고 이웃을 돕고 사랑하는 태도를 지니는 것이 신선이 되는 최선의 지름길이라는 가르침은 도교가 권력자들이 추구하는 헛된 장수의 욕망과는 다른 차원의 민중적 삶에 오히려 접근할 수 있는 종교적 가르침이라는 것을 말할 수 있는 좋은 근거가 될 수 있다. 갈홍은 그러한 목적을 위해 『신선전』을 저술했다. 그 저술을 통해 갈홍은 신선은 존재한다는 사실, 그리고 그 신선들은 특별한 신비적 존재가 아니라 우리의 일상 속에서 발견할 수 있는 그런 선한 사람들이라는 사실을 보여주려고 했다. 그들은 욕망을 줄이고, 번잡한 머리를 굴리는 삶의 방식을 탈피하여, 순수하고 담백하고 검소하게, 현실에서의 실패를 딛고 일어서는, 노력하는 존재들이다. 『신선전』은 그 글을 읽는 사람에게 삶의 모델을 제시하는 교훈의 문학이다. 그런 점에서 도교의 '신선전神仙傳'은 기독교의 '성인전聖人傳'과 유사한 목적을 가지고 있다. 성인들이 신앙을 통해 모든 고난을 극복하고 신적인 존재로 거듭 태어나는 것처럼, 누구나 그렇게 될 수 있다. 그리스도를 본받는 삶을 산 성인들은 고난의 죽음을 당하는 경우도 없지 않았지만, 그 고난과 죽음 역시 그리스도를 본받는 과정에서 발생할 수 있는 일이다. 누구든 성인들을 본받고, 그리스도를 본받아야 한다. 그러한 교훈의 문학으로서 '성인전'이 탄생한 것과 같은 맥락에서 도교의 신선전 문학이 등장했고, 갈홍은 그 신선들의 삶과 신선이 되는 과정을 그린 『신선전』을 저술했던 것이다.

  갈홍의 '신선설'은 갈홍 이전에 존재했던 '생지生知'적 관점을 비판하는 대안으로 제시되고 있다. "노력에 의해 장생불사를 획득할 수 있다. 신선이 될 수 있는 특별한 종자가 따로 있는 것은 아니다[長生之可得, 仙人之無種]."라고 갈홍은 「지리至理」에서 단언하고 있다. 신선이 되고 못되고의 관건은 배움과 수행이다. 갈홍의 표현대로 말하자면 '적학積學[배움의 축적]'에 의해서 신선이 될 수 있다. 배움에 힘쓰고 수행을 게을리하지 않는 사람에게 신선의 삶으로 통하는 문은 열려 있다. 갈홍은 "배움에 의해 신선이 될 수 있다[神仙可學]"의 입장에서 당시 신선가에서 유행하였던 관점, 즉 특별한 기를 타고나야 신선이 될 수 있다는 '특품이기설特稟異氣說'을 비판한다.

  어떤 사람이 물었다. 옛날의 선인들은 배움과 수련[學]에 의해 장생불사를 얻을 수 있었다고 말하는 사람이 있는데, 사실은 그들이 특이한 기를 타고났기 때문에 그렇게 된 것이 아닙니까? 이 물음에 대해 포박자는 이렇게 대답했다. 그게 무슨 말인가? 그들은 책 상자를 지고 스승을 찾아다녔으며, 성실하게 수련의 공을 쌓고, 이슬을 맞으며 위험을 무릅쓰고 비바람 속에서도 온갖 어려움을 극복하면서 그들이 발견한 장생의 도를 열심히 믿고 수련의 공功을 쌓았다. 그들은 끝까지 위험과 곤란을 극복하면서 순수한 마음과 깨끗한 행동으로 다른 생각을 전혀 갖지 않고 정진하였기 때문에 마침내 신선이 될 수 있었다. …… 재물과 여색女色을 보고도 마음의 갈등을 일으키지 않거나, 세상의 이야기를 듣고서도 뜻이 흔들리지 않는 사람은 만 명 중의 하나만 있어도 이미 많은 것이라고 할 수 있다. 도를 구하려는 사람은 소털처럼 그 수가 많지만, 정작 도를 얻은 사람은 '소뿔' 만큼이나 드물다.(「極言」)

갈홍은 '포박자'의 입을 빌려 말한다. '득도得道', 즉 신선됨의 완성은 온갖 어려움을 무릅쓰고 세상의 유혹을 극복하면서 수련에 정진한 결과다. 신선이 되는 것은 신선이 되기 위한 특수한 자질('이기異氣')을 선천적으로 타고난 사람에게만 부여되는 특권이 아니다. 그렇다고 해서 그야말로 아무나, 누구나 아무런 조건 없이 신선이 될 수 있는 것은 아니다. 갈홍이 말하는 '가학가지可學可知'에는 엄격하게 요구되는 절차와 까다로운 조건이 붙어 있다.

위의 인용문에서 말하는 굳은 결심과 오랜 시간의 공부라는 주체적인 조건 이외에도, 훌륭한 지도자를 만나 올바른 길을 나아가야 한다는 외적인 조건도 신선이 되기 위해서는 거의 절대적인 것이다. 갈홍은 도의 수행에 있어서 '올바른 스승〔明師〕'의 역할을 대단히 중요하게 생각한다.[12] 이러한 수행의 절차상의 문제 이외에도 배움에 의해 신선이 될 수 있다는 '가학가지'의 주장은 중대한 제한을 전제로 하고 있다. 그 제한은 당시 사람들을 사로잡고 있던 숙명설宿命說 또는 정명설定命說에서 비롯된 것이었으며, 갈홍의 신선설이 내디딘 큰 걸음을 한 발 뒤로 끌어당기는 커다란 한계였다고 보여진다. 갈홍의 '신선가학론'은 숙명론과 결합하면서 실제적으로 '가학가지'의 여지를 상당 부분 축소시키게 되었고, 그가 비판하는 '기품설'의 수준으로 후퇴하는 결과를 초래한다. 그러나 갈홍은 그러한 문제점을 그다지 주의 깊게 고려하지 않는 듯이 보인다.

『선경』을 통해 볼 때 성인이 된 사람은 모두, 그들이 하늘로부터 명命을 받을 때에 신선이 되는 자연의 기를 받고 태어났음을 알 수 있다. 따라서 그들은 태 안에 있을 때에 이미 도를 믿는 본성을 가지고 있었으며, 자라서 의식을 갖게 된 후에는 마음으로부터 신선의 길을 좋아하기 때문에 반드시 명사明師를 만나 신선이 되는 법술을 배워 마침내 신선이 될 수 있었다. 만약 그러한 신선의 기를 명命으로서 받지 않았다면, 그는 신선이 존재함을 믿지 않을 것이고, 따라서 구하지도 않을 것이며 또 구한다고 해도 얻을 수가 없을 것이다. …… 성인의 별자리에 해당하는 사람은 성인이 되고, 현인의 별자리에 해당되면 현인이 된다. 문인의 별자리에 해당되면 문인이 되고, 무인의 별자리에 해당되면 무인이 되며, 귀족·부자·가난한 자의 별자리에 해당되면 각각의 별자리에 따라 그렇게 운명이 정해진다. 신선의

---

12) 요시카와 타다오吉川忠夫는 갈홍의 사승 관계를 탐색한 「명사고明師攷」에서 신선술에 있어 스승의 중요성에 대한 갈홍과 도교의 입장을 논하고 있다(吉川忠夫, 1986 참조).

별자리에 해당되는 기를 받으면 신선이 될 것이다. 또 신선이며 동시에 성인이 되는 별자리가 있고, 치세의 성인이 되는 별자리도 있으며, 두 종류의 성인을 겸할 수 있는 별자리도 있다. …… 장거자張車子의 이야기에서 알 수 있는 것처럼 인간은 태어날 때부터 운명이 정해져 있다. 만일 신선이 되는 운명을 타고나지 않았다면 신선을 사모하는 마음을 갖지 못할 것이다. 또 마음으로 신선됨을 바라지 아니하고서 그것을 구해 신선이 된 사람은 없었다. 더구나 신선됨을 구하지 아니하고서도 신선이 된 사람은 없었다. 옛날부터 오늘에 이르기까지, 높은 식견과 재주를 가지고 있으면서도 신선의 존재를 믿지 않은 사람도 있었고, 일반인과 다름없는 평범한 재주를 가지고 있으면서도 배움과 수행에 의해 신선이 된 사람도 있었다. 어떤 사람은 많은 재주를 가지고 있으면서도 신선의 일에 관해서는 무지하였고, 또 어떤 사람은 다른 일에는 무지하면서도 신선의 이치에는 통달한 경우가 있었다. 이런 것이 바로 '천명'이 그렇게 되도록 한 것이 아니라면 다른 무엇이겠는가?(「辨問」)

갈홍이 인용하고 있는 『선경』은 당시 유행하였던 숙명론, 즉 인간의 운명과 별자리의 연관을 믿는 점성술적인 신앙을 보여주는 문헌이었다. 갈홍의 논점은 인간의 운명이 별자리의 기氣와 관계가 있다는 숙명론의 확인, 그리고 그런 운명에 의해 신선의 완성 여부가 결정된다는 것이다. 신선이 되는 것, 그 이전에 신선이 되기 위해 노력하는 마음, 신선의 존재를 믿는 믿음마저도 철저하게 '운명[命]'에 의해 결정된다고 갈홍은 말한다. 이런 갈홍의 주장이 '신선가학론'과 정반대의 입장, 다시 말해 갈홍 이전에 신선설의 일반 이론이었던 '기품설'과 얼마나 다른지 우리는 그 차이를 거의 발견하기가 어렵다. 여기서 우리는 갈홍의 신선설의 이중성

내지는 한계를 지적하지 않을 수 없는 것이다.

한대에는 기화氣化 사상과 천명사상이 결합하여, 사람이 하늘에서 받은 기와 하늘의 별자리(성수星宿)가 긴밀한 상관관계를 가지고 있다고 믿는 숙명론 내지 정명론이 확고부동한 일반인의 신앙으로 자리 잡고 있었다. 왕충의 『논형』에서도 우리는 그런 신앙을 확인할 수 있다. 『논형』의 「명의命義」에서는 인간의 품성(하늘에서 부여받은 성질)과 성숙, 그리고 인간의 운명은 밀접한 연관을 가지고 있다고 말한다.

굳고 강한 본성[性]을 타고 난 사람은 기가 왕성하고 체질이 튼튼하다. 본성이 굳고 강한 사람은 수명이 길기 때문에 요절하지 아니한다. 타고난 본성이 유약한 사람은 기가 담백하고 힘이 없기 때문에 수명이 짧아 빨리 죽는다. 따라서 '생사유명生死有命'이라고 했는데, 운명[命]이란 곧 본성[性]을 가리키는 것이다. 빈부와 귀천 또한 하늘이 부여한 본성에 달려 있다. 하늘의 기를 받고 별들의 정精을 얻음으로써 인간의 운명이 정해진다. 별들은 하늘 위에 있고, 하늘은 상象[별의 운행]을 가지고 있다. 부귀의 상을 얻으면 부귀를 얻을 수 있고, 빈천의 상을 얻으면 빈천해질 수밖에 없다. 따라서 '부귀는 하늘에 달려 있다[富貴在天].'고 말한다. '하늘[天]에 달려 있다.'라는 것은 무슨 뜻인가? 하늘[天]에는 백관百官이 존재하고, 뭇별은 그 백관을 대표한다. 하늘은 하늘의 기를 퍼뜨리고, 별은 별의 정을 인간에게 내려준다. 하늘이 퍼트리는 기는 별들의 기를 담고 있다. 사람은 그 기를 받으면서 생명을 얻고, 그 기를 품고 있기 때문에 성장한다. 귀한 기를 얻은 사람은 귀하게 되고 천한 기를 얻으면 천하게 된다. 귀함에는 높고 낮음의 차별이 있고, 부에는 많고 적음의 차이가 있다. 그런 차이는 모두 별자리의 성질에 의해 결정되는 것이다.

왕충의 이론은 갈홍이 앞에서 인용한 『선경』의 입장과 완전히 일치한다. 갈홍은 왕충이 잘 정리한 '성수운명론星宿運命論'을 신선 사상에 응용하였다. 한 걸음 나아가 갈홍은 성명론 혹은 숙명론을 '도'의 이론과 결합시키고 있다. '도'는 무위자연無爲自然이다. 노자·장자에 의해 확립된 전형적인 도론은 포박자의 신선 사상에 와서 운명설과 결부된다. '도'는 무위자연으로서 사람의 인위적 노력과 작위적 의도를 초월한 대자연의 이법理法을 의미하는 상징이다. 우주 대자연의 규율이자 이법인 도는 우주에 존재하는 모든 존재자의 운명을 지배한다는 의미에서 우주의 섭리라고 부를 수 있다. 인간도 예외 없이 '도'에 의해 그 운명이 결정된다. 인간은 우주 대자연의 체계 속에 놓여 있는 자연의 일부분이다. 사람이 수련을 통해 신선이 된다는 것은 영원한 자연의 질서를 체득하여 자연과 능동적인 하나가 되는 것을 의미한다. 그러한 자연이 인간에게 부여한 질서, 그것이 곧 운명이다. 인간은 그 운명의 수혜자일 뿐, 인간이 그 운명을 조정할 수는 없다. 갈홍은 신선이 되기 위해서는 인간의 능동적인 의지와 노력이 필수적이라고 주장하면서도〔神仙可學〕, 그의 시대를 사로잡고 있던 숙명론적 인간관을 완전히 탈피할 수는 없었던 것이다. 「색난塞難」에서 갈홍은 "만물이 기를 받는 것, 그것 또한 자연이다〔萬物感氣, 并亦自然〕."라고 주장한다. 사물이 태어나면서 나름대로의 성질을 가지고 태어나는 것, 그것이 곧 '자연'이라면, 그 생래적 자연을 변경시키기 위해 노력하는 것은 오히려 자연을 거스르는 인위적 작위로 해석될 수 있다. 여기서 갈홍의 신선 사상은 도가적 무위자연無爲自然의 이론과 교묘하게 결합된다.

생명의 길고 짧음은 이미 나면서부터 정해지는 것이다. 사람이 모태에 있으면서 자연의 기를 받고 생명을 부여받을 때에 그에 해당하는 별자리가 결정된다. 하늘의 도는 무위로서 사물의 저절로 그러함[自然]에 맡겨져 있기 때문에, 친하고 소원함, 이것과 저것의 차이가 있을 수 없다. 운명이 생명의 별에 속하면 그 사람은 반드시 선도仙道를 좋아하게 될 것이고, 선도를 좋아하는 사람은 신선되기를 구하여 반드시 성공할 수가 있다. 운명이 죽음의 별에 속하면 그 사람은 선도를 믿지 아니할 것이므로 신선이 되기 위한 수련에도 힘을 쏟지 않을 것이다.(「塞難」)

갈홍의 '신선가학론'은 이와 같이 성명설(숙명설)이라는 조건 위에서 성립한다. 인간의 '운명'은 신선이 되느냐 안 되느냐 하는 것뿐만 아니라, 신선이 되기 위해 노력할 수 있는가 아닌가 하는 것까지도 결정한다. 그러한 모든 것이 운명이며, 자연이다. 여기서 우리는 갈홍이 애써 도달한 신선가학론이 다시금 운명론의 울타리로 되돌아가버리는 것을 본다. 개인의 철저한 자기 수행의 노력에 의해 신선이 될 수 있다는 진정한 의미의 '가학론'은 후대의 내단론에서 완성되기를 기다려야 한다.

5장 도와 기:
갈홍 신선도의 사상 기초

1. 우주 기원의 상상

갈홍은 『포박자 내편』 제1권 「창현暢玄〔현의 의미를 드러냄〕」에서 도교의 궁극 존재이며 신비 중의 신비인 현玄에 대해 말하고 있다. 거기서 갈홍은 현에서 대자연이 나오는 것이기 때문에 "현은 만물의 큰 근본"[1]이라고 주장한다. 그의 주장은, 두말할 필요도 없이, 도에서 만물이 시작된다는 노자의 사상을 계승하는 것이지만 단순히 노자를 반복하는 데 그치는 것은 아니다.

갈홍은 그 글을 통해, 『노자』에서 단초가 제시된 장대한 '도교적 우주 기원론Taoist Cosmogony'을 전개한다. 그의 '우주 기원론'에 따르면 만물은 현玄에서 시작된다. 그의 현은 도와 결국 같은 것이지만, 굳이 그는 세계가 현에서 비롯된다고 말한다. 현이 세계의 기원이라는 것이다. 현은

---

1) "玄者, 自然之始祖, 而萬殊之大宗也."(「暢玄」)

눈에 보이는 만물을 낳는 존재론적 근원일 뿐 아니라, 우주 그 자체가 시작되기 이전에 이미 존재하는 원초적이고 초월적인 무엇으로, 우주 그 자체의 기원이기도 하다. 그러나 그렇다고 해서 갈홍은 현이 우주 만물을 창조하는 '창조자'라고 말하는 것은 아니다. 현은 인격적 의미를 부여하거나 의인화할 수 없는 추상적인 기원, 근원의 근원이다.

갈홍의 시대 전후에 만물의 근원에 인격적인 의미를 부여하거나, 의인화를 통해 우주의 궁극적 기원을 해명하려는, 도교 내부에서의 사상적 시도가 없었던 것은 아니다. 하지만 갈홍은 우주 근원을 의인화하려는 신화적 사유를 수용하지 않았다. 그 결과 『포박자 내편』에서는 우주를 창조한 창조자나 지상신이 등장하지 않는다.

갈홍보다 조금 뒤에 출현한 도교의 흐름들 안에서, 태상노군, 태상도군, 원시천존 등 도를 의인화시킨 다양한 최고 신격이 등장한다. 그리고 그 최고 신격은 기독교나 이슬람의 유일신이 아니라 여러 신격으로 분화되어 나타나며, 그들 사이의 위계질서가 성립한다. 그리고 그들 최고신들이 우주 만물을 창조했다고 말하는 신학을 발전시킨다. 그들 최고신은 아무것도 없는 상태, 즉 무無에서 세상 만물을 창조한다. 그 신들은, 경우에 따라서는 같은 신으로, 또는 서로 다른 신으로 이해된다. 그러나 분명한 것은, 그 세 신격은 유일한 근원인 도의 화신이라는 사실이다.

도교의 창세 신화는 몇 가지 계통을 가지고 있다. 앞에서 말한 것처럼, 갈홍은 의인화된 최고 존재(신격)가 우주 만물을 창조했다는 기원론을 수용하지 않는다. 그 점에서 갈홍의 우주 기원론은 여러 신격 중의 하나가 세상을 창조했다고 말하는 창세설과 다른 계통에 속한다고 말할 수 있다. (신격에 의한 창세는 다시 태상도군 창세설, 원시천존 창세설 등으로 분화될 수 있다.) 갈홍의 우주 기원론은 굳이 이름을 붙이자면 '도기道氣 창세설'이라고 말할 수 있다. 그 도기 창세설은 『도덕경道德經』에서 단초가 제시되고 있고, 『장자』와 『회남자』 등에서 발전적으로 계승된 전통적 사유를 계승한 것이다.

현玄은 우주의 원초적 근거로서, 말로도 설명할 수 없고 감각으로도 파악할 수 없는 절대 초월 존재다. 그것이 어떤 방식으로 존재하는지 우리는 모른다. 따라서 갈홍은 그 초월 존재를 어둡고 아득한 무엇, 그윽한 어둠[玄]이라고 부른다. 구체적인 형태를 가진 대자연과 만물이 나타나기 전부터 이미 존재하는 현에서, 만물이 만들어진다. 우리는 현에서 만물이 어떻게 만들어지는지 역시 알지 못한다. 우리는 만물이 현에서 나온다고 밖에는 말할 수 없다. 궁극 존재에서 만물이 만들어져 나오는 창조 과정은 인간의 인식을 넘어서 있다. 기독교와 달리, 도교에서는 만물의 창조 과정을 설명하는 신화가 분명하지 않다. (예를 들어 반고盤古 창세설은 그런 신화 중의 하나라고 말할 수 있다. 도교의 일부에서는 반고 창세설을 채용하기도 한다.)

현은 만물의 근원이며 그 자체는 형태가 없기 때문에, 그것을 형이상形而上이라고 표현할 수 있을 뿐, 구체적인 일상어로 그것을 말할 수 없다. 초월 존재는 시적 상상의 언어로만 표현될 수 있다.

갈홍의 도기 창세설은 논리적 설득이나 철학적 논변이 아니다. 세계 각지에 퍼져 있는 다른 창조(창세) 신화들과 마찬가지로, 창현의 도기 창세설 역시 기원에 관한 시詩라고 볼 수 있다. 그 신화적 시를 논리적으로 이해하는 것은 쉽지 않다. 아마도 도교도들은 그 신화적 창세시의 내적 의미를 이해하기 위해 논리적 해명이나 설명을 기다리지 않고 시적 상상과 몽상을 통해 그 깊이에 다가가려고 노력했을 것이다. 갈홍 역시 시적 상상력을 동원하여, 도교 창세론, 도교의 신화적 상상력을 더욱 자세하게 전개하고 있다.

갈홍은 현玄이 모든 것의 궁극적 근원인 '하나[一]'를 다시 그 속에, 어미가 아이를 잉태하듯이 잉태하고 있다[玄, 胞胎元一]고 말한다. 그 일一은 역시 도 내지 현의 다른 이름이다. 근원이 다시 근원을 내포한다. 시작을 더 거슬러 올라가면 시작없음이 있을 것이고, 그 시작없음을 더 거슬러 올라가면 시작없음도 없는 무시원無始源이 있을 것이고, 거기서 더 거슬러 올라가면 …… 갈홍의 논리는 결국 이런 식이다. 도와 현과 일은 궁극적 근원 존재를 표현하기 위해 동원된 여러 다양한 형상일 뿐이다. 근원 존재의 궁극성, 유일성, 근원성은 이처럼 여러 가지 방식으로 표현될 수 있다. 그것들 사이의 뉘앙스의 차이는 있을 수 있지만, 결국 그들은 하나다.

굳이 말하자면, '일一'은 근원의 유일성을 말하기 위해 동원된 것으로, 갈홍의 사상 안에서 대단히 중요한 의미가 있다. 갈홍이 말하는 중요한 수련법의 하나인 '수일守一' 방술이 그것과 관련이 있다. 갈홍은 그 하나[一]에서 하늘과 땅이 만들어지고[范鑄兩儀], 그 하늘과 땅의 교호 작용을 통해 세상의 온갖 사물이 탄생한다고 한다.[2] 갈홍은 근원적 '일(=도=현)'에서 만물이 탄생하는 생성론을 말하는 것이다.

현玄은 그리스신화에서의 '카오스'와도 유사하다. 앞에서도 말했지만, 현은 적극적 의지를 동원하여 세계를 창조하는 조물자(창조신)는 아니다. 현은 추상적인 존재이며, 비인격적 원리이며, 그윽한 어둠 그 자체이다. 그러나 그것은 숨이 막히도록 꽉 막혀 있는 어둠이 아니다. 현은 생명의 창조를 위해 열려 있는 신비로운 커다란 틈새, 모든 것을 빨아들이면서 동시에 모든 것을 생성하는 텅 빈 어둠의 이미지를 가지고 있다. 갈홍이 우주의 근원이라고 말하는 어둠인 현玄은 그런 창조의 뿌리에 웅크리고 있는 풍요롭고 어두운 덩어리이며, 마치 여성의 자궁처럼 신비로운

---

2) "吐納大始, 鼓冶億類."(「暢玄」)

어둠의 덩어리 그 자체다. 그리스신화에서 '혼돈'은 하늘과 땅이 열리기 전에, 즉 우주가 시작되기 이전에 존재하던 깊고 깊은 생명력으로 가득한 커다란 어둠의 틈새이다.

기독교 신화에서는 태초의 텅 빈 어둠에서, 창조자가 개입하여, 창조가 시작된다고 한다. 그러나 갈홍은 세계의 창조 과정에 신적 인격자, 창조적 조물자를 개입시키지 않는다. 중국적 사유 안에서, 특히 도교적 사유 안에서, 우주 창조자인 인격적 신을 전면에 내세우는 신학 이나 신화가 전혀 없었던 것은 아니다. 현재 우리에게 전해지고 있는 중요한 도교 문헌 집성인 《운급칠첨》에는 도교적 창조신[道君]이 우주를 창조했다고 주장하는 「태상노군개천경太上老君開天經」이라는 문헌이 실려 있다. 또 당대 말기 오대 초기의 유명한 도사 두광정杜光庭이 편찬한 『도덕진경광성의道德眞經廣成義』는 우주적 도道의 화신化身인 태상도군太上道君이 우주를 창생했다는 창세 신화(창세설)를 소개하고 있다. 한편 우주적 창조 거인인 반고盤古의 죽음을 통한 우주 창세 과정을 이야기하는 신화적 전통도 존재한다. 이것만 보아도 도교의 우주 생성론에는 적어도 세 가지 이상의 계통이 있다는 것을 알 수 있다.

갈홍은 하느님 내지 창조주 등 외적인 우주 존재의 개입 없이, 나아가 우주적 생명체 혹은 우주적 거인의 개입도 없이, 그 자체로 생명과 만물을 생성하는 혼돈 미분의 덩어리에서부터 창조가 시작된다고 말해준다. 그것에 '그윽한 어둠[玄]'이라는 이름 이외에 마땅히 다른 이름을 붙이기 어렵다.

그 과정을 부연해보면 다음과 같다. 태초의 어둠에서 하나[一]가 출현한다. 그 하나는 어떤 구체적인 사물이 아니라, 모든 사물의 가능성으로서 궁극적 시초다. 하나가 있어야 둘이 있고, 그 둘에서 세계가 만들어질 수 있다. 그 원초적인 하나[一]는 구체적인 하늘과 땅, 별과 구름으로 이어지는 존재 탄생의 출발점이기 때문에, 단순한 어둠과 달리, 형상을 낳는 생명의 미분화된 가능성이다. 하나[一]는 그 모든 가능성을 상징하는 신화적, 의미론적 존재의 시작이다. 그 하나는 다시 더 구체적인 존재자들의 우주로 나아간다. 우주는 수천 개의 하늘과 수천 개의 땅을 품고 있는 거대한 전체이지만, 인간이 사는 이 세계를 기준으로 본다면, 우리의 하늘, 우리의 땅은 인간의 우주가 펼쳐지는 질서 잡힌 '유일한' 공간이다.

근원적 하나[一]는 '하늘과 땅[兩儀]'으로 쪼개짐[開闢]으로써 비로소 인간적 우주로, 인류가 사는 유일하고 단일한 세계로 전환된다. 하늘과 땅은 우리의 자연이고, 인간은 우주의 중심인 것이다. 그 하늘과 땅은 근원적인 하나에서 비롯된다. '하늘과 땅'으로 나뉘기 전의 미분화된 전체가 곧 하나[一]이기도 하다. 이처럼 하나[一]는 다양한 의미 층을 형성한다.

하나는 둘을 낳는 우주적 생명의 뿌리이기 때문에 '하나가 둘을 낳는다[一生二].'고 말했다. 하나가 둘을 낳는다는 것은 『노자』에서 제시된 우주 생성론의 기본 도식이다. 갈홍은 그 도식을 그대로 수용하여, 자신의 사유 속에서 확대시켰다. 하나에서 생성되는 둘은 '하늘과 땅'이다. 그 둘은 하늘과 땅 그 자체이면서, 하늘과 땅을 형성하고 지탱하는 원리를 가리키기도 한다. (『주역』을 빌려 말하면 그 원리가 건곤乾坤이다.) 둘은 구체적인 무엇(하늘과 땅)이고 동시에 추상적인 원리(건과 곤)다.

인간이 사는 공간, 그 공간의 한계와 질서를 형상화한 하늘과 땅은 대장장이가 쇳물을 녹여 물건을 만들듯이 그렇게 만들어지는 것으로 상상할 수도 있다. 상상 세계에서 조물자는 대장장이다. 대장장이는 조물자의 화신이며, 대장장이의 도구인 불은 창조의 비밀을 담지한 생명력 그 자체이다. 형태가 없는 것에서 형태를 만드는 대장장이의 작업은 근원적 창조를 설명하는 더없이 좋은 메타포가 될 수 있다. 갈홍은 창조주를 등장시키지는 않지만, 창조의 과정을 대장장이의 작업에 비유하는 사고는 받아들인다.

그 하늘과 땅은 그 공간 사이에 존재하는 온갖〔億類〕만물을 만들어내는 생명의 바탕이다. 이 첫 구절에서 갈홍은, 마치 지어미와 지아비가 사랑으로 결합하여 생명체를 낳는 것처럼, 우주 생성의 과정을 은유적으로 표현하고 있다. 여기서 우리가 취할 것은 상징적 의미다. 풀무질을 하는 대장장이로서의 창조자나 조물자가 정말로 존재하는가? 갈홍은 그런 사유를 더 밀고 나가지 않는다. 그것은 갈홍의 관심사가 아니었고 우리의 관심사도 아니다. 여기서, 하늘과 땅의 완성은, 우주적 질서와 인간이 살아가는 문화적 질서의 수립을 상징하는 신화적 공간 형성을 의미한다는 것을 이해하는 것으로 충분하다.

하늘과 땅이 열리면서 인간의 의미 세계도 열린다. 인간 없는 하늘과 땅이 무슨 의미가 있겠는가? 거꾸로 저 하늘과 땅의 열림〔開闢〕없이 인간 생명과 문명의 시작을 생각할 수 있겠는가? 도교에서는 인간이 만물 중에서 가장 영명靈明한(=신성한) 존재라고 주장한다. 그것은 하늘과 땅이라는 공간이 인간의 존재를 기다려 비로소 '의미론적 가치의 세계'로 정립된다는 것을 다른 말로 표현한 것이다.

기독교의 창조 신화에서도 빛이 생긴 후에 하늘과 땅이 형성되고, 그렇게 열린 공간에 생물과 인간이 번식한다. 인간적 의미 세계가 시작되기 위해서는 먼저 생명의 공간으로서 하늘과 땅의 열림이 필요하다. 인간의 등장으로 우주 창조는 완성에 이른다.

그리스의 신화적 상상력은 우주의 처음과 함께 존재하던, 위대한 여신 가이아와 남신 우라노스의 성적 결합과 자식들의 반항이라는 관점에서 하늘과 땅의 열림을 이야기한다. 가이아와 우라노스의 왕성한 생식력으로 결합해 있던 우주는 생명력 그 자체였다. 우주는 끊임없이 위대한 우주적 생명들을 창출해낸다. 그러나 그러한 생성적 생명력 그 자체로 우주가 완성되는 것은 아니다. 우주의 완성은 우주를 지켜내는 질서와 질서의 주재자를 통해 이루어진다. 그리스신화에서 질서를 부여하는 자는 제우스이고, 제우스의 아들들인 영웅이고, 영웅의 후예인 인간이다. 제우스로 대표되는 천신들의 질서가 자리를 잡은 후에, 그리스 문명은 우주적 힘의 상징인 신들이 세상 삶 속에 끊임없이 스며드는 가운데 인간이 주인공이 되는 문명 세계로 나아간다. 그 점에서 갈홍의 생각 역시 크게 다르지 않다.

도교의 우주 생성론에서는 원초적 어둠을 깨고 나온, 존재의 궁극 원리인 하나〔一〕에서 다시 하늘과 땅이라는 공간〔二, 兩儀〕이 형성되고, 거기서부터 세계를 지배하고 규율하는 질서〔道=理〕가 등장한다. 그러나 그 도는 하늘과 땅 바깥에서 별도로 누군가로부터 주어진 것이 아니다. 하늘과 땅의 존재 방식 그 자체가 도道이고, 그 하늘과 땅의 존재 방식 그 자체가 바로 이理다. 그리고 그 도와 이가 곧 자연自然이다. 중국적 사유에서 하늘과 땅(천지)과 도리道理, 그리고 자연自然(저절로 있는 천지의 존재 방식)은 다르지 않다. 그리고 창세론에서 문제가 되는 혼돈〔玄〕과 질서〔道〕는 역시 동전의 양면처럼, 우주를 형성하는 궁극 원리의 두 측면을 가리키는 것이라고 이해할 수 있다. 혼돈을 거치지 않은 질서는 없다. 질서 없는 혼돈은 의미가 형성되기 이전의 원초적 세계이다. 현玄이 우주 원리의 원초적 혼돈의 측면을 가리키는 것이라면 도道〔=理〕는 우주 원리의 궁극적 질서의 측면을 가리키는 것이다. 그런 의미에서 『포박자 내편』의 현과 도는 동일한 원초적 원리를, 두 가지 측면에서 지칭하는 것이라고 볼 수 있다. 현과 도는 천지자연의 양면이다. 갈홍은 기원과 생성과 질서의 관점에서 전통적으로 사용되던 도道를 말하면서, 그것의 원초적 무정형 상태를 강조하여 현玄이라는 명칭을 사용한다. 그렇게 함으로써 그는 우주 생성의 근원성의 신비를 시적으로 강조한다.[3]

2. 선도 수행과 궁극적 실재

우주의 생명 현상을 설명하는 갈홍의 관점은 한대 이후 중국의 보편 사상으로 떠오른 기론적氣論的 세계관의 산물이다. 그리고 그 사상은 위진시대의 사상적 중심 과제와 무관하지 않았다. 갈홍은 도교 특유의 도론道論과 한대 이후의 기론氣論을 당시의 현학 풍조 속에서 해명해야 하는 사상적 과제를 지니고 있었다. 그는 실체적 자연의 구성 요소라고 단순화될 수 있는 기를 도교적 궁극 이념인 도와 결부시켜 이해해야 할 필요를 느꼈고, 당시 사상계를 지배하는 중요한 개념적 범주들의 관점에서 그것을 재해석해야 하는 과제를 자각하고 있었다. 그 결과 갈홍은, 자신의 기론과 신선 양생론을 도道 및 현玄 개념과 일체화된 구조를 가진 이론 체계로 승화시켰다. 따라서 갈홍의 기론, '신선=양생론' 및 '생명=신체론'을 이해하기 위해서는 그 시대 사상의 중심 개념인 '현玄-도道'의 문제에서부터 논의를 시작해야 할 것이다.

갈홍의 도교 사상 체계에서 현-도의 중요성과 우위성은 그의 사상을 집대성한 『포박자 내편』의 구성에서부터 드러난다. 갈홍은 위진시대 이전에 도교(도가)적 형이상학을 전개한 주요 작품들의 구성을 모방하여, 도교적 궁극 이념에서부터 논의를 시작한다.

도가적 세계관을 묘사하는 대표적인 작품으로 당연히 『회남자』를 꼽을 수 있다. 『회남자』는 도가적 도道의 근원성을 재확인하는 문장인 「원도原

---

3) 갈홍 이후에 등장한 당나라 시대의 중현학重玄學 도교 사상가들은 도道를 적극적으로 이理라고 풀이한다. 갈홍은 도를 이라고 직접적으로 천명하지는 않지만, 궁극적 실재인 도를 이와 동일시하는 사유의 단초를 제공했다고 볼 수 있다. 중현학의 도=이 이론은 성리학에 의해 유교 논리 속으로 흡수되고, 송나라 이후에는 도=이 이론이 유가 사상의 전유물인 것처럼 오해되기에 이른다.

道〔도에 대한 탐구〕」에서 시작하는 체제를 가지고 있다. 도가적 문서가 도道에서 시작하는 것은 당연히 그 사상의 원류인 『도덕경』이 '도道'에 관한 논의로 시작하고 있는 데서 비롯된다. (현재의 『도덕경』이 도에서 시작하는 체제를 가지게 된 이유를 우리는 이런 여러 저작과의 관계망 속에서 추측할 수 있다.) 『회남자』와 밀접한 관계를 가진 문헌인 『문자文子』 역시 첫머리에 「도원道原〔도의 근원〕」 편을 두고 있다. 진한시대의 도가 혹은 황로가에 속하는 몇몇 문헌 역시 '도'에 관한 논설을 첫머리에 두는 전형적인 도가(황로가)적 문서 구성 방식을 보여준다. 갈홍의 『포박자 내편』 역시 구성 방식에 있어서 위진시대 이전의 도가 사상의 사유틀을 답습한다. 그러나 『포박자 내편』에서 갈홍이 들고 나오는 원초적 개념은 도道가 아니라 현玄이었다는 점에서, 자기 시대에 유행했던 현학의 사상적 과제에 대해 무관심할 수 없었던 갈홍의 문제의식이 분명히 드러난다. 갈홍이 자신의 신선 도교 이론의 근거로 삼는 것은 도道 자체가 아니라 '현-도'였던 것이다.

『포박자 내편』 전체에서 갈홍은 '현-도'의 의미와 특성에 대해 반복적으로 언급한다. 특히 「창현」과 「도의」는 도교적 '현-도'의 의미에 대해 집중적으로 논한다. 다만, 여기서 잊지 않아야 할 사실은, 갈홍이 주목하는 현-도가 추상적 우주 근원이 아니라 선도仙道 실천의 관점에서 파악된 수행적 원리로서의 '현-도'라는 사실이다.

갈홍은 『도덕경』, 『장자』, 『회남자』에서 확대되고 다듬어진 도의 이론을 자기 것으로 소화하고, 그것을 다시 신선神仙 이론과 연결시키는 논의 방식을 전개한다. 그런 갈홍의 관점은 「도의」에서 단적으로 드러난다. 「창현」이 우주적 근원에 관심이 있다고 한다면 「도의」는 실천적인 도에 더욱 관심을 가진다고 말할 수 있다.

먼저 갈홍은 『도덕경』의 도론道論을 원용하여, 도에 대해 말한다. "도는 건곤[하늘과 땅]을 포괄하는 근원적 실재[道者含乾括坤]"이며, 무어라고 말할 수 없는 것이므로 "이름을 가지지 않는[其本無名]"(「道意」)다. '이름을 가지지 않는다'는 것은 일반적인 인간의 인식, 이 세상의 지식 범주로는 파악할 수 없다는 뜻이다. 이스라엘의 하느님(야훼)이나 이슬람의 하느님(알라)에게 인간적인 의미의 이름을 부여할 수 없는 것과 마찬가지로, 도 역시 인간의 인식을 초월하는 궁극적 실재이기 때문에 이름을 갖지 않는다. 도라는 명칭은 잠정적으로 붙인 이름에 불과하다.

그것은 이름을 갖지 않을 뿐 아니라 눈에 보이지도 않는다. 그러나 그것은 없다고 말할 수는 없다. 그것은 일상적 방식으로 이해할 수 없지만, 모든 존재하는 것의 근원으로서 분명히 '있다'. 도는 우주의 근본이며 천지 만물 생성의 근원이다. 그런 창조의 원천적 능력으로서 도를 갈홍은 야금술冶金術의 이미지를 활용하여 다시 묘사한다.

"도는 온갖 존재를 풀무질하여 만들어내고, 거푸집에 넣어 물건을 만들어내듯 하늘과 땅을 만들어낸다."4) 앞에서 현을 설명할 때 본 것처럼, 갈홍은 조물자를 직접 언급하지는 않지만, 세계의 창조 과정을 야금술사, 즉 풀무장이의 이미지를 사용하여 제시하고 있다. 그런 이미지에 근거하여 갈홍은 "하늘과 땅을 비롯하여 온갖 세상의 사물은 도에서 비롯되지 않은 것이 없다."5)고 단언한다.

창조적 생명력과 우주적 질서라는 측면에서 궁극적 존재를 도道라고 부를 수 있다면, 창조적 생명력에 담긴 신비한 측면 혹은 창조의 신비라는 측면에서는 그것을 현玄이라고 부를 수 있다. 갈홍의 도道와 현玄은 동의어이지만, 강조점에 따른 뉘앙스의 차이가 있다. 그리고 그 현-도

---

4) "道也者, 所以陶冶百氏, 範鑄二儀."(「道意」)
5) "上自二儀, 下逮萬物, 莫不由之."(「道意」)

개념에서부터 갈홍의 선도 사상과 관련하여 중요한 개념인 일一이 도출된다. 그 일一은 현-도의 원초성을 더욱 강조하기 위해 사용되는 개념이다. 도와 일의 관계를 갈홍은 이렇게 정리한다.

> 도는 일一에 기원을 두고 있다. 그것의 고귀함은 짝될 것이 없다. 일은 하늘, 땅, 인간에 머무르며 각각을 낳는다. 그래서 삼일三一이라고 한다. 하늘은 그 일一을 얻음으로써 파랗고, 땅은 그 일一을 얻음으로써 굳건해지고, 인간은 그 일一을 얻음으로써 생명을 받아 태어난다. 그리고 신은 그 일一로 인해 예측할 수 없는 신령함을 획득할 수 있다.[6]

삼일三一은 도교에서는 대단히 중요한 개념이다. 여기서 천天-지地-인人의 다양성과 통일성을 가리키는 '삼일' 개념은 유일한 생명의 근원인 도에서 하늘과 땅, 그리고 인간이 탄생한다는 사상을 집약적으로 드러낸다. 그리고 그 개념은 하늘과 땅, 그리고 인간이 동떨어진, 서로 무관한 독자적 존재가 아니라 생명의 근원에서 서로 연결되어 있다는 사상을 수의 상징을 통해 드러낸다. 하나(一)는 셋(三)으로 발전하고, 그 셋은 다시 하나로 통합된다. 하늘, 땅, 인간은 서로 다른 셋이면서 결국은 하나다. 나아가 현, 도, 일은 셋이면서 하나다. 인간의 생명을 구성하는 정精, 기氣, 신神 역시 셋이면서 하나다. 도교의 최고신인 삼청신三淸神(상청上淸, 옥청玉淸, 태청太淸) 역시 셋이면서 하나다(형식적으로는 위계가 주어져 있지만, 그 모든 신은 도의 현현이라는 점에서 하나로 볼 수 있

---

[6] "道起於一, 其貴無偶, 各居一處, 以象天地人, 故曰三一也. 天得一以清, 地得一以寧, 人得一以生, 神得一以靈."(「地眞」)

다). 마치 기독교의 삼위일체의 사유처럼, 도교적 사유에서 셋이면서 하나인 것은 적지 않다. 그래서 삼일三一이다.

삼일三一 사상은 우주와 인간의 현상적 다양성과 근원적 통일성, 대우주와 소우주의 상동성을 다른 방식으로 표현한 것이다. 하늘과 땅, 인간만이 아니다. 생명력 그 자체인 신적 존재들 역시 일(=도)의 근원성, 창조성, 원초성에 근거하여 자신의 신령한 능력을 발휘할 수 있다. 도교에서는 수많은 신적 존재를 인정하지만, 그 신들조차 우주의 궁극적 질서인 도道에서 분화되어 나온 도의 다양한 현상 방식이다.

여기서 주목해야 할 점은, '현-도'와 동의어로 이야기되고 있는 '일一'이 갈홍의 신선도의 맥락에서는 특히 수일守一의 선도 방술과 연결되어 있다는 사실이다. 삼일의 관념이 보여주는 것처럼, 우주와 생명의 근원인 도道와 일一은 인간 생명의 근원이다. 도를 수련한다, 도를 닦는다(修道)는 것은 달리 말하자면 원초적 도, 즉 일一을 생명의 근원으로 간직(得道=得一)하는 것이다. 그 근원적인 일一은 진일眞一 혹은 현일玄一이라고도 불린다.7) 그 근원적 일一을 생명의 근원으로 간직하기 위해 실천하는 방술이 수일법守一法이다. 수일법은 초기 도교에서는 득도 수행의 최고 방법으로 여겨지고 있었다. 수일, 수현일, 수진일의 방술을 실천함으로써 수도자는 생명의 근원인 도를 상실하지 않고 지켜낼 수 있다. 이것이 갈홍이 제시하는 선도 수행론의 논리적 구조이다. (수일守一에 대해서는 제2부에서 다시 자세히 살펴볼 것이다.)

갈홍의 현-도 개념은 우주의 형이상학적 이론에 그치는 것이 아니라 구체적인 선도의 실천론으로 제시되어 있다. 그 관점에서 우리는 갈홍이 "도는 안으로는 몸을 다스리고 밖으로는 나라를 다스리는 것"8)이라고 말

---

7) "玄一之道, 亦要法也. 無所不關, 與眞一同功."(「地眞」)

하는 이유를 이해할 수 있다. 나아가 갈홍의 선도 이론이 우주와 인간, 세계와 인간의 상호 연관이라는 사상적 전제 위에서 성립하는 것이었음을 확인할 수 있다.

3. 도교적 생명과 기의 수련

갈홍은 과거부터 면면히 존재했던 도교적 이론과 실천을 종합하면서, 도교적 우주론과 수행론의 체계를 구성했다. 그의 선도론의 핵심에 위치한 '현-도-일' 역시 그런 선구적 이론과 실천의 연장선 위에 존재하는 것이었다. 그런 도교적 선도 수행론을 이해하기 위해서는 기 개념을 무시할 수 없다. 득도를 위한 수행은 구체적으로는 기의 수행으로 귀결되고 있기 때문이다. 기 개념 역시 고대적 도교 수행론의 경험 과정에서 창출된 개념이며, 한대의 기론적 우주론에 의해 다듬어져온 것이다. 그러한 기론적 우주론은 초기의 도교 경전인『태평경太平經』에 의해 도기론적 수행론으로 다듬어진다. 갈홍은 그렇게 형성된 도기론道氣論을 철저하게 연구하고 자기 것으로 만들었다.

도와 일 그리고 기의 관계에 대해『태평경』은 중요한 명제를 제시한다. "일一은 도道의 뿌리며, 기氣의 시초다."9) 이것은 도와 일, 도와 기의 연관을 이해하는 데 관건이 되는 근본 명제다. 그러한 명제를 통해 도교적 사유는 자칫 별개로 이해될 수 있는 도道와 기氣를 하나의 맥락 속에서 이해할 수 있는 길을 발견했다. 이 명제에 기초해서 우리는, **도교의 득도**

---

8) "夫道者, 內以治身, 外以爲國."(「地眞」)
9) "夫一者, 乃道之根也, 氣之始也."(『太平經合校』p. 12)

수련이 실제로는 기의 수련인 이유를 납득할 수 있다. 그러한 입장은 더 나아가 "도는 곧 기〔道卽氣〕"라는 도교적 기 수행론의 핵심 사상으로 발전한다. 기를 도와 연속되는 통일성을 가진 궁극적인 '무엇'이라고 이해함으로써 우주적 근원인 도를 지극히 일상적이고 구체적인 사물, 지극히 평범한 인간의 신체와 연결시킬 수 있게 된 것이다. 이제 비로소 신체의 수련이 득도의 길이 될 수 있는 회로가 열린 것이다.

궁극적인 근원과 일상적인 현실은 하나이다. 왜냐하면 구체적이고 일상적인 물질과 일상 세계를 구성하는 원질인 기가 도, 즉 일一과 분리되지 않기 때문이다. 도가 물질적 질료의 근원이라고 보는 것은 자연스럽다고 말할 수 있다. 그러나 일상적, 구체적, 물질적, 신체적 기氣를 궁극적 원리인 도와 연결시키는 그러한 사유는 누구나 받아들일 수 있는 것은 아니었다. 그 두 개념의 존재론적 차이에 관심을 두는 사상가들은 도를 기와 직접 연결시키는 논리를 수용하기가 쉽지 않다. 주자학이 도와 기를 연속적으로 이해하는 것에 위화감을 느낀 사상의 전형이라고 말할 수 있다. 그러나 도교의 선도仙道 사상은 도道와 기氣를 연속적으로, 더 나아가 일체로 이해함으로써 기의 수행을 득도 수행의 실질적인 방법으로 끌어올렸다. 그 결과 기의 수련을 구체적인 내용으로 삼는 도교 방술은 가장 중국적이며, 가장 상식적인 수행론으로 발전하는 계기를 획득한다.[10]

---

[10] 여기서 주의해야 할 점은 기가 도의 차원으로 끌어올려지기 위해서는 반드시 기 수련이 필요하다는 사실이다. '도즉기'의 주장은 일상의 기를 곧바로 도와 동일시하게 되는 위험을 의식하지 않을 수 없다. 따라서 나중에 내단학에서는 일상적인 기와 도의 근원에서 분리되지 않는 근원적인 기를 구분한다. 일상과 궁극을 분리시키는 이원론은 현실을 부정하는 금욕주의적 태도를 불러일으킬 수 있기 때문에 위험하지만, 일상을 여과 없이 그 자체로 도와 동일시하는 태도 역시 수행적 노력이나 탐구를 도외시하는 안이한 일원론으로 흐를 수 있는 위험성이 있다. 이 갈등은 중국 사상사의 주요 주제 중의 하나다.

도교 양생 수행론의 기초인 기氣가 무엇인지는 알 수 없다. 분명한 것은 그것은 어떤 구체적인 '물질'이 아니라는 사실이다. 그것을 단순히 에너지와 동일시하거나, 물질을 구성하는 화학적 원소, 혹은 그 원소를 구성하는 원자, 더 나아가 중성자, 전자, 쿼크 등의 미세 요소와 동일시하는 견해가 있지만, 그런 모든 이해는 기가 상징적 범주, 설명적 범주에 불과하다는 사실을 놓치고 있다. 소위 근대 자연과학의 물질 구조론과 기론적 물질론을 같은 차원에 놓으면, 그 두 체계 모두가 혼란에 빠지게 된다. 도교적 사유 체계 안에서 기는 만물의 궁극적 근원인 도道 내지는 일一에 바탕을 두고 있다. 도와 기의 관계를 현대 과학의 설명 체계 안에서 해명할 수 있다고 보는 것 자체가 오해다. 하나의 세계관을 다른 세계관으로 완전하게 번역하는 것은 불가능하다. 기론적 물질론은 기독교적 세계관과도 다르지만, 과학적 물질론과도 다르다. 기론적 세계관을 과학적 세계관과 동일시함으로써 기론적 세계관이 더욱 근대적이라거나 과학적으로 설명되기 때문에 더욱 설득력을 가질 수 있다고 말하는 논자들은 서양적 과학이론에 대한 무의식적 열등감을 드러낼 뿐이다. 그들은 과학적 언어를 사용함으로써 자기들의 숨겨진 열등감을 보상하려고 한다.

기론적 세계관에 따르면, 기는 자연 세계를 구성하는 '원질적'[11] 요소이다. 하지만 기가 곧 물질은 아니다. 도가 만물의 근원이지만 만물 그 자체가 아닌 것처럼, 물질을 구성하는 기 역시 하나의 '물질'이 아니다. 그것은 세상을 구성하는 근원적인 '무엇'이 '있다'는 것을 말하기 위한 범주적 개념에 불과하다. "도는 곧 기다."라는 명제에서 알 수 있는 것처럼, 그것은 도를 다른 측면에서 말한 것이다. 기는 물질의 근원이며, 동시에

---

[11] 이 말은 기가 단순한 물질은 아니지만 어쨌든 정신과 물질을 모두 포함하는 어떤 존재(자)를 형성하는 기본 인자라는 의미를 드러내기 위해 차용한 것이다.

생명의 근원이다. 인간은 물론 초인간적 존재인 귀신이나, 신령도 기氣로 인해 존립 가능하다. 귀신도 기氣다. 신령이 계시한 진리의 문서인 도교 경전도 사실은 애초에는 기의 형태로 주어진다. 도교 경전을 구성하는 원초적 문자도 기다. 그것은 눈으로 볼 수 없는 것, 손으로 만질 수 없는 것이다. 기는 궁극적 세계와 일상적 세계의 연관성을 설명하기 위해 창출된 또 하나의 설명 범주다. 말할 수 없는 것을 말하기 위한 언어적 장치, 즉 상징이다. 도와 기라는 상징을 통해 세상을 설명하는 관점을 우리는 도기론적 세계관이라고 부를 수 있다고 본다.

그 도기론적 세계관에 따르면, 기는 자연의 일부인 인간의 몸과 정신, 그리고 생명 그 자체를 구성하는 기본 요소이다. '생명'이라는 말은 기의 신비성을 설명하기에 가장 적절한 말이다. 물질과 정신의 신비로운 통합이 곧 '생명'이다. 물질만으로 구성된 어떤 것을 생명이라고 부르지 않는다. 상상으로 생각할 수 있는 정신만으로 된 존재도 역시 생명이라고 부르지 않는다. 돌을 생명체라고 부르지 않고, 귀신이나 신령을 생명체라고 부르지 않는다. 생명은 그 자체가 하나의 신비이다. 생명은 물질과 그 이외의 보이지 않는 요소, 정신이라고 해도 좋고 영혼이라고 해도 좋고, 또 다른 무엇이라고 불러도 좋지만, 어떤 특별한 신비로운 요소가 일체화되어 있는 것이다. 물론 영적 존재인 신들도 기로 구성되어 있다고 이해된다. 여기에서 기 개념의 신비가 잘 드러난다. 기를 자연과학적 물질 요소라고 볼 수 없는 이유이다. 그 경우에 정신을 구성하는 기는 물질적 기와 다르지만 같은 특수한 활동력과 생명력을 가진 기다.

기의 신비로운 활동력을 도교에서는 영靈이라고 표현한다. 신神은 영靈한 존재이다. 그래서 신령神靈이라는 개념이 도출된다. 영이라는 개념은 중국 사상 및 종교에서 가장 중요하고 또 이해하기 어려운 개념 중의 하나이다. 나는 영을, 신적 존재가 지닌 신비로운 활동력이라고 이해한다.

인간 역시 신적 신비를 내재화한 빈신적半神的 존재이기에 때로 영이라고 불릴 수 있다. 신적 존재들이 지닌 신비로운 능력은 빛[明, 光]이라는 상징어로 표현된다. 도교에서는 인간이 이 세상에 나오는 그 순간에 영광靈光이 깃들어 생명체로 태어난다고 본다(『鍾呂傳道集』 참조). 신을 빛과 동일시하는 것은 세계 종교사에서 대단히 널리 퍼져 있는 현상이다. 중국에서는 신적 존재들을 달리 신명神明이라고 부르기도 한다. 천지신명天地神明이라고 할 때의 신명神明이 그것이다. 천지신명은 하늘과 땅에 존재하는 모든 신령, 즉 신령의 총체다. 영靈과 신神, 그리고 명明과 광光(빛)은 불가분의 관계에 있는 개념들이기 때문에 신명과 더불어 영명靈明이라는 개념이 등장하는 것도 자연스럽다. 특히 인간의 신적 측면을 가리킬 때 영명이라는 개념이 사용된다.

도기론적 세계관에서 기氣는 단순한 물질을 설명하기 위한 개념이 아니라 생명의 활동력과 생동력, 그리고 도와 연결되는 신성함을 표현하기 위한 개념으로서 특히 중요하다. 살아 있다, 생명이 있다, 라는 것은 그 자체가 하나의 신비다. 그런 점에서 기는 신비의 영역에 속한다. 기는 결코 자연과학적 실증, 검증을 통해 확인할 수 있는 물질적 요소, 원소가 아니다. 기는 처음부터 자연과학적 범주가 아니었다. 과학적이지 않다는 말이 무의미하다거나 엉터리라는 말이 아닌 것처럼, 과학적이라는 말이 믿을 수 있다거나 진리라는 의미를 갖지도 않는다.[12] 그 점에서 기의 존재에 관한 이론은 하나의 상징이며 신화다. 그것은 물질 구성 요소를 밝

---

12) 도기론적 세계관은 현대어로 설명할 수 없다는 의미에서도 신비다. 현대의 한국어는 이미 그 도기론적 세계관을 설명할 수 있는 설명력을 상실했다. 우리 문화의 근본 개념을 설명할 수 있는 적절한 한국어가 없다. 수입 사상, 수입 개념의 생경한 논리만이 철학이라는 이름으로 판을 친다. 우리 철학이 존재하지 않는 근본 이유가 거기에 있는 것이 아닐까?

히는 근대과학의 물질론과는 전혀 다른 전제를 가지고 있다.

　기로 구성된 인간은 생명('신체-생명')의 원질인 기를 수행함으로써만 '도와 하나가 되는[與道爲一]' 도교적 완성에 도달할 수 있다. 득도의 수행론이 실천적으로는 기의 수행론인 이유가 거기에 있다. 갈홍은 도교 양생 이론의 종합자이자 그 자신이 양생의 수행자였다. 물론 수행자이기 이전에 세계의 존재와 그 존재 원리에 대한 지적 호기심으로 충만했던 학자였던 갈홍은 자연의 원질인 기氣 그 자체에 대해 순수한 지적 관심을 가지고 있었다. 하지만 자연 그 자체에 대한 이해는, 그 자연의 운행을 가능하게 하는 궁극적인 원리(현-도-일)에 대한 이해 및 궁극적 원리인 도와 합일하는 것을 지향하는 도교적 수행을 위한 이론적 준비로서 의미가 있다.

　갈홍은 언어로 표현할 수 없는 도의 근원적 성질을 표현하기 위해 현玄(그윽한 어둠, 혼돈)이라는 말을 선택했고, 그 현은 분석적 지식을 통해서가 아니라 수행적 몸짓을 통해서만 획득할 수 있는 신비로운 어떤 것이라고 생각했다. 그런 갈홍의 도기론 사상은 다음 문장에서 가장 명료하게 표현되고 있다.

　사람은 기의 세계 속에 존재한다. 그리고 기는 역시 인간의 신체를 구성한다. 하늘과 땅 그리고 만물에 이르기까지 기 없이 존재하는 것은 없다. 따라서 기를 잘 움직이는[수행하는] 사람은 안으로는 몸을 지킬 수 있고, 밖으로는 악을 물리칠 수 있다. 그러나 일반인들은 매일매일 기와 함께 살아가면서도 그 사실을 깨닫지 못한다.[13]

---

13) "夫人在氣中, 氣在人中, 自天地至於萬物, 無不須氣以生者也. 善行氣者, 內以養身, 外以卻惡, 然百姓日用而不知焉."(「至理」)

기는 세계를 구성하는 요소이기도 하지만, 인간을 구성하는 요소이기도 하다. 그렇기 때문에 인간은 일상의 인간에 머무르지 않고 더 완전한 존재가 되기 위해서, 자신을 구성하는 요소인 기를 수련해야 한다. 기를 가다듬는 것은 단순한 육체의 건강을 다듬는 것에 그치지 않는다. 도교적 사유에서 마음과 육체는 분리되지 않는다. 도교적 건강 개념 역시 육체와 마음을 독립적으로 보지 않는다. 기의 일체성에 관한 사유는, 마음과 몸의 일체성에 관한 사유와 연결되어 있다. 기가 인간을 구성한다고 할 때, 그 기는 육체의 구성 요소일 뿐 아니라 마음의 구성 요소이기도 하다. 따라서 기를 수련한다는 것은 마음과 육체를 동시에 수련한다는 의미다. 후대의 도교 내단 이론에서 중요 개념으로 제시되는 '성명쌍수 性命雙修'는 그런 당연한 진리를 확인하는 이론일 뿐이다.

『포박자 내편』에서 기의 수련은 육체의 수련이며 동시에 마음의 수련이다. 마음을 가다듬고, 육체를 가다듬는다. 전일적인 육체와 마음을 가다듬는 것이 기 수련의 목표다. 갈홍은 그 기 수련이 곧바로 신선이 되는 것을 보장하는 것은 아니라는 사실을 강조하지만, 그럼에도 불구하고 기의 수련을 통한 몸과 마음의 완성은 중요하다. 몸과 마음, 달리 말해 인간의 생명이 건강하지 못할 때, 기로 구성된 인간 그 자체가 완전하지 못할 때, 그 어떤 위대한 약물도 효험이 없을 수 있다. 물론 위대한 약물을 쉽게 구할 수만 있다면, 그것만으로 만사 끝날 수도 있지만, 그 약물을 구하는 일 그 자체가 쉽지 않다. 기의 수련을 통해, 건강한 마음과 건강한 육체를 갖추지 못한 인간, 다른 인간에 대한 자비심과 따뜻한 마음을 갖지 못한 인간이 정신적, 육체적으로 건강할 가능성은 희박하다. 더 나아가 몸과 마음에 깃든 도, 즉 인간의 생명 근원을 손상시키는 욕망에 휘둘리는 인간이 영원한 생명을 가져다주는 위대한 약물을 얻을 가능성은 거의 희박하다. 갈홍이 기의 수련을 중시하는 배경에는, 사실 그런 이유가 있다. 당연히 갈홍은 기 수련의 의료적 효과, 심신 치료적 효과에 대해서도 확신을 가지고 있었다.

제2부

도교 방술,
불사의 탐구

1장 불사의 신앙과 도교 방술

현과 도에서 비롯되는 창세론과 도기론적 세계관, 신선의 존재와 득도의 가능성에 대해 논의한 다음, 갈홍은 도교적 수행법의 영역으로 논의를 전개해간다. 『포박자 내편』에서 갈홍의 관심은 결국 도를 획득하는 방법, 즉 도교적 수행법을 체계화하는 것이었다. 갈홍은 신선이란 공허한 믿음이 아니라 수련을 통해 도달할 수 있는 실제적인 이상理想이라는 확신을 가지고 있었다. 도교의 장생불사 신앙은 기독교의 부활 영생의 신앙만큼이나 확고한 것이었다. 물론 장생불사를 획득하는 방법, 즉 신선이 되는 방법은 단순하지 않다. 성불이나 해탈, 영생이나 부활이 간단하지 않은 일인 것처럼 득도와 불사 역시 간단하게 얻을 수 있는 것은 아니다. 갈홍은 신선 불사를 획득하는 일이 쉬운 일이 아니라는 이유로 신선의 존재를 간단히 부정하는 속인들의 편벽된 견해를 비판한다. 도달하기 어렵다고 부정해버린다면, 도대체 이 세상에서 이룰 수 있는 것이 얼마나 될 것인가?

영생의 증거를 손쉽게 얻지 못한다고 해서 기독교의 신앙을 간단히 부정할 수 없는 것처럼, 해탈이나 성불의 증거를 손쉽게 얻지 못한다고 해서 불교 신앙을 부정하기 어려운 것처럼, 도교의 신선불사의 신앙 역시 간단하게 부정할 수 있는 것이 아니다. 신앙의 영역, 종교적 신념은 간단한 증명이나 반증이 불가능하다. 그렇다고 해서 그 이상, 그 신념이 무의미하다고 말할 수도 없다. 또 그렇다고 이 세상에 존재하는 모든 신앙 형태, 모든 종교적 이상이 다 가치 있는 것도 아니다. 무엇이 가치 있는 신앙이고, 가치 있는 종교적 이상인가? 누구도 객관적인 답을 제공할 수 없다. 종교는 과학이 아니다. 종교적 해답의 유의미성은 결국 그것을 선택하는 개인의 삶의 태도와 신념의 문제로 남을 수밖에 없다. 그들이 선택한 신념과 신앙이 주변 사람을 괴롭히지만 않는다면, 어떤 신념도 나름의 가치를 가질 수 있다.

갈홍은 다양한 신선 수행법, 즉 득도의 기법技法을 제시한다. 『포박자 내편』에 등장하고 갈홍이 언급하는 법술만 해도 그 종류가 너무나 다양하고 복잡해서, 다 꼽아 헤아릴 수 없을 정도다. 실로 수백 종에 이르는 다양한 신선 방술 중에서, 갈홍이 득도의 방법으로서 가치를 인정하고 자세히 논의하는 것은 사실 그렇게 많지 않다.

예를 들어 금단과 황백의 기법은 갈홍이 말하는 수십 수백 종의 방술 중에서 가장 효과적이고 가장 확실한 득도의 방법이다. 갈홍의 신선도를 금단도라고 부르는 것에서도 알 수 있는 것처럼, 금단의 조제와 복용이야말로 갈홍 신선술의 핵심이고 목표다. 하지만 금단을 만드는 것은 지난한 작업이다. 그래서 갈홍은 어쩔 수 없이 다양한 방술을 득도 성선의 보조 수단으로 제시한다. 존사와 수일의 정신 수행법, 행기와 도인, 방중술 등의 신체 수행법, 약물 복용과 악귀 퇴치법 등이 그것이다.

갈홍이 소개하는 수많은 신선 방술의 중심 개념은 역시 '현도玄道'라고 할 수 있다. 신선이나 불사는 도를 체득한 인간, 도의 권능을 자기화한 인간이 되는 것이다. 수행을 통해 '도와 하나 됨'을 추구하는 수련자로서의 삶을 살았던 갈홍은, 우주의 기원에 관한 신화적 상상력이나, 추상적인 우주의 근원인 도에 대한 담론, 세상을 구성하는 원질인 기 이론을 전개하는 것이 궁극적 관심사는 아니었다. 갈홍의 궁극적 목표는 선도仙道의 수행을 통해 도와 하나가 되는 것이었다.

갈홍이『포박자 내편』에서 기록하고 있는 신선술(＝도술)은 동진 시대 이전의 신선가들이 말했던 양생술〔養生之法〕을 종합하고 자기 나름대로 체계화한 것이다. 갈홍은 한대까지 존재했던 거의 모든 종류의 양생술과 방술을 연구하고, 그 중에서 중요한 것을 선별하여 이론적 근거를 가진 도술의 체계를 제시하려고 한다. 갈홍은 다음과 같이 말한다. "양생을 실천함에 있어서 중요한 것은 많은 것을 듣고 배운 다음, 핵심 요체를 잘 가려내어 그것을 터득하는 일이다. 하나의 방법에만 치우쳐 수련하는 것은 양생의 충분한 실천에 미흡하다."[1]

갈홍은 종합주의자였다. 갈홍은 당시에 전해지던 다양한 이론과 방법을 종합하고, 비판적 선별을 거쳐 가장 효과적인 방법을 체계화하는 것을 목표로 삼았다. 방대한 방술의 혼란스러움을 제거하기 위해 기존 방술의 득실을 논하고, 수행자들이 더욱 효과적으로 득도를 달성할 수 있는 길을 제공하는 것이『포박자 내편』의 저술 동기였던 것이다. 그런 목표를 달성하기 위해 갈홍은 중요한 방술과 그렇지 못한 것을 엄격하게 구분한다. 신선에 대한 신앙과 신선 방술에 대한 신뢰가 추락한 이유는 바로 방술의 혼란스러움 때문이라고 그는 생각한다. 크게는 현실을 지배하는 유교의 신념의 허구성을 비판하고, 작게는 유사한 도술 집단이 선전하는 엉터리 방술의 허위성을 비판하는 것 역시 그의 저술 목적을 달

---

[1] "凡養生者欲令多聞而體要, 博見而善擇. 偏修一事, 不足必賴也."(「微旨」)

성하기 위해서 반드시 거쳐야 하는 도정이었다.

좁은 식견에 사로잡히지 않으면서도 방만함과 혼란에 빠지지 않고, 도술의 요점을 이해하고 정리하는 것이 요구된다. 어차피 도道라는 것은, 그리고 그 도에 연원을 두는 생명은 전일적, 총체적인 것이기 때문에 가능한 한 모든 방법을 실험하고, 그것을 비판적으로 종합하여 핵심을 가려내는 일은 갈홍에게만 요청된 과제는 아니다. 그런 종합과 비판적 재조정이라는 과제는 어느 시대에나, 학문하는 자에게 요구되는 학문의 기본이 아닐까?

갈홍은 20세 이후, 십여 년에 걸쳐 각지를 편력하면서 양생 이론을 연구하고 다양한 수행자를 만나면서 그들로부터 여러 가지 수행법을 배웠다. 그런 경험을 자기가 직접 체득한 방법과 절충하고, 또 자신이 수집하고 연구한 도서道書들을 참고하면서 도교 방술[2)]에 관한 이론적 안목을 넓혀나갔다. 그런 학문적, 지적 편력을 거쳐 마침내 갈홍은 도교 양생술을 한층 높은 수준으로 끌어올리는 이론적 체계를 완성할 수 있었다.

종합주의자 갈홍의 입장은 인간의 몸을 국가에 비유하는 데서 단적으로 드러난다. 그는 "몸을 다스려 장생을 획득하는 것과 나라를 다스려 천하의 태평을 가져오는 것"[3)]이 사실은 동일한 일이라고 말한다. "군주가 국가를 다스릴 때, 문화〔文〕와 군사력〔武〕, 문물제도〔禮〕와 음악 예술〔樂〕 등 그 어느 것 하나 소홀히 할 수 없는 것처럼,"[4)] 인간의 몸을 가꾸는 양생에 있어서도 다양한 요소가 필요하다. 이런 입장은 『포박자 내편』 전체에서 피력되고 있다. 몸과 정신, 그리고 혼백魂魄의 결집체인 사람의 '생

---

2) 신선술, 양생술, 도술 등 다양한 이름으로 불린다. 한 가지 이름만을 고집할 필요는 없다. 나는 이 책에서 그런 다양한 명칭을 자유롭게 사용한다.
3) "治身而身長壽, 治國而國太平."(「釋滯」)
4) "猶世主之治國焉, 文武禮律, 無一不可也."(「釋滯」)

명-신체'를 하나의 국가에 비유하는 이런 관점은 초기 도가의 양생론과도 연결되는 것으로, 나는 그것을 '양생적 정치론'이라고 부를 수 있다고 생각한다.

갈홍이 섭렵하고 체계화시킨 양생의 여러 방법은 『포박자 내편』에서 여러 차례 반복적으로 언급되고 있다. 신선술의 종류는 그 전모를 다 밝힐 수 없을 정도로 복잡다단하다. 갈홍 역시 종합주의자답게 다양한 방술에 대해 언급하지만, 그 모든 방술이 다 득도 불사의 목적을 위해 직접 유효한 것은 아니라고 말한다. 갈홍의 이론 체계 안에서, 신선 득도의 목적에 직접 봉사하는 방술은 그렇게 많지 않다. 갈홍은 확고한 '금단' 제일주의자였다. 하지만 말이 쉬워서 '금단술'이지, 그 구체적인 방법 역시 복잡다기하다. 금단 조제는 어렵고 신비로운 방법이기 때문에, 사이비 이론이 난무하고, 어느 것이 옳은 것인지 진실을 가리는 것이 쉽지 않다. 갈홍에게도 그것은 어려운 과제였다. 그래서 갈홍은, 차선의 방법으로서, 금단 이외의 여러 방술의 효과를 인정한다. 금단만을 고집하다보면, 결국 아무도 도달할 수 없고 접근할 수 없는 공허한 꿈이 되어버릴 위험이 있기 때문이다. 갈홍은, 경우에 따라 약간의 모호함이 없는 것은 아니지만, 당장 실천할 수 있는 효과 높은 신선 방술을 제시한다. 그리고 그런 여러 방술의 요점[至要]을 '보정寶精'과 '행기' 그리고 '복대약服大藥'의 세 가지로 요약한다.5)

---

5) "欲求神仙, 唯當得其至要. 至要者在於寶精行氣, 服一大藥便足, 亦不用多也."(「釋滯」) 선술의 핵심을 복약(금단)과 행기, 방중의 셋으로 파악하는 비슷한 생각이 「지리」에서도 표현되고 있다. "服藥雖爲長生之本, 若能兼行氣者, 其益深速, …… 然又宜知房中之術."(「至理」) 여기서 보정寶精의 보實는 보保와 같다. 그리고 그것은 다른 말로 방중房中이라고 불린다. 보정은 글자 그대로 온 생명의 근원인 정을 보물처럼 귀하게 여긴다는 의미다. 정은 기의 일종으로 인간의 생명력을 구성하는 것이다. 수행의 구체적인 장면에서 정은 정액을 가리키는 말로 사용된다. 물론 정액이라는 의미의 정은

갈홍은 다양한 신선술에 대해 말하고 있지만, 그의 서술은 반복되거나 모호하거나 모순되는 등 혼란스런 양상을 보인다. 그 이유는 일차적으로는 갈홍이 배우거나 알게 된 방술의 종류와 방법이 지극히 복잡했기 때문이라고 생각된다. 그러나 이차적으로는 방술을 수집하기에 급급한 나머지 갈홍 자신이 그 모든 것을 미처 충분히 소화하지 못했기 때문이라고 생각된다. 모든 신선 방술은 단순한 정체整體 훈련이나 신체 체조가 아니라 특수한 종교적 의례나 수행으로서의 성격을 가지고 있기 때문에, 또한 명확하고 산뜻한 정리가 불가능한 특성을 가지고 있기 때문에, 그런 혼란이 생겼을 수도 있다. 신선 방술은 어디까지나 '득도자' '불사자' '신선'이 되는 특수한 기술이다. 따라서 그것은 종교적 신앙과 신념을 공유하지 않는 외부인들에게는 알려져서는 안 되는 비밀스런 기법, 비의적 종교 실천occult이었다. 그런 오컬트적 성격으로 인해, 그 기법의 전모를 글로 표현하는 것에 일정한 한계가 있었을 것이라는 추측도 가능하다.

오늘날 도교 양생술을 연구하는 학자들은 그것을 과학이 발달하기 전에 실행되던 수준 낮은 기법 내지 전 과학前科學의 하나, 혹은 매뉴얼화된 신체 운동의 하나로 파악하는 경향이 있다. 그런 경우, 신선 방술이 오늘날의 국민 체조처럼 누구에게나 공개될 수 있는 내용을 가졌을 것이라고 생각될 수 있다. 그런 관점에서만 평가한다면, 갈홍의 서술은 더할

정 개념의 일면일 뿐이다. 넓은 의미로 보자면 보정은 행기법과 구분되지 않지만, 좁게 보면 보정은 '환정보뇌'의 약어로 방중술과 거의 동의어로 사용된다. 체내의 순수한 기를 순환시킴으로써 기의 순수화를 지향하는 행기 역시 넓은 의미로는 모든 기 수련을 다 지칭할 수 있지만, 좁은 의미로는 호흡법만을 한정적으로 지칭할 수 있다. 복약은 일반적인 선약의 복용과 금단 대약의 복약을 다 포함하는 개념이다. 이렇게 본다면 보정과 행기, 복약이 선술의 핵심이라고 하는 갈홍의 말을 이해할 수 있다. 그러나 실제로 갈홍은 귀신을 물리치고 질병을 쫓고, 몸을 보호하는 둔갑술, 호신술, 핵귀법, 부적 활용법 등 다양한 방술을 보조적인 수단으로 인정한다.

나위 없이 혼란스럽고 모순적이다. 하지만 그의 도교 사상에 관심을 가지는 우리는 갈홍의 선도 수행론이 체육 활동이 아니라 종교적 수행법에 관한 이론이라는 사실을 잊어서는 안 된다.

갈홍은 인간의 '생명(신체-정신)'을 구성하는 기氣를 특별한 방식으로 훈련함으로써 일상적 인간의 몸을 전혀 다른 차원의 몸, 즉 '범속한 몸 profane body'을 '신성한 몸sacred body'으로 근본적으로 '변화metamorphosis/transformation' 시키는 것이 가능하다고 하는 종교적 신앙과 전제를 가지고 그런 기법들을 소개하고 있다. 종교적 전제를 제거한다 하더라도 기의 신체 훈련이 양생적, 의료적 효과를 발휘할 수 있겠지만, 갈홍의 입장은 그런 의료적 관심에 머물지 않는다.

갈홍은 '정신-신체'를 형성하는 기와 우주적 생명 근원인 기가 동일한 것이라는 확고한 전제를 가지고 있다. 갈홍은 그런 전제를 다음과 같이 간명하게 표현한다. "사람은 기氣의 세계 안에 살고 있고, 기氣 역시 사람 안에 존재하고 있다. 하늘과 땅에서 만물에 이르기까지 기氣 없이 존재할 수 있는 것은 없다. 〔따라서〕 그 기를 잘 수행하는 사람은 안으로는 신神〔순수한 생명력〕을 기를 수 있고, 밖으로는 악惡〔질병이나 악귀〕을 물리칠 수 있다. 사람들은 매일 그 기를 이용하고 있으면서도 그 사실을 모른다."6)

인간이 '정신-신체'를 수련함으로써 불사성immortality을 획득할 수 있는 이유는 우주적 생명을 구성하는 기가 곧 인간 생명을 구성하는 원질이기 때문이다. 인간 생명을 구성하는 기를 고차적인 순수한 기로 승화시킴으로써 인간은 범속한 물질로서의 신체를 초월할 수 있다. 기의 수련(=행기)을 통해 인간은 물질적 차원의 기를 우주적 생명의 기〔=神〕로

---

6) "夫人在氣中, 氣在人中, 自天地至於萬物, 無不須氣以生者也. 善行氣者, 內以養神, 外以却惡, 然百姓日用而不知焉."(「至理」)

전환transform할 수 있다. 도교적 수행론, 기 수행론은 그런 기론적 세계관을 바탕에 두고 있다.

인간의 신체를 포함한 모든 것은 음과 양의 기가 결합된 결과다. 그러나 신神은 순수한 양(양기)만으로 형성된다. 신에게 음기는 없다. 그런 점에서 신은 지상계의 일반적인 사물과 다르다. 일반적인 모든 사물은 음과 양의 조화, 결합에 의해 만들어진 존재이기 때문이다. 위계가 높은 신神일수록 그의 기는 더 순수하고 완전한 양기로 구성된다. 갈홍은 기의 수련(=행기)만으로는 완전한 양의 신체로 전환하는 것이 가능하지 않다고 말한다. 음기가 완전히 제거된 양기만으로 구성된 신체를 얻기 위해서는, 일상적인 사물을 신성한 사물로 변화시키는 특수한 약물의 도움을 얻어야 한다. 그 특수한 약물이 바로 금단 혹은 금액이다. 대약大藥이라고 불리기도 하는 금단을 복용함으로써 인간의 신체는 완전한 양기로 전환되고, 인간의 범속한 생명은 우주적 생명과 하나가 될 수 있다. 금단은 범속함을 신성함으로 변화시켜주는 물질이다. 금단을 통해서만 신선이 될 수 있다는 것은 갈홍 신선 사상의 핵심 중의 핵심이다. 금단 이외의 방술, 보정(방중술)이나 행기는 어디까지나 금단을 보완하는 보조적인 방법에 지나지 않는다.

금단 대약을 보조하는 방술인 기 수련은 일반적인 체조와는 다르다. 적어도 그것을 행하는 도교적인 사유 안에서, 그것은 보통의 체조 이상의 의미를 가진다는 말이다. 기 수련이 불사의 보조 활동으로서 효과를 가지기 위해서는, 그냥 매뉴얼을 실행하는 것 이상의 태도가 요구된다. 범속한 세상을 벗어나 완전하고 신성한 몸을 획득하는 변환을 이루겠다는 굳은 종교적 신념과 신앙이 요구된다는 것이다. 갈홍은 모든 신선 양생술의 실천이 '종교적' 실천으로서의 의미를 가지기 위해서는 '믿음[信]'이 절대적으로 필요하다고 본다. 갈홍은 그런 믿음을 몰각하고 기의 수행에 매달리는 사람들을 비판한다.

> 그들은 생명을 아끼려고 하지만, 진정한 생명을 얻으려고 노력하지 않는다.[7]
> 죽음을 두려워하면서도 불사의 길이 존재한다는 사실을 믿지 않는다.[8]

갈홍의 입장은 체육 지도자의 관점과 차원이 다르다. 그는 종교 사상가의 관점에서 불사에 대해 말한다. 그리고 기의 훈련이 불사를 향한 수련에 있어 보조적 의미만을 가진다고 해서, 그것을 단순한 신체 훈련의 수준으로 과소평가해서는 곤란하다. 신앙적 결단을 전제한 다음에야 비로소 도교 방술과 신체 기법은 불사와 득도의 기법으로서의 의미를 획득한다. 갈홍이 소개하는 수련 기법들은 도교적 세계관과 신앙 체계를 전제한다는 점에서 '상징적'일 수밖에 없다. 상징적 의미를 배제한 행위 그 자체만을 연구해서는 그들의 종교적 소망, 불사의 의미를 이해할 수 없다.

종교적 몸짓은 그냥 밥먹고 노동하는 일상의 행위와는 다른, 상징으로서의 몸짓이다. 상징적 몸짓은 결국 '기'의 문제로 회귀한다. 도교의 모든 종교적 몸짓은 궁극적으로는 '신성한 기'를 획득하기 위한 행위인 것이다. 도교적 의미에서 기는 우주와 생명의 근원이기 때문에, 신성하다. 일상 속에서 인간은, 기에 담긴 근원적 생명력을 소진시키면서, 생명 그 자체를 소모하면서 살아간다. 그 결과 인간은 늙고, 질병에 시달리고, 죽는다. 하지만 종교적으로 규정된 특별한 방법과 절차에 의거하여 기를

---

7) "知好生而不知有養生之道."(「至理」)
8) "知畏死而不信有不死之法."(「至理」)

활성화시키면, 소진일로에 있는 생명력을 회복할 수 있다. '행기'란 기를 활성화시키고 생명력을 회복하는 모든 수련법의 총칭이라고 말할 수 있다. 그러나 실제로 도교 수련에서 '행기'는 좁은 의미의 기 수련, 기 체조만을 의미하는 것은 아니다. '행기'는 좁은 의미의 신체-호흡 수련과 넓은 의미의 신체-정신 수행을 포괄하는 것이다.

앞에서 본 것처럼, 갈홍은 신선 방술의 핵심을 '보정'과 '행기', 그리고 '복대약'의 세 가지로 요약했다(「釋滯」). 이 경우 '행기'는 기 수련법 전체를 가리키는 넓은 의미이지만, 특히 호흡법 등 신체 운동과 밀접하게 연결된다. 도교 수행에서 중요한 의미를 가진 명상적 수행 역시 호흡을 통해 받아들인 기의 체내 순환(행기)과 밀접한 연관을 가지기 때문에, 넓은 의미의 행기 속에 포함될 수 있다. 보정補精은 방중술과 연관이 있는 수행법이지만, 넓은 의미에서는 행기의 한 방식이라고 말할 수 있다. '대약'은 당연히 금단의 복용을 가리킨다. 그러나 그것 역시 넓은 의미에서 보자면 기 문제라고 할 수 있다. 특수한 방법으로 조제된 대약은 기의 활성화를 돕는 약물이다. 결국 대약 역시 기의 신성화를 통해 생명력을 회복하는 것을 목표로 삼는다. 좁은 의미에서 복약은 약물 내지 금단을 복용하는 것에 한정되지만, 그럼에도 불구하고 그것이 기와 무관한 것은 아니다.

갈홍이 말하는 세 가지 핵심 중에서 '보정'과 '행기'는 전형적인 기 수련이다. 그러나 그 방법들 역시 구체적으로 들어가면, 복잡다단하기 때문에 일거에 그것은 무엇이라는 식으로 말하기는 곤란하다. 갈홍 역시 그것을 "단숨에 다 이해하기는 쉽지 않다."9)고 말한다.

도교의 방술을 논의하는 이 책의 2부에서는, 먼저 벽곡술과 방중술 및

---

9) "不可倉卒而盡知也."(「釋滯」)

좁은 의미의 기의 수련(=행기)에 초점을 맞추어 논의를 진행한다. 그것들은 그 이후에 이어지는 다른 신선술의 기초이기 때문에, 그다음 단계의 신선술을 논의하는 전제가 될 수 있다. 그 기 수련 논의에 이어 선약과 금단 등 약물 복용을 위주로 하는 방술로 논의가 이어진다.

  도교에서 말하는 신선에 이르는 길 역시 대단히 일상적인 인간사에서 출발한다. 무슨 일이든 시작은 미약하나, 그 미약함이 축적된 결과는 성대하다. 신선의 길 역시 다르지 않다. 신선에 이르는 길은 '먹기(벽곡)'와 '하기(방중)'라고 하는 인간의 근본적인 '욕망'에서 출발한다. 그리고 그 욕망을 소홀히 하지 않으면서, 즉 욕망을 투시하면서, 욕망을 조절하여 생명이 바른 방향을 잡아가도록 만드는 것을 기본으로 삼는다. 따라서 먹고 하는 벽곡과 방중은 신선에 이르는 길에서도 중요한 과제가 된다. 그냥 먹고, 그냥 하는 것이 아니라, 신선에 어울리는 먹기와 하기가 요구된다는 것이다. 그런 인간의 근본적 욕망을 부정하지 않으면서, 영원한 생명을 획득하기 위한 약물의 중요성이 비로소 전면에 떠오른다.

2장 신선은 곡식을 먹지 않는다:
벽곡(단식)의 수행

1. 벽곡(단식), 일상의 재평가

갈홍은 정신적 양생설〔養神〕의 바탕 위에서 육체적 양생설〔養形〕을 종합하는 방향을 성취하기 위해 노력했다. 육체적 양생설의 발전은 고대 중국에서의 의학 발달과 밀접한 관련이 있다. 갈홍은 그 둘을 통합하는 양생의 이론을 구상했고, 그 바탕 위에서 금단의 조제에 관한 이론을 완성하고자 했다. 따라서 갈홍의 양생 이론은 정신 양생의 이론을 흡수하면서도 그 이론의 한계를 지적하고 있으며, 마찬가지로 육체적 양생을 절대시하는 입장에 대해서도 비판적이다.

먼저 갈홍은 『장자』의 정신적 양생술의 한계를 비판한다. 『장자』에서 강조되는 정신 수양 중심의 양생술은 공허한 철학적 담론, 즉 '현담玄談'으로 흐르기 쉽다고 본 것이다. 실제로 『장자』의 사상은 당시의 위진시대에 도입되어 철학적 담론에 몰두하는 현학玄學에 의해 적극적으로 이용되고 있었다. 갈홍은 고대에서부터 존재했던 신선 도술道術이 현학적 해석에 의해 철학적 담론의 차원으로 위축되었다고 판단한 것이다. 이러한 갈홍의 현학 비판은 위진남북조, 특히 남중국의 사상적 분위기에 대한 비판이라고 볼 수 있다.

　신선 도술이 단순히 이념적이고 추상적인 담론으로 위축되고 있는 상황을 극복하기 위해, 갈홍은 보다 구체적이고 실천적인 신선 수행의 방법을 제시한다. 그러한 수행법들은 소위 합리성을 지향하는 지식인들의 철학적 담론 속에서는 단순한 미신적 방법으로 폄하되는 경향조차 있었다. 그리고 현학적인 신선 이론이 지배하는 상황에서, 신선의 존재 자체가 문제되기도 했다. 갈홍은 신선의 존재를 확신했고, 수행적 노력에 의해 누구나 신선이 될 수 있다고 믿었다. 그리고 그 신선이 되기 위해, 육체와 정신 양면에서 접근하는 전면적 신선 방술을 제시하여, 신선에 대한 회의론을 불식시키기 위해 분투한다. 물론 그 육체적 수행법을 우리가 일상적으로 이해할 수 있는 단순한 건강 체조나 식이요법과 동일시할 수는 없다. 종교적 언어는 언제나 상징적 차원을 숨기고 있다. 그 사실을 잊지 않는다면, 우리는 갈홍의 신선 방술이 그의 신선 존재론, 신선 신앙을 구체화하는 실천 이론이라고 평가할 수 있다.

　갈홍의 신선 방술은 사람의 '먹을거리'와 '성행위'를 재평가하는 것에서 시작한다. 먹기와 하기(섹스)는 인간 생명을 유지하기 위해 절대적으로 필요한 일이다. 중국인들은 옛날부터 '식색' 혹은 '음식남녀飮食男女'라는 말로 인간사의 근본에 대해 말해왔다. 그 근본은 너무나 근본적이어서 때로는 과잉으로 흐를 위험성을 갖지만, 그 어떤 경우에도 전면적으로 부정되어서는 안 된다. 도교 역시 그 두 근본을 당연히 받아들인다. 그리고 그것이 과잉으로 흐르는 위험성을 제거하기 위해 고심한다.

　도교의 모든 이론은 그 두 근원적 욕망을 받아들이면서 동시에, 그 근본을 다시 생각하고, 조정하는 것을 목표로 삼는다. 그런 도교의 사유와 실천은 오늘날 인류가 맞이한 위기감에 대한 적절한 대답으로서의 의미를 가질 수 있다. 현대에 와서 다시 주목받고 있는 것처럼, 육체적으로 그리고 정신적으로 건강한 삶을 완성하기 위해서는 먹는 것, 먹는 일을 다시 생각할 필요가 있다. 인간은 자기가 먹은 것대로, 자기가 먹는 방식대로 만들어지는 존재이기 때문이다.

인간의 특별한 존재 양식인 신선에 대한 탐색 역시 먹는 것을 재평가하는 데서 출발한다. 물론 먹을거리에 대한 관심이 신선 탐구의 전부는 아니다. 신선이란 일상적 삶을 초월하는 인간의 독특한 존재 방식이다. 인간은 일상 안에서, 그 일상을 초월함으로써 '진정한' 인간이 된다. 도교에서 말하는 '진인眞人'은 초월을 통해 새롭게 태어난 인간이다. 도교는 인간 존재가 성스러운 존재일 수 있다는 가능성을 인정한다. 신선은 그 가능성을 현실로 만든 인간이다. 신선은 문명적 삶에 안주하는 삶을 넘어서는, 초월하는 자의 존재 방식이다. 그런 신선이 되기 위한 노력은 일상적 삶의 태도와 그 방식을 되돌아보는 것에서 시작된다.

우리가 사는 이 세상, 우리가 먹는 음식, 나의 일상을 지배하는 생각, 그 모든 것을 총체적으로 다시 물어보는 것에서 신선 수련의 여정이 시작된다. 도교 양생술의 주요한 주제인 섭생攝生(올바른 먹을거리를 섭취하는 방식), 기거起居(올바른 주거 공간 및 생활환경), 행기行氣(정신의 집중을 통한 육체적 에너지의 활성화), 그리고 존사存思(정신 집중을 통한 내면적 신성성을 회복하는 기법) 등은 일상적인 삶의 방식 전반에 대한 반성反省을 내포한다. 그 점에서 도교적 양생술은 더 나은 삶을 꿈꾸는 '삶의 기술art of living'의 총체다.

벽곡辟穀은 다양한 도교 섭생법을 대표한다.『포박자 내편』에서 갈홍은 벽곡을 단곡斷穀 또는 절곡絶穀이라고 부른다. 벽곡의 벽辟은 피避(피한다)와 의미가 동일하다. 벽곡은 곡식을 먹지 않는 음식물 조절 수행법의 하나다. 그러나 그것은 단순한 식이법diet이 아니다. 곡식(곡물)을 먹지 않아야 장생불사할 수 있다, 즉 신선이 될 수 있다(成仙)는 말은, 신선이 되기 위해서는 무엇보다 먼저 일상으로부터의 탈출과 초월을 감행해야 한다는 의미다.

벽곡은 상식적이고 일반적인 생존 방식을 거부하는 행위이기 때문에, 문자 그대로 그것을 이해하는 데 많은 어려움이 있다. '신선'이란 세속적 삶의 방식을 전면적으로 재평가하고 본래적 신성성을 회복한 존재다. 그리고 그런 존재를 상정하는 것 자체가 바로 '종교적'이다. 종교적 태도는 신성sacred과 범속profane의 다름을 인정하고, 그 신성한(성스러운) 존재 상태를 회복하고자 하는 정신적 태도, 그리고 그것의 실천이다. 도교에서는 그러한 종교적 이상을 '초범입성超凡入聖'이라고 말한다.[1]

1) 중국 종교, 더 나아가 동양 종교에서는 신성sacred(성)과 범속profane(속)의 이분법이 존재하지 않는다고 말하는 사람도 있다. 그러나 나는 그렇게 생각하지 않는다. 그러한 해석은 성속 개념을 실체적인 무엇으로 보려는 오해에서 비롯된 것이다. 성속 개념은 어떤 사실을 지시하는 설명 범주가 아니다. 그것은 사실을 평가하고 판단하는 해석학적 범주이다. 성속 범주는 미추美醜 범주와 상당히 유사하다. 처음부터 아름답고 추한 것은 없다. 평가와 판단에 의해 미추가 결정된다. 그렇다고 해서, 어떤 식으로든 미추의 구별을 아예 갖지 않는 문화가 있을까? 단지 구별의 기준, 평가 기준, 개념의 적용 방식이 다를 뿐이다. 성과 속 역시 마찬가지이다. 서양 종교의 성속 개념과 도교적 성속 개념은 당연히 동일하지 않다. 하지만 그렇다고 해서 중국에는 성속의 구분이 존재하지 않는다고 말할 수 없다. 미와 추가 미학적, 해석학적 범주라면, 성과 속은 종교적, 해석학적 범주다. 따라서 중국 종교에서는 서양적 의미에서의 성과 속을 인정하지 않는다거나, 서양적 의미에서의 성속의 단절을 인정하지 않는다는 말은 가능하지만, 성과 속의 분리 혹은 구별 자체가 존재하지 않는다는 말은 옳지 않다. 중국 종교에서 성과 속의 내용을 탐색하는 것은 당연히 중요한 과제가 될 수 있고, 중국 종교의 특질을 해명하기 위해서 앞으로도 깊은 천착이 필요하다. 하지만 성속의 분리와 그것의 변증법적 관련에 대한 사유는 중국 종교, 특히 도교를 연구할 때에도 유용하다. 예를 들어 기독교의 God과 도교의 도道, 서양철학의 존재存在와 중국의 도道는 어떻게 같고 다른가, sacred와 성聖이 어떻게 같고 어떻게 다른가, 도교에서 말하는 초월과 서양철학의 초월이 어떻게 다르고 같은가, 중국의 신과 기독교의 신이 어떻

'곡식을 끊는다[斷穀]'는 행위는 반일상적인 행위, 범속함으로부터의 탈출을 지향하는 의례적 행위다. 그것은 아무나 언제나 손쉽게 실천할 수 있는 것이 아니다. 도교에서의 모든 수행은 능력과 자격을 갖춘 스승의 지도를 받으며 실천할 것이 요구된다. 도교 수행의 언어는 '일상적인 언어'로 표현되는 듯이 보이지만, 그 내용은 언어의 표면적 의미만으로는 이해할 수 없다. 종교적 언어는 심층적 언어, '상징적 언어'다. 벽곡 역시 단순히 곡식을 먹지 않는다는 의미가 아니라, 세속적이고 일상적인 음식 섭취의 방법과 태도를 부정하는 특별한 의미를 지닌다. 그것은 일상적 관심을 초월하고 세속적 삶의 방식을 초월하려는 정신적 태도, 신체적 몸짓을 가리키는 '상징'이다.

『장자』에서는 '심재心齋'라는 개념이 나온다. '마음의 단식 fast of mind'이라는 말이다. 음식 먹기를 정지하고 배 속을 비우는 것처럼, 마음의 음식 섭취를 그만두고 마음을 비운다는 말이다. 또 같은 『장자』에 '좌망坐忘'이라는 말도 보인다. 앉은 자리에서 모든 것을 잊는다, 잡생각을 끊는다는 의미다. 마음의 작용이자 마음 작용의 근거인 모든 '생각'을 끊는 것이 '심재'이고 '좌망'이다. 마음을 비운다? 어떻게? 정말 아무 생각도 안하는 것이 가능한가? 생각을 하는 것은 고사하고, 생각이 떠오르는 것은 어찌하는가? 생각이 나는데 어쩌란 말인가? 일상적 용법으로는 의미가 통하지 않는다. 그러나 그것은 도교 수행에서는 중요한 개념일 뿐 아니라, 도가의 정신을 가장 잘 드러내는 말이기도 하다.

'심재'와 '좌망'은 단순히 이해하기 쉽지 않은 도교적 수행의 핵심을 말하는 상징어다. 그 상징어의 의미를 탐구하기 위해서 많은 글을 쓸 수

게 다른가, 영혼에 대한 관점 역시 어떻게 다를 수 있는가 등의 문제는 여전히 잘 해명되어 있지 않은 근본 문제다. 마구잡이로 그 차이와 유사점을 나열하고 비교하는 종래의 연구 방법을 넘어서는 탐색이 요구된다.

있다. 하지만 그 누구도 상징의 의미를 '완전하게' 해명하는 것은 불가능하다. 물론 우리는 마음의 '단식'에 대해 어느 정도 상상할 수 있다. 하지만 그 의미와 방법이 명확하게 이해되는 것은 아니다. 그것은 아주 특별한 수행법일 것이다. 종교적 궁극성은 이렇게 시적이고 상징적인 언어를 빌려서 표현된다.

'벽곡'이라는 말은 '심재'나 '좌망'에 비해서는 이해하기가 쉬워 보인다. 무엇인가를 먹는 행위는 구체적이기 때문에 그만큼 실체화하기가 쉽다. 그러나 '벽곡fasting of cereal(혹은 fast)' 역시 그냥 곡식을 끊고 죽음을 기다리는 그런 행위가 아니다. 그것은 특별한 상징적 의미와 방법을 수반하는 수행법이다. 원래 그것은 단순한 굶기가 아니라 종교적 의례와 깊은 관계가 있는 행위였을 것이다. 일상적인 행위가 아닌 '벽곡'은 도교의 양생-양신 이념과 깊은 관련이 있다. 도교 이론에 따르면, 단식(음식의 단식, 정신의 단식)은 순수한 몸과 정신을 획득하는 가장 초보적인 방법이다.

일상의 생각, 일상의 염려, 일상의 혼란 등 범속한 세상에 오염된 몸과 정신을 뛰어 넘기 위해서는, 일상적인 생명 유지 방식을 일시적으로나마 '정지'할 필요가 있다. 단식으로서의 '벽곡'의 의미는 거기에 있다. 앞으로 앞으로만 나아가는 걸음걸이를 잠시 멈추고, 삶을 되돌아보며 자신의 삶의 방식을 재평가하는 거리를 획득한다.

그런 생각은 다른 여러 종교 안에서도 어렵지 않게 만날 수 있다. 사람은 단식을 통해 세속적 삶과 일시적으로 단절될 수 있다. 그 단절은 완전하고 성숙한 삶으로 되돌아오기 위한 일시적 단절이고 격리이다. 흔히 '목욕재계沐浴齋戒'한다고 할 때의 재齋가 바로 그런 단식과 관계있다. 몸을 씻고, 즉 세상의 먼지를 털어내고, 단식하며, 즉 세상의 음식물을 거부하면서 몸과 마음이 오염되지 않도록 경계하는 것이다.

분리, 고난, 회복의 과정으로 이루어진 '이니시에이션(통과의례)'의 구조가 '단식(벽곡)'이라는 종교 행위 안에 깃들어 있다. 더럽혀진 인간의 몸은 단식, 혹은 '벽곡'을 거치면서 세속성(俗=凡)을 제거하고 순수함(聖)을 회복한다. 도교의 '초범입성'의 이념은 그러한 의례적 행위를 통해 달성된다.

기의 관점에서 볼 때 단식 내지 '벽곡'은 음기를 제거하고 양기를 회복하는 상징적 행위이기도 하다. 곡식은 대지(土)의 성질을 받고서 자란 것이다. 대지의 기운은 음기다. 그 음기의 집적물인, 대지가 산출하는 곡식을 섭취한다는 것은 곧 음기를 섭취하는 것이다. 과도하게 음기를 섭취하면, 몸이 음기로 변한다. 그런 음기 섭취는 순수한 양기를 획득하고자 하는 도교적 수련의 목표와 충돌한다. 여기서도 상징 언어가 작동한다. 그렇게 양기로만 이루어진 몸을 도교에서는 '순수한 양의 몸(純陽之體)'이라고 명명한다.[2]

---

2) 음과 양은 현실을 설명하는 설명 범주다. 세상이 원래 음양으로 구성된 것이 아니라, 세상을 설명하고 해명하기 위해 음양이라는 대립 범주를 만들어낸 것이다. 음양은 어떤 실체가 아니라, 상상에 의해 만들어진 설명 범주에 불과하다. 음양이라는 무엇이 존재하는 것이 아니라는 말이다. 음양은 존재의 모순과 대립을 극복하는 어떤 상태를 설명하기 위해 동원된 상징이다. 그 음양 개념은 세상에 존재하는 모든 것을 설명하는 근본 개념으로 사용되어왔다. 일상적, 현실적 존재는 음과 양의 조화에 의해 형성된다는 것이다. 도교 의학, 나아가 중국 의학 일반론에서는 음양의 조화가 깨어진 상태는 비정상 상태, 즉 질병에 걸린 상태라고 본다(음이 과도하거나 양이 과도한 상태). 세상에 음양의 부조화가 초래될 때, 세상은 병을 앓는 것처럼, 혼란에 빠진다. 도교의 신선 양생술의 관점에서는 음과 양의 조화에 의해 성립되는 일상성을 극복하고, 한층 더 깊고 높고, 초월적인 차원, 즉 '순양純陽'의 단계로 나아가야 한다고 주장한다. 순양은 음양의 균형이 깨어진 단순한 양의 과잉 상태가 아니다. 순양은 음양의 대립이라는 모순을 뛰어넘어 성립하는, 절대적 상태, 음양의 대립을 넘어선 경지다. 그 절대적 상태는 빛으로 묘사된다. 인간이 존재론적 변화를 겪고 신적 상태에 도달한 경지를 표현하기 위해 도교에서는 '순양'이라는 개념을 사용하는 것이다. 그것은 중국철학의 세속적인 음양론이라는 상식으로는 이해할 수

2. 벽곡 수행의 발전 과정

곡식을 먹지 않음으로써 일상과 단절하고, 그 결과 초월에 이르는 구조를 가진 '벽곡' 수행법은 오랜 역사와 연원을 가지고 있다. 후대 도교에서 보이는 다양한 도교 수행법의 원초적 형태를 무수하게 전해주는 『장자』는 "오곡을 먹지 않고 바람을 호흡하고 이슬을 마시[不食五穀, 吸風飮露]"는 '신인'의 신화를 알려준다(「逍遙遊」 참조). 전국시대 말기의 문헌인 『여씨춘추呂氏春秋』에도 "곡식을 먹지 않고 기의 운행을 실천한[辟穀行氣]' 단표單豹의 행적이 보인다. 한나라 중기의 『사기』 역시 "도인을 행하고 곡식을 먹지 않은[導引不食穀]" 장량張良의 고사를 기록한다. 같은 한나라 중기의 문헌인 마왕퇴馬王堆 백서帛書는 "단곡함기却穀含氣[곡식 대신 기를 먹는 기법]"의 실행에 관한 자료를 포함하고 있다. 이러한 여러 자료를 통해 우리는 그 당시 널리 퍼진 신선 신인의 신화가 단곡 내지 벽곡의 수련법을 전파하는 데 중요한 역할을 했다는 것을 추측할 수 있다.

후한 시대의 왕충은 도교의 벽곡 및 식기食氣 신앙과 의례에 대해 다음과 같이 비판한다. "도가는 이렇게 말한다. 진인은 기를 먹고 기를 음식의 대용품으로 삼는다고. 다른 글에서는 기를 먹는 사람은 장수하며 불사에 이를 수도 있다고도 말한다. 곡식을 먹어서 배를 채우는 대신 기로써 그것을 보충한다 말한다. 하지만 이러한 말들은 다 허무맹랑한 것이다."3) 왕충의 비판은 『장자』에 등장하는 신인 신화 및 신선 신앙을 겨냥

없는 개념이기도 하다. 세속적인 음양론을 뛰어넘는 초월적 음양론이라고 말할 수 있을 것이다. 도교의 초월적 상징 언어를 이해하지 못하는 경우, 도교는 도무지 이해하기 어려운 비상식적 사유로 치부될 수밖에 없다.

3) "道家現誇曰, 眞人含氣. 以氣而爲食, 故傳曰, 食氣者壽而不死, 雖不穀飽, 亦以氣盈, 此又虛也."(『論衡』「道虛」)

한 것임을 쉽게 알 수 있다. 왕충은 도교적 수행법을 비롯한 당시의 종교 신앙에 대한 비판을 전개하고 있지만, 그러한 비판은 당시에 그런 도교적 수행법과 신앙이 얼마나 널리 퍼져 있었는지를 보여주는 간접 증거가 될 수 있다.

곡식을 끊고 기를 먹는 신인 내지 진인은 다름 아닌 신선이다. 도교에서는 인간의 범속한 상태를 벗어던지고, 성스러운 본래적 존재를 회복한 '진인眞人'[4]은 보통 사람들의 음식인 곡식을 먹지 않고, 그 대신 기氣를 먹는다고 주장한다. 그리고 왕충은 그 주장이 터무니없는 것이라고 비판한다. 그렇다면 왕충의 비판으로 도교 신앙은 부정될 수 있는가? 아니다. 왕충의 비판은 오히려 종교의 상징 언어를 이해할 수 없었던 왕충의 한계를 드러내는 것으로 볼 수 있다. 종교적 언어의 상징성을 이해할 수 없었던 왕충은, 그 말을 문자 그대로 받아들인 것이다. 왕충의 도가(도교) 비판은 소위 합리적 사유에 젖어 있는 종교 비판의 한 전형을 제공하고 있을 따름이다.[5]

한대의 후기에 이르면서 역사적으로 그 실체를 확인할 수 있는 도교 교파인 천사도가 출현한다.[6] 그 천사도와 밀접한 연관을 가지는 최초의 체계적인 도교 경전인 『태평경』은 중요한 도교 방술의 하나로 '벽곡辟

---

[4] 당시의 도가는 황로가, 신선가, 방술가, 방사 등 다양한 이름으로 불렸고, 진인 역시 신인, 신선, 도사, 학도지사學道之士, 상사上士 등 다양한 명칭으로 불렸다. 당연히 명칭의 차이는 그 명칭을 사용하는 사람의 인식의 차이를 보여준다.
[5] 그와 동일한 맥락에서 전개된 도교 비판 및 종교 비판의 계보는 중국사의 모든 시대를 통해 추적할 수 있고, 민국 시기 이후에는 서양의 계몽주의 사상의 세례를 받은 지식인들에 의해 계승되었다.
[6] 당연히 그것이 최초의 도교적 집단은 아니다. 도교적 사유, 신앙과 실천은 아주 오랜 과거에서부터 그 존재를 확인할 수 있다. 나아가 그런 사유를 신봉하고 실천하는 집단은 표면에 드러나지 않는 비밀 의례적 조직으로 존재했을 가능성이 있다.

穀'과 '식기食氣'의 수행법을 특히 중시한다.

> 곡식을 먹는 사람의 수명에는 한계가 있다. 인간의 음식[곡식]을 먹지 않는 사람은 귀신과 더불어 일을 모의할 수 있고, 기를 먹는 사람은 신통력으로 먼 미래를 알 수 있으며, 먹지도 마시지도 않는 사람은 하늘 및 땅과 더불어 생명을 마칠 수 있다.[7]

『태평경』의 벽곡술은 『장자』를 계승하면서도 『장자』에는 보이지 않는 민간적 귀신 신앙의 요소를 담고 있다. 도교의 양생술적 관점에서 곡식은 인간의 음식이다. 곡식이 문명의 핵심이며, 인간의 운명의 주인이라는 생각은 중국인들의 공통 인식이다. 『관자管子』에서는 이렇게 말한다. "오곡은 만물의 주인이다."[8] "오곡 그리고 쌀을 먹음으로써 인간의 생명이 유지된다."[9]

　곡식은 당연히 범속한 인간의 영역, 즉 문명적 삶, 사회적 삶의 영역을 가리킨다. 곡식은 생명의 근원이지만, 그 곡식을 먹는 인간은 언젠가는 죽는다. 당연한 말이다. 죽어야 할 운명을 가진 인간의 작위적 행위의 결과물이 문명이고 문화다. 곡식의 재배cultivation가 인간 문화culture의 발생과 연결되어 있다는 사실을 생각하면, 곡식이 인간의 삶, 인간 문명의 메타포라는 사실 역시 쉽게 알 수 있다. 곡식을 먹는 것은 인간 문명을 유지하고 문명에 소속되기 위해 필요한 최소한의 조건이다. 그렇다면 곡식을 먹지 않는다는 것은 그 반대다. 인간의 문명, 인간의 세속적 삶을 벗

---

7) "是故食穀者, 命有期. 不食者與神謀, 食氣者神明遠, 不飲不食與天地相卒也."(『太平經』)
8) "凡五穀者萬物之主也."(『管子』 卷2)
9) "五穀食米民之司命也."(『管子』 卷2) (오곡과 쌀은 인간의 생명을 관장하는 신이다.)

어나고자 하는 사람은 문명의 상징인 곡식에서 멀어져야 한다. 사람이 먹지 않고도 살 수 있다면, 세상에서 벌어지는 추악한 일들을 경험하지 않아도 될 것이다. 인간의 문명적 죄악 대부분은 먹어야 한다는 인간의 운명, 그리고 그것의 과잉에서 비롯된다.

신선이란 인간의 일상과 문명을 초월하는 새로운 삶, 진정한 삶에 대한 비전vision이다. 도교적 양생은 그런 새로운 삶의 비전을 실행하는 독특한 실천 양식이다. 인간은 운명에 사로잡혀 있으면서 동시에 운명을 뛰어넘는 비전을 가져야 한다. 그 초월적 비전의 체계인 종교는 문화의 한 양태가 아니라, 모든 문화의 근거다. 범속한 삶을 초월하는 비전을 가지고 있지 않은 문화는 존재하지 않기 때문이다.

벽곡은 인간의 삶을 초월하기 위해 일상과의 단절을 경험하는 상징적인 실천이다. 신선이 되기 위한 목적을 가지고 있지는 않다고 하더라도, 단식은 인간의 순수성을 회복하기 위한 종교적 수행의 방법으로 널리 실천되고 있다. 자신의 일상에 회의를 느끼는 보통 사람 역시 자기의 삶을 되돌아보기 위해 단식을 실행할 수 있다. 경우에 따라 사람들은 자기희생이나 저항의 표현으로 단식을 결행하기도 한다. 곡식 섭취를 포기하는 것은 더욱 근원적인 무엇을 얻기 위해 일상을 포기하는 위대한 수행이 되기도 한다.

그렇다면 곡식을 끊고 일상성을 초월한 신선은 무엇을 먹는가? 진정한 삶을 획득한 인간은 무엇을 먹어야 하는가? 『태평경』은 그 질문에 대해 이렇게 대답한다.

> 최상의 도[上道]를 얻은 신선은 바람[風氣]을 먹는다. 그다음으로 높은 단계의 도[中道]를 얻은 신선은 약초 등 선약을 먹으며, 낮은 도를 얻은 신선은 소식小食하여 그의 내장과 위를 비워낸다. 또 이렇게 말

할 수도 있다. 하늘은 크고 넓어서 아득하게 그 끝을 볼 수 없다. 바람을 먹지 않고서 어떻게 빠르게 하늘을 움직여 다닐 수 있으며, 하늘의 도와 함께 흘러 다닐 수 있겠는가? 또 최상의 도[上道]를 얻은 후에는 하늘 조정의 관리들과 서로 공을 나누고, 하늘의 군사들과 친구가 되기 때문에 바람을 먹어야 한다. 그 아래 등급의 신선은 땅의 정령과 힘을 다툴만하고, 오방의 토지신들[五土]과 친구가 되며, 산천을 두루 다니며 땅의 기운과 상통相通하게 되기 때문에 대지의 힘을 먹고 곡식을 먹지 않는다. 따라서 그는 물을 마시며 대지와 함께 움직인다. 그 아래의 도를 얻은 자는 음식을 줄여 도와 일치하도록 한다. 아직 신선의 모습이 완전히 갖추어지지 않아 일반적인 사람과 큰 차이가 없다. 따라서 적게 먹음으로써 장을 비우기를 힘쓰지만, 그도 역시 도를 이룬 사람에 속한다.

도의 수준이 높아질수록 적은 양의 곡식을 섭취할 수 있다. 도를 수행한 공력과 섭취하는 곡식의 양은 반비례한다. 무엇을 먹는가는 그 사람의 득도의 수준에 따라 달라진다. 깨달음의 수준이 높을수록 세상의 먹을거리에서 멀어질 수 있다. 충분히 납득할 수 있는 흥미로운 발상이다. 또 하나 재미있는 것은, 신선에도 다양한 등급이 있다는 주장이다. 여기서는 신선을 세 등급 내지 네 등급으로 나누어보고 있지만, 신선에도 등급이 있다는 생각은 『포박자 내편』의 '신선삼품설'에 의해 계승되고 있으며, 송대에 출현한 내단 문헌인 『종려전도집鍾呂傳道集』은 거기서 더 나아가 신선의 위계를 다섯 등급으로 구분하는 관점을 제시하기도 한다.

먼저, 최고 수준의 신선은 하늘을 날아다닌다. 따라서 그는 대지에 속하는 물질을 섭취하지 않고, 해서도 안 된다. 그는 일상적 음식이 아니라 기氣를 섭취한다. 그것이 식기食氣(기를 섭취하는 것)이다. 벽곡과 식기는 결국 같은 수행법의 양면을 말하는 것이다. 그 아래 수준의 신선은 물을 마시고, 가장 수준이 낮은 신선은 단지 음식을 적게 먹을 뿐이다. 기름진 음식을 상다리가 부러져라 차려놓고 차고 넘치게 먹는 것이 곧 높은 삶의 수준을 보여주는 것이라고 생각하는 현대인들로서는 쉽게 수긍하기 어려운 발상이다. 여기서도 우리는 문명에 의해 왜곡된 삶을 치유하는 것이 도교적 양생의 목표라는 사실을 알 수 있다.

현재 우리가 보는 『태평경』은 한대의 원본이 아니라 남북조시대 말기에 다시 편찬된 것이다. 하지만 그 안에는 한대 이전부터 존재했던 도교적 수행법의 풍부한 내용이 적지 않게 담겨 있다. 특히 '벽곡'의 수행과 하늘을 날아다니는 득도자의 형상은 전국시대 이래의 방사 혹은 샤먼〔巫師〕의 종교적 체험 바로 그것이다. 이렇게 도교는 초기 단계부터 샤먼적 종교 경험과 밀접한 관계를 가지면서 발전했다. 샤먼적 종교 체험과 결합된 벽곡의 신앙은 갈홍과 같은 시기에 강남에서 발전했던 상청파 도교에서도 전폭적으로 수용되었으며, 갈홍의 도교 사상을 형성하는 밑거름이 되었다.

일상적 관점에서 보면 곡물은 생명을 유지하는 에너지원이다. 그러나 도교적 신앙에 따르면 곡물은 오히려 인간의 생명을 갉아먹는 부정적 에너지를 제공한다. 곡물은 생명이 아니라 오히려 죽음을 가져다준다. 곡물은 삼시충三尸蟲에게 영양분을 제공한다. 삼시충은 평소에는 인간의 몸에 살면서 인간의 행동을 감시하고, 경신일庚申日이 되면 몸을 벗어나 자신에게 거처를 제공한 주인인 인간의 과오를 더 높은 신에게 고발한다고 여겨지는 도교 신의 일종이다. 인간은 자신이 범한 과오에 대한 벌로써 자기가 행한 과오만큼 생명을 잃는다. 그렇게 보면 곡식은 인간 생명의 동력이 아니라 죽음의 동력이라고 말할 수 있다. 그 삼시충을 제어하고 경신일에 그들이 인간의 몸을 벗어나지 못하도록 하는 수경신守庚申

의 신앙과 의례는 상당히 오랜 역사를 가지고 있다. 중요한 상청파 경전의 하나인 『자양진인내전紫陽眞人內傳』은 삼시충에 대해, "먼저 몸속의 벌레를 죽이는 약을 복용하여 그 벌레들을 죽여야 한다."10)고 말하고 있을 정도로, 곡물은 인간에게 삶이 아니라 오히려 죽음의 근원으로 생각된다. 또 도교 경전의 다이제스트 선집으로 유명한 『삼동주낭三洞珠囊』에는 오곡五穀의 부정적인 면을 지적하는 여러 논의가 실려 있다.

오곡은 생명을 박탈하고 도려내는 역할을 한다. 곡물로 인해 인간의 오장에는 썩은 냄새가 풍기고 그로 인해 생명이 단축된다. 곡식이 입으로 들어가면 장수를 기대할 수 없다. 불사를 원한다면 내장 속에 찌꺼기를 남김없이 제거해야 한다.11)

3. 갈홍의 벽곡론

갈홍은 초기 도교에서부터 널리 시행되어 오던 '벽곡'과 '식기'의 수행법을 수용하면서 자기 나름의 벽곡 이론을 전개한다. 갈홍은 먼저 상청파의 문헌들을 통해 벽곡, 식기법에 대한 지식을 습득했을 것이다.12) 그런 지식에 근거하여 갈홍은 '곡식을 끊고 장을 깨끗하게 만들기',13) '기

---

10) "先服制虫細丸, 以殺穀虫."(『紫陽眞人內傳』)
11) "五穀是刳命之鑿, 腐臭五臟, 致命促縮, 此粮入口, 無希久壽, 汝欲不死, 腸中無滓也." (『三洞珠囊』 卷3)
12) 「하람」에는 상청파의 기본 문헌인 『황정경黃庭經』, 『휴량경休粮經』을 비롯하여, 『식일월정경食日月精經』, 『식육기경食六氣經』 등의 문헌이 거론되고 있다.
13) "斷穀淸腸."(「辨問」)

를 삼키고 곡식을 끊기'14) 등 '벽곡(단곡)'과 '식기(복기)'에 대해 언급한다. 벽곡, 혹은 단곡의 수행법은 갈홍 당시에 이미 잘 알려진 장생 기법의 하나였다. 그러나 갈홍은 벽곡 자체가 장생불사의 중요한 방술은 아니라는 입장이지만, 그렇다고 '벽곡'의 효용을 완전히 부정하는 것은 아니다. 벽곡은 적어도 신선이 되는 수련의 길에서 몸과 마음의 준비로서의 효용을 가지고 있는 것이다. 『포박자 내편』「잡응」은 핵심적인 신선도술을 실행하는 준비 과정에서 필요한 소소한 방술들에 대해 토론한다.

먼저 갈홍은 "단곡〔=벽곡〕을 통해 장생불사를 얻을 수 있는가?"15)라는 질문을 던지면서 논의를 시작한다. 갈홍은 곡식을 끊는 '벽곡' 혹은 '단곡'을 실시한다고 해서 아무것도 먹지 않는 것은 아니라고 본다. 그야말로 아무것도 먹지 않고서는 생명을 유지할 수 없기 때문이다. 벽곡을 실행하는 사람은 보통 사람들이 먹는 곡물을 끊는 대신 적절한 초목약이나 광물약을 복용해야 한다. 여기서 갈홍은 기력의 회복을 돕는 여러 가지 약물을 언급한다.

출朮〔약용식물〕, 황정, 우여량환 등을 하루에 두 번 삼일 간 복용하면 기력이 넘치고, 짐을 지고 멀리 걸어도 이겨낼 수 있고, 몸이 가볍고 피로를 모르게 된다. 또 여러 종류의 석약石藥〔광물약〕을 10년, 5년 계속해서 복용하는 자, 기를 먹거나〔呑氣〕 부적을 먹거나, 신령한 물을 마시는 자들은 굶주림을 면할 뿐 아니라 체력이 좋아져서 피로를 모르게 될 것이다.16)

14) "呑氣絶穀."(「道意」)
15) "斷穀人可以長生乎."(「雜應」)
16) "其服朮及餌黃精, 又禹余糧丸, 日再服, 三日, 令人多氣力, 堪負提遠行, 身輕不困. 其服諸石藥, 一服守中十年五年者, 及呑氣服符飮神水輩, 但爲不飢耳, 體力不任勞也."(「雜應」)

이어서 갈홍은 벽곡의 또 다른 효용, 즉 배고픔을 견디는 능력을 길러 주는 효용에 대해 말한다.

> 흉년을 당하여 산림에 숨어들어갈 수밖에 없게 될 때에, 이 법[벽곡]을 알고 있는 사람이라면 굶어 죽지 않을 수 있을 것이다. 그 방법을 잘 알지 못하는 사람은, 곡식을 갑작스럽게 끊어서는 안 된다. 갑자기 끊게 되면 벽곡은 그다지 큰 효과를 얻지 못한다.[17]

갈홍은 벽곡의 효과를 대단히 한정적으로 평가하지만, 그 당시에는 장생의 방법으로서 벽곡의 효과를 과장하는 사람들이 많았다. 갈홍의 말에 따르면, 당시에 '백 종류가 넘는[近有一百許法]' 다양한 벽곡법이 존재했다고 한다. 그리고 벽곡과 적당한 약물 복용을 겸해서 실행함으로써 일시적인 배고픔을 견디는 능력을 기를 수 있고, 기름진 음식물을 섭취하여 생길 수 있는 갖가지 질병을 고칠 수 있다고도 말한다. 또 갈홍은, 자기 스승인 정사원이 벽곡을 실행하고 난 후에 말술을 마셔도 술에 취하지 않았던 경험을 통해, 벽곡이 몸에 침입한 독을 제거하는 효과가 있다고 말하기도 한다.[18] 그럼에도 불구하고, 벽곡의 효과는 한정적이다. 벽곡은 결코 장생불사의 방법이 될 수 없다는 것이 갈홍의 확고한 태도다. 갈홍은 이렇게 단언한다. "단곡으로는 생명을 연장시킬 수 없다는 것을 알 수 있다."[19] 이처럼 갈홍의 벽곡 논의에는 『장자』나 『태평경』의 벽곡

---

17) "若遭世荒, 隱竄山林, 知此法者, 則可以不餓死. 其不然也, 則無急斷, 急旣無可大益."(「雜應」)
18) "鄭君云, 本性飲酒不多, 昔在銅山中, 絶谷二年許, 飲酒數斗不醉. 以此推之, 是爲不食更令人耐毒, 耐毒則是難病之候也."(「雜應」)
19) "斷谷不能延年可知也."(「雜應」)

논의에서 보이는 종교적 상징성이 대폭 제거되어 있다. 갈홍은 하늘을 난다거나, 죽지 않는다거나, 종교적 초월성이나 신성성의 획득과는 거의 무관한 지극히 일반적이고 공리적인 관점에서 벽곡의 효용을 이야기할 뿐이다.

갈홍은 위진남북조시대 이전의 도교 방술의 집대성자였지만, 나름대로 신선술의 발전 방향에 대한 확고한 태도를 가지고 있었다. 따라서 그는 전통적인 벽곡법을 수용하는 한편 그것의 한계를 지적하기를 주저하지 않는다.

> 도교 문헌에서는, 장생하고자 하는 자는 반드시 장을 깨끗하게 만들어야 하고, 불사를 얻고자 하는 자는 장 안에 찌꺼기를 없애야 한다고 말한다. 또 풀을 먹는 자는 잘 달리지만 우둔하고, 고기를 먹는 자는 힘이 뛰어나지만 사납고, 곡식을 먹는 자는 지혜롭지만 오래 살지 못하고, 기를 먹는 자는 신명[정신]이 죽지 않는다고 말한다. 하지만 이것은 행기를 실천하는 일파의 편벽된 견해일 뿐이므로 그것을 그대로 믿고 하나만을 실행해서는 안 된다."[20]

갈홍은 종합주의자의 입장에서, 벽곡과 식기만을 통해서는 장생불사라는 도교의 최종 목적을 달성할 수 없다는 한계를 지적하고 있는 것이다. 그것에서 더 나아가, 갈홍은 금단의 비법에 대해서 알지 못하면서 치병治病, 벽곡, 식기를 통해 장생불사할 수 있다고 선전하는 사람들을 사이비 도사(=잡외도사雜猥道士)라고 비판한다(「勤求」).[21] 벽곡 그 자체는

---

20) "道書雖言欲得長生, 腸中當淸, 欲得不死, 腸中無滓. 又云, 食草者善走而愚, 食肉者多力而悍, 食穀者智而不壽, 食氣者神明不死. 此乃行氣者一家之偏說耳, 不可使孤用也."(「雜應」)

장생술로서 그다지 큰 효용을 갖지 않는다고 보는 것이다. 굳이 말하자면 '벽곡'보다 효과가 높은 방술은 행기行氣의 방술이다. 벽곡은 잘해야 행기를 위한 준비 단계, 또는 약물을 잘 흡수하는 몸을 만들기 위한 준비 단계일 뿐이다.

> 곡식을 끊는 사람은 단지 반찬과 식량 소비를 줄이는 데 그칠 뿐 그것만으로는 결코 장생을 얻을 수 없다. 옛날에 오랫동안 단곡을 실천했던 사람에게 물어본 적이 있는데, 그는 〔단곡을 하면〕 곡식을 먹을 때보다는 약간 병과 통증이 줄어든다고 말했다.[22]

심지어 갈홍은 벽곡이 깨끗한 몸을 만드는 데 약간의 효용이 있다고 하더라도, 금단 대약을 복용할 수 있다면, 굳이 벽곡을 하지 않아도 큰 지장은 없다고 말한다.

> 금단 대약을 복용하기 전에 백여 일 동안 〔곡식을〕 먹지 않았다면, 더 빨리 신선이 될 수 있다. 그렇지 않은 사람이라도 그것〔=대약〕을 먹기만 하면 신선이 될 수 있지만, 효과가 조금 늦게 나타날 따름이지 큰 지장은 없다.[23]

---

21) 단 여기서도 갈홍은 '절곡즉적년불기絶穀則積年不飢'라고 말하면서, 배고픔을 이기게 하는 절곡(벽곡)의 효과를 인정한다.
22) "斷穀人止可息(=省)肴糧之費, 不能獨令人長生也. 問諸曾斷谷積久者云, 差少病痛, 勝於食穀時."(「雜應」)
23) "若欲服金丹大藥, 先不食百許日爲快, 若不能者, 正爾服之, 但得仙小遲耳, 無大妨也."(「雜應」)

위진남북조시대는 도교의 종파가 다양해지면서 도교가 이론적으로 성숙해진 시대였다. 그와 더불어 신선술에 대한 연구도 심화되고 다양화되었다. 그러나 갈홍은 수십 종의 도교 방술에 대해 언급하고 있지만, 금단대약을 제외하고는 모두 보조적인 효용 이상의 의미를 부여하지 않는, 확고한 금단 중심론을 주장한다. 갈홍이 벽곡의 가치를 높이 보지 않은 것은 그의 입장에서는 당연한 것이라고 할 수 있지만, 한편으로는 벽곡이 방술로서의 권위를 상실해가고 있는 시대 조류를 반영하는 것이라고 볼 수 있다. 위진남북조시대는 기의 사유가 발전하고, 그것에 근거를 둔 행기술이 다른 신선 방술을 능가하는 상황이 전개되고 있었다. 행기술은 기의 이론을 통해 다른 여러 방술을 포섭적으로 해명할 수 있었기에, 마침내 신선술의 중심으로서 위상을 획득할 수 있었던 것이다.

확고한 금단 중심론자였던 갈홍조차 맹렬한 기세로 발전하고 있던 행기의 수행법을 거부할 수는 없었을 것이다. 한 걸음 나아가 갈홍은 기의 수행, 넓은 의미의 행기를 금단에 버금가는 신선술의 방법으로 받아들인다. 금단이 아무리 중요하다고 해도, 실제로 금단을 조제하는 것이 쉽지 않고 그 방법조차 확실하지 않다면, 이론적으로 많은 장점을 가진 행기 수행법이 높은 평가를 받는 것은 자연스럽다. 위진시대는 물론, 그 이후에도 도교 이론가들은 금단의 권위를 손쉽게 부정하지는 못했다. 그러나 기의 수련법이 도교 수행법의 중심으로 점차 권위를 획득해가는 것을 막을 수는 없었다. 점차 그 기의 수련법은 인체 내부에 불사약을 만들 수 있다고 믿는 신체-정신 수행법으로 발전하고, 마침내 '내단술'이라는 이름으로 금단술(=외단술)을 능가하기에 이른다.

3장 욕망의 조절, 음양의 조화:
도교 방중술의 이해

1. 방중술의 효과: 갈홍의 방중술론

갈홍이 도교 방술의 핵심 기법 중의 하나라고 말한 '보정寶精'은 '생명-신체'의 근거인 정精을 보호하고 조장하는 기법이다. 특히 그것은 기의 생명력을 이용하는 방술이라는 점에서, 넓은 의미의 기 수련법, 즉 행기술과 연관이 있다. 그렇다면 보정이라고 할 때의 '정'이란 무엇인가? 그 문제를 자세히 논의하기 전에, 나는 정이 기의 다른 이름, 또는 기의 한 양상이며, 인간 생명력의 전달이나 생식과 깊은 관련이 있는 어떤 것이라고 하는 사실을 먼저 지적하고자 한다.

중국 사상에서 정精은 다른 무엇보다 생명 에센스, 생명 에너지와 연관이 있다. 한자어의 정수精髓, 정액精液 등의 개념에는 '정'의 본래적인 의미가 간직되어 있다. '정'은 원래 신체 내부에 깃든 생명의 원질, 즉 '기'의 한 양태를 가리키는 말이다. 가장 단순하게는 '정액'이라는 단어에서 볼 수 있는 것처럼, 고대 중국에서 '정'은 생식 작용, 생명 작용과 관계있는 것으로 이해되어왔다. '정'의 실체가 무엇인지를 밝히기 위한 시도들은 고대에서부터 있어왔다. 그런 시도들의 연장선에서 양생론을 정리하고 있는 『관자』는 "정은 기의 한 양상이다〔精者氣也〕."라고 하면서 '정'을 '기'와 동일한 것, 인체 내부에 자리 잡은 생명 에센스라고 규정하기에 이른다.

고대 중국인들은 신체와 정신이 분리된다는 정신/신체의 이원론을 알지 못했다. 그들은 생명 에센스인 정精을 동시에 정신적인 작용〔神〕과 연관된 어떤 것이라고 보았고, 나아가 '정'과 '기'를 연속적으로 파악했다. 그런 사유 방식에서부터 정精과 신神이 결합될 수 있는 통로가 만들어지고, 마침내 '정신精神'이라는 복합어가 등장한다. 그리고 그 '정신' 개념은 전국시대 이후 한대를 거치면서 인간의 생명('신체-정신') 현상을 설명하는 것으로 확고한 지위를 얻는다(그런 용례는 『장자』 외잡편과 『회남자』 안에 자주 등장한다).

한편으로 정精은 고도로 세련된 어떤 상태, 고도로 다듬어진 상태를 가리키는 형용사로 사용되기도 한다. 본래 인간사를 초월한 특별한 존재, 신적 초월적 존재를 지칭하던 신神이 인간 내부에 깃든 신적 작용(=사고 작용)이라는 의미로 확대되거나, 신비로운 작용력을 가진 어떤 상태를 가리키는 형용사로 확대되어 사용되는 것과 유사한 맥락이다. 중국의 신神 개념이 초월 존재, 인간의 사고 작용으로서의 정신, 그리고 신비로운 어떤 작용을 드러내는 형용사로 사용되는 것처럼, 정精 개념 역시 생명 에센스로서의 정액, 생명에 깃든 고도화된 기, 고도로 다듬어진 어떤 상태를 가리키는 형용사로 의미가 확대되었던 것이다. 그러나 근대기 이후에 서양철학과 종교의 spirit, 혹은 Geist의 번역어로 '정신' 개념을 사용하면서, 중국의 사상 전통 안에서 예로부터 있어왔던 '정신'은 현대어로 번역할 수 없는 개념으로 전락하고, 철학적 사유의 지평에서 사라지

는 아이러니한 운명을 맞이한다.[1]

도교 수행론의 맥락에서 보자면, 생명 에센스인 '정精'은 생명의 원질인 '기氣'가 고도로 순수화된 어떤 것이기 때문에, 그 '정'을 보존하고 더욱 순화시키는 수행은 기의 수련 그 자체와 뗄 수 없는 관계를 가진다. 넓은 의미의 기 수련은 체내의 생명 에센스인 '정', 더 나아가 '정'의 바탕이 되는 '기'를 보호하고 활성화시키는 방법이라고 말할 수 있다. 그리고 실제에 있어서, 갈홍이 말하는 '보정'은 성적인 교접 상황에서 정을 보호하는 방중술房中術의 다른 이름으로 사용된다. 그 사실은 정精이 정액精液과 떼려야 뗄 수 없는 관계에 있다는 사실에서부터 당연히 예상할 수 있는 것이다. 갈홍은 방중술을 대단히 중요한 신선 방술의 하나로 인정한다. 갈홍 시대에 이미 방중술은 널리 퍼져 있었던 신선술 혹은 신체적 기법이었다. 하지만 갈홍 역시 중요한 신체-정신 수련법의 하나였던 그 방중술의 전모를 파악하는 것은 쉽지 않았던 것 같다.

갈홍은 그 시대에 실행되고 있었던 방중술의 기법이 백 종류 이상이라고 말한다.[2] 그리고 그것을 신선적 방술로 실행하는 도법 유파만 열 개

---

[1] 그런 점에서 고대 중국의 사상 세계를 형성했던 언어의 본래적 의미를 복원하는 작업은 근대에 의해 왜곡된 우리의 정신 활동을 다시 찾기 위한 기초 작업으로서의 가치가 있다. 사실 그런 작업을 거치지 않고서는, 수입된 서양철학에 근거하고 있는 우리의 현대적 사유는 더 이상 앞으로 나아갈 수 없는 곤경에 처하게 될 것이다. 이것은 원어(독일어나 영어나 불어나 라틴어나 희랍어 등)로 서양철학을 읽을 수 있느냐 없느냐 하는 단순한 문제가 아니다. 우리의 사유 활동을 전개하기 위해 필요한 언어 자체가 이미 심각하게 번역어로 오염되어 있기 때문에, 서양철학의 원전을 몇 마디 읽을 수 있는가 없는가는 그다지 큰 의미가 없다. 서양의 철학 원어를 우리말로 옮길 때 이미 우리는 번역어로서의 한자어 개념을 사용하지 않을 수 없기 때문이다. 한자어로 번역된 서양철학 용어, 특히 일본어 한자어로 표현된 용어에 대한 근본적, 아니 혁명적 재검토가 필요하다.

[2] "雖曰房中, 而房中之術, 近有百餘事焉."(「釋滯」)

이상이 존재했다고 한다.³⁾ 갈홍은 방중술(=보정)의 핵심[大要]은 '환정보뇌還精補腦'라고 단정하고 있지만,⁴⁾ 그것이 구체적으로 어떤 것인지에 대해서는 설득력 있는 정보를 주지 않는다. 아마도 갈홍 역시 방중술의 구체적인 기법에 대해서는 잘 알지 못했을 가능성이 높다. 왜냐하면 그것은 글로 전수되는 것이 아니라 구두 전승을 통해 전수되는 것이었기 때문에, 직접 전수 받은 자가 아니면 방중술의 전모를 자세하게 알 수 없었을 가능성이 있다.⁵⁾ 갈홍은 선도 방술로서의 방중술의 가치를 다음과 같이 평가한다.

> 대약을 복용하는 것이 장생의 근본이지만 행기를 겸해서 실행할 수 있으면 그 효과가 훨씬 더 빠르다. 만일 아직 약을 얻을 수 없다면 우선 행기의 원리를 잘 알아서 그것을 실행하는 것만으로도 수백 살까지 살 수 있다. 그러나 마땅히 방중의 기법도 잘 알아두어야 한다. 왜냐하면 음양의 술, 즉 방중술을 알지 못하면 반복해서 몸은 피곤해질 것이고, 그 결과 행기가 제대로 효과를 얻지 못하게 될 것이기 때문이다.⁶⁾

여기서 갈홍은 선도 수행에 있어서 복약과 행기의 우월성을 인정하면서도, 방중술의 가치를 부정하지 않는다. 적어도 결혼과 성생활을 부정하지 않는 도가적 입장에서는, 비록 수련자라 하더라도 배우자 혹은 여

---

3) "房中之法十餘家."(「釋滯」)
4) "其大要在於還精補腦之一事耳."(「釋滯」)
5) "此法乃眞人口口相傳, 本不書也."(「釋滯」)
6) "服藥雖爲長生之本, 若能兼行氣者, 其益甚速. 若不能得藥, 但行氣而盡其理者, 亦得數百歲. 然又宜知房中之術, 所以爾者, 不知陰陽之術, 屢爲勞損, 則行氣難得力也."(「至理」)

성과의 성적 교섭을 갖는 것이 당연하다. 인간의 삶에서 성생활은 분명히 다양한 긍정적인 기능을 한다. 갈홍도 말하고 있는 것처럼, "음양의 교접(성생활)이 단절되면 질병을 불러일으킬 수 있다."7) 성생활은 사소한 질병을 예방하는 차원에서도 무시할 수 없다. 이처럼 성에 대한 중국의 전통적인 관점을 계승하면서, 갈홍 역시 방중房中의 긍정적인 측면에 주목한다. 그렇다고 해서 남녀의 성적 결합, 즉 '음양지교'가 무조건적으로 긍정적인 가치만을 갖는 것은 아니다.

음식과 남녀(의 성생활)는 인간 생존의 근본적인 요청이기에 완전히 부정될 수 없다. 하지만 음식남녀의 욕망 충족에는 반드시 적절한 절제와 조화가 따라야 한다. 절제되지 않는 음식 습관, 절제되지 않는 성생활은 생명을 갉아 먹는 첩경이다. 갈홍은 절제되지 않는 과도한 성적 욕망의 발산과 절도 없는 남녀의 교접을 단연코 경계한다.8)

금욕적 이념을 가지고 있지 않은 도교는 남녀의 성적 결합 그 자체를 부정적으로 보지 않는다. 그러나 욕망의 절제와 절도는 도교에서도 중시되는 덕목이다. 절도 있는 적절한 성생활은 육체의 건강은 물론, 정신 건강에도 도움이 된다. 거기에다 성적 교접의 기법을 알고, 또 그것의 원리를 알고 실천하는 자는 많은 이익을 누릴 수도 있다.

> 방중의 기법을 잘 실행하는 사람은 '정액을 배설하지 않음(却走馬)'으로써 뇌(뇌수-정신 에너지의 원천)를 보충할 수 있다. 음단陰丹(정액)

---

7) "人不可以陰陽不交, 坐致疾患."(「微旨」) "人復不可都絶陰陽, 陰陽不交, 則坐致壅閼之病, 故幽閉怨曠, 多病而不壽也."(「釋滯」)
8) "若乃縱情恣欲, 不能節宜, 則伐年命."(「微旨」) "뜻대로 마음대로 행동하면 생명을 해친다. 오직 절도와 적절한 조화로서만 생명의 손상을 막을 수 있다.(任情肆意, 又損年命. 唯有得其節宜之和, 可以不損.)"(「釋滯」)

을 신체 내부로 끌어들여 장기의 에너지를 보충하고, 옥액玉液을 금지金池에서 취하고, 삼오三五를 화량華梁으로 끌어들인다. 그렇게 하여 노인은 아름다운 피부를 가질 수 있고, 하늘로부터 받은 생명을 완수할 수 있다.[9]

상징으로 가득한 표현이라, 정확한 의미를 아는 것은 쉽지 않다. 하지만 전체적으로 볼 때 위의 문장은 정액의 과도한 배설, 과도한 성행위를 조절하는 것이 생명 연장과 건강 유지에 유익하다는 말하고 있다는 것은 분명하다.

갈홍은 방중술의 습득에 있어서 구결口訣의 중요성을 강조한다.[10] 방중술이나 금단술 등 중요한 방술의 전수에서 요구되는 구결이란, 결국 종교적 상징어의 의미를 이해하기 위한 암호다. 그 구결은 글로 써진 문헌의 형식으로 전수되지 않는다. 구결은 반드시 스승과 제자 사이의 일대일의 신뢰 관계를 바탕으로 구전으로만 전해진다. 도교의 주요 수련법, 특히 금단술, 방중술, 내단술 등은 비밀 전수의 원칙을 엄수하면서 이어져왔다. 그런 지식은 자격을 가진 입문자들(the initiated)만이 공유하는 비밀의 지식이었다. 그런 의미에서 그들의 집단은 비밀 종교 집단, 비의occult 집단이었다. 갈홍이 방중술은 스승에서 제자에게로 구전되는 것이어서 글로 써진 것만으로는 그것의 의미를 완전히 파악하는 것이 어렵다고 말한 이유가 거기 있다.[11]

---

9) "善其術者, 則能却走馬以補腦, 還陰丹以朱腸, 采玉液於金池, 引三五於華梁, 令人老有美色, 終其所稟之年."(「微旨」)
10) "구결의 비밀을 알지 못하고서 혼자서 그 방법을 실행하여, 스스로 생명의 해를 끼치지 않은 사람은 하나도 없다[不得口訣之術, 萬無一人爲之而不以此自傷煞者也]."(「釋滯」)
11) [글로 기록되는 것은] 대개 조잡한 내용들뿐이고, 지극히 중요한 요점은 결코 종이 위에 기록되는 법이 없다[蓋載其麤事, 終不以至要者著於紙上者也]."(「釋滯」)

갈홍은 방중술의 긍정적 효용을 인정하지만, 그 방중술을 통해 신선이 될 수 있다고는 생각하지 않는다. 갈홍 당시에는 방중술을 통해 신선이 될 수 있다거나, 방중술을 실행하여 복을 화로 전환시키고 재난을 쫓아낼 수 있다거나, 그것으로 관리는 더 높은 관직을 얻고 상인은 더 큰 재산을 벌 수 있다고 선전하고 다녔던 방중술 예찬론자들이 횡행하고 있었다.

갈홍도 방중술이 작은 질병을 치료[治小疾]하거나 정기가 소모되는 것을 방지[免虛耗]하는 정도의 효용이 있다는 사실은 인정한다. 그리고 아무리 훌륭한 약을 복용하더라도, 또는 아무리 많은 희생 제물을 바쳐 귀신에게 제사 지내더라도, 방중술의 기본을 이해하지 못하면 아무런 소용이 없다고 말하기도 한다.12) 방중술을 이해하고 실천하는 자는 그 생명의 뿌리[靈根]13)를 보존할 수 있다고도 말한다. 좋은 영양분을 보급해도 뿌리 뽑힌 나무를 살릴 수는 없는 것처럼, 생명의 뿌리인 정精은 일단 소진해버리면 회복할 수 없는 것이기 때문이다. 그러나 갈홍은 방중술의 가치가 기를 상실하지 않게 하는 소극적인 것에 그친다고 역설한다. 이처럼 갈홍이 방중술의 효용을 크게 평가하지 않는 것은, 금단을 최고의 방법으로 보는 그의 관점에서는 당연한 것이다.14)

당연히 갈홍은 방중술만으로 신선 불사를 달성할 수 있다고 하는 가르침을 퍼트리는 종교가들을 비난한다. 그들은 요망한 가르침을 통해 사람들을 속이는 거짓말쟁이고, 그들의 가르침은 추종자를 끌어들여 돈을 벌려고 하는 헛수작일 뿐이라는 것이다.15) 그런 자들이야말로 갈홍이 비난

---

12) "雖服名藥, 而復不知此要, 亦不得長生也."(「釋滯」) "凡服藥千種, 三牲之養, 而不知房中之術, 亦無所益也."(「微知」)
13) 「극언極言」에서 갈홍은 신체 내부에 존재하는 생명의 근원을 '영근'이라고 부른다.
14) "一塗之道士, 或欲專守交接之術, 以規神仙, 而不作金丹之大藥, 此愚之深矣."(「釋滯」)
15) "巫書妖妄過差之言 …… 姦僞造作虛妄, 以欺誑世人 ……以求奉事, 招集弟子, 以規世利耳."(「微旨」)

해 마지않는 '요도妖道'의 전형이다. 정통적인 도교의 관점에서 수긍할 수 없는 요도에 대한 비판은 갈홍의 사상적 과제 중의 하나이기도 했다.

2. 음양의 조화: 욕망 조절의 기술로서의 방중술

그렇다면 그 방중술의 진정한 의미는 무엇일까? "나도 아직 그 비결을 다 알지 못한다."16)고 스스로 술회했던 것처럼, 갈홍 역시 그 방중술의 진정한 방법과 의미를 완전히 터득하지는 못했던 것 같다. 그만큼 방중술의 의미를 이해하는 것은 간단한 일이 아니다. 더구나 방중술만으로도 신선이 될 수 있다고 믿는 도사들이 많았던 당시의 사정을 생각하면, 그 방중술을 단순히 남녀 사이의 성생활의 기법 내지 성교의 테크닉 정도로 이해하는 것은 분명 무언가 부족한 느낌이 든다.

가장 단순화해서 말하자면 방중술은 남녀의 성적 결합(의 상징)을 이용하여, 기의 순환 및 기의 순수화를 지향하는 방법이라고 말할 수 있을 것이다. 방중술에서 남녀의 성적 결합은 분명이 주요한 내용으로 등장한다. 그러나 그것이 직접적이고 실제적인 성적 교섭을 의미하는지는 분명하지 않다. 갈홍은 당시에 이미 폭넓은 독자를 획득한 『소녀경素女經』, 『현녀경玄女經』 등 성생활의 테크닉을 알려주는 문헌에 대해 알고 있었다. 갈홍이 수집한 도서 목록의 일부를 소개하고 있는 「하람」에 그 책들의 이름이 등장하고 있는 것을 볼 때, 갈홍도 그 문헌들을 연구했음이 틀림없다. 갈홍은 방중술의 효과를 과장하는 도사 집단을 '요도'라고 비판했지만, 그 당시에 다양한 종류의 방중술이 퍼져 있었던 것은 분명한 사

---

16) "余實復未盡其訣矣."(「釋滯」)

실이다.

  수많은 방중술사가 나름대로 다양한 방법과 목표를 가지고 방중술을 실행했다. 어떤 사람들은 손실된 정精을 보충하여 생명 에너지를 회복하는 방법, 혹은 상처나 질병을 치료하는 방법의 하나로 방중술을 실천했다. 또 어떤 사람들은 생명 연장의 기법으로 방중술을 활용했다. 심지어 방중술만이 신선이 되는 유일한 길이라고 주장하는 사람들조차 있었다. 금단을 최고 신선술로 보는 갈홍은 당연히 그런 주장에 동의하지 않는다.

  갈홍은 도교의 신선 방술을 사회적 질서와 무관한 것으로 보려고 하지 않는다. 오히려 갈홍은 도교의 사회적 관심을 적극적으로 강조하는 입장을 가지고 있다. 그는 사회를 유지하는 데 필수 불가결한 사회적 도덕을 도교의 영역 안으로 적극적으로 끌어들이려고 한다. 갈홍의 신선술 체계에서 사회윤리의 실천은 오히려 신선술의 전제로 요구될 정도였다. 유교적 가치와 가족 이념이 강하게 작동하고 있던 사회에서 성적 방종을 연상시키는 방중술의 실천은 손쉽게 용납될 수 없는 것이었다. 그런 현실을 받아들이면서 갈홍은 당시의 일반적인 도덕 질서와 도덕 정서를 해치지 않는 방향으로 도교의 수행론을 조정하려고 했다.

  갈홍이 살던 위진남북조시대의 강남 지역은, 유교의 삼강오륜적 질서가 정착되어 있던 한나라 때와 달리, 전통적 가족 윤리가 상당히 이완되어가는 시대였다. 그 시대는 이민족 출신의 지배 집단이 권력을 장악함으로써 비중국적이고 비유교적인 외래문화가 전통적인 가족 윤리를 해체시키는 현상이 두드러지던 시기였다.[17] 갈홍은 다른 저작인 『포박자 외편』에서 중국의 전통적 윤리 관념에 바탕을 둔 소박한 한족의 사회 풍

---

17) 이민족문화의 유입과 함께 전통적인 중국의 문화 질서, 가족 윤리가 해체되어가던 당시의 사회상을 이해하기 위해서는, 장징(2004)의 『사랑의 중국문명사』 참조.

습이 무너져가는 당시의 현실에 대해 날카로운 비판을 던지고 있다.

세간의 풍습은 다음 세대로 전해지지만 예의를 지키는 마음은 점차로 무너져간다. 겸양을 숭상하는 사람은 아무도 없고, 오만 방자함이 세상에 가득하다. 패거리들이 모여 노는 연회석상에 나가보면 웅크려 앉거나 오랑캐 풍의 의자에 걸터앉는 풍습이 만연해 있고, 더운 여름이 되면 많은 사람이 관을 쓰지 않은 채 활보하거나 함부로 몸통을 드러낸다. 열심을 다해 하는 일은 도박이나 바둑이며, 열띤 논의의 주제는 가수나 창기의 아름다움에 관한 것뿐이다. 발을 움직여 가는 곳은 비단옷을 걸친 귀족의 자제들 옆이며, 노니는 곳은 세력이 있는 사람의 집이나 술집에서 멀리 있지 않다.[18]

같은 곳에서 갈홍은 한대의 풍습을 기록한 다음, 그것과 극단적인 대조를 보이는 '당시'의 풍기 문란 상황에 대해 한탄한다.

지금 세속의 부인들은 누에를 키우고 옷감을 짜는 일은 물론, 남편의 뒷바라지도 팽개쳐버렸다. 마포를 짜는 일도 버려두고 저잣거리를 쏘다니기에 여념이 없다. 집안에서 음식 장만하는 일에는 관심이 없고, 사람들과의 교제에 온 마음을 쏟는다. 친척들 사이의 왕래도 빈번하여 한번 놀러 가면 한밤중에 별을 이고 등불을 밝히며 돌아오기가 일쑤이고, 밤늦도록 거리에는 여성들의 발걸음이 끊이지 않는

---

18) "世故繼有, 禮敎漸黷, 敬讓莫崇, 傲慢成俗, 儕類飮會, 或蹲或踞, 暑夏之月, 露首袒體. 盛務唯在蒲彈棋, 所論極於聲色之間, 擧足不離綺繡紈袴之側, 游步不去勢利酒客之門."(「疾謬」)

다. 또 많은 시종을 데리고 다니기 때문에 길거리는 왁자지껄한 시장 통과 다를 바 없고, 여종들과 병졸들이 뒤섞여 길거리에서 함부로 음탕한 짓을 일삼는 모양은 참고 볼 수가 없을 정도이다.[19]

이런 상황에서, 성교의 테크닉을 통해 신체적 건강은 물론 정신적 완성까지 얻을 수 있다고 주장하는 방중술이 가부장적 질서라는 울타리를 벗어나는 잠재적 위험성을 가진 것임은 쉽게 상상할 수 있다. 방중술과 그런 기법을 체계 안에 포용하는 도교 자체는 사회윤리적 관점에서, 유교적 정치 이데올로기를 표면에 내세우는 정권의 입장에서, 언제나 의심의 대상이 될 수밖에 없는 운명을 갖는다. 특히 송대에 유학이 다시 사회적 중심 세력으로 복귀하는 시기가 되면, 방중술은 반사회적 행위라고 비판받게 된다. 인간의 성을 남성 중심의 가족 질서, 가부장적 권위 안에 가두어두려고 하는 유교적 도덕 세계에서, 성의 테크닉을 이용하는 방중술이 정통 유교 사대부들로부터 알레르기 반응을 불러일으키고, 사회적으로 억압을 받았다는 것은 쉽게 예측할 수 있다.

도교의 성립 당초부터 도교 내부에서는 방중술과 유사한 치료 의례가 실행되고 있었던 것 같다. 그것이 반드시 실제적인 성적 결합을 실행하는 것은 아니었다고 할지라도, 남녀가 음과 양의 결합(조화)이라는 상징을 이용하는 의례를 실천하는 것은 분명 오해와 의심의 대상이 될 수 있다. 조선 말기에 서학西學이 조선에 유입되었을 때, 남녀가 같은 방에 모여 기도하고 예배하는 것 자체가 유자들의 결렬한 비판을 불러일으켰던

---

19) "今俗婦女, 休其蠶織之業, 廢其玄紞之務. 不績其麻, 市也婆娑. 舍中饋之事, 修周旋之好. 更相從詣, 之適親戚, 承星舉火, 不已于行. 多將侍從, 暉嘩盈路, 婢使吏卒, 錯雜如市, 尋道褻謔, 可憎可惡."(「疾謬」)

것을 생각한다면, 도교의 방중술 내지 그와 유사한 종교 의례에 가해진 사회적 비난을 쉽게 예상할 수 있다.

나는 도교적 방중술에 가해진 사회적 비난이, 서양의 비의mystery 종교에서 실행하는 성적인 상징을 포함하는 의례에 대해 외부자가 가하는 비난과 비슷한 것일 수 있다고 생각한다. 일부일처의 가족 윤리를 중시하는 기독교는 고대적 생명력 숭배와 연관된 이교도의 비의를 용인할 수 없었다. 중국에서는 도교가 그런 비윤리적 종교라는 이유로 유교 지식인들로부터 심각한 비난을 받았다. 위진남북조시대 도교를 개혁한 구겸지의 개혁 도교(新天師道)는 전통적 천사도의 몇 가지 측면, 특히 사회적으로 비난을 받을 수 있는 몇 가지 의례를 제거하는 것을 중요한 개혁 목표로 삼았다. 그 개혁에는 방중술 의례를 제거하는 것과 민간의 무巫 종교와 혼동될 수 있는 희생 의례를 제거하는 것이 포함된다.

가부장적 유교 윤리에 따르면 부부가 아닌 남녀가 공개적인 장소에서 얼굴을 마주하고 대화하거나 신체적으로 접촉하는 것이 엄격하게 금지된다. 사대부 집안의 여성일수록 그 금지가 엄격하다. 여자와 남자가 공개적인 장소에서 만나는 것 자체가 비윤리적 태도로 규정되었다. 심지어 시댁의 남자 가족과 며느리의 관계도 엄격한 규제를 받았다. 혼인 하지 않은 처녀가 얼굴을 드러내는 것 자체가 성적 순결을 파괴하는 행위라고 생각될 정도였으니, 유교의 정통적 입장에서 성 담론이 금기시되었으리라는 것은 충분히 상상할 수 있다. 유교의 정통 윤리에서 본다면 도교, 불교, 기독교는 그런 비윤리적 행위를 조장하는 가르침이었음이 틀림없다.

나는 도교가 정치-종교적 교단으로 역사에 모습을 드러내기 이전에는, 비의적 종교 의례를 실천하는 비밀 종교 집단으로서 존재했을 것이라고 추측한다(이 책 「제1부 1장 갈홍 도교 사상의 형성」 참조). 그런 의미에서 도교 의례는 비밀스러운 전승을 통해 존속되어왔다. 특히 선도仙道 방술이 구두 전승과 실천을 통해 입문자에게만 전수되는 비의성秘儀性을 강하게 지니고 있었다는 것은 더 말할 필요도 없다.

유교 윤리가 지배하는 상황에서, 방중술은 책을 통해서가 아니라 스승에서 제자로 직접, 혹은 구두 전승을 통해 전수되었던 것이다. 그런 이유에서, 갈홍도 말하고 있는 것처럼, 방중술을 명확하게 이해하는 것은 쉬운 일이 아니었다. 섹스의 기법과 연관된 방중술이 비밀 의례적 성격을 가지고 있었다는 것은 충분히 예상할 수 있다. 하지만 방중술의 참된 의미는 표면적인 언어만을 통해 드러난 것에 한정되지 않을 것이다. 방중술을 덮고 있는 신비의 베일로 인해, 방중술은 저속한 성적 결합의 차원으로 폄하되고, 외설화되기가 쉬웠을 것이다.

하지만 나는 방중술을 다른 차원에서 생각해볼 필요가 있다고 생각한다. 방중술에서 말하는 음양의 결합[陰陽之交]을 문자 그대로 이해하지 않는 것은 불가능한가? 그것을 '상징적-의례적' 종교 행위라고 이해할 수는 없을 것인가? 사실, 남자(양)와 여자(음)의 성적 결합이라는 상징을 통해, 우주의 원리와 우주의 순환과 조화를 설명하는 논리는 『주역』에서부터 널리 사용되었고, 널리 받아들여지고 있었다. 『주역』은 『소녀경』이나 『현녀경』 등 소위 방중술 전문서와 같은 성교의 기법을 구체적으로 논하고 있지는 않다. 그러나 거기서 사용되는 언어가 성적 결합을 가리킨다는 것은 누구나 쉽게 짐작할 수 있다. 『주역』을 『주역』으로 만들어주는 부호 그 자체가 이미 성적인 상징인 것이다.

남자와 여자가 적절하고 바른 성행위를 통해 생명을 유지하고, 다른 생명을 생산하는 것은 너무도 자연스럽고 당연하다. 그것이 자연스럽고 당연한 이유는, 그것이 남자의 상징인 하늘과 여자의 상징인 땅의 조화에 의해 자연이 생성되고, 운행되고, 계절이 순행하고, 곡식이 여물고, 봄이 오고 겨울이 오는 것처럼, 성질이 다른, 대립하면서 통합하는 두 에너지의 결합과 순환이라는 자연의 원리를 표현하기 때문이다. 자연을 구성하고 움직이는 그 두 에너지의 교호 작용이 없다면 세상은 유지될 수 없다. 자연도 그렇고 인간도 그렇다.

대표적으로 『주역』의 태괘泰卦와 비괘否卦는 자연을 움직이는 두 에너지, 즉 음과 양, 남성 원리와 여성 원리의 소통과 막힘이라는 비유를 통해, 우주와 인간사의 발전과 쇠퇴를 말하고 있다. 그 괘가 64괘 안에서도 특별한 중요성을 가지는 이유는, 그것의 두드러진 성적 상징 때문이다. 남성 원리와 여성 원리의 소통이 막히면 세상은 쇠퇴한다[否卦]. 그 반대로 그 두 힘이 자연스럽게 소통될 때 세상은 번영한다[泰卦]. 가정과 사회라고 해서 다르지 않다. 인간의 삶에 있어서도 그것은 불변의 원칙이다. (물론 문화마다 시대마다 정상적 소통의 기준은 달라 질 수 있을 것이다.) 따라서 『주역』에서 시작되는 남녀 교구交媾(성적 결합)의 상징은 가장 중국적이고, 가장 보편적이고, 가장 이해하기 쉬운 인간 이론이자 자연철학이라고 말할 수 있다. 그 이후의 모든 중국 사상은, 입장의 차이에도 불구하고, 음양 결합의 메타포를 통해 인간과 자연을 설명하는 『주역』의 원리를 채용하고 발전시킨다.

나는 방중술이 성적 결합과 전혀 무관하다고 말하는 것이 아니다. 다만 종교적 언어를 이해하는 원칙에 입각하여, 방중술의 '상징성'에 주의를 기울여야 한다고 주장하는 것이다. 도교에서 가장 널리 사용되는 상투어의 하나가 '음양의 조화' 혹은 '음양의 결합'이다. 그러한 '음양'의 메타포는 후대에 발전하는 내단內丹 도교의 알파와 오메가라고 할 정도로 중요한 것이다. 나아가 중국적 지혜의 권화로 절대적 권위를 지닌 『주역』이 음양의 조화와 순환을 인간과 우주의 원리라고 본다면 다른 말이 필요치 않다. 그렇기 때문에 모든 도교 방술에서 『주역』을 이론적 근거로 원용하는 것은 지극히 자연스럽다. 그런 발전 과정을 거쳐, 음양의 조화라는 상징은 도교의 핵심 원리인 장생불사, 득도라는 말과 거의 같은 정도의 중요성을 가지는 상징어로 도교 세계 안에 수용된다.

그런 음양 개념이 여자와 남자를 가리키는 상징으로 널리 인식되고 있는 한, 그 메타포가 '실제적인' 성적 결합이라고 해석되는 것은 피할 수 없다. 상징은 언제나 손쉬운 실체화의 길을 걷기 때문이다. 특히 대중들은 그런 실체화를 통해 저급한 종교적 소망을 충족시킨다. 하지만 방중술에서 강조하는 '음양의 조화'는 고도의 복합적인 상징적 의미를 담고 있다. 물론 그중에는 절제된 상태에서의 실제적인 남녀의 결합을 포함할 수도 있다. 그러나 방중술의 상징적 의미는 단순한 성적 결합보다 훨씬 더 풍부한 함의를 지닌다.

방중술의 풍요로운 상징에 힘입어, 방중술의 언어는 후대에 도교 수련의 총아로 발전하는 내단의 언어로 거의 그대로 채용된다. 나는 방중술이 처음부터 성적 메타포를 자기표현 방식으로 채택한 내적 수련, 신체적·정신적 수련이라고 생각한다. 그것을 실제적인 남녀의 성교의 테크닉, 성 능력의 강화를 위한 테크닉으로 외설화猥褻化하게 된 것은 오히려 중세 후기 이후의 일이라고 생각한다. 그리고 일부다처제가 당연시되고, 남성들의 방만한 성행위를 남성다움으로 정당화하는 명청 이후의 방종 풍조하에서, 방중술은 사대부들의 성력을 증강시키는 기법으로 널리 정착한다. 그리고 그 테크닉은 성의 묘약과 함께 사회적으로 크게 유행한다. 그러나 명청 시대의 현실을 기준으로 그 이전에도 방중술이 그런 성적 능력을 강화하는 방종의 테크닉으로 퍼져 있었을 것이라고 보아서는 안 된다.

애초부터 방중술은 정신적 수행의 메타포였을 것이다. 그러나 동시에 그것을 손쉬운 섹스 테크닉으로 이용하려는 요구는 언제나 존재했을 것이다. 특히 방중술은 제왕이나 상층계급의 성적 욕구를 충족시켜주는 기술로 환영을 받았을 수 있다. 하지만 『주역』과 『장자』, 그리고 '연금술'이라고 하는 중요한 중국의 세 사상 전통을 종합해보면, 방중술 성적 메타포는 정신적 수행을 가리키는 상징 언어로 존재했었다는 것을 알 수 있고, 수행 전통 안에서 그런 은유적 방식으로 존재하고 있었다는 것을 알 수 있다. 『주역참동계周易參同契』는 그 세 사상 전통을 종합하는 문서로서, 성적 메타포를 동원한 정신적 완성의 프로세스에 대해 논의하는 도교 수련의 이론적 총결이라고 말할 수 있다.

    도교의 '음양 조화'는 섹스 테크닉에 그치지 않는 근원적이고 정신적인 의미를 지닌다. 도교에서 강조하는 '음양 조화' 내지 '음양의 통합'은 세계 종교사에서 풍부한 예를 볼 수 있는, 모순과 대립을 극복하고 통합하는 '완성의 상징'이다. 우리 태극기太極旗가 음양의 조화를 상징하는 도상인 것과 같은 맥락이다. 태극기의 태극을 남녀의 성적 테크닉을 위한 도상으로 이해할 수 없다는 것은 너무도 당연하다. '태극'은 대립되는 것의 갈등을 극복하고 통합하는 근원적인 상징이다. 마찬가지로 방중술의 음양의 결합 역시 대립의 지양과 조화를 상징하는 도교적 이상의 표현이다. 그 점에서 태극과 도는 대립물의 궁극적인 합일을 통한 전일성의 회복을 추구하는 완성(=총체성, 전일성)의 상징이라는 점에서 동일한 것의 다른 이름이라고 볼 수 있다.

    우주에 존재하는 만물은 음기와 양기의 결합이다. 그러나 현실에서 양기와 음기는 완전한 조화를 유지하지 못한다. 동아시아인들은 음양의 부조화, 대립적 힘의 충돌에 의한 파괴적 힘의 발동을 억누르고, 원초적 총체성으로의 회복을 지향하는 궁극 이상을 태극 혹은 도라고 표현했다. 중국 사상에서는 음양의 대립과 부조화는 인간 생명의 손상을 가져오는 원인일 뿐 아니라, 사회적 혼란의 원인이라고 본다. 일상적 삶이 반드시 이상적인 음양의 조화를 유지하고 있는 것은 아니기에, 도교적 방술, 도교적 실천은 거의 예외 없이 음양의 부조화를 극복하고, 본래적 전일성을 회복하는 것을 목표로 삼는다. 이처럼 도교의 음양 조화는 '대립되는 것의 조화' 또는 '역의 합일coincidentia oppositorum/union of the opposite'이라는 연금술적 사유와 밀접한 관계가 있다.

신선 불사를 꿈꾸는 수련자는 궁극적으로는 음양의 대립을 초월한 '조화'의 단계에 도달해야 하지만, 그 수련의 첫 단계는, 개인적 차원에서든 사회적 차원에서든, 음양의 부조화를 극복하는 것이다. 태극은 모든 이원적 대립, 선악의 대립을 넘어선 '절대'의 상징이기도 하다. 잘 어울리는 남녀의 성적 결합은 우주적 조화를 가장 리얼하게 보여주는 상징이 될 수 있다. 당연히 음양의 조화라는 메타포는 실제적인 남녀의 성적 결합을 의미하는 것으로 이해(오해)될 소지가 있다. 그렇기에 우주론적 상징을 남녀의 성적 결합으로 실체화하려는 입장이 나타나는 것은 자연스럽다면 자연스럽다. (상징의 실체화는 현실에서 거의 피하기 어려운 일인 것 같다. 기독교에서 천국의 도래, 종말의 기대 등을 실체화하여 수용하는 태도가 사라지지 않는 것을 보면 쉽게 이해할 수 있다.) 방중술을 외설적 목적으로 이용하려는 사람들, 실제적인 성적 결합을 통해 그런 이념을 실현하려고 시도했던 사람들이 있었던 것은 당연하게 받아들일 수 있다. 남녀의 실제적 결합을 추구하는 것이 사회 속에서 방중술의 실제 존재 방식이었을 수도 있다.

하지만 도교는 소위 청정淸淨을 통해 우주적 상징의 의미가 세속적으로 왜소해지는 것을 피하려 했다고 말할 수 있다. 도교는 인간의 욕망을 부정하지는 않지만 어디까지나 금욕과 절욕을 강조하는 것이 기본적인 입장이다. 방중술이 성교 테크닉으로 원용되었다고 해도, 그것은 방종의 수단으로가 아니라 자기 절제와 욕망 조절의 수단으로 활용되었다고 보는 것이 더 타당하다. 음식남녀(먹는 것, 성행위)가 인간의 최대의 욕망이고, 또 생존의 필수 조건임을 부정할 수는 없지만, 그런 욕망을 극단으로 밀고 나가지 않는 지혜, 욕망을 절제하고 조정하는 그런 지혜를 통해, 인간의 삶은 더 풍성해지고 완성될 수 있다고 하는 것이 도교의 기본 신념이기 때문이다.

4장 몸을 다스려라, 나라를 다스리듯:
'섭생'의 예방 의료론

1. 국가와 신체의 상동성

대자연은 위대한 신들의 거주지이자 신 그 자체다. 그것이 도교의 기본 신앙이다. 그 자연을 원래의 모습 그대로 지켜나가는 것은 자연의 생명력, 자연의 신성성을 보존하는 일이다. 자연 파괴는 곧 신성성의 파괴이고 생명력의 파괴로 이어진다. 인체가 자연을 닮은 작은 자연이라면, 그 인체는 자연과 마찬가지로 신들이 머무는 장소, 신들의 집이다. 신체를 가꾸는 일은, 신의 거주지인 자연을 보존하는 일이고, 그 자연에 거주하는 신(=생명력)을 가꾸고 보존하는 일이다. 고대 중국어에서 신은 신 deity/god이라는 의미와 인간의 생명력이라는 의미를 다 가지고 있다. 중국의 모든 사상 전통이 신체 내부에 신적 존재가 깃들어 있다는 생각을 받아들인 것은 아니다. 하지만 그런 신적 존재의 관념을 인정하지 않는 유가나 의가醫家의 경우라 하더라도, 신이 인간에 깃든 생명력이라는 것을 부정하지는 않는다. 초기 도교의 일부 전통에서는, 작은 자연인 신체 안에 여러 신deities/gods이 깃들어 있다는 확고한 믿음을 가지고 있었다. 천사도와 상청파가 바로 그렇다.

천사도와 상청파의 관념을 계승하고 있는 갈홍은 당연히 신체 내부에 신적 존재, 즉 체내신體內神이 깃들어 있다고 믿는다. 그 체내신을 파괴하지 않는 것은 곧바로 인간의 생명력을 지키는 길이다. 갈홍을 비롯한 도교 전통에서 신체 수련을 중시하는 이유가 그런 체내신 신앙과 무관하지 않다. 체내신을 인정하지 않는 경우라 하더라도, 적어도 모든 도교 전통은 인간의 정신과 신체, 인간의 생명과 기가 연속되어 있다고 하는 확고한 생각을 가지고 있다. 따라서 기의 수련, 나아가 신체 수련은 도교 수련에서 중요한 위치를 차지한다.

인간 중심주의는 인간을 봉건적 억압으로부터 구출하는 데 기여했지만, 다른 한편으로 인간의 극단적 오만함을 초래했다. 인간은 자신이 생명계에서 가장 위대한 존재라고 착각하여, 자연을 파괴하고 다른 생명을 위협한 결과, 자기 자신의 생명마저 위기에 빠뜨리는 오류를 범하고 말았다. 그러나 인간의 오만함으로 인한 생명 파괴, 자연 파괴, 도의 파괴라는 현상은 비단 오늘날의 문제만은 아니다. 갈홍은 도의 순수함과 순박함을 파괴하는 물질 만능과 인간의 욕망 과잉에 대해 날카로운 비판을 던지고 있다.

속인들은 태초의 근본〔=도〕을 알지 못하고 불필요한 말류의 것을 수식하기에 바쁘다. 사람이 담백함과 편안함을 간직할 수 있고, 바깥의 것에 유혹되지도 않고 또 마음이 움직이지도 않으면서 무욕으로서 자기 마음을 기르고, 순수함으로서 자기의 내적 생명력〔=신〕을 기르면, …… 청하지 않아도 복이 찾아온다.[1)]

인간에 깃든 신적 존재를 부정하고 파괴하는 것은 인간의 신성성을 파괴하는 행위이며, 그것은 결국 자기 생명의 파괴로 귀결된다.

> 생명은 자기 안에 있는 것이며 바깥에 매달려 있는 것이 아니다. 도는 바로 자기 생명 안에 있는 것이며 다른 것을 기다리지 않는다. 범부는 자기 안의 참된 것[=도]을 지키지 못한다. …… 마음이 바깥으로 달려 나가 떠돌며 다시 되돌아오지 못하는 것이 병이다.[2]

신성과 결별하여 외적 사물을 향해 달려가는 인간은 결국 자기의 신성성을 상실하고 단순한 물질로 전락한다.

> 마음은 물질에 감응하여 바깥으로 일어나고, 지식은 외부 사물을 접하여 바깥으로 흘러넘친다. 욕망에 유혹당하면 천리[=도]가 사라진다. 견문에 유혹당하면 순일[=도]이 없어진다.[3]

자연의 파괴는 진보가 아니라 비인간화의 상태로의 퇴보일 수도 있다. 신체의 파괴는 마침내 생명의 파괴, 죽음으로 이어진다. 세상의 모든 것을 얻고 생명을 잃는 우를 범하는 것이다.

도교적 자연론은 그대로 정치론에 적용될 수 있다. 인체는 자연, 국가를 닮아 있다. 도교에서는 인체가 곧 국가라고 하는 '인체=국가론'을 가

---

1) "俗人不能識其太初之本, 而修其流淫之末. 人能淡默恬愉, 不染不移, 養其心以無欲, 頤其神以粹素, 掃滌誘慕, 收之以正, …… 則不請福而福來."(「道意」)
2) "命在其中, 不繫於外, 道存乎此, 無俟於彼也. 患乎凡夫不能守眞, …… 馳騁流遁, 有迷無反."(「道意」)
3) "情感物而外起, 智接事而旁溢, 誘於可欲, 而天理減矣, 惑乎見聞, 而純一遷矣."(「道意」)

지고 있다. 그런 생각의 단초는 『노자』에서 제시되고 있고, 초기의 『노자』 주석서인 『노자하상공주』를 비롯한 주석가들이 적극적으로 표현하고 있다.4) 갈홍 역시 그런 관점을 이어받아, "사람의 인체는 한 나라의 모습을 가지고 있다."5)라고 말한다. 인체가 자연에, 자연이 인체에 비유되고 있는 것이다. 갈홍의 사상 안에서 국가를 다스리는 정치와 몸을 다스리는 양생은 언제나 유비적인 상동 관계에 놓여 있다. 따라서 나라를 다스려 평화를 가져오는 일이 그냥 저절로 이루어지지 않는 것처럼, 몸을 다스려 생명을 얻는 일 역시 저절로 이루어지는 것은 아니다. 그것은 지난한 노력의 결과다.6)

몸을 다스리는 일과 국가를 다스리는 일은 모두 도道에 근거해야 한다. 내 몸 안에 깃든 도와 우주 자연의 도는 다르지 않기 때문이다. 따라서 갈홍은 "도는 안으로는 몸을 다스리고 밖으로는 국가를 다스린다."7)고 강조한다. 국가에는 수도首都가 있는 중심이 있고 수도에서 멀리 떨어진 변방이 있다. 인체로 말하자면 가슴과 배가 수도이고 사지가 변방이다. 그 영토 안에 군주를 비롯한 수많은 관료와 인민이 살고 있다. 신체와 국가의 유비에서 보자면, 뼈와 뼈마디는 국가를 다스리는 백관百官에 해당한다. 큰 뼈대는 고급 관료들이고 장군들이다. 그들이 나라를 지탱하며

---

4) 갈홍은 다른 곳에서 "몸을 다스리는 것은 나라를 다스리는 것과 같다[治身如治國]."(「地眞」)라고 말한다. 이런 생각은 후한 말 혹은 서진 기간에 나타난 『노자하상공주』에서 자주 보이는 '몸을 다스리는 것과 국가를 다스리는 것은 하나[治身治國一體]'라는 사상과 맥을 같이하고 있다. 그 관점에 따르면, "군주가 나라를 다스리듯, 용맹스런 장수가 적을 물리치듯, 몸을 간수한다면 장생의 효과를 거둘 수 있을 것[常如人君之治國, 戎將之待敵, 乃可爲得長生之功]"이라고 한다.
5) "一人之身, 一國之象也."(「地眞」)
6) "夫治國而國平, 治身而身生, 非自至也, 皆有以致之也."(「勤求」)
7) "夫道者, 內以治身, 外以治國."(「明本」)

연결점으로서 국가의 운영을 보조하고 있기 때문이다. 물론 썩은 관료는 썩은 뼈이고, 썩은 뼈마디일 것이다. 그런 병든 뼈와 뼈마디를 가진 인체는 건강할 수가 없다. 마찬가지로 관료가 부패한 나라는 부강할 수 없다.

신은 군주이고, 혈은 신하다. 기는 인민이다. 따라서 몸을 다스릴 수 있으면 국가를 다스릴 수 있다. 인민을 사랑하는 이유는 국가를 안정으로 이끌기 위해서이고, 기를 기르는 이유는 몸을 완전하게 만들기 위해서다. 인민이 흩어지면 나라가 망한다. 마찬가지로 기가 고갈되면 몸이 죽는다. 죽은 자는 다시 살릴 수 없다. 망한 나라는 더이상 존속될 수 없다. 따라서 지인은 아직 발생하지 않은 환난을 제거하고, 아직 깊어지지 않은 질병을 치료한다. 의사 역시 아직 일이 발생하기 전에 미리 예방하지, 이미 죽은 다음에 달려가지 않는다. 인민을 다스리는 일은 어렵지만, 위험은 쉽게 발생할 수 있다. 기를 맑게 하는 것은 어렵지만, 더럽히는 것은 쉽다. 따라서 덕과 위엄을 잘 살피는 것은 사직〔국가〕를 지키기 위해서이고, 욕심과 욕망을 제거하는 것은 혈기를 간직하기 위해서다. 그다음에야 진일眞一을 간직할 수 있고, 삼칠三七을 지킬 수 있고, 모든 재난을 물리칠 수 있고, 생명을 영원히 간직할 수 있다.8)

국가와 신체의 유비 관계는 갈홍의 이 문장에서 더 바랄 것 없이 완벽하게 표현되고 있다. 인간의 뇌가 생명의 중추이듯 뇌에 해당하는 인체

---

8) "神猶君也, 血猶臣也, 氣猶民也. 故知治身, 則能治國也. 夫愛其民所以安其國, 養其氣所以全其身. 知治身, 則能治國也. 民散則國亡, 氣竭則身死. 死者不可生也. 治未病之疾, 醫之於無事之前. 不追之於旣逝之後. 民難養而易危也, 氣難淸而易濁也. 故審威德所以保社稷, 割嗜欲所以固血氣. 然後眞一存焉, 三七守焉, 百害却焉, 年命延矣."(「地眞」)

를 지배하는 최고 신神은 국가의 군주에 해당한다. 신적 존재가 담지하는 생명력을 인체 각 부분에 실어 나르고, 인체를 외부의 침해로부터 방어하는 혈血은 한 국가의 대신이나 장군에 해당한다. 한 국가가 부유해지고 안정을 얻기 위해서는 훌륭한 지도자가 필요하다. 지성과 통찰력을 겸비한 뛰어난 지도자들의 리더십이 없다면, 그 국가의 운명은 풍전등화이다. 물론 지도자만으로 국가의 운명이 결정되는 것은 아니다. 훌륭한 리더십과 더불어 인민의 자질 또한 무시할 수 없다. 인체를 구성하는 기가 곧 인민이다. 지도자로서 군주는 인민을 사랑하는 정치를 펼쳐야 한다. 인민 역시 높은 교양과 정치의식으로 무장하여, 지도자의 지도력이 발휘될 수 있도록 해야 한다.

생명의 근원인 신은 결국 기의 왕성한 활동력과 생명력에 의해 존속할 수 있다. 인체의 건강이 결국 정신의 건강을 보장하는 척도다. 인민이 부유하고 안정되어야 나라가 부유하고 안정된다. 기가 건전하고 건강해야 신체가 건강함을 얻을 수 있다. 신체를 건강하게 가꾸는 일은 나라를 잘 다스리는 일과 원리에 있어서 다르지 않다.

인민이 못살겠다고 떠나는 나라가 망하는 나라인 것처럼, 생명의 바탕인 기가 고갈된 신체는 죽은 몸이다. 이미 죽은 자는 다시 살아나지 못한다. 이미 병든 몸을 고치는 것은 대단히 어렵다. 훌륭한 의사는 병이 들기 전에 치료하는 것처럼, 훌륭한 양생가는 몸의 생명력이 고갈되기 전에 생명력을 간직하고 소생시키기 위해 노력한다. 마찬가지로 훌륭한 지도자는 인민을 아끼고 인민의 어려움에 미리 귀를 기울여야 한다. 그리고 기는 고갈되고 소모되기는 쉽지만 깨끗함을 유지하거나 새로이 만들어지기는 대단히 어렵다. 생명력은 고갈 일로, 죽음을 향해가는 것이 자연의 이치다. 인민의 관심 역시 마찬가지다. 한번 인민의 지지를 얻었다고 해서 그 지지가 언제까지나 유지될 것이라고 낙관해서는 안 된다. 갈홍이 제시하는 양생론적 정치론은, 생명 현상을 정치 활동과 유비적으로 바라보는 대단히 흥미로운 발상으로 가득 차 있다.

갈홍은 생명력의 확보와 장생을 위해, 욕망의 절제〔割嗜欲〕와 기혈의 보존〔固血氣〕, 생명의 근원인 도道, 즉 진일의 보존〔眞一存〕, 삼칠三七〔三魂七魄〕, 즉 인간에 머무는 생명력의 보존〔三七守〕이라는 생명 수양의 요령을 알려준다. 그것을 정치론으로 바꾸어보면, 국고 운영의 비효율과 낭비의 억제, 관료 집단의 효율성 제고와 부패 방지, 국민의 시민 의식 제고, 지도자의 자질 향상, 그리고 미래적인 국가 비전의 확보 등에 비유할 수 있을 것이다.

2. 갈홍의 의학 양생론

갈홍의 양생 사상은 '기론'을 근거로 구축된 것임을 이미 살펴보았다. 그러한 '기'의 관점은 기혈氣血과 인체의 관계론에도 그대로 적용되어, 기의 보존과 강화 및 정신의 안정이 인체의 노쇠, 생명의 손실을 방지하는 요점이라는 사실이 강조되고 있다. "기를 손상시키지 아니하고 마음을 비우고 정신의 안정을 획득하는 것"[9]이 갈홍의 질병 원인론, 예방론, 치료론의 핵심이다.

사람이 죽는 이유는, 첫째 갖가지 욕망이 생명을 해치기 때문이고, 둘째 몸이 늙기 때문이고, 셋째 온갖 질병이 침범하기 때문이고, 넷째 나쁜 독소가 침범하기 때문이고, 다섯째 사악한 기가 생명을 상

---

9) "不傷不損, 虛心靜慮."(「至理」)

하게 하기 때문이고, 여섯째 찬바람이 몸을 침범하기 때문이다.[10]

갈홍이 알려주는 신선 방술은 결국 질병과 죽음의 원인을 제거하기 위한 것이다. 원인을 제거하기 위해서는 먼저 그 원인을 알아야 한다. 육해 六害(欲, 老, 病, 毒, 邪, 風)는 죽음의 여섯 가지 원인이고, 그것은 결국 기氣 문제로 집약된다. 결국 기를 조절하고 기를 강화하는 것이 죽음을 막는 유일한 길이다.

갈홍은 도인행기導引行氣, 환정보뇌還精補腦, 음식유도飮食有度, 흥거유절興居有節, 장복약물將服藥物, 사신수일思神守一, 주천금계柱天禁戒, 대패부인帶佩符印 등의 모든 방술이 궁극적으로는 죽음의 원인을 제거하기 위한 것이라고 주장한다(「至理」). 이런 모든 방술은 금단 대약에 비해서는 효과가 떨어지지만, 그럼에도 불구하고 수련자라면 연구하지 않을 수 없는 것이다. 그에 덧붙여 도를 닦는 사람은 의학의 공부도 게을리해서는 안 된다.

병의 원인을 공부하는 데 중요한 또 하나의 사항은, 병에 걸린 사람의 구체적인 상황을 잘 이해하는 일이다. 하나의 병인病因이 사람과 상황의 차이에 따라 달리 나타나기 때문이다. 갈홍은 이렇게 말한다.

> 몇 사람이 있다고 가정하자. 그들은 나이도 비슷하고, 입고 있는 옷의 두께도 비슷하다. 그들은 모두 사막이라는 똑같은 조건에서 한밤중에 혹독한 추위를 만났다. 위에서는 흰 눈이 쏟아지고, 아래로는 찬 얼음이 얼고 있다. 찬바람이 밤새 불어 나뭇가지를 꺾어놓고, 가

---

10) "人所以死者, 諸欲所損也, 老也, 百病所害也, 毒惡所中也, 邪氣所傷也, 風冷所犯也."(「至理」)

래 기침으로 목이 다 막힌다. 그런 상황에서도 모든 사람이 다 병에 걸리는 것이 아니라, 일부 사람만이 감기에 걸린다. 그것은 그들에게 닥친 냉기의 성질이 달라서가 아니다. 신체가 냉기를 견딜 수 있는가 아닌가에 달린 것이다.[11]

바람과 냉기, 습기와 더위 등은 기가 신체를 충실하고 가득 채우고 있는 건강한 사람을 해치지는 못한다. 몸이 허약하고 기가 부족한 사람들만이 그런 외부의 악조건을 견디지 못하고, 질병에 걸릴 수 있다. 갈홍은 질병을 일으키는 인체의 소질〔內因〕과 외부의 조건〔外因〕을 나누어 파악하면서 외부의 조건이 인체 소질에 미치는 작용 관계를 중시한다. 특히 그는 인체 자체의 혈기氣血의 충실 여부가 건강과 질병의 차이를 만든다고 본다. 그렇다면 건강을 유지하고, 질병을 쫓아내기 위해서는 당연히 바른 기를 보존하고, 기가 쇠약해지지 않도록 신체를 가꾸어야 한다. 그리고 사후 치료보다는 사전 예방에 더욱 힘을 써야 한다.

오로지 바른 기가 쇠퇴하지 않도록 하고, 몸과 정신〔생명력〕이 서로를 지키게 만들면, 생명의 손상이 일어나지 않는다. 도를 실천하는 사람은 항상 병에 늦게 대처하는 것을 염려할 뿐, 때 이른 대처를 걱정하지는 않는다. 아직 젊고 체력이 건장한 것을 믿는 사람은 스스로 무리한 일을 하기 쉽다. 그 결과 온갖 병을 다 끌어모아 생명이 아침 이슬처럼 위험에 처한 다음에는 대약〔금단약〕이 아닌 일반적인 초

---

11) "設有數人, 年紀老壯旣同, 服食厚薄又等. 俱造沙漠之地, 並冒嚴寒之夜, 素雪隆於上, 玄冰結於下, 寒風摧條而宵駭, 欸唾凝冱於脣吻, 則其中將有獨中冷者, 而不必盡病也, 非冷氣之有偏, 蓋人體之不耐者耳."(「極言」)

목약은 소용이 없다. 초목약은 보통 사람은 낫게 만들 수 있겠지만, 근본적으로 생명의 한계를 넘어설 수 없다. 따라서 『선경』에서는, 양생은 기가 손상되지 않았을 때 예방하는 것을 근본으로 본다고 말하는데, 이 말은 대단히 중요하다.12)

몸을 형성하는 바른 기가 손상됨으로써 질병에 걸리기 때문에, 병이 들기 전에, 즉 생명의 근원인 바른 기가 손상되기 전에, 그 기의 손상을 막아야 한다는 예방의학적 관점이 중국 의학의 핵심이다. 생명의 근간이 되는 기는 원기 혹은 영근靈根이라고 표현되고 있다. 갈홍 역시 기의 손상이 질병과 죽음의 원인이라고 보며, '병이 이르기 전에 병을 치료하는〔治未病〕' 예방 의학 사상을 계승한다. 그리고 그런 예방 의학의 전통 위에서 갈홍은 기의 '불상불손不傷不損'에 대해 말한다.

병의 원리를 터득한 사람〔至人〕은 병이 아직 발생하지 않았을 때에 근원을 제거하고, 병으로는 아직 발전하지 않은 원인을 다스린다. 훌륭한 의사는 일이 발생하기 전에 손을 써서, 이미 병이 발생한 후에 그것을 수습하는 수고를 던다.13)

몸을 다스리고 정신을 기르는〔養性〕데 있어서 세세한 절목들에 주의를 기울여야 한다. 자그마한 이익밖에 가져다주지 않는 것들이라 해서 얕보고 소홀히 해서는 안 된다. 또 몸의 기를 해치는 정도가 작다

---

12) "苟能令正氣不衰, 形神相衛, 莫能傷也. 凡爲道者, 常患於晩, 不患於早也. 恃年紀之少壯, 體力之方剛者, 自役過差, 百病兼結, 命危朝露, 不得大藥, 但服草木, 可以差於常人, 不能延其大限也. 故仙經曰, 養生以不傷爲本, 此要言也."(「極言」)
13) "至人消未起之患, 治未病之疾, 醫之于無事之前, 不追之又旣逝之後."(「極言」)

고 해서 그것이 아무것도 아닌 양 예방을 게을리해서도 안 된다. 작은 것이 모여서 큰 것을 이루게 되고, 하나가 쌓여서 백만에 이른다. 만일 미미할 때에 그것을 간직하면, 마침내 큰 것으로 자랄 것이니, 그때에는 도를 안다고 말할 수 있을 것이다.[14]

갈홍은 각종 의학과 양생 관련 전적들을 참고하면서, '인간의 생명은 손상하기는 쉽지만 보존하기는 쉽지 않다〔人生之爲體, 易傷難養〕.'(「極言」)는 사실을 거듭 강조하고 있다. 그렇다면 생명이 손상되는 원인은 무엇일까. 왜 사람들은 신성한 생명의 근원〔靈根〕을 그다지도 손쉽게 소모, 고갈시키는가? 갈홍은 기가 손상되는 원인 몇 가지를 예시적으로 보여준다.

재주가 미치지 못하는 것을 힘들여 생각하는 것, 그것이 곧 〔생명의〕 손상이다. 힘이 미치지 못하는 데에도 불구하고 억지로 힘을 쓰는 것 또한 손상이다. 슬픔과 괴로움 때문에 애간장을 태우는 것도 손상이며, 기쁨과 즐거움이 지나친 것 또한 손상이다. 욕망을 성취하기에 급급한 태도 역시 손상을 가져오며, 말을 많이 하고 많이 웃는 것도 손상을 가져온다. 잘 시간을 놓치고 늦게까지 깨어 있는 것도 손상을 초래한다. 힘을 써서 활과 큰 활〔弩〕을 당기는 것도 손상을 초래하고, 술에 크게 취하고 구토를 하는 것도 손상을 부르고, 배부르게 먹은 후에 바로 자리에 드는 것도 〔생명을〕 손상시킨다. 빠르게 달리고 숨을 헐떡거리는 것도 손상이며, 소리치고, 통곡하며 눈물 흘리는 것 모두가 〔생명을〕 손상시키는 행위다. 음양의 교환〔성행위〕이

---

14) "故治身養性, 務勤其細, 不可以小益爲不足而不修, 不可以小損爲無傷而不防. 凡聚小所以就大, 積一所以至億也. 若能愛之於微, 成之於著, 則幾乎知道矣."(「極言」)

이루어지지 않는 것도 생명을 손상시킨다. 손상이 누적되면 생명력이 다하여 빨리 죽는다. 빨리 죽는다는 것은 도가 아니다.15)

한마디로 절도를 잃은 생활이 생명 손상의 원인이다. 갈홍은 그것을 '비도非道'라고 말하는데, 도의 원리에 따라 살지 않는 사람의 생활 방식, 즉 적절한 조화를 상실한 삶의 태도와 방식이 문제의 근원이다. 갈홍이 다른 곳에서 말한 것을 빌려 말한다면, 그것은 곧 '천리를 파괴〔滅天理〕'하는 생활 방식이다. 갈홍이 열거하고 있는 생명 손상, 기 손상의 원인들을 살펴보면, 왜 그런 삶의 방식이 도를 해치는 행위가 되는지 쉽게 이해할 수 있다.

도가 아닌 삶을 절도를 잃은 생활이라고 보면, 장생하는 것은 실제로 '어렵지 않다'고 말하는 갈홍의 주장이 억지가 아님을 알 수 있다. 갈홍의 논리에 따르면 장생 그 자체가 사실 어려운 것이 아니라 도를 알고 이해하는 것이 어렵다. 그러나 더 따지고 들어가면, 도를 알고 이해하는 것이 어렵다기보다는 듣고 배운 도를 실천하는 것이 어렵다. 그러나 한발 더 나가 생각해보면, 도를 실천하는 것보다 그 실천을 끝까지 밀고 가서 도와 하나가 되는 데 이르는 것이 진정으로 어렵다.16) 수수께끼 같은 말이지만, 갈홍의 말은 모든 진지한 일을 이루고자 하는 경우에 여전히 진리로 다가온다. 갈홍은 더 나아가 이렇게 말한다. "뛰어난 대장장이는 사람들에게 규구〔자와 컴퍼스〕를 건네줄 수는 있지만, 사람들이 뛰어난 재주

---

15) "才所不逮而困思之, 傷也. 力所不勝而强擧之, 傷也. 悲哀憔悴, 傷也. 喜樂過差, 傷也. 汲汲所欲, 傷也. 久談言笑, 傷也. 寢息失時, 傷也. 挽弓引弩, 傷也. 沈醉嘔吐, 傷也. 飽食卽臥, 傷也. 跳走喘乏, 傷也. 歡呼哭泣, 傷也. 陰陽不交, 傷也. 積傷至盡則早亡, 早亡非道也."(「極言」)
16) "故曰非長生難也, 聞道難也. 非聞道難也, 行之難也. 非行之難也, 終之難也."(「極言」)

를 얻게 만들 수는 없다. 훌륭한 스승은 도를 배우는 책을 전해줄 수는 있지만, 사람들이 반드시 신선이 될 수 있게 만들어줄 수는 없다."17) 결국 신선이 될 수 있는가 아니가는, 도와 하나 되는 존재가 될 수 있는가 아닌가는, 궁극적으로는 개인의 자질과 노력에 달려 있다.

우리는 삶 속에서 과도한, 비정상적인 신체 및 정신 에너지를 소모한다. 현대사회는 '술 권하는 사회'이고, 과도한 욕망을 소비하는 것을 정상이라고 여기는 '비정상'적인 사회, '도가 사라진〔非道〕' 사회이다. 현대적 삶의 방식은 대부분 양생의 기본 원칙에서 벗어난다. 그런 생명의 소모가 축적되면 필연적으로 생명은 줄어든다. 그렇기 때문에 도교 문헌들은 일상적 삶에서의 일거일동〔起居〕에 관해 세밀한 주의를 기울이며, 그것에 관해 자세한 규율을 제시하고 있다. 갈홍은 『포박자 내편』 전체에서 그런 도교적 삶의 방식의 원칙들, 즉 '양생지방養生之方'을 제시한다. 다음에 인용하는 것은 최소한의 기본 방법들이다.

양생의 방법을 나열하면 다음과 같다. 침을 멀리 뱉지 말 것. 너무 빨리 걷지 말 것. 귀를 너무 긴장하여 듣지 말 것〔너무 큰 소리는 귀의 건강을 해친다〕. 눈은 너무 오래 보지 말 것. 너무 오래 앉아 있지 말 것. 피로를 느낄 때까지 잠자지 말 것. 추위를 느끼기 전에 옷을 입고, 더위를 느끼기 전에 옷을 벗을 것. 너무 심한 허기를 느끼기 전에 식사할 것. 갈증을 너무 심하게 느끼기 전에 물을 마실 것. 과다하게 술을 마시지 말 것. 먹는 것이 과하면 소화불량〔積聚〕이 생길 수 있고, 마시는 것이 과하면 천식〔담벽痰癖〕이 생길 수 있다. 몸을 너무 피로하게 만들지도 말고, 너무 편안한 것을 원하지도 말 것. 늦게 잠자리에

---

17) "良匠能與人規矩, 不能使人必巧也. 明師能授人方書, 不能使人必爲也."(「極言」)

들지도 말고, 땀을 많이 흘리지 말고, 잠을 너무 많이 자지 말 것. 수레를 너무 빨리 달리거나, 말을 너무 빨리 달리지 말 것. 멀리 바라보기 위해 눈을 너무 긴장시키지 말 것. 날것 찬 것을 많이 먹지 말 것. 술을 마신 후 찬 바람에 몸을 드러내지 말 것. 너무 자주 목욕하지 말 것. 너무 큰 뜻을 품고 먼 일을 기대하지 말 것. 규칙을 벗어난 신기한 일을 하는 것을 삼갈 것. 겨울에 몸을 너무 덥게 하지 말고, 여름에 너무 서늘하게 하지 말 것. 별 아래 누워 몸을 드러내지 말고, 잠잘 때 어깨를 드러내지 말고, 아주 추운 것, 아주 더운 것, 큰 바람, 짙은 안개를 피해야 한다. 음식물의 다섯 가지 맛[五味]을 섭취할 때에 어느 한 가지 맛을 편중되게 섭취해서는 안 된다. 왜냐하면 신 맛이 과다하면 비장[脾]을 상하게 할 수 있고, 쓴맛이 과하면 간[肝]을 상하게 할 수 있고, 짠 맛이 과하면 심장[心]을 상하게 할 수 있고, 단맛이 과하면 신장[腎]을 상하게 할 수 있다. 이것은 오행의 자연스러운 이치이다.[18]

갈홍이 권하는 것은 구구절절이 바람직한 생활 방식들뿐이다. 수련자는 금단이나 행기 등의 근본적인 선도 방술 이외에도, 일상생활에서 도에 근거한 삶, 자연의 움직임을 자연스럽게 따르는 도와 하나 되는 삶을 살아가야 한다. 섭생, 기거, 도인, 행기, 방중 등의 기초 방술들은 특별한

---

18) "養生之方, 唾不及遠, 行不疾步, 耳不極聽, 目不久視, 坐不至久, 臥不及疲. 先寒而衣, 先熱而解, 不欲極飢而食, 食不過飽, 不欲極渴而飲, 飲不過多. 凡食過則結積聚, 飲過則成痰癖. 不欲甚勞甚逸, 不欲起晩, 不欲汗流, 不欲多睡, 不欲奔車走馬, 不欲極目遠望, 不欲多啖生冷, 不欲飲酒當風, 不欲數數沐浴, 不欲廣志遠願, 不欲規造異巧. 冬不欲極溫, 夏不欲窮涼, 不露臥星下, 不眠中見肩, 大寒大熱, 大風大霧, 皆不欲冒之. 五味入口, 不欲偏多. 故酸多傷脾, 苦多傷肺, 辛多傷肝, 咸多傷心, 甘多傷腎, 此五行之自然之理也."(「極言」)

도교 선술이라기보다는, 본격적인 선도 수련의 전제 내지 준비로서 수련자가 지켜야 할 일상생활의 윤리라고 말할 수 있다. 오늘날 지구 온난화로 인한 생태계 파괴를 막기 위해 널리 강조되는 '녹색 삶을 살자!'라는 구호는 도교에서 말하는 섭생, 기거법과 그 정신이나 방법이 거의 일치한다. 자연(道)을 거스르지 않는 삶, 자연과 하나가 되는 삶을 살자는 것이다. 갈홍 식으로 말하자면 그런 일상의 섭생, 기거, 도인, 방중술을 통해, 우리는 기의 손상을 최소화할 수 있다. 기가 크게 손상되지 않은 단계에서는, 행기나 약물 등의 기초적인 방술로도 생명 연장의 효과, 장생의 효과를 어느 정도 달성할 수 있다. 병이 들기 전에 병을 치료하여, 심각한 질병과 노쇠를 막을 수 있기 때문이다. 그러나 그런 기초 방술만으로는 심각한 기의 손상, 심각한 생명 손상에 대처하는 것은 역부족이다.

토고납신(기를 신체 내부에 들이 마시고 내쉬는 행기 방술)은 기를 이용하여 기를 자라게 하는 것이다. 그러나 기가 너무 많이 손상된 사람은 그것으로 기를 자라게 할 수 없다. (일반적인) 약물을 복용하는 방법은 혈을 이용하여 혈을 도와주는 것이다. 그러나 혈이 지나치게 고갈된 사람은 그것으로 도와줄 수 없다. 힘차게 달리고 난 다음이면 기침이 거꾸로 올라오는 사람, 심한 기침을 하거나 쉽게 화를 잘 내는 사람, 힘을 조금만 사용해도 쉽게 피로를 느끼는 사람은 기가 손상된 증거다. 얼굴에 광택이 없고, 피부가 말라서 기름기가 없는 사람, 입술이 마르고 맥이 희미한 사람, 살결이 시들어버린 사람은 혈이 감소한 증거다. 그 두 가지 증상이 겉으로 드러난 사람은 안에서 영근이 시들어버린 경우다. 그런 상태에 떨어진 사람은 상약을 얻지 못하면 구할 수 없다.[19]

기가 지나치게 고갈되거나, 혈이 심각하게 고갈된 사람은, 먼저 그 생명의 근원이 되는 영근을 북돋아주는 강력한 생명 에센스를 보급해야 한다. 그러나 심각하게 기와 혈이 쇠하고, 생명의 뿌리까지 시들어버린 사람은 일반적인 행기 방술로 치료할 수 없다. 금단 대약을 사용하지 않고, 영근의 쇠미를 막을 방법은 없다.

여기서 갈홍의 결론은 다시 금단, 상약으로 돌아간다. 섭생과 기거, 도인과 행기의 방술이 아무리 효과가 있다고 해도, 그것만으로 도교의 최종 목표인 불사를 얻는 것은 불가능하다. 금단 대약은 결국 생명의 근원인 영근을 근본적으로 회복시키는 약인 것이다. 금단은 자연의 창조와 변화의 비밀을 담고 있는 물질이다. 그것은 생명을 부여하는 도의 에센스를 간직한 약이다. 우주의 근원인 도道를 체화한 그 약을 통해서만 영원한 생명, 진정한 생명을 얻을 수 있다. "먼저 초목을 복용하여 체내의 기의 결손을 보충한다. 그후에 금단을 복용하여 영원한 생명을 얻는 방안을 확고하게 다진다. 장생불사의 이치는 여기에 다 갖추어져 있다."[20] 갈홍의 내린 최종 결론이다.

---

19) "夫吐故納新者, 因氣以長氣, 而氣大衰者則難長也. 服食藥物者, 因血以益血, 而血垂竭者則難益也. 夫奔馳而喘逆, 或欬或瀉, 用力役體, 汲汲短乏者, 氣損之候也. 面無光色, 皮膚枯臘, 唇焦口白, 腠理萎瘁者, 血減之證也. 二證既衰於外, 則靈根亦凋於中矣. 如此, 則不得上藥, 不能救也."(「極言」)

20) "先將腹草木而救虧缺, 後復金丹以定無窮, 長生之理盡于此矣."(「極言」)

5장 마음을 다스리면 불사도 멀지 않다:
'무욕'과 '무위'의 수행

1. 도교의 '마음' : '마음'은 하나가 아니다

『포박자 내편』의 신선 양생술은 비교적 구체적인 육체적 수행 방법들로 이루어져 있다. 그렇다고 저자 갈홍이 정신(마음)의 수양을 가볍게 보았던 것은 아니다. 갈홍과 동시대에 활동했던 상청파 도교에서 가장 중요한 수행법으로 실천되고 있던 '존사법存思法'은 전형적인 정신 수행법〔養神〕이었다. 갈홍이 그 상청파 도교의 이론과 수행법에서 많은 것을 배웠으리라는 것은 충분히 예상할 수 있다. 정신을 다스리고 완성하는 '양신'의 수행법의 원류는 선진 시대의 문헌인 『장자』의 '양생론'까지 거슬러 올라갈 수 있다. 정신의 완전한 자유를 목표로 삼는 장자의 양생론은 심재, 좌망이라는 이름으로 불렸다. 장자는 육체적 수행과 밀접한 관계가 있는 기氣 수련을 중시하면서, 기 수련을 기초로 삼아 정신의 수행으로 나아가고, 궁극적으로는 득도라는 최종적인 목표에 도달할 수 있다고 생각한다. 기의 수련법은 나중에 육체 훈련을 통해 불사를 획득할 수 있다고 하는 '양형養形'의 테크닉 안에 흡수된다.

그런 도교 수행법의 발전 역사에서 중간기에 해당하는 육조시대에는 육체(形)와 정신(神)의 동시적 수행이 필요하다는 관점이 확립된다. 혜강의「양생론」은 도교 양생술의 발전 경향을 잘 보여주고 있다. 혜강 이후, 수행에 있어서 형形(육체)과 신神(정신)은 분리되지 않는다는 입장이 도교 수행법의 기조로 자리 잡게 되고, 갈홍은 그런 방향을 더욱 밀고 나갔다. 기는 육체뿐만 아니라 동시에 정신을 형성하는 '근거(원질)'라고 하는 생각이 도교 수행법의 전환을 가능하게 만들었다고 볼 수 있다.

인간의 생명은 정신과 육체가 통합될 때 비로소 살아 있는 생명이 된다. 육체와 정신이 분리되는 그 순간 이미 생명은 사라진다. 영혼이 빠져나간 죽은 몸을 우리는 생명이라고 부르지 않는다. 몸에서 떨어져 나온 죽은 영혼을 생명이라고 부르지 않는다. 정신과 육체가 통합된 전체로서 존재할 때, 비로소 우리는 생명에 대해 논할 수 있게 된다. 정신이 육체에서 분리되는 그 순간, 생명도 사라진다. 도기론 사유 안에서 육체와 영혼(정신)은 분리되지 않는다. 따라서 생명의 수련에 있어, 정신(神)의 수련과 신체(形)의 수련이 분리되지 않는 것은 당연하다. 전일적holistic 생명 안에서 정신과 신체가 분리되지 않는 것처럼, 생명의 수행에 있어서 그 둘을 분리시키는 것은 불가능하다. 그러나 수행의 과정과 절차에 있어서 정신과 육체, 어느 쪽을 더욱 근원적으로 보는가, 또는 정신과 육체 어느 쪽을 수련의 중심에 두는가에 대해서는 인식 차이가 발생할 수 있다. 그러나 분명한 것은 어느 쪽에 우선권을 부여하든, 정신의 수행이 도교적 생명 수행의 기초이자 최종적 목표라는 사실에 대해서는 이론이 있을 수 없다.

도교 수행에서 '정신' 혹은 '마음'은 포괄적이고 모호한 개념이다. 일상어에서 우리는 '정신'과 '마음'을 거의 비슷한 의미로 사용하지만, 그 두 개념이 반드시 동일한 의미를 가진다고 말할 수 없다. 그런 불명확함과 모호함은, 무엇보다도 우리말의 '정신' 혹은 '마음'이 정확하게 무엇을 가리키는지 분명하지 않다는 데서 비롯된다. 특히 '마음'에 관해서 보자면, 그 개념에 대응하는 한자어를 찾는 것이 쉽지 않기 때문에, '마음'은 언제나 의미가 모호한 것으로 남아 있을 수밖에 없다.[1] 더구나 우리가 '마음'이라고 부르는 어떤 정신적, 감정적, 인격적 개념에 대응한다고 생각될 수 있는 한자어는 결코 하나가 아니기 때문에, 그것을 단순히 한자어로 치환한다고 해서 문제가 해결되는 것은 아니다.[2] 게다가 치환 가능한 리스트에 올라오는 한자어 각각의 의미 역시 분명하지 않다. 따라서 '마음' 이해의 어려움이 가중된다. 도교 수행법을 바르게 이해하기 위해서는, 동양 사상 이해의 다른 영역에서도 그렇지만, 한자어의 의미를 기계적으로 번역해서 읽는 습관에서 벗어나야 한다.[3]

---

1) 마음을 연구하는 학문인 심리학에서는 외국 이론을 소개하는 데 급급하여, 정작 우리말의 '마음'에 대해 깊이 있는 사고를 전개하지 않았다. 그저 외국에서 들어온 이론을 소개하고, 그것으로 한국인의 마음 세계, 정신을 다 이해했다고 믿는 것 같다. 그 점은 철학도 마찬가지다. 가장 초보적인 학술 용어들조차 개념적인 의미 풀이가 이루어지지 않은 상태에서, 더 이상 우리 학문 발전을 기대하기는 어려울 것 같다. 그 대안이 단순히 '우리말로 철학하기'라고 믿는 태도 역시 순진하다. 우리 현대 한국인이 이해할 수 있는 방식으로, 학술적 개념을 재정립한다는 의미라면 모르되, 단순히 우리말을 사용해서 철학하기는 더 큰 혼란을 초래할 위험이 있다.
2) 도교에서 우리말의 '마음' 또는 '정신'에 해당하는 어휘는 여럿 있다. 우리말의 '마음'과 한자 어휘인 '정신'을 엄격하게 구분하는 것은 대단히 어렵다. 마음 혹은 정신을 나타내는 어휘로는 神神, 심心, 성性, 정情 등이 있지만, 우리말의 '마음'은 그런 한자어보다 더 포괄적인 것 같다. 그래서 더욱 이해하기가 어렵다.
3) 가장 일반적으로 우리가 범하는 실수 중의 하나는, 한자어 심心은 '마음'이라고 번역하고, 그 심心과 깊은 연관을 가지고 다양한 국면에서 달리 사용되는 성性, 정情, 정精, 신神, 정신精神, 성정性情, 심정心情, 영靈 등의 개념을 번역하지 않고 그냥 한자어 그대로 사용하는 것이다. 위의 글자들은 결합하여 다양한 복합어 개념을 만들어낸다. 예를 들어 정신이라는 개념이 나올 때(특히 도가 계통의 문서에서) 그것을

도교 수행법의 기초이자 출발점인 '마음' 수행 혹은 '정신' 수행은 무엇보다 먼저 외부 세계와의 접촉에서 비롯되는 감정, 정서[情] 또는 본능적인 욕망[情慾]에 의해 '마음[神, 心, 性]'이 교란되는 것을 차단하는 것에서 시작된다. 정신 혹은 마음은 도교 수행의 출발점이자 귀결점이라고 해도 좋을 정도로, 도교에서는 마음(정신)을 중시한다. 그러나 그 마음 혹은 정신을 표현하는 도교의 술어를 명확하게 이해하는 것이 어렵기 때문에 도교의 정신 수행의 의미는 분명하게 밝혀져 있지 않다. 여기서 논의 대상으로 삼는 '마음(정신)'은 도교에서 자주 등장하는 신神, 심心 혹은 성性 등의 여러 개념과 깊은 연관이 있다.

도교적 신, 심, 성은 현대어로는 정신 혹은 마음이라고 번역할 수도 있지만, 고대 중국인들은 인간의 정신(마음)을 여러 단계와 차원으로 나누어 파악하였다는 사실을 잊지 않아야 한다. 고대 중국인들은 하나가 아니라 여럿인 마음, 다수의 '마음'을 상정하고 있었다. 그런 생각에 따르면 우리는 하나의 마음이 아니라 여러 개의 마음을 가지고 있는 것이 된다. 그 각각의 마음에 대해 간략하게 나의 이해를 정리해보고, 그 바탕 위에서 도교의 마음 수행에 관한 논의를 진행할 것이다.

먼저 성性은 인간을 인간답게 만드는 인간의 '본래성'이다. 성은 모든

그냥 현대어의 '정신'과 동일시하는 관행이 있지만, 대단히 잘못된 것이다. 또 한문 고전에서 자주 등장하는 정情을 현대어의 '감정', 즉 영어의 feeling 혹은 emotion의 번역어로도 사용되는 감정 혹은 정서와 동일시하는 것도 잘못된 관행이다. 한자어의 정情이 현대어의 감정과 전혀 무관하다고는 말할 수 없지만, 그렇다고 안이하게 같은 개념이라고 보는 것은 곤란하다. 우리가 너무도 당연하게 알고 있다고 생각하면서 의심조차 해보지 않은 그런 기계적 해석을 벗어나야 한다. 그 개념들이 사용되던 맥락으로 되돌아가, 그것을 정밀하게 이해하려는 문제의식이 없는 것이 동양 사상 연구의 최대 약점이다. 그 결과 그 동양철학은 전혀 이해할 수 없거나, 의미 없는 논의만을 생산하는 죽은 학문이 되어버리고 만다.

인간에게 공통된 어떤 속성, 인간을 인간으로 만들어주는 것이다. 그 성은 후천적인 양육이나 교육에 의해 주어지는 것이 아니라 누구든 인간이라면 태어나면서부터 갖는 것이라는 점에서, 선천적인 어떤 자질이다. 따라서 그 성을 가지지 않은 자는 인간이라고 할 수 없게 된다. 물론 인간에게 인간의 성이 있는 것처럼, 동물에게도 동물의 성이 존재한다. 사자에게는 사자의 성이, 소나무에게는 소나무의 성이 존재한다. 인간의 경우에만 한정해서 말하자면, 성은 어떤 생명체를 다른 무엇이 아니라 바로 인간이 되게 하는 근본적인 '무엇'이다. 마음을 논하는 이 글의 논의와 연관시켜보자면, 성은 인간이 태어나면서 가지는 마음, 외부적인 자극에 물들기 전부터 고유하게 지니는 '본래적 마음'이라고 이해할 수 있을 것이다.[4]

한편 심心은 사유와 감정, 감각과 반응, 생각과 행동, 그 모든 것을 통괄하는 '총체적 마음'이다. 통합하는 마음인 심을 가진 존재인 인간은, 단순한 물질적 감정적 반응 능력만을 가진 동물을 넘어서서 윤리와 질서에 의해 유지되는 사회적 삶을 운영할 수 있게 된다. (물론 인간과 동물

---

[4] 성性은 인간뿐 아니라 모든 사물로 하여금 그 사물의 특성을 유지하게 만드는 근거라는 의미로 확대해석된다. 주자학은 어떤 존재를 그런 존재로 만들어주는 본래적인 근거를 성이라고 본다. 그리고 그런 성 개념을 확대하여, 모든 사물이 그 사물로서의 특성을 드러내는 근거라고 하는 식으로 성 개념을 확대시킨다. 이 경우 성은 어떤 무엇을 그 무엇으로 만들어주는 근거이기 때문에, 인간의 성이든 사물의 성이든 '같다[同]'. 그러나 서로 다른 사물들의 근거인 성은 사물의 종류에 따라 서로 '다를[異]' 수밖에 없다. 인간과 개는 모두 성을 가지지만, 인간의 성과 개의 성은 다르다. 따라서 주자학적 관점에서는, 인간의 성(인성)과 사물의 성(물성)은 같기[同]도 하고 다르기[異]도 하다. 어느 측면에 주목하느냐에 따라, 인성과 물성이 같다는 '인성물성 동론[人物性同論]'과 인성과 물성은 서로 다르다는 '인성물성 이론[人物性異論]'이 둘 다 성립할 수 있다. 마찬가지로 인간의 성[人性]은 모두 다 같다는 인성동人性同의 관점과 인간의 성[人性]이라도 사람에 따라 다르다는 인성이人性異의 두 관점이 다 성립할 수 있다.

의 차이는 질적인 차이가 아니며, '정도의 차이'라고 보는 입장도 있다.) 통합하는 마음인 심은, 본래적인 마음인 성을 근간에 두고, 외부적 자극을 수용하면서 세계와 만나고, 다른 인간과 더불어 공동생활을 영위한 결과 형성된 것이다. 그리고 그 통합하는 마음으로 인해 인간은 윤리적인 존재, 사회적인 존재가 된다. 전체로서의 마음인 심에는 선과 악이 적절하게 조화되고 뒤섞여 있다. 그 마음(=심)은 '본래적인 마음'(=성)이 외부 자극을 수용하고 그것에 반응한 결과 형성되는 감정적, 정서적 기제를 담고 있는 '현실적인 마음'(=심)이다.

글자 자체에서 알 수 있는 것처럼, '본래적인 마음'(=성)이 생명 탄생과 더불어 처음부터 주어지는 것인 반면,[5] 인격의 통합을 가능케 하는 '현실적인 마음'(=심)은 육체의 일부분인 심장心臟의 기능과 관계된다고 생각되었다. 심은 육체와 정신의 양면을 통합하는 작용을 하는데, 그런 심의 작용에 의해 구체적인 한 인간의 인격과 개성이 형성된다. 인격과 개성은 외부 세계와의 상호작용의 결과물이다. 그 경우 심이 상호작용을 주도한다.

이러한 도교적인 마음(심)에 대한 이해는 당나라 이후의 '내단학內丹學'에서 더욱 정교하게 다듬어졌다. 그 결과 도교 사상 안에서 심心은 성性(자연적 본래적인 마음)과 정情(감각기관을 통해 외부 세계와 관계하고, 외부 세계에 대해 반응하면서, 육체적 욕망과 뒤얽힌 또 다른 형태의 마음)을 통합하는 총체적인 '무엇'이라는 의미를 획득하게 된다. 그리고 그런 도교적 심성론은 다시 신유학에 의해 유가 사상 안에 수용되어 주자학적(신

---

5) 고대 중국에서 맹자와 대립했던 고자는 성을 생生이라고 해석한다. 태어나면서부터 타고난 본래적인 것이라는 의미에서, '생지위성生之謂性'이라고, 성性을 생生이라고 풀이한 것이다. 그의 주장의 옳고 그름을 떠나서, 그것은 고대 중국에서의 성 개념의 실질에 더 접근한다.

유학적) 심성론으로 발전한다.

중국 사상 안에서는 정情 역시 '마음'의 일종이다. 따라서 그 정을 이성과 대응되는 감정이라고만 보는 것은 적절하지 않다. 그와 마찬가지로 정과 대립되는 성을 서양철학에서 말하는 이성理性reason과 동일한 것이라고 보는 견해도 옳지 않다. 성은 이성, 정은 감정이라고 기계적으로 풀이하면, 서양의 철학 개념을 동원하여 사유의 맥락이 전혀 다른 중국적 사유를 설명하는 환원주의에 빠지게 된다.

마지막으로 신神 역시 '마음'의 일종이라고 이해할 수 있다. 그러나 신은 도교에서 말하는 여러 '마음' 중에서 가장 중요하면서 가장 난해하다. 더구나 신은 도교라는 종교의 사상적 핵심을 드러내는 중요한 개념이기 때문에, 그만큼 많은 곡해와 오해의 대상이 되어왔다. 흔히 어떤 사유 체계 안에서 가장 중요한 개념이 가장 큰 오해와 곡해의 대상이 된다.

도교에서 신은 인간 정신의 초월적 능력과 관련된 특수한 정신 능력 혹은 양상이다. 그것은 인간의 신성한 측면, 신적인 능력을 가리키는 것이다. 신은 심(현실적인 마음, 통합하는 마음)과 성(본래적인 마음)의 기초 위에서 구축되는 인간의 초월적 정신 능력인 것이다. 심과 성의 기초가 없는 초월적 정신은 이 세계 속에서 근거를 가질 수 없다. 그러나 심과 성만으로 인간의 신성한 능력을 다 설명할 수도 없다. 심과 성의 기초 위에서, 인간은 초월적 존재인 신적인 존재들deities과 대등한 차원에 속하는 존재로 격상될 수 있다. 그것이 도교적 인간관의 출발점이다. 인간이 세속적 상황(凡俗)를 초월하여 신성한 존재(入聖)가 될 수 있다고 믿는 도교에서, 가장 중요한 요소는 바로 이 신神이다. 그 마음은 단순히 현대어의 '정신'과도 다르고, 단순히 '신령'과도 다른 복잡한 무엇이다. 아마도 우리는 그 신을 '초월적 마음'이라고 이름 붙일 수 있을 것이다. 그런 초월적 마음인 신은 서양의 종교나 철학에서는 상상할 수 없는 개념이기

때문에, 서양 언어로부터의 번역어로 오염될 대로 오염된 현대 한국어로는 그것을 제대로 서술할 수 없다.6)

도교의 신은 외부 자극을 수용하면서 인간의 육체적 욕구를 표현하는 정情과 인간의 본래적 특질을 담보하고 있는 성性, 그리고 성과 정이라는 두 마음을 더 높은 차원에서 통합하는 심心을 기초로 삼는다. 그리고 거기서 한 걸음 더 나아가, 신神은 앞의 여러 마음을 뛰어넘는 특별한 마음이다. 그것은 굳이 말하자면 인간에 내재하는 신적 능력이라고 볼 수 있다. 이러한 도교적 신 관념은 육체 안에 여러 신적 존재가 깃들어 있다고 믿는 '체내신' 신앙으로 발전해나간다.7)

존사存思, 수일守一 등 초기 도교에서 가장 중요하게 생각했던 여러 정신 수행법은 '체내신'의 존재를 전제로 삼는다. 신체 내부에 존재하는 여러 신적 존재를 활성화시키고, 그러한 내면적 신들의 활성화를 통해 인간은 신적 능력을 획득할 수 있으며, 그 결과 인간은 범속한 물질적 차원

---

6) 하나의 문화에 속한 특수한 개념을 다른 문화에 속한 언어로는 완전하게 서술할 수 없다. 서술이란 가장 단순한 작업인 듯이 보이지만, 사실 문화의 서술은 지난한 작업이다. 우리의 언어와 개념으로 이해할 수 없는 것은 서술할 수 없기 때문이다. 우리의 언어는 이제 너무 서양화되어, 우리의 과거, 우리의 옛 사유 방식조차도 서술할 수 없게 된 것이다. 하물며, 전혀 다른 문화를 서술하는 일은 처음부터 불가능한 작업이 아닐까? 그 작업을 진행하기 위해서는 어느 정도 무식해지거나, 뻔뻔스러워지는 길밖에는 방법이 없을 것 같다. 소위 '현상학적' 문화 서술의 프로젝트는 사실 그런 무식함이나 오만함을 감수하는 행위다. 오늘날 우리는 그런 태도를 '문화제국주의'라고 부른다. 이제 우리는 우리의 과거에 대해 문화제국주의적 태도를 취하고 있는 것이 아닌가?
7) 유교 전통에서는 신 개념을 인간 정신의 특별한 능력을 표현하는 개념으로 한정적으로 사용하려고 한다. 『주역』「계사전」에 나오는 '불측지위신不測之謂神'이라는 정통적 훈고가 그것이다. 그 해석에 따르면 신은 초월적 영역이나 초월적 존재와 연관된 개념이 아니라, 손쉽게 파악할 수 없는 인간 정신을 가리키는 개념으로 축소 해석된다. 특히 신유학에서 그런 경향이 강하게 나타난다. 그런 관점에서는 당연히 '체내신' 관념이 인정될 수 없다.

의 인간을 넘어서 신적 차원으로 한 걸음 더 가까이 다가갈 수 있다고 믿는 것이다. 신은 인간에게 생명력을 가져다주는 존재, 아니 생명력 그 자체이기 때문이다.

체내신 신앙에 따르면, 신체의 각 부위에는 다양한 신이 자리 잡고 있다. 몸의 각 영역은 신체신을 위한 거주지, 신들의 궁전이다. 대자연이 신들의 거주지이고, 하늘의 별들이 신들의 궁전인 것처럼, 신체 역시 신들의 거주지다. 신체 내부에는 선한 신뿐 아니라 악한 신도 살고 있다. 그 악한 신은 인간에게 질병과 고통과 죽음을 가져다준다.

신체 내부에 존재하는 여러 신 중에서 가장 지위가 높은 신은 누구일까? 중국인들은 모든 것을 위계적 질서 안에서 생각하는 버릇이 있다. 당연히 신들 사이에도 위계가 있을 것이다. 그런 사고 습관에 따르면, 체내신 중에서 가장 높은 신은 당연히(?) 두뇌에 자리 잡고 있는 신들이다. 그렇게 보면 위진시대의 사람들은 인간 생명과 사유 활동의 중추로서 뇌의 중요성을 이미 알고 있었다는 것을 알 수 있다. 신체 내부에 존재하는 다양한 신을 관조하고, 그 관조의 힘에 의해 잠들어 있는 신적인 에너지를 일깨우고 활동하게 만드는 수련이 다름 아닌 '존사법存思法'이었다. 그런 관조에 의해, 인간의 정신과 신체를 항상 살아 있는 것으로 만들고, 인간의 생명을 지배하고 관장하는 근원인 도를 간직하는 수련법이 '수일법守一法'이었다. 그 둘은 다르지만, 결국은 같은 것을 지향한다. 내면적 생명력을 활성화시킴으로써 인간은 영원히 살 수 있다. 그런 존사와 수일의 수행법은 나중에 인체 내부에서 불사약을 만들어내는 육체-정신 수련법(내단법內丹法)으로 발전해간다. 내단內丹은 신체 내부에서 만들어지는 불사약으로, 도와 동의어다.

인체 내부에서 형성된 불사약(내단)은 반복되는 정신-신체 수련의 최종적 산물이다. 따라서 그것을 만들기 위해서는 장기간에 걸친 체계적인 훈련이 필요하다. 위진시대의 도교에서는 아직 내단 형성의 과정에 대한 사유는 나타나지 않지만, 당대 이후가 되면 정신 수행의 과정을 '신身→(정情)→성性→심心→신神'의 발전 과정으로 설명하는 초보적인 단계론이 나타난다. 그런 초보적인 단계론은, 당말 송초 이후에 완성된 내단 수련의 방법론을 보여주는 『종려전도집』이나 『오진편』 등에서 '축기築基→연정練精→연기練氣→연신練神→환허還虛'의 수행 단계론으로 정립된다.

그런 수행의 단계론은 기氣라고 하는 우주적 원질의 존재에 대한 가정 위에서 성립한다. 그런 사유에 따르면, 기는 인간의 물질적 육체를 구성하는 기초 원질이다. 나아가 인간의 정신과 그것의 작용까지도 기의 작용으로 설명된다. 즉 신체(형, 신)와 정신(성, 정, 신, 귀신 등) 모두가 기로 설명된다.

앞에서 반복해서 말한 것처럼, 갈홍은 기의 수행이 근간이 되는 신체 수행과 정신 수행을 불사에 도달하는 최고의 수행법이라고 보지는 않는다. 더구나 갈홍은 정신 수행 자체에 그다지 큰 비중을 두지 않는다. 따라서 그는 당연히 정신 수행의 단계에 대해서도 거의 주의하지 않았다. 갈홍은 정신 수행의 의의를 인정하기는 하지만, 오직 금단의 제조와 복용을 통해서만 불사가 가능하다고 생각했다. 특별한 방법을 거쳐 만들어진 금단 대약만이 생명을 살리는 힘을 가지고 있다고 본다. 갈홍의 도교 수행법 체계 안에서, 정신 수행은 불사, 즉 '도와 하나 됨[與道合一]'을 추구하는 도교 수련의 작은 절목에 해당할 뿐이다.

마음 수행에서 중요한 일은 마음의 평정을 유지하고 내적인 생명 에너지를 상실하지 않는 것이다. 외적 세계에 마음을 빼앗기거나 몸과 마음을 함부로 낭비하면, 기가 고갈되고 생명의 뿌리인 영근이 손상된다. 영근이 손상되면 금단 대약이 아니고서는 그 손상을 치료할 방법이 없다.

따라서 기가 손상되기 전에, 영근이 완전히 사라지기 전에 그것을 지켜야 한다.

『포박자 내편』에서는 존사와 수일을 제외하고 나면, '마음'의 수련에 관한 구체적인 논의는 그다지 깊이 있게 나타나지 않는다. 사실 기가 손상되지 않도록 간직하는 '무욕無欲' 그 자체가 바로 마음 수행이라고 볼 수 있다. '수일'과 '존사'는 '무욕'의 실천을 조금 더 세련된 방법으로 다듬어놓은 것이라고 말할 수 있다.

2. 무욕, 신선 방술의 기초

갈홍은 『포박자 내편』의 「도의」에서 본격적으로 정신 수련에 대해 논의하고 있다. 도교의 궁극적 원리인 도道의 의미를 밝히는 「도의」에서 갈홍은 신선 수행의 궁극적 목적은 '도와 하나'가 되는 상태를 구현하는 것이라고 강조한다. '도와 하나가 된다.'는 것은 존재의 근원인 도를 내면화하여 그 도와 동일한 존재가 된다는 의미다. 인간은 도와 하나가 됨으로써 인간의 한계를 초월하여 신적인 존재로 나아갈 수 있다. 그것이 신선이다. 저속한 기질의 욕망에 사로잡힌 저급한 존재의 상황을 벗어나 신성한 존재, 진실한 존재가 되는 것이 그것이다. 갈홍은 인간이 근본적, 질적으로 변화하여 다른 차원의 존재로 옮겨가는 것을 득도得道 또는 성선成仙이라고 말한다. 득도를 향한 수행을 하기 위해서는, 그 목표가 되는 도의 본질과 의미를 먼저 밝혀야 한다는 의도에서 갈홍은 「도의」를 썼다. 그 글에서 갈홍은 노자의 도론, 장자의 도론을 계승하면서, 그것을 득도의 수행론으로 발전시킨다. (그 글에서 도는 「창현」에서의 '현'과 대단히 유사하다. 그것은 같은 것의 다른 이름이기 때문에 당연하다.)

도는 모든 존재하는 것의 창조적 근거, 존재의 근원이다. 도는 기독교의 하느님과 달리 자신의 의지로 만물을 창조하지 않는다. 도는 의지를 가진 창조자가 아니다. 그러나 존재하는 모든 것은 도라는 근거 혹은 원리 없이는 존재할 수 없다. 도는 무한대로 큰 것이며, 동시에 무한소로 작다. 그것은 우주를 다 덮을 수 있을 만큼 크고, 세상의 가장 미세한 것보다 더 작다. 도는 있지만, 다른 일반 사물의 있는 방식과 다르기 때문에, 손쉽게 '있다'라고는 말할 수 없다. 거꾸로 도는 눈에 보이지 않고 손으로 만질 수 없기 때문에 없다고 생각하기 쉽지만, 그렇다고 전혀 '없다'라고도 말할 수 없다. 도는 '있음'이면서 동시에 '없음'이다. 그것은 유有이면서 동시에 무無다. 그것은 있으면서 없고, 없으면서 있다. 그것은 (있으면서 동시에 없는 것이므로) 일상적 논리로는 알 수 없다. 그것은 일상성의 근원에 있기에 일상을 가능하게 하지만, 동시에 일상을 초월하기에 없다. 도는 그런 궁극적인 역설이다. 도는 있음과 없음의 모순의 통일체다. 도는 반대되는 것의 합일이다.

도가 세상에 존재하는 모든 것을 존재 가능하게 만들 때, 그 최초의 상태는 순수하고 무구하고 완전했다. 인간 역시 만물의 하나로서, 그 최초의 순수함, 순전함, 완전함을 지닌 존재였다. 갈홍은 그 최초의 상태를 '세상의 처음〔太初之本〕'이라고 명명한다. 그 태초는 만물의 태초일 수도 있지만, 신선 수행론에서 중요한 것은 인간이고 여기서 문제되는 세상의 처음은 인간의 처음, 즉 때 묻기 전의 순전하고 순수한 본래적인 인간의 태초의 상태를 가리킨다고 생각된다.

도교적 사고방식에 따르면, 본래적인 인간은 시간의 전개와 더불어 타락한다. 시간의 흐름 속에서, 즉 일상의 삶 안에서 인간은 타락 일로에 접어든다. 여기서 우리는 도교의 역사관, 도교적 인간관의 중요한 일면을 발견할 수 있다. 최초에 순수하고 완전한 것이 시간의 전개와 더불어 타락하고 불완전해진다는 관점이다.

갈홍이 속인俗人이라고 부르는 인간은 본래의 순수함과 순전함을 상실한 일상의 인간을 가리킨다. 속인은 도의 절대적 진실과 근원을 상실하고, 그 진실 세계로부터 멀어진 인간이다. 인간 본래의 신성성을 상실한 인간이 속인이다. 속인은 본래 지니고 있는 내면의 신神을 망각한 존재다. 인간의 본래적 신성성은 인간의 내부에서 질식해 사라져버렸거나, 흩어져서 인간에게서 멀어졌다. 갈홍은 그런 현실의 인간적 존재 상황을 천리天理가 사라진 상태, 즉 '욕망의 유혹을 받아 천리가 파괴된'[8) 상태라고 표현한다.

성스러운 근원[太初之本]을 망각하고, 근원에서 멀어진 속인은 자신이 도와 하나 되는 태초의 근원을 내부에 지니고 있[었]다는 사실 자체를 잊어버렸다. 그러면서도 그는 여전히 도와 하나 됨을 희구한다. 인간은 자기에게 속해 있는 가치 있는 것을 버리고, 자기에게 속하지 않은 것을 추구한다. 속인은 이렇게 모순적인 존재이다. 이처럼 속인의 삶의 방식은 존재의 본질에서 멀리 떨어져 있다. 속인들은 자기 본래의 근원을 부정하고, 세상 사람들이 추구하는 온갖 시시한 것에 마음을 빼앗긴다. 자기 삶을 사는 것이 아니라 다른 사람의 삶을 흉내 내기에 급급하다. 다른 사람을 모방하면서 자기를 잃어버리는 것이다. 갈홍은 무욕의 필요성에 대해 이렇게 설파한다.

---

8) "情感物而外起, 智接事而旁溢, 誘於可欲, 而天理滅."(「道意」) 여기서 갈홍은 사람들이 외적인 사물에 마음을 뺏기고 욕망의 포로가 되어 자기가 본래 간직했던 본래적 신성성을 상실한다는 사실을 강조하는데, 그것은 "완물상지玩物喪志, 천리멸의天理滅矣."를 주장하는 전형적인 주자학적 수양론의 입장과 일치할 뿐 아니라, 표현 방식까지도 거의 같다. 주자학적 수양론이 도교적 수행론에서 얼마나 큰 빚을 지고 있는지를 확인할 수 있다.

세상 사람들은 자기 본래의 근본을 알지 못하고, 세속의 가치 없는 일들에 마음을 빼앗기고 있다. 사람들이 자기 마음의 담백한 본래 상태를 유지하고, 세상의 번잡한 일들에 마음을 빼앗기지 않고, 무욕으로서 자기의 마음을 기를 수 있다면, 또한 소박함으로 자기의 마음을 편안하게 만들 수 있다면, 나아가 외부 세계에 대한 유혹을 씻어내고, 내면의 바른 것으로 마음을 돌리고, 구하기 어려운 것을 바라는 생각을 버리고, 진실을 해치는 근심을 버릴 수 있다면, 기쁨과 분노라는 사악함을 최소화하고, 좋아하고 미워하는 마음을 없앨 수 있다면, 복은 불러들이지 않아도 찾아오고, 화는 멀리하지 않아도 저절로 멀어질 것이다. 왜 그런가? 생명은 안에 달린 것이지 바깥에 얽매인 것이 아니기 때문이다.[9]

도를 탐구하는 수도자는 무욕으로 자기의 내면을 다듬고 길러야 한다. 그 경우에만 자기에게 주어진 본래의 신성함을 유지, 회복할 수 있다. 그러나 현실의 인간, 속인은 정반대로 행동한다. 그러면서도 온갖 복을 구하고[請福], 재앙을 피하기[禳禍]를 희구한다. 그 희구는 오히려 그의 마음을 초조함으로 달아오르게 한다. 갈홍은 인간의 생명은 내면(정신)의 무욕에 의해 결정되는 것이지, 외적 사물(세상)에 의해 결정되는 것이 아니라고 말한다. 그럼에도 사람들은 그 사실을 깨닫지 못한다. 그 결과 정작 지켜야 할 것은 버리고, 자기에게 속하지 않는 것을 구하기 위해 온 정신 에너지를 소진한다. 복을 원하면서도 복을 버리는 것이다. 자

---

[9] "俗人不能識其太初之本, 而修其流淫之末, 人能淡默恬愉, 不染不移, 養其心以無欲, 頤其神以粹素, 掃滌誘慕, 收之以正, 除難求之思, 遣害眞之累, 薄喜怒之邪, 滅愛惡之端, 則不請福而福來, 不禳禍而禍去矣. 何者, 命在其中, 不繫於外, 道存乎此. 無俟於彼也."(「道意」)

기가 버렸으면서도, 다시 그것을 바라는 모순된 삶을 사는 것이다.

갈홍이 요구하는 정신 수행의 핵심은 '무욕無欲'과 '수진守眞' 두 단어로 요약할 수 있다. 갈홍은 그 두 가지를 실천할 수 있다면, "복은 불러들이지 않아도 찾아오고 화는 멀리하지 않아도 저절로 멀어질 것"이라고 말한다. 이러한 수도자의 마음 태도는『포박자 내편』「논선」에서 말하는 신선 수행의 기본 정신과 완전히 일치한다. 갈홍에 따르면, 신선이 되는 공부〔學仙之法〕에서 가장 기본이 되는 것은 정신의 쾌활함과 담백함을 획득하고, 유지하는 일이었다. 그것을 획득하기 위해서는 무엇을 좋아하는 기호와 무엇에 의해 자극을 받아 발생하는 욕망을 씻어내어 버려야 하며, 내면으로 시선을 향하게 하고 내심의 소리를 들어야 한다〔內視反聽〕고 말했다. 또 마치 시체처럼 조용히 머물러, 모든 사려가 사라지게 해야 한다〔尸居無心〕고도 역설했다.10)

일상의 인간은 일곱 가지 감정과 정서〔七情〕의 동요와 욕망으로 인해 끊임없이 내적인 평화가 교란당하는 삶을 살고 있다. 갈홍이 요구하는 삶, 시체처럼 조용히 머물러 모든 사려를 사라지게 하는 그런 삶을 사는 것은 거의 불가능하다. 그것은 현대인의 삶의 현실만은 아닌 것 같다. 과거의 사람들 역시 그런 세속의 번잡함에 얽혀 살기는 마찬가지였던 것 같다. 세상일에 얽혀 사는 사람들이 필연적으로 겪게 되는 감정의 동요를 극복하고 완전한 내적인 평화에 도달하는 것은 쉽지 않다. 그러나 그 쉽지 않은 일을 완수하는 것이 신선됨을 향한 수행의 첫걸음이다.

수행의 정신적 기초로서 '무욕無欲'과 진실한 본래성을 갈고 닦는 '수진守眞'을 강조하는 갈홍은 속인들이 그런 정신 수양의 기본를 무시한 채, 재난을 물리치고 복을 구하기 위해 종교적 의례에 몰두하는 현실을

---

10)「논선」의 신선론 참조. 이 책의「제1부 4장 신선의 존재 증명론」을 참조하기 바란다.

비판한다. "반드시 복 받기를 기대하고 그것을 구하고 원하면서 죽을 때까지 [그 허망함을] 깨닫지 못하는 그들은 가련하지 않은가?"[11]

특히 갈홍은 많은 재산과 높은 지위를 가진 사람들이 제사 의례를 통해 신들의 힘을 빌리고, 그 신들의 힘을 통해 장생불사를 꿈꾸는 종교적 활동에 몰두하고 있는 가소로운 현실에 대해 말한다. 갈홍의 입장에서 그런 시도들은 다 허망하고 가소로운 짓거리다. 갈홍은 그런 제사 의례가 오히려 내면적 정신의 본래성을 상실하고 파괴하는 것을 촉진하는 역기능을 가지고 있다고 주장한다. 갈홍이 속신 제사를 비롯하여 유교의 제사를 부정하는 이유 역시 그것이다.

"복은 귀신에게 요청한다고 해서 불러들일 수 있는 것이 아니다. 화 역시 제사를 지낸다고 해서 물러나는 것이 아니다."[12] 절도를 잃은 생활, 절제하지 않는 식생활, 불안정한 생활환경, 불필요한 정신의 소모 등이 생명의 근원을 파괴하는 원인이다. 그렇게 스스로 초래한 재난으로 생명의 근원이 소멸되는 것에 대해서는 천지신명이라도 어쩔 수가 없다.[13] 만일 제사를 통해 복을 불러오고 재난을 물리치고, 장생불사를 얻을 수 있다면 돈 많은 사람, 권세 높은 사람들은 신선이 되어 영생의 삶을 살지 않겠는가? 그러나 실제로는 그렇지 않다. 갈홍은 구선求仙 활동과 무속적 제사祭祀 활동에 탐닉했던 것으로 유명한 진나라 시황제와 한나라 무제를 예로 들어 제사의 무용함, 불사에 있어서 재물과 권세의 무용함을 폭로한다. 그들은 온 천하를 다 가진 지고의 제왕이었지만, 그들의 권세로도 불사를 얻는 것은 불가능했다. 아니 오히려 그런 권세와 재산을 가

---

11) "求乞福願, 冀其必得, 至死不悟, 不亦哀哉?"(「道意」)
12) "夫福非足恭所請也, 禍非煙祀所禳也."(「道意」)
13) "精靈困於煩擾, 榮衛消於役用. 煎熬形氣, 刻削天和, 勞逸過度, …… 飮食失節, …… 當風臥濕, …… **自貽玆患, 天地神明, 曷能濟焉?**"(「道意」)

진 사람이었기에, 득도하여 신선이 되는 것이 더 어려울 수 있었다.

갈홍의 입장은 '부자가 천국에 들어가는 것은 낙타가 바늘구멍을 통과하는 것보다 더 어렵다.'고 갈파한 예수의 주장을 연상시킨다. '마음이 가난한 자라야 천국에 들어갈 수 있다.'는 가르침도 크게 다르지 않다. 시황제나 무제는 제왕의 고귀한 신분을 가지고서도 신선이 되지 못했다. 그 이유는 제왕들은 무욕의 삶, 담백하고 소박한 삶을 사는 것이 불가능하기 때문이다. 갈홍은 수도자는 번잡한 생활을 피하고 무욕의 삶, 담백하고 소박한 삶을 살아야 한다고 주장한다. 더 나아가 신선이 되고자 하는 자는 곤충이나 벌레들까지도 사랑하며 그 생명을 해치지 않아야 한다.

그러나 소위 제왕, 영웅은 어떤 인간들인가? 권력을 차지하기 위해, 나라와 인민을 구한다는 명분으로 사람 목숨을 파리 목숨보다 가볍게 여기는 자들이 아닌가? 신선이 되기 위해서는 비린내 나는 음식을 먹지 않고, 곡식을 먹지 않아야 하지만, 기름진 음식으로 길든 그들의 혀와 배는 결코 그런 소박한 식단에 만족하지 못한다. 장을 비우지 못한 자는 마음을 비울 수도 없다. 비린내 나는 음식, 곡식은 인간 문명의 상징이다. 기름진 음식에 대한 탐닉은 문명의 번잡함과 사치에의 탐닉이다.

더 나아가 신선이 되기 위해서는 가난한 사람, 소외당한 사람을 널리 아끼고, 그들이 마치 자기 자신이거나 자기 가족인 것처럼 여겨야 한다. 갈홍은 불사와 윤리를 무관한 덕목이라고 보지 않는다. 인간에 대한 사랑은 무욕 못지않게 중요한 신선의 기초다. 그러나 소위 제왕은 국사의 무거운 책임을 스스로에게 부과하고, 정치 활동의 번잡함에 시달린다. 그들은 한순간도 정신을 쉴 수가 없다. 전쟁에서 생명을 파괴하는 것은 이미 그들의 본업이다. 그들은 몸과 마음은 향락에 젖어 있고, 고기와 비린 생선, 기름진 음식으로 오염될 대로 오염되어 있다.

이처럼 신선의 무욕, 담백한 삶과 제왕의 욕망 과잉의 삶은 극명하게 대비된다. 도의 수행은 먼저 간소한 생활, 담백한 사유에서 시작된다. 하지만 제왕의 사치스럽고 번잡하고 욕정을 한껏 분출하는 방만한 생활은 신선 도교에서 이상으로 삼는 간소하고 담백한 정신의 함양과는 하늘과 땅의 차이가 있다. 진시황, 한무제는 그렇게도 신선이 되기를 열망했지만 그것을 얻을 수 없었다. 인간으로는 가장 고귀하고 위엄 있는 자리에 있으면서도 영원한 생명을 얻기 위한 실질적인 정신적 수양에서 멀리 떨어져 있었기 때문이다. 장생불사는 돈이나 명예, 사회적 지위로 살 수 있는 것이 아닌 것이다(「도의」 참조).[14]

더 나아가 갈홍은 전통적인 제사 이론을 동원하여 그들의 죽음을 설명하고, 무한한 권력과 재산을 가진 왕후장상도 득도와는 관련이 없으며, 그들도 결국 생명을 상실하고 허망한 죽음을 당한 예들을 역사적 예를 동원하여 보여준다. 갈홍의 도교 정통론을 논의하는 곳에서 살펴본 것처럼, 갈홍은 그런 제사론에 근거하여 무속적 제사〔淫祀〕와 비정통적 도교 법술〔妖道〕을 비판한다.[15]

갈홍이 보기에 장생불사하는 신선의 삶에 가장 가까이 다가가 있는 사람들은 은거하며 한가한 삶을 영위하는 도사들이었다. 그들은 인간의 번잡한 세속에서 멀리 떨어져 있기 때문에 정신을 비교적 단순하게 가질 수 있고 수양에 집중할 수 있는 유리한 조건을 가지고 있다. 세상의 부귀와 명예에 마음을 빼앗기고, 인간이 수도함으로써 장생불사를 얻을 수

---

14) 갈홍은 다른 곳에서도 동일한 주장을 하고 있다. "장생을 추구하고 지극한 도를 수련하는 일의 관건은 의지〔마음〕에 있지 부귀로 되는 일은 아니다. 도를 얻기에 적합한 사람이 아니면 높은 지위나 많은 재물을 가지고 있어도 그것이 오히려 거추장스러운 것이 된다.〔夫求長生, 修至道, 訣在於志, 不在於富貴也. 苟非其人, 則高位厚貨, 乃所以重累耳.〕"(「論仙」)
15) 이 문제에 대해서는 이 책의 「제1부 3장 도교, 유교, 무巫의 갈등」을 참조하기 바란다.

있다는 것을 믿지 않는 무리들은 결코 도를 획득할 수 없고, 따라서 신선이 될 수도 없다.

득도, 혹은 불사는 어쩌면 세상에서 밀려난 실패자들의 이상일 수도 있다. "신선이 되는 방도를 터득했던 사람들 중에는 가난하고 사회적 지위가 낮았던 사람이 대부분이다. 권세 있는 높은 지위에 있던 사람은 거의 없었다."16) 부귀를 누리던 사람들은 신선이 될 수 있다는 사실, 장생불사할 수 있다는 사실을 믿지도 않는다. 당연히 오늘 자신들이 누리는 권력과 부에 취해서 사는 사람들은 현실에 만족한다. 그리고 당연히 돈과 권세로 영원한 생명을 살 수 있을 것이라고 착각한다. 그들은 진정한 불사를 구하지도 않지만, 구해도 얻을 수 없다. 그러나 이 세상에 영원한 승리자가 있는가? 영원한 권세의 소유자가 있을 수 있는가?

---

16) "得仙道者, 多貧賤之士, 非世位之人."(「論仙」)

6장 도를 네 안에 간직하라:
'존사'와 '수일'

1. 지선 관념과 수일, 존사 방술

 '존사' 혹은 '존상存想'이라고도 불리는 도교 수행법은 당대 이전에는 도교 정신 수행의 대명사로 인식되었다. 존사는 생명력의 근거가 되는 체내신의 존재를 상정하고, 정신의 집중을 통해 그 체내신(생명력)을 관상(상상력의 발동을 통해 신적 존재를 시각화visualization하는 수행법)하는 일종의 명상 수행법이다. 당대에 활동한 도교 이론가 사마승정司馬承禎은 "내 몸에 깃든 신을 보존하고, 그 신이 깃든 내 몸을 상상[관상]하는 것"[1]이라고 존사(=존상)를 정의한다. 한편 '수일'은 우주의 근원인 일一(=도)에 의념을 집중함으로써 그 도를 몸 안에 간직하고 도의 생명 창조력을 자기화하는 법술이다. 그 '수일' 역시 정신 집중의 명상법의 하나라고 할 수 있다. 존사와 수일은 한나라 이후 도교의 거의 전유물이 된 도

---

1) "存, 謂存我之神. 想, 謂想我之身."(『天隱子』,《中華道藏》참조)

기론적 관점과 도교 특유의 체내신 신앙이 결합되어 다듬어진 일종의 기공 명상 수행법이었던 것이다.

'존사'와 '수일'은 처음에는 서로 독립적인 수행 방법이었다. 그러나 그 두 방술은 인간의 생명에 깃든 우주적 생명 에너지의 근원(도→일→신)을 명상의 대상으로 삼는다는 점에서 유사한 내용과 방법, 그리고 목표를 가진 것이기 때문에, 나중에는 하나로 합쳐져 도교적 정신 수행법의 대명사로 정착되고, 위진시대 이후 널리 유행한다.

갈홍은 『포박자 내편』 전체에 걸쳐 '수일'과 '존사'에 대해 산발적으로 언급하지만, 특히 「지진地眞」에서는 '수일'의 방술에 대해 비교적 집중적으로 논의한다. 도교에서 진眞은 도를 체득한 상태, 존재의 근원적 진실에 합치하는 존재라는 의미를 갖는다. 도를 체득한 인간을 진인眞人, 신인神人, 도인이라고 부르는 것에서 보듯, 진眞은 선仙 내지 도道와 내용적으로 거의 일치한다. 따라서 갈홍이 말하는 '지진'은 결국 '지선地仙'과 동의어 내지 그것과 대단히 밀접한 개념이라고 이해해도 무방하다. 여기서 굳이 '지진'과 '지선'을 연결시켜 말하는 이유는, 갈홍의 선도 사상에서는 그 지선 개념이 중요한 의미를 가지고 있기 때문이다.

갈홍은 신선이 배움과 수련을 통해 도달할 수 있는 현실적인 도교 이상이라고 주장하며, 도교 역사상 획기적인 '신선가학'의 이론을 제시한 사상가다. 나아가 그는 신선이 단일한 하나의 형태가 아니라 여러 품계(단계)로 이루어진 존재라고 보았다. 그것이 소위 '신선삼품설'로, 그 이론 역시 갈홍의 발명품으로 여겨진다. 그 이론에 따르면, 신선은 세 등급으로 구분된다. 최고 등급의 신선은 천선天仙, 중간 등급의 신선은 지선地仙, 그리고 최하위 등급의 신선이 시해선尸解仙이다.

이때 천선은 전통적인 의미의 신선으로, 영원히 죽지 않는 완전한 새로운 상태의 존재, 신과 같은 자질을 획득한 존재, 인간적 자질을 완전히 벗어던지고 신적 속성을 획득한, 거듭난 인간이다. 그다음으로 지선은, 일단 도를 획득하여 인간의 속된 성질을 벗어났지만, 인간과 대지의 속성을 완전히 벗어던지지는 못한 존재다. 그래서 그는 죽지는 않지만 인간의 땅을 벗어나지 못하고, 깊은 산속에 머물러 있다. 그다음이 시해선이다. 시해선은 득도의 수준이 천선이나 지선보다 낮다. 그 결과 그는 죽음을 피할 수 없다. 그러나 그는 여전히 도를 체득한 존재이기 때문에, 죽었다고 해도 다른 인간처럼 귀신이 되어 음부에 떨어지지 않는다. 시해선은 일단 죽지만, 죽음으로써 인간의 육체라는 거추장스런 껍질을 벗어날 수 있다. 육체라는 껍질을 벗어던진 그는 죽음을 극복하여 신선의 영역에 들어갈 수 있다. 시해선은 일단 죽음을 경험한다는 점에서, 그리고 인간의 신체라는 거죽을 벗어난 존재라는 점에서 천선이나 지선과 다른 특별한 신선이다. 천선과 지선은 인간의 몸을 그대로 가지고 죽지 않는 존재가 된다. 그러나 그들이 가지는 인간의 몸은 무거운 몸이 아니라, 구름보다 더 가볍고 공기보다 더 상쾌한 몸이다.

  갈홍의 신선삼품설은 신선의 등급을 세부적으로 구분함으로써, 누구나 최고 수준의 불사의 존재(천선)가 될 수는 없다고 해도, 수련을 통해 죽음을 극복할 수 있는 가능성을 가지고 있다는 것을 설득하는 이론으로 개발되었다.

  신선삼품설의 이론가 갈홍이 지선 관념을 전제하는 「지진」 안에서 '수일법'에 대해 집중적으로 논의하고 있는 것은 나름대로 중요한 의미가 있다. 다시 말해 갈홍의 신선 이론에서는 수일을 비롯한 존사 등의 정신 수련의 중요성 내지 가치가 '지선' 관념과 연결되어 있다는 것이다. 갈홍의 신선 이론에서 불사의 존재가 되는 최고의 방술은 단연코 '금단술'이다. '금단'은 '금액'과 '환단'을 총칭하는 명칭인데, 그 '금단' 복용을 통해서만 인간은 최고의 신선, 갈홍의 이론 체계 안에서 말하자면 '천선'이 될 수 있는 것이다. 금단 복용을 통해 신선이 될 수 있다고 말하는 곳에서, 갈홍이 언제나 '천선' 관념을 전제하는 것은 아니다. 그렇지만『포박자 내편』의 전체적 의도에서 보자면, 성공적인 '금단'의 복용은 '천선'이 되는 방술로서 의미가 부여되고 있다는 것은 분명하다.

그렇다면 금단의 복용이 아닌 다른 방술로는 적어도 '천선'이 될 수 없을 것이다. 그렇다고 금단 이외의 다른 방술의 가치를 무시할 수만은 없다. 금단을 제조하기 위해서는 엄청난 시간과 노력과 비용이 든다. 그것은 지난한 방술이기 때문에, 갈홍은 부득이 다른 방술의 효용을, 한정적이지만, 인정하지 않을 수 없었다. 갈홍이 금단 이외의 다른 방술을 소개하는 것은 여러 다른 논리로 설명될 수 있지만, 가장 중요한 이유는 그런 현실적인 이론적 필요성 때문이었다. 수련을 통해서 누구나 모두 '천선'이 될 수는 없다고 해도, 지선이나 시해선이 될 수는 있다. 지선이나 시해선이 되어야 그 단계를 딛고 앞으로 나아갈 수 있고, 마지막에는 '금단'을 복용하고 '천선'이 되어 영원히 살 수 있는 진정한 신선됨의 가능성이 열리는 것이다.

갈홍이 당시의 종교, 사상, 의료계에 존재하던 모든 방술을 다 가치 있는 것으로 인정한 것은 아니다. 그러나 적어도 그는 자신이 인정하고 수용하고 소개하는 방술은 생명을 연장시키고 질병을 물리치는 효용은 가지고 있다고 믿었다. 그가 인정한 여러 방술 중에서도, 존사나 수일 등의 정신 수양법은 '금단'에 버금가는 차선의 방술로서의 가치가 인정되고 있다.

「지진」에서 갈홍은, "수일의 법을 알면 만사가 다 끝난다."고 말하면서도, 마치 변명처럼, "장생을 위한 신선 방술은 오직 '금단'뿐이다. 하지만 몸을 간직하고 사악한 것을 물리치는 데에는 오직 '진일을 간직하는 것'이 효과적이다."[2]라고 주장한다. 적어도 사악함을 물리치는 차선책으로서의 수일守一〔=守眞一, 知一〕의 가치를 인정한 것이다. 그리고 갈홍은 같은 「지진」의 마지막 부분에서, 스승 정사원의 말을 인용하면서 수일법의 효능을 다음과 같이 강조한다.

> 만일 금단 대약을 복용할 수 있다면 비록 신선이 될 수 없다 하더라도 백 가지 사악한 것이 가까이 다가오지 못한다. 초목약과 팔석 등 광물약을 조금씩 복용하면, 질병을 치료하고 수명을 연장하는 데는 약간의 도움을 받을 수 있다. 그러나 그것만으로는 바깥에서 오는 재난을 방지할 수 없다. 때로는 귀신의 공격을 받을 수 있고, 때로는 큰 산의 신이 가볍게 보고 침범할 수 있고, 또 정령〔精魅〕의 침입을 당할 수도 있다. 오직 '진일을 간직〔守眞一〕'하는 법을 통해서만 그런 존재의 침입을 두려워하지 않을 수 있다.[3]

수일법의 실천만으로 불사의 신선이 되는 목적을 직접 달성할 수는 없다. 그러나 금단 복용을 최종 목표로 하는 수도자라도, 수일법의 도움 없이 도를 수련하는 노력을 지속하는 것은 거의 불가능하다. 금단 수련자가 닥칠 수많은 어려움, 특히 질병과 노쇠는 초목약, 광물약 등 의학의 지식을 통해 어느 정도 이겨낼 수 있다. 그러나 약물 지식만 가지고서는 금단 조제의 머나먼 고난의 길에서 맞닥뜨릴 맹수, 귀신, 요정, 악신의 공격을 피할 수 없다. 적어도 갈홍의 이론 체계 안에서, 그런 외부적인 이물異物의 공격에 가장 효과적으로 대처할 수 있는 방법은 일一, 혹은

---

[2] "人能知一, 萬事畢. ……夫長生仙方, 則唯有金丹. 守形却惡, 則獨有眞一."(「地眞」)
[3] "服金丹大藥, 雖未去世, 百邪不近也. 若但服草木及小小餌八石, 適可令疾除命益耳, 不足以禳外來之禍也. 或爲鬼所冒犯, 或爲大山神之所輕凌, 或爲精魅侵犯. 唯有守眞一, 可以一切不畏此輩也."(「地眞」)

진일眞一을 간직하는 정신적 수련 이상의 방법이 없다. 그런 정신적 수련에 더하여, 수련자는 부적이나 다른 수많은 입산 방술에 대한 지식도 습득해야 한다.

2. 존사, 수일 방술의 발전

존사와 수일의 수련법을 처음으로 체계화한 도교 문헌으로는 먼저 『태평경』을 꼽을 수 있다. 내 몸속에 깃든 신들을 관상하거나 명상하는 존사는, 실제로는 음양오행설을 이론적 중심으로 삼으면서, 여러 신의 도상을 수련실[靖室, 精室] 안에 걸어놓고 그 신상에 정신을 집중하는 방식으로 진행되기도 한다. 『태평경』의 존사법은 한나라 때에 확고한 지위를 얻게 된 기론적 의학 이론, 특히 외기外氣(자연의 기)를 체내에 받아들여 내기內氣(체내의 기)를 보충하고 증강시키는 식기설食氣說(복기설, 행기설)과 밀접하게 연결되어 있다.

> 사시와 오행의 기가 신체 내부로 들어옴으로써 오장의 정精과 신神이 인체 내로 들어와 오장의 신이 되며, 인체 밖으로 나가면 다시 사시, 오행의 정신이 된다. 최근의 어떤 사람은 그것을 오덕지신五德之神이라고 불렀는데, 실제로는 내장의 신들과 비슷하다.[4]

여기서 우리는 체내신을 명상하여 생명력을 활성화시키는 '존사'의 수

---

4) "此四時五行精神, 入爲人五藏神, 出爲四時五行神精. 其近人者, 名爲五德之神, 與人藏神相似."(「齋戒思神救死訣」卷109)

행법이 행기 내지 복기의 기 수련법과 밀접한 연관을 가지면서 발전했다는 것을 알 수 있다. 체내신 관념은 생명을 구성하는 기 자체를 신격화시키는 사유다. 인간 생명의 근원인 기는 그 순수화의 수준에 따라 다시 정精, 기氣, 신神으로 범주화될 수 있고, 그중에서 신神은 인간 내부에 머무는 신적 존재, 즉 체내신 사상으로 다듬어진다. 그리고 인체의 정과 기와 신이 인간의 사유 능력과 생명력을 지배한다고 보는 '정기신' 이론이 기론적 사유의 연장선상에 있다는 것은 의심의 여지가 없다.

『태평경』의 존사법은 의학 사상의 '오장신五臟神'의 관념과 연관이 있다. 오장신 사상에 따르면, 사람이 질병이 걸리는 이유는 신체의 중요한 부위, 기관을 관장하는 '오장신'이 여러 가지 이유로 인체를 벗어나, 다시 되돌아오지 않기 때문이라고 한다. 따라서 신체를 건강하게 유지하기 위해서는 오장신이 신체를 떠나지 않도록 만드는 것이 무엇보다 중요하다. 중국적 사유에서 신을 모시는 방법, 신을 존중하는 방법은 기도와 관상, 그리고 제사다. 그리고 그 모든 종교적 실천에서 정신 집중은 필수적인 전제가 된다. 도교 역시 그런 중국적 종교 관념을 그대로 계승 발전시키고 있다. '존사'는 신적 존재에게 정신을 집중시켜, 신에게 존경과 감사의 마음을 표현하는 종교적 실천 방식이다. 오장신 존사는 오장신에 정신을 집중시켜, 그 신들이 신체를 벗어나지 않게 만드는 종교적 실천이다. 그것은 넓은 의미의 제사 행위의 하나로 간주될 수 있다. 그런 노력에도 불구하고 질병에 걸리면, 더욱 진지한 종교 행위가 필요해진다. 『태평경』에서는 이렇게 말한다. "그 신이 몸으로 되돌아오도록 재계齋戒를 올리고 〔오장신의〕 형상을 향실香室〔靖室〕에 걸어 주의를 집중하면〔오장신이 몸으로 돌아와〕 모든 병이 사라진다. 그러나 재와 계를 올리기를 게을리하면 몸 밖으로 나간 정신精神이 되돌아오려고 하지 않는다."

여기서 체내의 신과 정신은 거의 동일한 개념으로 사용되고 있음을 볼 수 있다. 이것은 중국의 정신론, 기론의 발전에서 중요한 사실의 하나로, 체내신과 '정신(인간 내부의 생명력)'을 동일시하는 초보적 사유가 드러나고 있는 것이다. 이처럼 태평도(『태평경』은 3세기 무렵 정리된 것이지만, 초기 태평도의 도법을 어느 정도 알려준다)에서는 '오장신'에 대한 정신 집중을 중요한 수련법의 하나로 실천하고 있었던 것이 분명한데, 그 태평도의 확산과 태평도 계통 종교 문헌의 유포에 의해 '오장신'에 대한 존사법도 확대되어갔을 것이라고 추측할 수 있다.

'오장신' 이론은 다른 도가 학파에 의해 수용되었고, 그들 도파의 『노자』 주석서에도 흔적을 남기고 있다. 『노자하상공주』가 대표적인데, 그 주석서는 청심과욕淸心寡欲의 수련법을 중심에 두면서, '오신五神'이라는 개념을 자주 사용하고 있다(3장, 59장). 그뿐 아니라 『노자하상공주』는 "사람이 욕망(정욕)을 제거하고 자미滋味(기름진 음식)를 절제하여 오장을 깨끗이 할 수 있으면 신명神明이 거기에 머무를 것이다."[5]라고 『노자』 원문을 해설하거나, "몸을 다스리는 사람은 정욕情欲을 제거하고 오장을 비워야 비로소 신神이 거기로 돌아갈 수가 있다."[6]라고도 해설한다. 그런 생각은 의심의 여지없이 '오장신'을 비롯한 체내신 신앙을 표현한 것이다. 또 『하상공주』에서는 한나라 당시의 의학 이론을 수용하면서, 『노자』 6장(谷神不死章)에 대해 다음과 같이 해설한다.

사람이 그 신神을 보양할 수 있으면 불사를 얻을 수 있다. 여기서 말하는 신이란 오장의 신이다. 간肝은 혼魂을 담고 있다. 폐肺에는 귀鬼가, 심心에는 신神이, 신腎에는 정精이, 비脾에는 지志가 깃들어 있다.

---

[5] "人能除精欲, 節滋味, 淸五臟, 則神明居之也."(『老子河上公注』 5章)
[6] "治身者常除情去欲, 使五臟空虛, 神乃歸之."(『老子河上公注』 11章)

이 오장이 모두 상하면 오신 또한 몸을 떠나버린다.[7]

신체 내부의 생명 에너지를 간직하기 위해서는 생명력 그 자체인 '오장의 신'을 지키고 보호해야 한다는 이론은 '오장신' 신앙을 표현하는 것이다.

이처럼 우리는 갈홍이 말하는 존사법과 수일법의 원형을 『태평경』 및 『노자하상공주』에서 발견할 수 있다. 갈홍 역시 『노자』 25장[8]을 해석하면서, 도를 '일一'이라고 해석한다. 『태평경』과 『포박자 내편』은 도, 일, 기를 동일시하거나, 그들 사이의 상호 연관성을 인정하는 생각을 보여준다.[9] 그런 관점에 따르면, '일'은 '도'와 마찬가지로, 우주의 근원, 만물의 근원, 생명의 원점, 원기를 낳는 근본, 하늘과 땅의 시초이고 중심이다.[10] 또 갈홍은 "도는 일에서 만들어지는데, 그것의 고귀함은 비교될 것이 없다. 천, 지, 인 역시 그 각각에 도가 머물기 때문에 하늘과 땅과 인간의 셋으로 정립될 수 있다. 그 셋은 셋이면서 하나다. 하늘은 일을 얻음으로써 푸르고, 땅은 일을 얻음으로써 고요하고, 사람은 일을 얻음으로써 생명을 얻고, 신은 일을 얻음으로써 신령하다."[11]고 말한다. 갈홍은 노자의 사상을 계승하는 한편 당시의 도가 수행론을 수용하여 일一을 천

---

7) "人能養神則不死. 神謂五臟之神. 肝臟魂, 肺臟鬼, 心臟神, 腎臟精, 脾臟志. 五臟盡傷, 則五神去矣."(『老子河上公注』 6章)
8) "忽兮恍兮, 其中有象. 恍兮忽兮, 其中有物."(『老子』 25章)
9) "일은 도의 뿌리이고, 기의 시작이다〔夫一者, 乃道之根也, 氣之始也〕."(『太平經』) "도는 일에서 비롯된다〔道起於一〕."(「地眞」)
10) "一者, 數之始也, 生之道也, 元氣所起也, 天之大綱也."(『太平御覽』 卷668 「養生」에서 인용하는 『太平經』의 구절)
11) "道起於一, 其貴無偶, 各居一處, 以象天地人, 故曰三一也. 天得一以淸, 地得一以寧, 人得一以生, 神得一以靈."(「地眞」)

지인 만물의 근원인 도와 동일시하는 사상을 제시하고 있다.

그러나 갈홍이 노자의 주장을 단순히 반복하는 것은 아니다. 왜냐하면 그는 "사람이 일을 얻어서 생명을 얻는다〔人得一以生〕."라는 구절을 삽입하여 노자의 우주론적 사유를 생명론, 더 나아가 수행론적으로 전환시키고 있기 때문이다. 갈홍의 궁극적 관심은 우주론을 펼치는 것이 아니라 어떻게 인간이 도를 자기화하여 득도할 수 있는가, 불사의 존재가 될 수 있는가를 탐색하는 것이었다. 따라서 갈홍은 인간 생명의 근원인 '일(=도)'을 회복하는 수행법의 이론적 근거와 정당성을 확보하기 위해, 인간을 천지와 짝을 이루는 한 축으로 파악하고, 인간 생명의 근원을 일(=도)이라고 본다. 물론 천지인을 동등한 우주적 요소로 파악하는 것 역시 과거의 유산이다. 갈홍은 『노자』와 『주역』 등 사상 전통의 기반 위에서 『태평경』의 사상과 수행법을 받아들이고, 자신의 사색으로 수행의 이론을 만들어간 것이라고 평가할 수 있다.

'일'이 인간에게 생명을 부여하는 근원이라는 사유와 체내신 신앙은 결합되어, 『태평경』을 비롯한 초기 도교의 수행론 사상으로 발전한다. 그리고 일一은 체내신들 중에서 최고 지위를 가진 신이라는 생각이 자연스럽게 나온다. '일'은 인간의 정신과 정기의 근원이며, 인간 내부에 깃든 신의 우두머리. 그렇다면 인간의 생명을 관장하는 최고신 일一을 존사하고, 그 일一(=도)을 간직하면서 활성화시키는 일은 신성한 생명과 생명력을 유지하는 일이 될 것이다. 『태평경』에서는 그런 생각을 이렇게 정리하고 있다.

신명과 정기는 생각을 따라 몸속을 움직이고 몸을 떠나지 않는다. 신명이 항상 몸속에 머무를 때 병에 걸리지 않고 늙지도 않으며, 여행을 할 때에는 사악한 것을 만나지도 않는다. 〔신체 내부의〕 신명이 떠나면 병든 자는 그 자리서 죽음을 맞고 여행을 할 때에는 흉악한 것을 만나기도 한다. 병에 걸리기를 원치 않는 사람은 마땅히 신체 내부의 정기를 잘 지켜야 한다.12)

인체의 정기를 상실하지 않고 체내에 간직하면 불로장생할 수 있다는 생각은, 생명력의 근원인 영근을 손상시키지 않아야 장생불사한다는 갈홍의 주장과 다를 바 없다. 이처럼 체내신(＝오장신) 관념과 수일의 수행법을 결합시킨 양생법이 갈홍 이전에 실천되고 있었다. 특히 갈홍이 말한 '역장법歷臟法'과 '내시반청內視反聽'의 수행법은 상청파의 핵심 문헌인 『황정내경경黃庭內景經[황정경]』에서 체계화되어 있다. 갈홍은 당연히 『황정경』과 그것의 수행법을 수용한다.

[이렇기 때문에 양성가養性家는] 먼 산속이나 사람이 살지 않는 깊은 곳에 은거하여, 빛나는 비늘을 숨기고 문채를 가린다. 그리고 보고자 하는 눈을 가리고, 정신의 밝음을 해치는 외부의 색을 버리고, 소리를 듣는 귀를 막으며, 귀의 총명을 해치는 시끄러운 음악을 멀리한다. 욕망을 제거하고 무지를 자처하며, 여성적인 것을 지키고 '포일抱一'에 머무름[일을 포용함]으로써 정기를 함양하고 부드러움을 완성한다. 가족 간의 사사로운 정을 버리고, 세상의 영화와 모욕을 멀리하며, 기름진 음식이 가져다주는 무서운 독을 잘라내고, 많은 말을 삼가며 도의 중심에 머무른다. 내면의 소리에 귀 기울이게 된[反聽] 후에는 듣는 것들이 투명해지고, 내면의 신들을 살피게 된[內視] 이

---

12) "夫神明精氣者, 隨意念而行, 不離身形. 神明常在, 則不病不老, 行不遇邪惡. 若神明亡, 病者立死, 行逢凶惡, 是大效也. 人欲不病, 宜精自守也."(『太平經』)

후에는 형태가 없는 것들을 꿰뚫어 볼 수 있게 된다. 어둡고 고요한 가운데서 영근을 기르고, 외적 사물에 이끌리는 유혹을 제거한다. 세상의 천박한 일들을 배제하고, 정신의 평화를 지킬 수 있다. 편안한 마음으로 무위無爲를 실천하고, 천리天理를 온전하게 지킨다〔全天理〕.13)

갈홍은 여기서 도교적 정신 수련의 핵심을 정리하고 있는데, 그 안에 수일법과 상청파의 내면 수련에 관한 관점이 완전히 녹아들어 있는 것을 알 수 있다. 갈홍이 말하는 '포일'은 '수일'과 동의어라고 볼 수 있다. '내시반청'은 체내신의 생명력에 귀를 기울이는 내면적 정신 수행법이며, '무위'는 도교에서 말하는 궁극적 존재와 하나 되는 상태, 혹은 그런 상태를 만들기 위한 방법이다. 그리고 '천리를 온전하게 지킨다.'는 것은 인간 생명의 근원인 도가 인간에게 부여한 자연 본성〔天理〕을 손상시키지 않고 그것을 영원히 간직한다는 말이다. 갈홍은 인간이 세속 세계에 물들어 생명을 손상시키는 행위를 '멸천리'라고 표현한다는 것을 앞에서 살펴본 바 있다. 갈홍이 말하는 '전천리'는 '멸천리'의 반대어이며, 나중에 주자학에서 즐겨 사용하는 '존천리存天理'라는 유교 수양론의 핵심 개념으로 발전한다.
이처럼 갈홍은 노장 사상과 신선 양생가의 관점을 절묘하게 결합시키고, 여기에다 『황정내경경』의 내경설內景說을 도입하여 도교적 양생 이론을 한 걸음 진전시켰다. 위의 인용문에 이어 갈홍은 수수께끼로 가득 찬

---

13) "〔故山林養性之家〕是以遐棲幽遁, 韜鱗掩藻, 遏欲視之目, 遣損明之色, 杜思音之耳, 遠亂聽之聲, 滌除玄覽, 守雌抱一, 專氣致柔, 鎭以恬素, 遣歡戚之邪情, 外得失之榮辱, 割厚生之臘毒, 謐多言於樞機, 反聽而後所聞徹, 內視而後見無朕, 養靈根於冥鈞, 除誘慕於接物, 削斥淺務, 御以愉慔, 爲乎無爲, 以全天理爾."(「至理」)

말로 신비로운 신선 수행의 세계를 그려내고 있다.

보화寶華를 씹어 삼키고, 정신이 맑아지게 씻어주며, 밖으로는 다섯 별의 빛을 물리치고, 안으로는 구정九精을 지킨다. 명문命門에 옥 자물쇠를 굳게 채우고, 북극을 황정黃庭에 붙들어 매고, 삼경三景을 명당明堂에 이끌어 들인다. 원시元始를 이끌어내고 검은 머리〔靑〕가 머물게 만들고, 단전丹田에서 맑은 샘물이 응결되게 하며, 오성에 침주沈珠를 끌어들인다.14)

3. 갈홍의 존사, 수일론

갈홍은 수행의 기본이 "심신의 안정과 맑음을 얻기 위해, 욕망을 씻어내고, 내면을 살피고, 내면의 소리를 듣고, 마치 시체와 같이 마음을 비우는 것"15)과 "무욕으로 마음을 기르고〔養其心以無欲〕, 천리를 온전하게 지키는 것〔全天理〕"(「道意」)에 있다고 한다. 또 '총명함을 숨기고〔掩翳聰明〕', 사유를 집중하여 '오장신을 두루 살펴보며 호흡을 헤아리는 것〔歷臟數息〕'이야말로 수행의 기초라고 갈홍은 누차 강조한다. 여기서 갈홍이 언급하고 있는 '내시반청', '역장수식'은 체내에 거주하는 생명의 뿌리인 오장신을 투시하는 존사법의 실천을 가리키는 것이 분명하다. 갈홍은 신체 내부에 머무는 여러 신(생명력 그 자체)에 대한 명상과 그 모든 신의

---

14) "咀吸寶華, 浴神太淸, 外除五曜, 內守九精, 堅玉鑰於命門, 結北極於黃庭, 引三景於明堂, 飛元始以鍊形, 采靈液於金梁, 長驅白而留青, 凝澄泉於丹田, 引沈珠於五城."(「至理」)
15) "學仙之法, 欲得恬愉澹泊, 滌除嗜欲, 內視反聽, 尸居無心."(「論仙」)

뿌리인 '일=도'에 대한 명상을 결합하는 방술을 수용하여 자신의 선도 방술 체계 안에 포함시킨 것이다.

한편 갈홍은 존사법을 개인적 차원의 단순한 신체-정신 기법으로 한정시키지 않고, 도교의 신체 수련이 궁극적으로 경세의 정치론과 무관하지 않다는 사실을 강조하는 독특한 이론으로 발전시키고 있다. 갈홍은 도교 수련의 목표가 개인의 득도라는 작은 영역에 그치지 않고 사회 정치적 목표를 향해 확대되는 것이라고 본다는 사실은 이미 살펴본 바 있다. 갈홍은 경세적 도교 이해라고 할 수 있는 자신의 관점을 신체-정신 수련의 이론과 결부시켜 더욱 적극적으로 전개하고 있는 것이다.

갈홍의 존사법이 근거를 두는 상청파의 『황정경』은 인간의 신체, 특히 인간의 내부적 신체를 풍경 내지 경관landscape이라는 관점에서 이해한다. 그러한 사유는 우주와 인간, 자연과 인간이 동일한 구조를 가지고 있다고 보는 천인상관天人相關 사상의 연장선상에 있다. 그때 '내경內景'은 인체 내부의 풍경, 'inner landscape'라고 번역될 수 있는 중요한 개념이다. 대자연이 장엄한 풍경을 가진 것처럼, 인체 내부 역시 내적 풍경을 가진 작은 자연이라는 의미이다. 우주 자연이 단순한 생명 없는 물질의 덩어리가 아니라 살아 있는 유기적 생명체라는 사유는 대단히 오래된 것이면서, 동시에 인류의 보편적인 사유 방식의 하나다. 생명을 가진 유기체인 우주 자연은 지구상에서 가장 격이 높은 생명체인 인간의 신체와 상동相同 관계에 있다. 인체는 대자연과 마찬가지로 신적 존재로 가득 차 있다. 그리고 그 신적 존재들은 인간 생명력의 뿌리다.

도교에서 신은 기의 관점에서 설명될 수 있다. 인간의 생명 역시 기의 관점에서 설명될 수 있다. 기로 구성된 인간이 생명을 가진 이유는 기가 생명력을 지닌 원질이기 때문이다. 신이 신령스런 이유는 신을 구성하는 기가 신령스런 기이기 때문이다. 기의 이론에 따르면, 거꾸로 그 신령스런 기가 곧 신이라고 불릴 수 있다. 인간이 인간이 이유, 인간이 우주의 다른 사물과 다른 이유는 인간만이 신령스런 기, 즉 신을 내면에 간직하고 있다는 데서 찾을 수 있다. 인간의 사유 능력, 인간의 도덕적 관념, 인간의 통찰력은 인간이 지닌 신령스런 부분, 인간 내부에 존재하는 신의 작용 때문이다. 인간의 체내에 깃든 신령들, 신적 존재들로 인해 인간은 물질계를 초월하는 특수한 존재로 자리매김된다. 그 인간 내부에 깃든 신적 존재의 생명력을 간직하는 수련법이 다름 아닌 존사법이다.

갈홍은 금단을 제외하고는, 존사와 수일이 다른 여타 방술들보다 우월하다고 인정한다. 그것은 갈홍의 신선 방술의 중요한 하나의 특징이다. 갈홍은 존사와 수일의 효과가 '**정신 집중을 통해 사악한 기[惡]를 물리치고 몸을 보호하는 것**' 16)이라고 요약한다. 물론 그것의 구체적인 기법은 단순하지 않다. 갈홍은 자기 스승의 말을 인용하면서, 그 존사법이 '수천 가지가 있다[有數千法].'고 말해준다. 방중술에도 수십 수백 종류가 있는 것처럼, 신체-정신적 훈련과 관련된 존사와 수일의 구체적 방법이 다양할 것이라는 것은 충분히 예상할 수 있다. 그리고 기법들은 나름대로 효과를 가지고 있지만, 그 전부를 빠짐없이 수행하는 것은 불가능하다. 게다가 그 모든 방법을 동원하여 수련하려고 하다 보면 오히려 수행자를 오해와 미혹으로 이끌어갈 수 있다. "수천 가지 방법으로 스스로의 몸을 지키려 하면, 너무 번잡하여 오히려 사람의 정신을 크게 피곤하게 만든다."17)는 것이다. 따라서 갈홍은 많고 많은 존사의 방술 중에서, "수일의 방법만 알고 있으면 다른 일체의 유사한 방법을 다 버려도 상관이 없다. 그렇기 때문에 '일一'을 알면 만사가 다 끝난다."18)고 강조한다.

---

16) "思存念作, 可以卻惡防身者."(「地眞」)
17) "然或乃思作數千物以自衛, 率多煩雜, 足以大勞人意."(「地眞」)
18) "若知守一之道, 則一切除棄此輩, 故曰能知一則萬事畢者也."(「地眞」)

여기서 갈홍은 '수일'이 다양한 '존사법' 중의 하나라고 이해하고 있음을 보여준다. 누차 말한 것처럼, '존사'는 체내에 존재하는 여러 신을 명상하고, 그 에너지를 활성화시키는 특수한 신체=정신 기법이다. 반면 '수일'은 생명과 존재의 근원인 '일一'을 명상하고 그 에너지를 활성화하는 기법이다. 따라서 그 둘은 엄격하게 말하면 서로 다른 방술이지만 생명의 근원인 일一은 도道와 같은 것이며, 결국 생명에 깃든 최고 신격을 가리키는 것이라고 볼 수 있기 때문에, '수일'은 '일=도'라는 최고신에 사념을 집중하는 방술이라고 해석할 수 있다. 그렇게 보면 '수일'은 '존사법'의 한 종류, 가장 높은 차원의 '존사법'이라고 해석할 수 있는 여지가 생긴다. 갈홍은 '수일'을 역시 다양한 이름으로 부른다.[19)]

다양한 '존사법'을 연구한 갈홍은 자기의 경험을 토대로 '수일'을 최고의 것으로 인정한다.[20)] 그러면서 갈홍은 '존사'의 요점이 "몸속에 존재하

---

19) 「지진」 안에서만 지일知一, 수진일守眞一, 진일지도眞一之道, 수일守一, 수일존진守一存眞, 사일思一, 현일玄一, 사현일思玄一, 내시內視 등 다양한 명칭이 보인다. 예를 들어 진일과 현일의 경우, 갈홍은 수일과 미묘한 차이가 있는 것처럼 말하기도 한다. 하지만 그것은 동일한 것을 지칭하는 다른 명칭이라고 보아야 할 것이다. 도교적 신체 기법, 특히 정신적 신체 기법들 자체가 불명확한 것이기 때문이다. 갈홍은 도교적 신체 기법이 불명확하고 모호하다는 것을 잘 알고 있었다. 그는 나름대로 도교 수련법의 불명확성을 제거하여 단순화하려고 노력했다. 『포박자 내편』이 바로 그 결실이다. 여기서는 가장 널리 사용되는 '존사' 내지 '수일'을 그런 정신 기법의 총칭이라고 이해하고 논의를 진행한다.

20) 갈홍은 『포박자 내편』 「하람」에서 그가 수집한 존사 방술을 전하는 문헌을 제시한다. 『수형도守形圖』, 『좌망도坐亡圖』, 『관와별도觀臥別圖』, 『함경도含景圖』, 『관천도觀天圖』, 『내시경內視經』, 『문시선생경文始先生經』, 『역장연년경歷臟延年經』, 『구생경九生經』, 『이십사생경二十四生經』, 『구선경九仙經』, 『영복선경靈卜仙經』, 『십이화경十二化經』, 『구변경九變經』 등이 포함되어 있다. '좌망'은 당연히 『장자』에 보이는 정신수양법이다. 내시, 관천, 함경이라는 명칭은 「지진」에서 언급하는 함영장형含影藏形, 수형무생守形無生, 구변九變, 십이화十二化, 이십사생二十四生 등 존사법과 관련이 있을 것이다. 또 그들 문헌이 도라는 이름을 가지고 있는 것을 볼 때, 수일법은

는 여러 신을 마음으로 보고 마음의 눈으로 살펴어 드러나게 하는 것"[21] 이라고 말한다. 존사, 수일의 방술은 신체의 눈으로 외부의 사물을 바라보는 것이 아니라 내면의 눈, 상상의 눈으로 신체 내부의 신을 관조, 명상하는 수련법이다. 내면의 눈으로 신체신을 관조하면, 악한 기운을 물리치고 신체를 방어할 수 있다. 내면의 신은 자신을 관찰하고, 자신에게 주의를 기울이는 수련자에게 응답한다. 무의식을 관찰하는 자에게 무의식이 응답하는 것과 대단히 비슷하다. 도를 유지하고 간직하려고 하면, 그 도가 그를 지켜준다. 신을 섬기는 자를 신이 보호한다는 것이다.[22] 체내신은 인간의 생명과 정신을 지키는 수호신이다. 수련자는 질병, 악귀, 전염병, 뱀이나 전갈 등의 동물, 심지어 전쟁의 재난으로부터 보호받을 수 있다.

신체신 신앙은 인간이 물질적 육체만으로 이루어진 존재가 아니라 신적 속성을 지닌 신성한 존재라는 전제 위에 성립한다. 체내신은 인간의 생명력의 근원이기 때문에, 체내신이 그 안에 머무르는 한 생명을 유지할 수 있다. 그러나 우리의 신체가 더 이상 신성한 존재가 거주하기에 적

내면 세계를 이미지(도상)로 표현하고, 그 이미지(도상)를 관찰하는 방법으로 수련을 했을 것이라고 추측할 수 있다. 도교의 수많은 도상 이미지들은 단순한 그림이 아니라 명상의 도구라고 볼 수 있을 것이다. 갈홍의 존사법은 '역장내시법歷臟內視法'에서 시작하여 『황정경』, 『태소경太素經』 등 상청파의 문헌에까지 확대되고 있다. 갈홍이 활동했던 동진 시대의 구용 지방이 존사법을 수련의 중심에 두는 상청파의 활동 무대였다는 점을 고려한다면, 갈홍이 존사법을 중시하는 상청파의 문헌을 다양하게 수집하고 소개하는 것은 당연하다.

21) "思見身中諸神, 而內觀令見之法."(「地眞」)
22) 갈홍은 『선경』을 인용하면서, "배고플 때 일을 생각하면 일이 배고픔을 면하게 해주고, 또 목마를 때 일을 생각하면 일이 목마름을 해소시켜준다〔思一至飢, 一與之糧, 思一至渴, 一與之漿〕."(「地眞」)라고 말한다. "사람이 일을 지키면, 그 일 역시 사람을 지킨다〔人能守一, 一亦守人〕."(「地眞」)

당하지 않은 장소로 전락하는 순간, 신들은 몸을 떠난다. 생명의 활력이 사라진 신체, 신선하지 않은 신체는 마침내 생명이 머무를 수 없는 썩은 몸이 된다. 신이 머무르지 않는 몸은 죽은 몸이다. 도교에서 수행의 목표는 체내신이 머무를 수 있는 건강하고 생명감 넘치는 신체를 가꾸는 것이다. 당연히 그 신체는 정신과 분리되지 않는 신체다. 체내신은 곧 정신이기 때문이다. 정신이 빠져나간 신체, 즉 체내신이 빠져나간 신체는 더이상 신체身體가 아니라 시체屍體다. (논의 차원에서는 정신과 육체를 따로 말할 수 있지만, 도교에서는 심신 이원론적 사고 자체가 불가능하다.)

체내에 존재하는 여러 신 중에서 여러 장기臟器를 관장하는 신은 특히 중요하다. 인체의 각 기관, 각 부위를 신격화하는 사유는 후한 시기에 유행했던 위서緯書에 이미 나타난다. 거기서 신체를 관장하는 신들은 이름과 역할을 가지고 있다. 이러한 사유는 『태평경』 및 상청파에도 영향을 주었다. 상청파의 주요 경전인 『황정내경경』에서도 "니환[뇌]을 비롯한 신체의 각 부분이 모두 신을 가지고 있다[泥丸百節皆有神]."라는 말이 보인다. 갈홍 역시, "일一은 이름과 복식을 갖추고 있을 뿐 아니라 남자와 여자의 경우 그 크기가 서로 다르다. 남자의 경우 길이가 구 푼, 여자의 경우 길이가 육 푼"23)이라고 말한다. 이어서 갈홍은 그 '일'이 머무르는 신체 부위가 논자마다 다르다고 지적한다. 갈홍 본인은 그 문제에 대해 독자적인 생각을 가지고 있지 않고, 그 당시의 여러 주장을 단순히 전달하고 있다. 일이 머무는 인체의 영역을 단전이라고 한다면, 갈홍 시대에 신체의 에너지 중심인 세 단전의 위치는 이미 정립되어 있었다. 하지만 어느 단전이 가장 중요한 것인가에 대해서는 일치된 견해가 확립되지 않았을 것이다. 바로 위에서 본 『황정내경경』의 '니환'은 바로 상단전을 가리

---

23) "一有姓字服色, 男長九分, 女長六分."(「地眞」)

킨다고 이해하는 것이 일반적이다.

4. 존사 방술과 내단 방술의 연관성

존사와 수일은 정신 집중을 통해 인간이 본래 지닌 성스러움의 회복[全天理]을 목표로 하는 신체-정신 기법이다. 그러나 그것은 단순한 기체조나 명상적 정신 집중술과는 차원을 달리한다. 앞에서도 여러 차례 강조한 것처럼, 그것은 도교의 독특한 신神 관념, 세계관을 전제한 신체-정신의 기법이었다. 한편 그 존사와 수일은 당대 이후 도교에서 발전되는 내단적 기법과도 일맥상통하는 내용을 가지고 있다. 방중술과도 연관되는 '환정보뇌'라든지, 호흡 및 정신 집중을 통해 단전을 충실화시킨다고 하는 이론은 분명 내단법의 한 형태라고 말할 수 있다. 나는 '금단(외단)'이 실패함에 따라 당대 이후에 '내단' 수행법이 발생한다는 일반적인 견해에 찬성하지 않는다. 왜냐하면 본격적인 내단의 수행과 이론이 정립되기 이전부터 내단적인 수련법은 널리 실행되고 있었으며, 그런 내단적 수련법의 연장선 위에서 당대 이후에 본격적인 내단법이 등장하기 때문이다.

'외단'과 '내단'은 아주 이른 시기부터 병존하고 있었을 것이다. 물론 '내단'이라는 명칭은 수당 시기 이전에는 존재하지 않았고, 그 '내단'과 대비되는 '외단'이라는 명칭 역시 나중에 나온 것이다. 하지만 그러한 명칭이 등장하기 이전부터, 신체 내의 생명 에너지가 집중되는 중심을 단전丹田이라고 부르고, 내면적 생명의 에너지를 단전에 집중하는 수련법은 일찍부터 존재했다. 위에서 본 것처럼, 갈홍은 일이 머무는 장소로 상, 중, 하로 구분되는 단전의 존재에 대해 언급한다. 구체적인 내용에 대해 언급하지는 않지만, '수일'과 '존사'가 '단전'과 밀접한 연관을 가지고 실천되는 수련법이라는 사실을 보여주는 것이다.

'존사'와 '수일'은 '내단' 개념이 등장하기 이전부터 존재했던 정신-신체 수련법을 지칭하는 일반적인 명칭이었다. 당대 이전에 널리 존재했던 '수일' 및 '존사'는 실제적으로는 '내단법'과 동일한 목표를 가지고 수행되었다. 그리고 호흡과 정신 집중, 내시內視, 내관內觀 등 여러 정신적, 육체적 기법技法을 통해 인체 내의 특정 부위(丹田)에 단丹이라고 불리는 어떤 특수한 물질을 만들어낸다는 사유 역시 존재하고 있었다.

엄격하게 말하자면 존사와 수일 및 내단은 각각 서로 다른 기법이라고 할 수 있다. 그러나 내단술이 널리 실행된 이후에, 전통적인 존사와 수일은 도교 수련법 안에서 중요성을 상실하고, 내단술이 도교적 정신-신체 수련법의 대명사로서의 지위를 확립하게 된다. 결국 존사와 수일은 내관을 거쳐 내단으로 발전해가는 도교 수련법의 역사 초기에 존재했던 도교적 정신-신체 기법의 총칭이라고 생각된다.

갈홍 역시 인체 내에 존재하는 에너지의 중심인 '단전'의 존재와 그 '단전'에서 단을 생성하는 방법에 관심을 기울이고 있었고, 그것이 다른 어떤 방술보다 큰 효과를 가지고 있다는 사실을 인정하고 있었다. 그러나 갈홍은 그것을 내단 수련법이라고는 부르지 않았다. 금단金丹에 절대적인 중요성을 부여하는 갈홍으로서는, 신선 대약(金丹)을 비교적 간단한 정신 집중이나 호흡 수련으로 신체 내부에서 만들어낼 수 있다는 생각을 가질 수 없었을 것이다. 사실 '내단'이라는 개념의 창출과 그것의 실천, 다시 말해 연금술적 조작에 의해서만 얻을 수 있는 신선 대약을 정신 집중과 호흡을 통해서도 획득할 수 있다고 하는 생각은, 도교적 사유의 발전 과정에서 본다면 극적인 전환이라고 말할 수 있다. 그러나 우리는 그 인체 내부에서 만들어지는 단(내단)이라는 것이 정말로 무엇을 말하는

지 모른다. 그것은 정말 어떤 물질일 수도 있고, 아니면 수련자의 정신 변화, 심리적 변화 상태에 대한 상징일 수도 있다.

인체 내부에서 만들어진 불사약(=내단)을 통해서 신선이 될 수 있다는 생각을 근본적으로 부정했던 갈홍은, 당연히 내단의 생성을 목표로 삼는 정신 수련에 전폭적인 관심을 갖지 않았다. 아마도 갈홍 시대의 다른 수행자들은 연금술적 실험을 요구하는 금단(외단)보다는 기의 수련을 통해 생명 에너지를 집중시키는 인체적 단(내단)의 기법에 더욱 중점을 두는 경우도 있었을 것이다. 그 증거로, 갈홍도 말하고 있는 것처럼, 방중술만으로 장생불사를 획득할 수 있다고 주장하는 수행자들이 존재했고, 존사와 수일을 통해 장생불사할 수 있다고 생각하는 입장이 존재했다는 것을 들 수 있다. 통방신洞房神에 대한 존사를 최고의 도법으로 실천하던 상청파가 바로 그런 경우라고 생각된다.

'방중'과 '존사' 및 '수일'은 분명 내단적 기법과 연결된다. 물론 갈홍은 금단 이외의 모든 약물의 효과, 기타 방술의 효과를 한정적으로 바라본다. 그러한 모든 방술, 모든 약물이 지닌 일정한 효과를 인정하지만 그것만으로는 신선 불사를 획득할 수 없다고 보는 것이다. 마찬가지로 갈홍은 내단적 수행을 통해 인체 내부에 단을 형성하는 수일이나 존사의 방법이 약물 복용 등 다른 어떤 방술들보다 우위에 있다는 것을 인정하면서도, 그것이 신선 불사를 위한 최고의 방술이 될 수 있다는 입장에는 비판적이었다.

내단을 외단보다 우위에 놓을 것인가 아닌가 하는 것은, 하나의 방법의 실패로 인해 다른 하나의 방법이 우위를 획득한다는 식으로, 단계론적인 발전의 논리에 의해 규정되는 것이 아닐 것이다. 물론 수행자 개인으로서는 어떤 방법에 대한 실패 경험을 통해 다른 방법을 선택할 수는 있다. 그러나 많은 경우, 진지한 신앙의 세계에 사로잡혀 있는 수행자라면, 실패의 원인을 자신의 지식 부족이나 준비 부족, 아니면 신심 부족이라고 생각할 가능성이 높다. 근본적으로 어떤 방법이 우위에 있는가, 아니면 어떤 방법을 최고의 신선술로 인정하는가 하는 것은, 단순한 경험론적 실증의 문제가 아니라 신앙적 신념의 문제이기 때문이다.

소위 '외단'이 총체적인 실패로 끝남으로써 당송 이후에는 '내단'의 시대가 된다거나, '내단'의 시대인 송대 이후에는 '외단'의 전통이 총체적으로 단절된다거나 하는 것은 역사적 사실과 다르다. 내단적 수련이 일반화되는 당송 이후에도 여전히 '외단'을 실행하는 수행자들, 도사들이 존속하고 있었다. 그리고 '내단'이 도교의 종교적 서클을 벗어나 일반 사대부 지식인을 위한 신체-정신의 수련법으로 널리 보급된 시대 이후에도, 일반 사대부 지식인들 중에서 '외단'의 신비적 힘을 인정하고 '외단'을 실험하고 그것의 조제를 추구했던 사람이 무수히 존재한다. '존사'의 정신적 수련을 중시하던 상청파에서도 역시 연금술에 의한 '금단' 조제에 관심을 가지고 그것을 실행했다. 도교 문화의 전체 지평에서 본다면 '내단'과 '외단'은 언제나 공존하고 있었다고 할 수 있다. 따라서 '내단'이냐 '외단'이냐의 선택은 경험론적 실패 성공에 따른 양자택일적 선택이 아니었다는 것을 기억할 필요가 있다.

나는 '존사'를 비롯한 정신적, 신체적 기의 수련을 크게 내단적 수련의 초기 형태, 심지어 내단의 한 형태로 이해하고 싶다. 아주 이른 시기부터 존재하고 있던 '방중술'의 경우, 그것이 단순한 섹스의 테크닉으로 대중화되는 경우가 아니라면, '방중술'의 사유 방법은 전형적인 '내단'의 사유와 다르지 않다. 앞에서 본 것처럼, 갈홍은 이미 인체 내부에 존재하는 에너지의 중심으로서의 단전의 존재를 당연하게 생각하는 관점을 보여준다. 갈홍은 기 수련의 중요성을 인정하고, 다시 그 기 수련이 단전의 활성화 내지 강화로 이어진다는 것을 알고 있었지만, 그런 수련을 외단

(금단)에 비견될 수 있는 효과적인 불사의 방법이라고 생각하지 않았을 뿐이다.

  갈홍은 기의 훈련을 통해 단전을 강화하는 방술을 단지 행기나 복기라고 부르면서, 그것의 효능을 어느 정도 인정할 뿐이다. 더구나 그는 그것을 내단이라고 부르지도 않았을 뿐 아니라 금단(외단)을 대체하는 방술이라고도 생각하지 않았다. 하지만 그 명칭이 무엇이든, 갈홍이 신체 내부의 에너지의 중심으로서의 단전을 강화하는 '내단적' 수행을 모르지도 않았고 부정하지도 않았다는 것은 분명한 사실이다.

7장 세속을 떠나 산으로 들어가라:
입산, 신성 공간의 탐색

1. 산, 신령이 사는 공간

산은 문명에 때 묻지 않은 순수한 땅이며, 세속의 번잡함으로 더럽혀지지 않은 신성한 공간이다. 유목민에게 사막이 신성하고 깨끗한 공간인 것처럼, 농경민에게는 산이 그렇다. 그 신성한 땅에서 인간의 정신은 맑아진다. 오늘날에도 우리는 세상의 때를 씻어내고 잃어버린 순수를 회복하기 위해 산으로 간다. 신의 존재를 믿는 사람에게 산은 신이 현현하는 장소다. 모세는 산에서 야훼를 만났고, 예수는 기도하기 위해 산으로 갔다. 산은 진리를 추구하는 구도자에게 그 진리가 현현하는 장소로 존재해왔다.

중국인들 역시 산을 신성한 공간이라고 믿었다. 특히 도교도는 산을 신령이 현현하는 장소, 신선이 사는 장소라고 믿어왔다. 도교도가 꿈꾸는 신선은 무엇보다 산에 사는 존재다. 산은 도와 하나 된 자들이 사는 곳이며, 구도자들이 수도하는 곳이다. 그러나 산의 순수함, 산의 신성함에 마음을 열 준비가 안 된 도시인들에게, 즉 문명인들에게 산은 두려운 땅, 어둠이 지배하는 장소일 수밖에 없다. 인류 역사에서 산은 그런 이중성을 가진 공간으로, 인간의 상상 세계를 자극해왔다. 도교에서, 초월을 향한 상상, 불사의 상상은 산이라는 공간에서 전개된다. 신령과 신선 그리고 수도자의 공간인 산은 동시에 악귀, 요괴가 출몰하는 두려운 공간이다. 한마디로 산은 신성하고도 두려운 공간이다. 모든 신성한 존재가 그런 것처럼, 산의 성스러움 역시 이중성을 가지고 있다.

『포박자 내편』에서 산은 수련을 위한 공간, 특히 금단 조제를 위한 신성한 장소다. 산의 성스러움은 두려움을 동반한다. 갈홍은 도를 수련하는 자는 성스러운 공간이자 두려운 공간인 산에 들어가야 한다고 말한다. 도는 어디에나 존재하는 것이 아닌가? 도를 얻기 위해, 왜 굳이 산에 들어가야 하는가? 진정한 도는 무소부재, 따라서 사람 사는 바로 거기에 도가 있는 것이 아닌가?

그렇다. 갈홍도 말하고 있는 것처럼, 반드시 산속에서만 도를 찾을 수 있는 것은 아니다.[1] 원론적으로는 그렇다. 도를 얻은 과거의 위대한 선인仙人들은 세상 안에 살면서도 도를 체득할 수 있었다. 도를 산에서만 찾을 수 있을 것이라고 하는 도식적인 사고를 버려야 한다. 도는 어디에나 있다. 그렇지 않으면 그것은 도가 아니다. 문제는 사람이고, 그의 속된 생각이다.

『포박자 내편』「명본」에서 갈홍은 그 문제를 진지하게 논의한다. 옛 사람들은 굳이 산에 들어가지 않아도 도를 수련하여 득도할 수 있었다. 그런데 오늘날 그것이 불가능한 이유는 무엇인가? 답은 간단하다. 세상이 달라졌기 때문이다. 옛날에는 세상이 순수했다. 그래서 옛날에 도를 추

---

1) "山林之中非有道也."(「明本」)

구했던 사람들은 세상 안에서도 도를 닦을 수 있었다. 세상이 그렇게 막무가내로 타락하지 않았던 것이다. 따라서 그들은 굳이 세상을 피해 순수한 장소를 찾아 나설 필요가 없었다. "옛날에는 사람들은 순박했고, 간사함과 거짓이 아직 나타나지 않았다."[2] 그러나 이제는 세상이 달라졌다. 갈홍은 좋았던 그 시대가 지나가고 말세가 왔다고, 현재를 평가한다. 그 "말세의 세상 풍속은 천박하기 짝이 없고, 거짓을 꾸미는 사람들의 수법은 더욱 교묘해졌다."[3] 따라서 오늘날 도를 수련하려고 하는 뜻을 가진 사람은 "피비린내 나는 이 세상의 번잡함을 피해서 맑고 순수한 장소를 골라 수련을 해야 한다."[4] 수련자는 산속의 조용한 장소에 수련장을 만들고 조용한 내적 사유에 몰입하거나 신을 불러내는 훈련에 몰두해야 한다.[5] 먼지 많은 이 세상에서 도를 향한 올곧은 마음을 간직하기가 쉽지 않기 때문에, 갈홍은 수련자는 산으로 들어가야 한다고 말한 것이다. 일단 도를 얻은 사람이라면 세상에 살아도 흔들리지 않을 수 있을 것이다. 그러나 누구나 그런 정신의 힘을 가지는 것은 아니다. 섣불리 득도자인 체하는 자들이 경계해야 할 대목이다.

수련자가 명상과 행기 등 도를 수행하는 장소를 정실靜室 혹은 구실九室이라고 부른다. 득도를 위한 수련의 종류는 다양하다. 단순한 준비 단계에서부터 심오한 '금단' 조제에 이르기까지 그 다양한 수련이 다 필요하다. 갈홍은 '금단' 대약의 조제와 복용이 수련자의 최종 목표라고 본다. 그렇다고, 금단이 하루아침에 얻어지는 것은 아니다. '금단'이라는 최종 목표에 도달하기 위해서는 작은 수련에서부터 시작해야 한다. 작은

2) "曩古純樸, 巧僞未萌."(「明本」)
3) "末俗偸薄, 雕僞彌深."(「明本」)
4) "誠欲遠彼腥羶, 而卽此淸淨也."(「明本」)
5) "夫入九室以精思, 存眞一以招神者."(「明本」)

수련이라고 쉬운 것은 아니다. 이 세상 안에서는 그 작은 수련 중의 작은 단계 하나라도 실행하기가 쉽지 않다. 하물며 약물 중의 약물, 신선 방술 중의 방술인 '금단' 대약을 조제하거나〔合金丹之大藥〕, 그 이외의 다양한 단약을 만드는 방법을 실험〔煉八石之飛精者〕하고자 하는 도사는, 단연코 이 세상을 벗어나 깊은 산으로 들어가야 한다. 어리석은 세상 사람들의 눈과 귀를 피해, 신성한 장소에서 신성한 존재의 도움을 받아야 한다.

세상 사람들의 호기심은 진실한 생명과 영원한 진리를 탐색하는 수련자를 가로막는 심각한 장애물이다. 그들의 호기심과 그 호기심에서 비롯된 구설口舌이 수련자를 망친다. 구도자는 대중의 호기심과 몰이해와 의심의 눈길을 피해야 한다. 어리석은 자가 만들어내는 의심이나 구설보다 더 무서운 것은 없다. 금단 대약을 실험하는 수련자는 무엇보다도 그런 호기심의 대상이 되지 않아야 한다.[6] 갈홍은 그런 사실을 강조하면서, 속인의 관심이 머무는 곳에는 "신령의 가호가 나타나지 않는다."[7]고 말한다.

대중의 호기심과 인기에 영합하고자 하는 천박한 공명심은 진리 탐구를 방해한다. 천박한 오늘의 세상에 머물면서 도를 수련하는 것은 거의 불가능하다. 따라서 도를 수련하는 자는, 세상의 눈을 피해 산으로 들어가야 한다는 논리가 성립한다. 깊은 산속이 아니고서는 진정한, 위대한 도를 수련할 수 없다. 갈홍은 도교 수련은 산에 들어가는 것에서 시작된다고 말한다. "도를 수련하고 대약을 만들고자 하는 자, 난을 피해 은거하고자 하는 자는 산으로 들어가야 한다."[8]

---

6) "忌利口之愚人, 凡俗之聞見."(「明本」)
7) "明靈爲之不降."(「明本」)
8) "凡爲道合藥, 及避亂隱居者, 莫不入山."(「登涉」)

그러나 산은 신성한 순수한 공간이면서 동시에 두려운 장소다. 득도를 꿈꾸는 자는 산에 들어가야 한다는 사실을 알고는 있지만, 그렇다고 누구나 손쉽게 산에 들어갈 수 있는 것은 아니다. 무언가 변화가 필요하다는 것을 알고는 있지만, 어디서 어떻게 그 변화를 달성할 수 있는지를 아는 사람은 많지 않다. 산에 들어가는 것도 마찬가지다. 산에 들어가기 위해 마음을 정하는 것도 어렵지만, 마음을 정했다하더라도 그 산이 나를 손쉽게 받아들이지 않는다. 오죽하면 갈홍은 수련자가 산에 들어가는 방법을 말하기 위해 한편의 글을 썼겠는가?

『포박자 내편』「등섭」은 주로 산에 들어가는 방법에 대해 말한다. "산에 들어가는 방법을 알지 못하는 자는 화를 당하는 경우가 많"[9])기 때문이다. 갈홍은 입산 수도자에게 닥치는 위험과 그 위험을 피하는 다양한 방법을 알려준다. 득도 수련은 입산 방술 수련에서부터 시작된다.

그렇다면 아무 산에나 들어가면 되는가? 아니다. 우리는 단순한 기술 하나, 외국어 하나 배울 때도 배울 장소와 가르치는 선생을 고르기 위해 신중에 신중을 기한다. 하물며 진리 탐구, 영원한 삶(불사)을 탐구하는 데 있어서랴! 세상 사람의 방해와 호기심을 피해서 산으로 들어가고자 하는 결심을 굳힌 수련자는, 먼저 뛰어난 스승을 찾아야 한다. 바른 가르침이 아니면 아예 배우지 않는 것보다 못할 수 있다. 바르지 않은 가르침은 영원한 생명을 약속하기는커녕 오히려 생명을 해칠 수 있다. 아무거나 적당히 배우는 것이 안 배우는 것보다 더 나은 것은 아니다. 도를 닦는 자는 무엇보다 먼저 바른 가르침을 바르게 가르칠 수 있는 스승을 찾아야 한다. 갈홍은 그런 스승을 명사明師(바른 스승, 밝은 스승)라고 불렀다. 갈홍의 요도 비판, 사술邪術과 음사 비판은 모두 그런 옥석玉石 가

---

9) "然不知入山法者, 多遇禍害."(「登涉」)

리기의 시도 중의 하나였다.

그다음에는 위대한 신령이 거하는 명산名山을 찾아가야 한다. 불사不死의 대약은 아무 데나 널려 있는 싸구려 물건이 아니다. 뛰어난 스승의 지도를 받아야 하고, 또 위대한 신이 사는 명산에서라야 비로소 금단 조제의 노력이 실효를 거둘 수 있다. 작은 산들에는 작은 신령들, 수십 수백 종류의 요귀들이 산을 점거하고 있다. 작은 산에 큰 신이 살지 않는 것은 당연하지 않은가? 작은 산에 사는 갖가지 요귀들은 위대한 불사약의 제조를 방해한다. 그것 또한 당연히 추측할 수 있는 일이 아닌가? 갈홍은 자기의 스승 정사원이 그 위의 스승 좌자에게서 들은 말을 인용하여 이렇게 말한다.

모든 작은 산에서 다 금약 신단神丹을 만들 수 있는 것은 아니다. 작은 산은 정신正神이 그 산의 주인이 아니기 때문에 목석의 정령〔精〕, 천년이나 된 늙은 동물, 혈식血食〔피를 바치는 제사〕을 요구하는 귀신〔鬼〕 등 온갖 사기邪氣가 그곳을 다스린다. 이런 사기는 사람을 위해 복福을 베풀지 않고 오히려 화禍를 일으키고, 도사를 시험하려고 하기 때문에 도사는 반드시 여러 법술을 익혀 몸을 피할 수 있어야 한다. 또한 다른 여러 제자 역시 대약을 방해하는 자가 될 수도 있다.[10]

위대한 신이 사는 명산이야말로 신령스런 약물〔神藥〕, 금단 대약을 만들 수 있는 장소이다. 도교의 '명산' 관념은 넓게는 도교의 산악신앙과

---

10) "鄭君云, 左君告之, 言諸小小山, 皆不可於其中作金液神丹也. 凡小山皆無正神爲主, 多是木石之精, 千歲老物, 血食之鬼, 此輩皆邪炁, 不念爲人作福, 但能作禍, 善試道士, 道士須當以術辟身, 及將從弟子, 然或能壞人藥也."(「金丹」)

밀접한 관련이 있다. 갈홍은 전통적인 도교의 산악신앙을 수용하고, 그것을 그의 금단 이론과 연결시켰다. 도교의 산악신앙은 신선이 사는 대지의 성스러운 장소를 지목하는 통천복지洞天福地의 신앙으로 발전한다. '통천복지'의 이론은 도교 수련을 위한 신성한 공간이자 신선의 땅인 산이 신앙의 대상으로 승화되어 발전한 것이다. 고대 산악신앙의 연장선에 있는 '통천복지' 사상은 도교 연단술과 대지의 생명력에 관한 사유가 결합되어 체계화되었을 것이라고 추측된다.『포박자 내편』에서는 아직 체계적인 '통천복지' 사상이 보이지는 않는다. 하지만 갈홍이『포박자 내편』에서 거론하는 명산은 나중에 36통천洞天, 72복지福地와 관련된 산들이 적지 않다.

갈홍이 연단의 장소로서 언급하는 명산은 곤륜崑崙이나 봉래蓬萊 등 고대의 신화에 등장하는 산들이 아니다. 갈홍이 명산이라고 지목하는 산들은 갈홍이 활약했던 지역, 적어도 그의 활동 반경 안에 위치한 산이 많다. 인간의 노력과 실험을 통해 불사를 획득할 수 있다고 하는 갈홍의 입장에서 볼 때, 연단 및 수련의 장소로서의 명산이 신화 속에서나 존재하는 아득히 먼 산이어서는 곤란하다. 갈홍은 스스로 금단을 수련하는 과정에서, 산세가 뛰어나면서 신비감을 던져주는 여러 산을 직접 답사해보았을 것이고, 그런 실지 조사의 바탕 위에서 명산을 거론했을 것이다. 고대적 산악신앙이 '통천복지'의 신앙으로 전환하는 데에는 그런 사유의 전환과 실천이 배경에 놓여 있다고 말할 수 있다.

갈홍은 금단 조제에 적합한 새로운 장소로서 여러 명산을 말한다. 그리고 그 산들을 열거할 때 그는『선경』을 인용한다. 다시 말해 그 당시의 수련자들 사이에서는 수련에 적합한 장소에 관한 어느 정도의 공통 인식이 성립되어 있었을 것이고, 갈홍 역시 그런 공통 인식을 가지고 있었을 것이다. 물론 갈홍이 그 모든 산을 실지 조사했을 것이라고는 생각되지 않지만, 그가 거론하는 명산은 저장성에 위치한 산이 많다. 당시 강남 지방이 개발되고, 풍경과 산세가 아름다운 저장 지방의 산들이 명산으로 부각되기 시작했을 것이라고 짐작할 수 있다. 저장浙江은 갈홍의 주요 활동 무대에 속하고 있었다. 중국에서 가장 아름다운 도시 중의 하나인 항저우 서호 북쪽의 갈령이 갈홍이 연단술을 실험한 장소라고 하는 전설을 간직하고 있다는 사실을 통해서도, 우리는 갈홍과 저장의 관련을 짐작할 수 있다. 갈홍이 언급하는 많은 산 중에서, 장산長山은 저장 중부 금화金華市 지역에 있으며, 태백산太白山은 저장 내륙의 금화金華 지역에 있다. 천태종으로 유명한 대소천태산大小天台山 역시 저장 남부에 있으며, 사망산四望山, 개죽산蓋竹山, 괄창산括蒼山, 별조산鼈祖山 등은 모두 저장 경내에 있다.

갈홍은 다른 지역의 명산들도 언급한다. 소위 중국 문화의 발원지인 허난성河南省에도 명산이 산재한다. 오악五岳의 하나인 숭산嵩山, 그 숭산의 서봉西峯인 소실산少室山, 선양宣陽의 여기산女山, 제원濟源의 왕옥산王屋山(36통천의 첫 번째)은 오늘날에도 도교 명소로서 널리 알려져 있다. 쓰촨성四川省 또한 명산이 많기로 유명하다. 초기 천사도의 발원지이자 중요한 거점이었던 쓰촨성의 명산들은 천사도의 정치 종교적 중심지(道治)인 경우가 많다. 현재 청두시成都市 부근의 청성산靑城山(36통천의 최고), 내륙 쪽으로 더 들어간 아미산峨眉山, 수산綏山(아미산의 서남), 운태산雲台山(창지에蒼溪) 등의 명산이 거론된다. 나아가 산시성陝西省의 화산華山, 종남산終南山, 산둥성산東省의 태산泰山, 안구산安丘山, 안후이성安徽省의 잠산潛山, 후난성湖南省의 황금산黃金山, 광둥성의 나부산, 장쑤성의 지폐산地肺山(72복지의 최고, 구용), 푸젠성福建省의 곽산霍山 등이 언급되고 있다.

갈홍은 이러한 명산들에는 정신正神이 살고 있으며 지선地仙이 머무는 곳이기도 하다고 말한다. 여기서 갈홍은 명산이 '지선'의 거주지라고 말하고 있는데, 그런 주장은 흥미롭다. 갈홍 이전에는 신선의 위계를 셋으로 나누어 보는 소위 '신선삼품설'은 존재하지 않았던 것 같다. 하지만 갈홍의 말을 통해서 보면, 그런 생각 자체는 갈홍이 발명한 것이 아닐 가능성이 높다. 하여튼 갈홍은 신선의 한 종류인 '지선'이 앞에서 언급한 명산들에 거주한다는 새로운 주장을 제시한다. 그리고 이러한 내륙의 명산들 이외에도 "바다의 섬(해중지도서海中之島嶼)" 역시 대약을 조제할 수 있는 지역으로 꼽히고 있다. 갈홍은 당시의 회계군 내에 위치한 동옹주東翁洲, 단주亶洲, 저서紵嶼 등을 지목하는데, 그 섬들은 현재 영파寧波 앞바다의 섬들이라고 추측된다. 특히 단주는 진시황이 파견했던 방사方士 서복徐福이 마지막에 정착한 섬이라고 하는 전설이 있다. 삼국시대 오나라의 패주 손권孫權은 해상의 선도仙島를 찾기 위해 위온衛溫이 이끄는 병사 만 명을 파견하기도 했다.

2. 신성 공간의 탐색: 입산 방술

수련을 하기 위해 도사는 반드시 산에 들어가야 한다.[11] 그러나 산은 멀고도 위험하다. 산은 누구나 자유롭게 드나들 수 있는 공간이 아니다. 불사는 누구나 손쉽게 손에 넣을 수 있는 싸구려가 아니기 때문이다. 산에 들어가기 위해서는 특별한 지식과 방법이 필요하다. 그 방법을 이해하지 못하는 자에게 산은 두려운 공간일 따름이다.[12] "태화산 기슭에는

---

11) "凡爲道合藥, 及避亂隱居者, 莫不入山."(「登涉」)
12) "然不知入山法者, 多遇禍害."(「登涉」)

백골이 낭자狼藉하다. 그 이유는 산에 들어가는 사람들이 하나만 생각하고 충분한 지식을 갖지 않고 산에 들어갔기 때문이다. 그들은 생명을 보전하고자 하는 의지는 가지고 있었지만, 그로 인해 오히려 원치 않는 죽음을 당하고 만 것이다."13)

산은 여러 신령神靈이 사는 공간이다. 큰 산 작은 산을 막론하고 악귀, 요매, 갖은 정령이 산을 점령하고 있다.14) 큰 산에는 큰 신, 작은 산에는 작은 신이 거주한다.15) 물론 수도자가 들어가야 하는 명산名山에는 그런 악귀, 정령 들 이외에도 수련을 도와주는 정신正神이 살기도 한다. 그런 산에 들어가면서 아무런 방책을 갖고 있지 않은 자는 반드시 큰 화를 당하고 만다.16) 갈홍은 입산자가 숙지하고 있어야 할 다양한 입산의 지식과 의례, 금기, 주문, 부적 및 법술 등에 대해 가르쳐 준다.

입산 금기와 의례

먼저 "산에 들어가려는 자는 3월과 9월의 개산월開山月 중에서 좋은 날〔吉日〕과 좋은 시간〔佳時〕을 선택해서 입산해야 한다. 그러나 천천히 그 시기를 기다릴 수 없는 사람은 입산하기에 좋은 일시를 정할 수도 있다. 모든 입산자는 7일 동안 재계를 하고, 그 기간 동안 더러운 것을 만져서는 안 된다. 그리고 승산부昇山符〔입산부〕를 몸에 지니고 주신삼오법周身三五法을 실행한 다음 산에 들어가야 한다."17) 산에 들어가기에 좋은 시

---

13) "諺有之曰太華之下, 白骨狼藉. 皆謂偏知一事, 不能博備, 雖有求生之志, 而反强死也."(「登涉」)
14) "山無大小, 皆有神靈."(「登涉」)
15) "山大則神大, 山小卽神小也."(「登涉」)
16) "入山而無術, 必有患害."(「登涉」)
17) "當以三月·九月, 此是山開月. 又當擇其月中吉日佳時. 若事久不得徐徐須此月者, 但可選日時耳. 凡人入山, 皆當先齋潔七日, 不經汚穢, 帶升山符, 出門作周身三五法."(「登涉」)

기는 3월과 9월이지만, 그때가 아니라도 일시를 달리 정할 수도 있다. 더 중요한 일은, 산에 들어가는 자는 먼저 몸과 마음을 깨끗이 씻어내야 한다는 것이다.

목욕재계는 성스러운 공간에 들어가기 전에 먼저 자기의 몸과 마음을 정화淨化하는 의례다. 정화해야 할 것은 세상에서 살면서 낀 더러움[汚穢]이다. 물론 그것은 종교적인 의미다. 그런 준비가 끝난 다음에는 '입산부' 혹은 '승산부'를 몸에 지니고 산에 들어가야 한다. 도교에서 부적은 태고의 신성한 문자로, 신령이 계시해준 것이라고 본다. 그 신성한 문자의 힘을 이용하여 악귀와 부정한 힘을 물리칠 수 있다는 것이 도교의 기본 신앙이다. (부적에 대해서는 뒤에서 다시 살펴볼 것이다.) 갈홍은 주신삼오법의 구체적인 내용에 대해서는 말하지 않는다. 아마도 그것은 삼광오행三光五行, 즉 태양, 달, 별, 그리고 다섯 행성의 신성한 에너지, 즉 태양계에 속하는 여러 천체의 신성한 에너지를 흡수하여 신체를 정화하는 어떤 법술을 가리키는 것이라고 생각된다. 도교에서는 천체 혹은 별들 역시 신성한 기가 응결된 것으로, 그 자체로 신성한 존재 혹은 신성한 존재인 천신들의 거주지라고 믿는다. 그런 천체에서 발출되는 신성한 빛과 에너지를 흡수하는 주술적 의례는 상청파 등에서 실천하고 있었다.

이처럼 산에 들어가기 위해 수련자가 준비해야 할 것들은 간단하지 않다. 특히 신성한 땅으로 믿어진 오악五嶽에 들어가기 위해서는 더욱 복잡한 지식이 필요하다. 그 경우 반드시 숙지하고 있어야 할 것은 분야分野와 연관된 금기다. 분야란 각 지역별로 재난이 닥치는 시간이 정해져 있다는 믿음인데, 그런 재난은 피할 수는 있지만 제거할 수는 없기 때문에, 재난이 닥치는 일시를 잘 알아두어야 적어도 재난을 무사히 피해나갈 수 있다고 한다.

먼저 기억해야 할 것은 갑甲-을乙-인寅-묘卯년의 정월正月(음력 1월)

과 2월에는 동악東岳(태산)에, 병丙-정丁-사巳-오午년의 4월과 5월에는 남악南岳(곽산)에, 경庚-신辛-신申-유酉년의 7월과 8월에는 서악西岳(태화산)에, 술戌-기己년의 사계지월四季之月(3, 6, 9, 12월)에는 중악中岳(숭고산)에, 임壬-계癸-해亥-자子년의 10월과 11월에는 북악北岳(형산)에 들어가서는 안 된다는 기본 원칙이다(『登涉』). 오행의 상생, 상극의 이론과 간지干支를 조합하여 이런 금기가 만들어졌다는 것을 알 수 있다.

오악은 일반적인 산보다 훨씬 더 신성한 장소이기 때문에, 그 산들에 들어가기 위해서는 더욱 치밀한 준비가 필요하다. 일반적인 산에 들어가기 위한 재계 기간이 7일인 데 비해, 금단 대약을 만들기 위해 오악 등의 명산에 들어가야 하는 때에는 적어도 100일의 재계가 요구된다. 그리고 음식물에 관한 금기도 엄격한데, 예를 들어 오신五辛과 생어生魚, 즉 다섯 종류의 '냄새나는 야채(부추, 락교, 파, 마늘, 생강)'와 '비린 생선'을 먹어서는 안 된다.[18] 대약을 만들기 위해 산에 들어가는 준비를 하는 동안에는 속인과의 접촉도 피해야 한다.[19] 그 이외에도 보일保日이나 의일義日 혹은 제일制日, 벌일伐日 등 간지 및 오행과 관련된 다양한 금기가 있다.[20] 그런 금기를 여기서 일일이 다 거론할 수는 없지만, 갈홍은 도사뿐 아니라 일반인도 그런 날짜의 금기를 알고 있으면 신령들의 시험을 피할 수 있고, 맹수나 독충으로부터의 공격을 피할 수 있다고 말한다.[21]

---

18) "入名山之中, 齋戒百日, 不食五辛生魚, 不與俗人相見, 爾乃可作大藥."(『金丹』)
19) "合此金液九丹, …… 又宜入名山. 絶人事."(『金丹』)
20) "靈寶經所謂保日者, 謂支干上生下之日也. 若用甲午乙巳之日是也. 甲者木也, 午者火也. 乙亦木也. 巳亦火者, 火生於木故也. 又謂義日者, 支干下生上之日也. 若壬申癸酉之日是也. 壬者水也, 申者金也. 癸者水也. 酉者金也. 水生於金故也. 所謂制日者, 支干上克下之日也. 若戊子己亥之日是也. 戊者土也, 子者水也. 己亦土也, 亥亦水也. 五行之義, 土克水也. 所謂伐日者, 支干下克上之日. 若甲申乙酉之日是也. 甲者木也. 申者金也. 乙亦木也. 酉亦金也. 金克木故也. 他皆仿此, 引而長之, 皆可知也."(『登涉』)

《영보경》에서는 말한다. 산에 들어가기 위해서는 반드시 보일과 의일에 행동해야 한다. 그날에 산에 들어가는 자는 크게 길하지만, 그날을 어기는 자는 반드시 죽음을 맞을 것이다. 그런 것들에 대해 하나하나 말할 필요는 없을 것이다.[22]

또 명산에 들어가기 위해서는 다시 갑자 개제일甲子開除日(갑자일. 그날에 산에 들어가는 금지가 풀린다는 의미에서 개제일이라고 한다)을 기다려야 한다. 또 원하는 것이 있으면 다섯 색깔의 비단을 오촌五寸 크기로 잘라서 큰 바위에 붙여두면 그것을 얻을 수 있다. 그에 덧붙여 명산에 들어가는 자는 '육갑비축六甲秘祝'이라고 하는 주문도 알고 있어야 한다. '임병투자개진열전행臨兵鬪者皆陳列前行'이라는 아홉 글자로 된 그 주문은 신령의 힘을 빌려 귀신을 제압하는 힘을 가진 것이다.[23] 주呪와 부符는 문자의 신성한 힘을 강조하는 도교 특유의 문자 신앙을 잘 보여준다. 하지만 이런 복잡한 절차를 거친다고 해서, 그것만으로 산에 들어갈 수 있는 모든 준비가 완료되는 것은 아니다.

---

21) "抱朴子曰, 入山之大忌, 正月午, 二月亥, 三月申, 四月戌, 五月未, 六月卯, 七月甲(疑衍)子, 八月申子, 九月寅, 十月辰未, 十一月己丑, 十二月寅. 入山良日, 甲子·甲寅·乙亥·乙巳·乙卯·丙戌·丙午·丙辰, 已上日大吉. 抱朴子曰, 按九天秘記及太乙遁甲云, 入山大月, 忌三日, 十一日, 十五日, 十八日, 二十四日, 二十六日, 三十日. 小月, 忌一日, 五日, 十三日, 十六日, 二十六日, 二十八日. 以此日入山, 必爲山神所試, 又所求不得, 所作不成, 不但道士, 凡人以此日入山, 皆凶害, 與虎狼毒蟲相遇也."(「登涉」)
22) "靈寶經云, 入山當以保日及義日, 若專日者大吉, 制日伐日必死, 又不一一道之也."(「登涉」)
23) "抱朴子曰, 入名山以甲子開除日也, 以五色繒各五寸, 懸大石上, 所求必得. 又曰, 入山宜知六甲秘祝. 祝曰, 臨兵鬪者皆陳列前行, 凡九字, 常當密祝之, 無所不避. 要道不煩, 此之謂也."(「登涉」)

견귀술(귀신을 발견하기)

이렇게 산에 들어갈 수 있는 시간에 관한 금기를 숙지하고, 호신부를 휴대하고 주呪에 대해서 아는 수행자는 다시 산에서 맞닥뜨릴 요괴에 대비할 수 있는 다양한 호신 법술까지도 꿰고 있어야 한다.

도교를 비롯한 중국의 민간 신앙에서는 인간에게 해를 입히는 모든 부정적 초월 존재를 일괄적으로 정귀요매精鬼妖魅라고 총칭한다. 엄격하게 말하자면 귀鬼는 인간이 죽은 다음 저 세상으로 떠나지 못하고 이 세상에 남아 떠도는 유혼游魂이다. 정精은 동물이나 식물 등 비인간이 특별한 능력을 얻어서 인간이나 다른 존재로 변화한 것이다. 어정魚精(물고기 정령), 호리정狐狸精(여우 정령), 목정木精(나무의 정령) 등이 그것이다. 그들은 위진, 당송 시대의 지괴소설에서 단골손님으로 등장한다. 요매妖魅는 모든 기괴한 존재를 이르는 총칭이다. 신이 아닌 모든 초월적 기괴 존재를 이물異物이라고 부르기도 한다. 물론 그런 명칭이 엄격하게 적용되는 것은 아니기 때문에 명칭에 너무 집착할 필요는 없을 것이다.

일반적으로는 귀신鬼神, 요괴妖怪, 물정物精, 정귀精鬼, 요매, 귀매鬼魅, 이물이라고 불리는 그 초월 존재들은 인간을 해치는 악한 신령이다. 그 점에서 그들은 인간에게 득을 가져다주는 긍정적인 초월 존재인 신神과 구별된다.

신神은 처음부터 신이거나, 죽은 자의 영혼이 사람들의 제사 숭배를 통해 인간에게 복을 가져다주는 신적 존재로 승화된 것이다. 천신이나 지기地祇(지신) 등이 처음 범주에 속하며, 관제關帝(관우신), 악비 장군신, 최영 장군신 등이 후자의 경우에 속한다. 그러나 그런 대체적인 구별이 가능하다 하더라도 그 구별이 반드시 엄격한 것은 아니다. 따라서 인간이 아닌 초월적, 비현실적 존재를 총괄해서 '귀신'이라고 부르기도 한다. 도교는 그런 귀신과 인간이 함께 연출하는 세계, 초월과 일상이 공연하는 세계, 성과 속이 뒤섞이는 세계이다.

우리는 앞에서 갈홍이 '산은 정령이 사는 공간'이라고 말한 것을 보았다. 다시 말해 산은 귀신과 인간이 손쉽게 맞닥뜨릴 수 있는 공간이다. 산에 들어간 사람은 귀신과 만나기 쉽고, 그 귀신들부터 해를 입기 쉽다. 귀신만이 아니라 야수도 두려운 존재이다. 입산수도를 꿈꾸는 도사는 선신과 악신을 구별하는 법, 악신과 야수를 물리치는 법술을 익혀야 한다. 귀신을 알아내고 쫓아내는 방법은 도교 의례의 거의 모든 것이라고 할 정도로 다양하고 복잡한 체계를 이루고 있다. 개인적 차원에서의 법술은 물론 집단적 공동체 차원의 법술도 있다. 여기서 입산 도사가 체득하고 있어야 할 것은 당연히 개인적인 호신 법술이다.

「등섭」에서 갈홍이 언급하는 호신술은 크게 견귀술見鬼術(견見은 본다는 의미와 드러낸다, 폭로한다는 의미를 다 가지고 있다)과 핵귀술劾鬼術이다. 귀신의 정체를 파헤치고(견귀) 그들을 물리치는(핵귀) 방술(=종교적 테크닉)인 것이다. 그 두 방술은 서로 연관되어 있다.

갈홍은 산에 들어가는 자는 특별한 통찰력으로 귀신의 정체를 밝히는 [見鬼] 능력을 갖추어야 한다고 말한다. 갈홍이 입산법에서 강조하고 있는 견귀술의 핵심은 '거울'의 주술적 능력을 활용하는 것이다. 거울[鏡]mirror은 검劍sword, 인장[印]seal과 함께 도사가 필수적으로 갖추어야 하는 법기이다. 귀신의 정체를 폭로하고 그를 물리치기 위해 필요한 법기가 경, 검, 인이다.

초월적 존재인 귀신은 자기의 형태를 자유자재로 변화시킬 수 있다. 변화, 변신metamorphosis은 동서고금을 막론하고 초월 존재의 주요한 능력이다. 변신은 신성성의 표지인 것이다. 산에서 입산자를 해치는 가장 흔한 이물異物인 물정物精 혹은 노매老魅는 늙은 여우, 늙은 나무, 늙은 원숭이, 늙은 호랑이 등 갖가지 생명체가 인간의 모습으로 변한 것이다.

만물 중에서 오랜 세월을 겪은 것은 변신의 능력을 획득한다. 거울은 그런 변신의 능력을 지닌 노회老獪한 귀물鬼物의 정체를 밝히는 법기다. 그 이물, 노매의 정체를 폭로하기 위해서 도사는 지름이 9촌寸 이상인 거울을 지녀야 한다. 거울은 산속에 사는 선한 존재인 신선과 호신好神을, 부정한 귀신 및 사매邪魅와 구별시켜주는 능력이 있다. 거울에 비친 악귀는 그 참된 모습이 드러난다. 만일 선인이거나 좋은 신이라면, 거울에 비친 모습은 사람의 모습을 하고 있을 것이다. 그러나 그가 동물이나 귀신이 변한 자라면 거울 속에는 그의 바른 모습이 비칠 것이다. 그리고 노매는 발꿈치[踵]를 가지고 있지 않지만, 산신은 발꿈치를 가지고 있기 때문에 거울을 이용하여 그들의 정체를 폭로할 수 있다.[24]

도교에서 거울은 신성한 세계를 비추어보는 신비로운 물건이다. 서양에서도 거울은 신비로운 물건으로 등장한다. 그것은 환상 세계로의 통로이거나, 미래를 비추고 진실을 알려준다. 거울나라의 엘리스, 『백설공주』에 등장하는 거울 등이 그 예다. 갈홍은 거울이 귀신 퇴치를 위한 법기로서의 성격 이외에도 신선 방술로서의 성격도 가지고 있다고 말하면서, 거울을 이용한 신선 방술에 대해서도 알려준다.(「雜應」).

한편 갈홍은 검劍이 구체적으로 어떤 견귀의 효용을 가지고 있는지는 말하지 않지만, 강과 바다를 건널 때에 교룡의 침해를 물리치는[關蛇龍之

---

[24] "만물 중에서 늙은 것의 정精[생명력]은 사람의 모습으로 변신할 수 있는 능력이 있다. 그들은 사람으로 변하여 눈을 현혹시키기도 하고 사람을 시험하기도 한다. 오직 거울을 통해서만 그들의 참된 모습을 알아낼 수 있다. 따라서 산에 들어가는 수련자[도사]는 반드시 거울을 휴대해야 한다. 지름이 9촌 이상의 거울을 등에 지고 산에 오르면 노매는 감히 사람에게 가까이 오지 못한다.[萬物之老者, 其精悉能假托人形, 以眩惑人目, 而常試人. 唯不能於鏡中易其眞形耳. 是以古之入山道士, 皆以明鏡徑九寸已上, 懸於背後, 則老魅不敢近人. 或有來試人者, 則當顧視鏡中, 其是仙人及山中好神者, 顧鏡中, 故如人形. 若是鳥獸邪魅, 則其形貌皆見鏡中矣.]"(「登涉」).

道〕법기라고 설명하고 있다. 부득이 큰 강을 건너야 하는 도사가 웅검雄劍과 자검雌劍을 지니고 있으면 교룡, 거어, 수신 등은 감히 사람에게 접근할 수 없다.25) 마찬가지로 검은 산속에서 만나는 맹수를 물리치는 무기가 될 수도 있을 것이다.

인장〔印〕 역시 야수를 물리치고 귀신으로부터 몸을 보호해주는 신성한 물건이다. 입산자가 황신월장지인黃神越章之印을 차고 있으면 호랑이와 늑대 등 야수가 그에게 접근하지 못하고, 산속의 사묘에 빌붙어 제사를 받아먹는 악신들〔山川社廟血食惡神〕 역시 그를 해치지 못한다고 한다(「登涉」).

핵귀술(귀신을 쫓아내기)

이어서 갈홍은 입산 도사가 숙지하고 있어야 할 다양한 '핵귀법劾鬼法'을 소개한다. 핵귀는 다른 말로 제귀制鬼(귀신 제거), 벽귀辟鬼(귀신 쫓기), 축귀逐鬼(귀신 물리치기)라고도 말할 수 있다. 그 귀신을 물리치는 법술(주술=핵귀법)의 내용은 실로 다양하지만, 크게 부적〔符〕과 도록〔圖〕을 이용하는 법술, 둔갑과 우보의 법술, 백귀록을 이용하는 방법, 약물을 사용하는 법술 등으로 정리할 수 있다. 물론 갈홍이 소개하는 방술은 그 넷으로 한정되는 것은 아니다.

앞에서 우리는 입산부에 대해 간단히 언급했다. 하지만 갈홍은 그 이외의 다양한 부적符籍과 도록圖籙을 거론한다. 특히 갈홍이 귀신을 물리치는 데 유효한 다양한 것이라고 소개하는 부적, 도록 중에는 천수부天水符, 상황죽사부上皇竹使符를 꼽을 수 있다. 게다가 갈홍은 노군황정중태사십구진비부老君黃庭中胎四十九眞秘符를 휴대하여 핵귀하는 방법을 알려준다.26) 하지만 갈홍이 언급하는 여러 종류의 부적 중에서 가장 중요한

25) "蛟龍巨魚水神不敢近人也."(「登涉」)

것은 역시 『삼황내문』과 『오악진형도五嶽眞形圖』다. "상사上士〔天仙〕는 산에 들어갈 때 『삼황내문』과 『오악진형도』를 휴대한다. 그것으로 산신山神을 불러올 수 있다."27)

부적의 제작법은 부적마다 차이가 있지만, 복숭아나무 판자〔桃板〕 혹은 비단 위에 단사丹砂를 녹여 만든 붉은 물감〔丹書〕으로 특별한 형태를 가진 신성한 문자를 쓰는 것이 기본이라고 할 수 있다. 복숭아나무는 고대부터 악령을 물리치는 주술적 힘을 가지고 있다고 믿어졌다.

부符, 혹은 부적은 몸에 지니고 다닐 수도 있고, 집의 문지방이나 벽 혹은 기둥 위에 붙여두기도 한다. 도교도들에게 부적은 신성한 힘을 지닌 일종의 신물神物이다. 따라서 귀신이나 악령은 그 부적을 지닌 사람, 혹은 장소에 감히 접근할 수 없다고 믿는다. 도교의 부符는 일종의 문자다. 그 부적에 쓰인 문자는 운문雲文(구름문자)이라고도 불리는데, 운문은 단순한 글자가 아니라 천상의 신적 계시에 의해 전해진 문자라고 여겨진다. 부적은 신성한 문자에 담긴 힘을 이용하여 귀신을 물리치는 도교의 중요한 방술이었던 것이다. 천신에 의해 계시된 신성한 기氣(문자=부적)의 힘을 빌려 세상의 악한 기氣(악령, 구신)를 물리친다는 사유가 그 속에 담겨 있다. 도교에서는 모든 위대한 도교의 경전은 신적인 계시로 주어진 것이라고 한다. 천신이 경전을 계시할 때는 우리가 아는 일반적인 문자가 아니라, 신성한 문자, 즉 신성한 기로 이루어진 문자를 사용한다. 그 신성한 문자인 운문雲文을 해독할 수 있는 특수한 능력을 가진 사람이 그 문자를 해독해야 한다. 그런 점에서 도교는 계시 종교적인 성격

26) "抱朴子曰, 有老君黃庭中胎四十九眞秘符, 入山林, 以甲寅日丹書白素, 夜置案中, 向北斗祭之, 以酒脯各少少, 自說姓名, 再拜受取, 內衣領中, 關山川百鬼萬精, 虎狼蟲毒也."(『登涉』)
27) "上士入山, 持三皇內文及五岳眞形圖, 所在召山神."(『登涉』)

을 가지고 있다고 할 수 있다.

갈홍은 『포박자 내편』에서 『삼황내문』과 『오악진형도』의 종교적 효용에 대해 여러 차례 언급한다. 그 둘은 그만큼 중요한 문서일 뿐 아니라, 그 자체가 일종의 부적이다. 한편 그 두 문서(부적)는 육조 시기를 대표할 수 있는 상당히 중요한 도교 경전이기도 하다. 갈홍은 「하람」에서 자신이 스승 정사원으로부터 금단술 관련 경전과 『삼황내문』 그리고 『침중오행기』를 전수받은 사실에 대해 언급하고 있다.[28] 갈홍 도교의 핵심은 무엇보다 금단술이지만, 금단을 조제하는 도사가 반드시 산에 들어가 그것을 수련하고 실험해야 한다면, 입산 과정에서 도사의 생명을 지켜주는 『삼황내문』이나 『오악진형도』(=『침중오행기』)는 금단 그 자체 못지않게 중요한 수련의 일부를 구성하는 문헌이라고 말할 수 있을 것이다.

「금단」에서 갈홍은 "나는 여러 도사에게 신단, 금액의 조제법 및 『삼황내문』으로 천지의 여러 신을 불러내는 법에 대해 물었다. 그러나 그 누구도 그 질문에 대답하지 못했다."[29]라고 말하고 있는데, 금단 조제에서 『삼황내문』의 중요성, 내지 실용적 가치를 잘 알 수 있다. 『삼황내문』은 금단의 조제와 실험에서 반드시 필요한 것이었기 때문에, 단술에 대해 이야기할 때는 반드시 『삼황내문』을 함께 거론하고 있는 것이다. 『삼황내문』과 금단 문서의 밀접한 관계에 대해서 갈홍은 이렇게 말한다. "어떤 사람이 물었다. 선약 중에서 금단보다 더 위대한 것은 없다는 것은 이미 들었습니다. 그렇다면 부적류(符書) 중에서 가장 신령스런 것은 무엇인지 모르겠습니다. 포박자는 답한다. 나는 스승 정 선생에게서 도서 중에서

---

28) "然弟子五十餘人, 唯余見受金丹之經及三皇內文枕中五行記, 其餘人乃有不得一觀此書之首題者矣."(「遐覽」)

29) "余問諸道士以神丹金液之事, 及三皇內文召天地神祇之法, 了無一人知之者."(「金丹」)

는『삼황내문』과 『오악진형도』를 능가하는 것은 없다고 들었다."30) 갈홍이 말하고 있는 것처럼, 『삼황내문』은 천지의 신기(신령)를 불러내어〔召山神, 召天地神祇〕, 그 신들의 힘으로 악령을 물리치는 효용을 가진 부적이다. 다시 말해 그것은 벽귀(핵귀)를 위한 문서였던 것이다.

또 갈홍은『오악진형도』를 거론하며, 그것은 산에서 맞닥뜨릴 수 있는 재난으로부터 도사의 생명을 지켜주는 효력을 가진 문서라고 소개한다.31) 『오악진형도』는 당연히 산악신앙과 연관이 있는 문헌이다. 『오악진형도』는 다섯 산의 형태를 개략적으로 도식화한 도록으로서, 독립적인 문서라기보다는 아마도『삼황내문』에 붙어 있는 부록 정도에 불과한 문서였을 가능성이 높다.

둔갑술〔遁甲之秘術〕과 우보법禹步法 역시 귀신의 침해로부터 몸을 보호하는 중요한 법술이다. 갈홍은 둔갑술에 대해 이렇게 말한다. "『옥령경』을 살펴보니, 명산에 들어가려고 한다면 둔갑의 비술을 알지 못하면 안 된다. 그러나 그 방법을 사람들에게 자세히 말할 수는 없다."32) 갈홍은 둔갑술의 중요성을 강조하면서도, 그 방법을 자세하게 알려주지는 않는다. 법술이 아무에게나 알려지면서 그것이 세속화되는 것을 경계하였기 때문일 것이다. 그러나 「등섭」에서 갈홍은 둔갑술의 요점을 정리해주기는 한다. 여기서 둔갑술의 실천 방법을 다 소개하는 것은 큰 의미가 없기 때문에 생략하지만, 둔갑술은 한마디로 말하자면 역법과 간지를 조합하여, 정해진 시간과 장소에서 몸을 일시적으로 숨기면서 귀신으로부터 몸을 방어할 수 있다는 법술이다. 그것이 정말 얼마나 실제적인 효과가 있

---

30) "或問, 仙藥之大者, 莫先于金丹, 旣聞命矣, 敢問符書之屬, 不審最神乎."(「遐覽」)
31) "辟兵凶逆, 人欲害之者皆還反受其殃."(「遐覽」)
32) "按玉鈐經云, 欲入名山, 不可不知遁甲之秘術. 而不爲人委曲說其事也."(「登涉」)

는지를 판단할 수는 없지만, 그 문제는 여기서 우리가 따질 것은 아니다.

우보禹步는 도교 의례에서 가장 널리 사용되는 축귀술의 하나로서, 고대 중국의 전설적인 성왕인 우 임금의 걸음걸이를 모방한 특수한 의례적 몸짓이다. 나는 우보가 샤먼적 트랜스 상태에서의 비틀거리는 몸놀림을 의례화한 종교적 몸짓이라고 생각한다. 갈홍의 기술에 따르면, 우보의 실행 방법은 다음과 같다. "바르게 선 자세에서, 오른발을 먼저 앞으로 내딛는다. 그때 왼발은 뒤에 놓인다. 다음으로 오른발을 다시 한 걸음 더 내딛고, 그때 왼발은 오른발과 나란히 한 걸음 나간다. 이것을 한 걸음으로 친다. 다음에 또 오른발을 한 걸음 앞으로 나딛고 그다음에 왼발을 내딛는다. 이번에는 오른발을 왼발과 나란히 놓는다. 이것이 이 보다. 그다음에 다시 오른발을 내딛고, 왼발을 오른발과 나란히 놓는다. 이것이 삼보다."[33] 사실 이 기술만을 가지고 우보의 방법을 완전히 이해하기는 어렵다. 그러나 갈홍은 우보가 다른 모든 법술을 배우기 전에 반드시 배워야 할 기초적인 것이라고 그것의 중요성을 강조한다.

그다음으로 갈홍이 중시하는 입산 방술로는 귀록鬼錄 혹은 백귀록百鬼錄을 이용하는 것이 있다. 이름 그대로 귀록 혹은 백귀록은 수많은 귀신의 이름과 형상(몽타주)을 정리해놓은 일종의 귀신 백과사전이다. 귀신의 이름과 그의 형태를 알면, 그 귀신의 정체를 파악하여 적절한 대비책을 강구할 수 있다는 전제가 거기에 깔려 있다. 또 종교적인 의미에서 이름을 안다는 것은 그 상대를 제압하고 지배할 수 있다는 의미를 가지기도 한다. '나는 네가 누구인지 안다! 까불지 말라!'는 것이다. 예수가 귀

---

33) "禹步法, 正立, 右足在前, 左足在後, 次復前, 右足, 以左足從右足幷, 是一步也. 次復前右足, 次前左足, 以右足從左足幷, 是二步也. 次復前, 右足, 以左足從右足幷, 是三步也. 如此, 禹步之道畢矣. 凡作天下百術, 皆宜知禹步, 不獨此事也."(「登涉」)

신들의 이름을 밝힘으로써 그 귀신들을 제압한 것처럼, 도교에서도 귀신들의 이름을 알아두는 것은 도사들로서는 소홀히 할 수 없는 중요한 지식이다. 귀신들의 이름과 생김새를 안다는 것은 신령계의 구조를 이해하고 있다는 것의 표지이며, 신성 세계의 일을 이해하는 '영지靈知'의 소유자라는 것을 귀신에게 알려주는 것이다.

갈홍은 산천과 묘당에 숨어 있는 귀신들을 쫓는 방법에 대해 질문을 받고, 부적을 휴대하는 것의 중요성을 말한 다음에, 이렇게 대답한다. "그것에 못지않게 긴요한 방법은 수많은 귀신의 이름을 기록한 귀록을 참조하는 것이다. 천하 귀신의 이름을 파악하고 있고[知天下鬼之名字], 「백택도白澤圖」나 「구정기九鼎記」를 통해 귀신들의 모습을 알아두고 있으면, 모든 귀신이 스스로 물러난다[衆鬼自却]."34) 여기서 갈홍이 거론하는 「백택도」와 「구정기」는 귀신의 모양을 그린 일종의 도록圖錄이다. 이름을 안다는 것과 그 모습을 안다는 것은, 상대를 안다는 의미에서 동일한 맥락에 속하는 것이라고 볼 수 있다. 약간 상상력을 동원해본다면, 고대 중국의 기서奇書 중의 하나로 알려진 『산해경』은 귀록鬼錄 혹은 「백택도」와 비슷한 성격을 가진 귀신의 명호집名號集 내지 몽타주 도록이 아니었을까? 갈홍과 교류를 가졌던 곽박이 『산해경』의 주석서를 썼다는 사실은 갈홍이 『포박자』에서 열정적으로 관심을 보이면서 소개하는 입산 법술과 어떤 관계가 있는 것이 아닐까 하는 추측을 해본다.

또 하나 갈홍은 약물을 이용한 귀신 제거 방법을 알려준다. 『포박자』에는 실로 다양한 종류의 약물이 등장한다. 가장 위대한 약물은 역시 갈홍 신선술의 정점이라고 할 수 있는 대약, 다른 말로 하면 금단약이다. 그리

---

34) "或問關山川廟堂百鬼法. …… 其次則論百鬼錄, 知天下鬼之名字, 及白澤圖九鼎記, 則衆鬼自卻."(「登涉」)

고 영지靈芝 등 식물약, 운모雲母 등의 광물약, 그 이외에도 수많은 약물이 등장한다. 특히 입산의 준비에서 필요한 약물로 갈홍은 순자적석환鶉子赤石丸, 증청야광산曾青夜光散, 총실오안환蔥實烏眼丸, 탄백영기모산吞白石英蛢母散 등을 거론한다. 그 약을 복용한 사람은 귀신을 볼 수 있는 능력을 획득하기 때문에, 귀신들이 그 사람을 두려워한다는 것이다.[35] 그것은 견귀見鬼의 능력을 증대시켜주는 약물인 것이다. 금단 같은 약물은 그 자체가 강력한 힘을 가지고 있기 때문에 귀신을 쫓아내는 힘을 가지고 있다. 그러나 일부 다른 약물들은 도사의 신통력을 강화시켜서 귀신을 발견하고, 귀신에 대항하는 능력을 길러주는 효용을 가지는 데 그치기도 한다. 위에서 언급한 방술 이외에도 갈홍은 잠수법潛水法이나 승교법乘蹻法, 축지법縮地法, 비행술, 불한불외법不寒不熱法, 불외풍습법不畏風濕法, 분형법分形法 등 다양한 법술을 알려주지만, 자세한 방법을 살펴보는 것은 다음 기회로 미룬다.

---

[35] "皆令人見鬼, 卽鬼畏之矣."(「登涉」)

8장 하늘과 땅과 더불어 영원하라:
갈홍의 '금단' 이론, 그리고 그 의미

1. 갈홍 연단술의 전승

중국 연단술(연금술)은 체계적인 도교 사상이 정립되기 이전부터 존재했다. 한나라 초기에 회남왕淮南王 유안劉安은 자신의 식객 방사들을 동원하여 황금 제조를 시도했다는 기록이 있고, 불사약 탐색에 몰두했던 한무제 역시 방사들을 시켜 단약을 만들게 했다고 한다. 기록으로는 남아 있지 않지만, 화학적 조작을 통해 불사약을 만들려는 시도는 그 이전부터 있었을 것이다. 금이나 은, 혹은 단약丹藥의 인공 제조법에 대한 문헌들은 그 당시부터 알려져 있었으며, 『열선전』의 저자 유향 역시 직접 연단술을 실천했다는 이야기가 전해진다.

후한 말기에 오면 연단술은 도교 교단과 연결되면서 본격적인 이론화의 단계로 접어든다. 연단술의 이론화는 『주역참동계』[1])에 의해 초석이

---

1) 『참동계』의 저술 시기 및 저자에 대해서는 여러 가지 의견이 있다. 나는 『참동계』가

놓인다고 말해지지만, 그 문헌의 출현 시기 자체가 문제가 될 수 있다.

후한 말기에 출현한 단경의 최고봉이라는 일반적인 관점에 대해 유보적 입장을 취한다. '신선전'류의 신화, 설화적인 서술에서 위백양魏伯陽을 『참동계』의 저자로 보는 경우가 있지만, 완결된 문서로서의 『참동계』는 당말 오대에 이르기까지 등장하지 않는다. 『참동계』가 『주역』의 이론을 이용한 금단 제조의 문서로 역사 속에 분명한 모습을 드러내는 것은 오대 시기였기 때문에, 『주역참동계』가 초기 금단(외단) 이론을 정립한 문서라는 일반적 주장에 대해 의문을 제기할 수 있다는 것이다. 물론 문서의 출현이 늦은 이유는 여러 가지로 설명이 가능하다. 금단 자체가 도교 내부에서의 비밀 전수에 의해 전해지기 때문이라고 볼 수도 있고, 그런 책이 애초부터 존재하지 않았기 때문이라고 볼 수도 있다. 금단을 최고의 '신선술'이라고 믿고, 여러 종류의 단서를 수집하고 단약을 제조하는 데 큰 관심을 기울인 갈홍은 『주역참동계』에 대해 언급하지 않는다. 그리고 갈홍의 금단술을 흠모하면서 금단 제조의 이론에도 많은 기여를 상청파의 대표적인 도사였던 도홍경 역시 『참동계』에 대해 알지 못했던 것이 거의 확실하다. 중국 학계에서 나온 도교사 서술에서는 거의 예외 없이 『주역참동계』가 동한 시기에 출현한 문서라고 보지만, 문헌학적 관점에서 볼 때 『주역참동계』의 출현 시기를 오대 이전으로 볼 수 없다는 입장을 개진하는 중국인 학자도 적지 않다. 중국사회과학원에서 편찬한 『도장제요道藏提要』의 '주역참동계' 항목을 집필한 왕카王卡는 후자의 입장을 견지한다. 서구 도교학계에서는 오대 출현설이 일반적으로 인정되고 있다. 위백양의 『주역참동계』가 실재했던 문헌일 뿐 아니라 이미 후한(동한) 시기부터 존재했던 것이라면, 그 책의 출현과 시간적으로 멀지 않은 시기를 살았던 갈홍이 그 중요한 문서인 『참동계』의 존재를 전혀 무시한 채로 「금단」,「황백黃白」 등을 통해 금단 및 연단의 방법을 논한다는 것은 약간 의외라고 하지 않을 수 없다. 당시에 존재했던 도교 관련 문헌을 거의 완벽하게 수집하고 있었던 갈홍이, 자신이 가장 공을 들였던 금단 연구의 방향을 지시해주었을 가능성이 높은 『참동계』의 존재를 몰랐다거나 일부러 무시한다는 것은 이해하기 힘들다. 갈홍은 자기가 참고하고 수집한 다양한 단서의 명칭을 언급하고 있지만, 『참동계』에 대해서는 일언반구도 말하지 않는다. 그리고 그가 수집한 도서를 소개하고 있는 「하람」에서도 『참동계』의 존재를 확인할 수는 없다. 그런 점에서 갈홍의 『포박자 내편』은 초기 연단술의 실태를 전해주는 문헌으로, 현재 우리에게 남아 있는 가장 신빙성 있는 자료라고 볼 수 있다. 한편 『주역참동계』가 동한 시기에 나온 문헌이라는 것을 인정한다고 하더라도, 그 책은 시적 언어로 표현되어 있기 때문에 금단 조제에 관한 구체적인 방법과 이론을 전해준다고는 말할 수 없다. 『주역참동계』는 오대 시기의 도사 팽효彭曉가 주석을 붙임으로써 비로소 그 의미를 이해할 수 있고 읽을 수 있는 문헌으로 통용되기 시작했다. 남송 시대의 대사상가 주희 역시 그 책에 흥미를 가지고 주석을 달고 있다.

그렇다면 『참동계』를 제외하면, 갈홍의 『포박자 내편』에 의해 연단술은 도교 신선 사상 안에서 확고한 지위를 얻게 된다.

갈홍이 연구한 연단술은 좌자로부터 전승된 것이다. 좌자는 그것을 갈현에게 전하고, 갈현은 정사원에게, 정사원은 갈홍에게 전했다. 갈홍의 도법 전수는 결국 연금술의 전수를 의미한다. 갈홍과 동시대의 상청파 역시 금단술(=신단神丹)을 중시했는데, 그것은 천사도 제주였던 위화존이 전해준 것이다. 그러나 상청파는 단약보다는 존사 및 송경誦經에 더욱 큰 종교적 가치를 부여했다.[2]

갈홍은 금단 조제에 관한 전승을 특히 강조하며, 좌자가 전수한 단경丹經에 절대적인 신뢰를 보내고 있다. 갈홍은 그 당시 다양한 단법이 실행되고 있었던 사실을 알려준다.[3] 하지만 그는 자신이 전수한 단법의 정통성을 강조하며 금단 도법의 전수 과정을 다음과 같이 정리하고 있다.

> 옛날에 좌원방(좌자)은 천주산天柱山 속에서 오랫동안 정사精思의 수련을 하고 있었다. 그때 어느 신선(神人)으로부터 『금단선경金丹仙經』을 전수받았으나, 좌원방은 한나라 말기의 전란에 휩싸여 직접 금단을 만들 수 있는 기회를 얻지 못했다. 그는 명산에서 금단도를 수련할 뜻을 지니고 이곳 강동江東(강남의 동부 지역)으로 피난을 와 있었

---

[2] 상청파에서는 금단의 효력이 송경이나 존사보다 아래에 있다고 하였다. 그렇지만 도홍경 등에게서 볼 수 있는 것처럼 상청파 도사들 사이에서도 금단 조제의 실험이 꾸준히 이루어졌다.

[3] "어떤 사람들은 잡다한 단법을 얻고서, 단법은 이것 이상이 없다고 말한다(或得雜碎丹方, 便謂丹法盡於此也)."(「金丹」) 갈홍이 알려주는 모든 선도 방술은 그 당시 이미 다양한 갈래와 분파를 가지고 있었다. 그러나 당연한 것이지만, 갈홍은 그 다양한 방술을 종합적으로 연구하고, 자기가 계승하고 종합한 방법이 정통적인 것이라고 주장한다.

다. 나의 종조부 갈선공〔갈현〕은 그 좌원방으로부터 금단 도법을 전수받았다. 그가 전수받은 금단 도경 속에는 『태청단경太淸丹經』(3권), 『구정단경九鼎丹經』(1권), 『금액단경金液丹經』(1권)이 포함되어 있었다. 갈선공의 제자였던 나의 스승 정사원 선생은 선공으로부터 단경을 전수받았으나, 집안이 가난하여 약재를 살 능력이 없었다. 나는 직접 정사원 선생을 모시며 오랫동안 그의 시중을 들었고, 마적산馬迹山에서 제단을 쌓고 피로 맹세하며 그의 단법을 전수받았다. 경전의 전수 이외에도 글로 기록되지 않은 구결口訣도 전수받았다. 원래 강동 지방에는 단법 관계의 서적들이 없었다. 그 서적들은 좌원방을 통해 강동 지역에 처음으로 전래되었다. 좌원방은 그것을 갈선공에게 전하고, 선공은 그것을 다시 나의 스승 정사원에게 전했으며, 정 선생은 다시 그것을 나에게 전해주었다. 따라서 다른 도사道士들은 그 서적들에 대해서는 결코 알지 못한다.[4]

좌자가 수련 했다는 천주산은 여러 곳에 있다. 먼저 저장성 항저우 일대에 위치한 천주산은 도교의 72복지 중의 하나로 꼽히는 명산이고, 그 외에 안후이성, 산둥성, 산시성 등에도 천주산이라는 산이 있다. 또 『신선전』에서는 좌자가 안후이성 여강盧江 사람이라고 하는데, 그렇다면 여기서 말하는 천주산은 안후이성에 있다고 추측할 수도 있다. 좌자가 신선〔神人〕을 통해 전수받았다는 『금단선경』은 좌자가 전수받았거나, 저술

---

4) "昔左元放於天柱山中精思, 而神人授之金丹仙經, 會漢末亂, 不遑合作, 而避地來渡江東, 志欲投名山以修斯道. 余從祖仙公, 又從元放受之. 凡受太淸丹經三卷及九鼎丹經一卷金液丹經一卷. 余師鄭君者, 則余從祖仙公之弟子也, 宇於從祖受之, 而家貧無用買藥. 余親事之, 灑掃積久, 乃於馬迹山中立壇盟受之, 幷諸口訣訣之不書者. 江東先無此書, 書出於左元放, 元放以授余從祖, 從祖以授鄭君, 鄭君以授余, 故他道士了無知者也."(「金丹」)

한 문헌일 것이다. 그후 좌자는 각지를 돌아다녔고, 연단 실험에 적합한 장소를 찾아 다시 강남으로 내려왔다. 갈홍은 다시 「황백黃白」에서 다음과 같이 말한다.

나는 이전에 정사원 선생으로부터 구단九丹과 『금은액경金銀液經』을 전수받았다. 그리고 다시 『황백중경黃白中經』(5권)도 전수받았다. 정 선생은 이렇게 말했다. 이전에 좌자 선생과 함께 여강盧江의 동산銅山에서 황백술을 시험해보았는데 모두 성공했다.5)

여기서 동산은 구체적인 지명이라기보다는 금단, 황백의 재료인 동銅이 풍부하게 매장되어 있는 산이라는 뜻으로 해석할 수 있다. 그렇다면 좌자→정사원→갈홍으로 전해진 연단술 문헌은 구체적인 제련법을 담은 문헌이었을 것이다. 갈홍 본인은 이러한 실제적인 조작을 포함하는 단경丹經을 적지 않게 전승받았지만, 『포박자 내편』을 저술하는 단계에서는 아직 그런 실제적인 연단 실험의 경험은 그다지 많지 않았다. 금단의 제조는 많은 설비와 막대한 비용이 들어가는 것이었기 때문에 가난한 도사로서는 감당하기 어려운 일이었던 것이다.

내가 그 문헌을 전수받은 지 이십 년 이상이 흘렀다. 그러나 금단을 실행할 수 있는 재료를 살 자금이 없어서 그것을 실행하지 못하고 있다. 긴 한숨만 쉬고 있을 따름이다.6)

---

5) "余昔從鄭君受九丹及金銀液經, 因復求受黃白中經五卷. 鄭君言, 曾與左君於盧江東山中試作, 皆成也."(「黃白」)
6) "然余受之以已二十餘年矣, 資無擔石, 無以爲之, 但有長歎耳."(「金丹」)

불사의 비밀을 알고 있으면서도 가난으로 인해 그것을 실행할 수 없는 갈홍의 처지를 잘 전해준다. 갈홍은「황백」에서도 "가난하고 재산이 없는"7) 자신의 처지를 한탄한다. 그러나 갈홍의 처지는 당시의 일반 도사들과 그다지 다르지 않았을 것이다. 부유한 자들은 금단으로 불사할 수 있다는 사실을 아예 믿지 않고,8) 그 사실을 아는 도사는 가난해서 금단 조제에 착수할 수 없었던 것이다.

금단의 조제는 누구나 쉽게 알 수 있는 것은 아니지만, 그 방법을 알고 있다 하더라도, 당시의 속담이 말하는 것처럼, "살찐 신선이 없고, 돈 많은 도사가 없는"9) 현실에서 가난한 도사들은 금단 조제에 감히 뛰어들기가 쉽지 않았을 것이다. 갈홍 또한 그런 가난한 도사의 한 사람으로서 금단 조제의 기회를 쉽사리 얻을 수가 없었다. 심각한 아이러니이지만, 그게 인생이 아닌가?

2. 금단 제조를 위한 준비

갈홍은 좌자→정사원으로 이어지며 자기에게 전달된 실제 연단 조제 경험을『포박자 내편』에서 정리하고 있을 것이다. 갈홍 본인은 만년에 나부산羅浮山(광둥성)에서 연단술 실행했다고 알려져 있지만, 그전에는 그다지 많은 연단 조제 경험을 갖지 못했다. 가난했던 그는 자금이 없었을

---

7) "余貧苦無財力."(「黃白」)
8) "상자 가득히 금을 쌓아두고, 산처럼 많은 돈을 가진 자들은 이 불사의 법이 존재함을 알지 못한다. 그리고 그것에 대해 들어도 절대로 믿지 않는다. 어쩔 수 없지 않은가?〔有積金盈櫃, 聚錢如山者, 復不知有此不死之法. 就令聞之, 亦萬無一信, 如何.〕"(「金丹」)
9) "無有肥仙人富道士."(「黃白」)

뿐 아니라 사회적 상황도 그것을 허락하지 않았다.

> 나는 가난하고 재산도 없다. 게다가 여러 차에 걸친 전란에 휩싸여 이제는 의지할 곳도 없고 앞으로 나아갈 길조차 꽉 막힌 듯하다. 게다가 금은을 만들 수 있는 약물을 얻을 수도 없고 그럴 경황조차 없다. 내가 금은을 만드는 법을 알고 있다고 다른 사람에게 알려줄 수 있지만, 나는 가난하여 그것을 직접 만들어볼 수도 없다. 달리 병을 고치는 약을 만들어 팔면서 다른 사람의 신뢰를 얻으려 해보았지만, 믿는 사람을 찾기가 쉽지가 않았다. 일이 이와 같이 뜻대로 되지 않지만 그렇다고 그것을 완전히 포기할 수도 없는 일이다. 따라서 금은 제조에 관해 내가 아는 지식을 필묵으로 적어두는 것은, 후세에 진실을 이해하는 사람이 있어서 내가 적어둔 것을 보면서 도를 논하는 데 도움이 되었으면 하는 바람에서다.[10]

가난에 찌들어 자신이 알고 있는 신선 비법을 실행조차 해볼 수 없게 된 낙담한 구도자 갈홍은 후세에 도를 연구하는 사람을 위해 '황백(금은)'의 조제에 관한 비밀을 글로 적어두었다. 그 결과물이 『포박자 내편』에 실린 「황백」과 「금단」이다. 그 글에서 갈홍은 야금술적인 화학 실험과 무기물질을 이용한 의학적인 광물학을 포괄하는 금단 제조의 요점을 정리해준다. 그렇다면 도대체 '금단' 혹은 '연단'이란 무엇인가? 그리고 그것을 실행하기 위해 요구되는 것은 무엇인가?

---

10) "余貧苦無財力, 又遭多難之運, 有不已之無賴, 兼以道路梗塞, 藥物不可得, 竟不遑合作之. 余今告人言, 我曉作金銀, 而躬自飢寒, 何異自不能行, 而賣治竈之藥, 求人信之, 誠不可得. 然理有不如意, 亦不可以一槪斷也. 所以勤勤綴之於翰墨者, 欲令將來好奇賞眞之士, 見余書而具論道之意耳."(「黃白」)

화학적 물질 조작으로 불사약인 금단을 만든다는 것이 정말 가능한가? 사실 우리는 이런 질문 자체가 '우문'이라는 것을 안다. 그것은 종교적인 언어이고, 종교적 신념이기 때문이다. 적어도 연단을 실천하는 구도자들은 그것이 단순한 물질 조작을 넘어서는 작업이라고 믿었다. 그들은 그것이 신성한 작업이며, 생명의 비밀에 접근하는 시도라고 생각했다. 그런 신성하고도 비밀스런 일을 완성하기 위해서는 그에 걸맞은 믿음과 의례가 요구된다. 당연히 많은 시간, 자금도 필요하다. 이미 다른 정신적, 방법적 준비를 끝낸 갈홍에게 가장 절실한 것은 자금이었을 것이다. 금단의 조제에는 많은 돈과 시간이 필요하다고 갈홍은 강조한다. 하지만 돈만 있다고 끝나는 것은 아니다.

금액 구단을 만들기 위해서는 많은 돈이 들어간다. 게다가 [수련자는] 반드시 명산名山에 들어가 인간사[人事]와 단절해야 한다. 따라서 그것을 실행할 수 있는 사람은 많지 않다. 천만 명 가운데서 그 바른 방법을 얻은 사람이 한 사람 정도 있을 수 있다. 따라서 금단에 관한 도서를 만드는 사람은 금단에 관해서는 생략하고 말을 하지 않았던 것이다.[11]

그 작업을 완수하기 위해서는 신성성을 유지하려는 절대적인 노력이 필요하다. 수도자는 먼저 세속과 단절해야 한다. 금단 제련은 정결함을 요구하는 종교적 행위이다. 정결함과 신성성을 유지하기 위해 수도자는 사람의 냄새에서 멀리 벗어나 깊은 산으로 들어가야 한다. 성스러운 장

---

11) "合此金液九丹, 既當用錢, 又宜入名山, 絶人事. 故能爲之者少, 且亦千萬人中, 時當有一人得其經者. 故凡作道書者, 略無說金丹者也."(「金丹」)

소인 명산은 금단이 만들어지는 장소다. 그러나 산은 귀신, 신선 등 초월적인 존재들이 사는 무서운 곳이기도 하다. 갈홍은 도를 닦는 사람이 세상에서 멀리 떨어진 산림에 은거해야 하는 이유를 다음과 같이 말한다.

> 산속에 도가 존재하는 것은 아니다. 그러나 도를 닦는 사람이 반드시 산으로 들어가야 하는 이유는, 세상의 비린 냄새를 멀리하고 산속의 맑음을 가까이 하려하기 때문이다. 수도하는 정실에 들어가 정사精思하여 '진일'을 보존하고 신神을 불러낼 수 있게 된 연후에는 세상의 시끄러움을 좋아하지 않으며 세속의 더러움에 휩싸이려 하지 않는다. 또 금단의 대약을 조제하고 팔석八石의 정수를 제련해낸 사람은 어리석은 사람들과 범속의 일들을 더욱 기피한다. 왜냐하면 그런 세속의 사람들과 섞이게 되면 맑은 신령이 내리지 않고 선약이 만들어질 수 없기 때문이다. 그것은 작은 금기 사항이 아니다. 세상에 살고 있자면, 비천한 견해들의 제한을 받게 되기도 하고, 거기에다 화[罪禍]를 당하기도 한다. 또 아는 사람들의 왕래가 빈번하고 경조사에 불려 다니다 보면 깊은 산중에 머무는 것과 달리 세상의 냄새나는 쥐새끼의 삶을 면할 수가 없게 된다.[12]

금단을 만들려고 하는 도사들이 일반인의 일반 생활에 뒤섞여 살게 되면, 세상 사람들의 쓸데없는 호기심과 헐뜯음의 대상이 되기도 하고 불필요한 번잡함을 불러일으키게 된다. 세상의 번잡함을 벗어나야 한다는

---

12) "山林之中非有道也. 而爲道者必入山林, 誠欲遠彼腥膻, 而卽此淸淨也. 夫入九室以精思, 存眞一以招神者, 旣不喜諠譁而合汚穢, 而合金丹之大藥, 鍊八石之飛精者, 尤忌利口之愚人, 凡俗之見聞, 明靈爲之不絳降 仙藥爲之不成, 非小禁也. 止於人中, 或有淺見之有司, 加之罪禍, 或有親舊之往來, 牽之以慶弔, 莫若幽隱一切, 免於如此之臭鼠矣."(「明本」)

요청은 실제적인 고려에서 나온 것이다.

한편 '연단'을 실행하는 장소의 신성성을 훼손하지 않기 위해서는 다양한 금기禁忌를 지켜야 한다. 금기는 범속함으로부터 신성한 영역을 보호하는 울타리다. 신성한 것은 항상 금기taboo를 수반한다. 갈홍은 '선도' 수행 혹은 '입산'의 전제로서 수많은 금기를 알려준다. 최상의 선술인 '금단'의 조제에서 더욱 복잡한 금기가 요구되는 것은 당연하다. 금단 조제에서 가장 중요한 금기, 즉 '제일금第一禁'은 믿음이 없는 자의 비방을 피하는 것이다.

> 가장 중요한 금기〔第一禁〕. 세상 사람들〔俗人〕 중에서 도를 믿지 아니하는 자들이 그것〔金丹〕을 비방하고 헐뜯고 훼방하지 못하게 할 것. 그렇지 않으면 금단은 결코 완성될 수 없다.[13]

그런 금기를 지키면서 금단의 제조에 착수한 도사는, 그 다음 단계로 신령들에 대한 제사를 거행해야 한다. 신령들의 도움과 보호 없이는 금단의 완성을 기대하기 어렵기 때문이다. 제사는 신성한 존재들에게 예물을 바치며 그 신들과 화해하고 소통하여, 그들의 도움을 청하는 행위다.

금단 대약을 만들 때에는 반드시 제사를 드려야 한다. 제사를 드리게 되면 태을원군太乙元君, 노군老君, 현녀玄女가 모두 그 자리에 내려와 감시하고 보살펴준다. 만일 약을 만드는 사람이 깊고 조용한 산중에 숨어 자기의 흔적을 숨기지 않고, 세속의 어리석은 자들로 하여금 그 사실을 듣고 보고 훼방하는 말을 하게 하면, 여러 신은 대

---

13) "第一禁, 勿令俗人之不信道者, 謗訕評毁之, 必不成也."(「金丹」)

약을 만드는 사람이 중요한 금기 사항〔經戒〕을 받들어 존중하지 않았
다고 하여 그를 꾸짖는다. 그리고 다시는 그 사람을 돕지 않고, 사기
邪氣가 침입하여 약은 만들어지지 아니하게 된다.14)

세속을 벗어났다고 해서 아무 산에서나 금단을 만들 수 있는 것은 아
니다. 금단은 반드시 명산에서 만들어져야 한다. 명산이 아니고서는 금
단은 만들어지지 않는다. 명산이라야 '바른 신〔正神〕'의 도움을 받아, 산
에 사는 수많은 요괴의 방해를 피할 수 있기 때문이다. 앞 장에서 산에
대해 말할 때 언급한 것처럼, 산은 금단 제조를 위해서도 중요한 의미가
있다.

그 모든 작은 산 안에서 다 금약신단金藥神丹이 만들어지는 것은 아
니다. 작은 산들에서는 정신正神이 산의 주인이 아니다. 많은 경우,
목석의 정령〔精〕, 천년된 늙은 동물, 혈식을 요구하는 귀신〔鬼〕 등이
있는데, 이런 것들은 모두 다 사기邪氣다. 이런 것들은 사람을 위해
복福을 베풀 수 없고, 오직 화禍를 일으킬 뿐이다. 또 그것들은 도사
를 시험하는 것을 좋아하기 때문에 도사는 반드시 법술을 익혀 몸을
피할 수 있어야 한다. 또는 그를 따르는 제자들 역시 약을 해치는 자
가 될 수도 있다.15)

---

14) "鄭君言所以爾者, 合此大藥皆當祭. 祭則太一元君老君玄女皆來鑒省. 作藥者若不絶跡幽
僻之地, 令俗閒愚人得經過聞見之, 則諸神便責作藥者之不遵承經戒, 致令惡人有謗毁之
言, 則不復佑助人, 而邪氣得進, 藥不成也."(「金丹」)
15) "鄭君云, 左君告之, 言諸小小山, 皆不可於其中作金液神丹也. 凡小山皆無正神爲主, 多
是木石之精, 千歲老物, 血食之鬼, 此輩皆邪炁, 不念爲人作禍, 但能作禍, 善試道士, 道
士須當以術辟身, 及將從弟子, 然或能壞人藥也."(「金丹」)

금단의 조제는 단순한 화학적 지식만으로는 충분하지 않지만, 어쨌든 화학적 실험을 동반하는 작업인 만큼 그에 관한 충분한 지식과 경험이 요구된다. 그 조작은 강한 불을 이용하여 재료로 사용되는 기본 물질의 성질을 변화시키는 과정을 반드시 거쳐야 한다. 불은 물질을 파괴하는 힘을 지니고 있다. 불은 물질을 파괴하여, 정화하고, 성화한다. 『신약성경』에서는 물과 불로 거듭나지 않으면 하늘나라에 들어갈 수 없다고 말한다. 불은 물질의 낡은 속성을 바꾸어 영원한 성질을 부여하는 매개물이다. 불을 이용하여, 재료가 되는 물질의 일상적, 세속적 성질을 파괴하고, 그 물질의 근본 조직을 바꾸는 작업이 뒤따른다. 파괴를 통해서만 새로운 것이 탄생한다. 그렇게 얻은 새로운 물질은 그냥 다른 물질이 아니라 근원적으로 다른 물질이다. 신적인 존재의 도움에 의해 우주적 신성성을 체현하는 신성한 물질이 만들어지는 것이다. 금단 수련자들은 그렇게 만들어진 새로운 물질을 묘물妙物, 묘약妙藥, 신약神藥이라고 부른다. 단순한 물질이 아니라 신성한 물질이라는 의미다. 갈홍은 그렇게 만들어진 신성한 물질을 '대약' 혹은 '상품上品의 신약'이라고 부른다.

연금술사들의 작업을 단순한 화학적 화합물을 만드는 작업으로 환원시키는 것으로는 그것의 종교적 상징성을 이해할 수 없다. 그렇게 되면 그 작업은 엉터리없는 바보짓이거나, 세상을 속이기 위한 연극에 불과한 것이 된다. 신성한 약물은 이 세상의 논리로는 이해할 수 없는 신비다. 그 물질을 통해 인간은 하늘과 땅만큼 오랜 영원한 생명을 누릴 수 있다.

그들이 말하는 영원한 생명이란 무엇인가? 우리는 그 말의 의미를 진지하게 다시 물어볼 수는 있다. 그러나 그들의 신앙과 신념 자체를 전면적으로 무시하거나 부정할 수는 없다. 기독교나 불교에서, 영생을 얻는다거나, 해탈을 얻는다는 말의 의미를 이해하기 어렵다고 해서, 그것을 사기꾼들의 연극이라고 말할 수는 없다. 도사들의 불의 조작과 연단의 시도 역시 마찬가지다. 그들이 만들어내려고 했던 것이 황금이든 구전환단九轉丸丹(아홉 번의 제련을 거친 최고 단약)이든, 나아가 그것의 화학적 성질이 무엇이든, 그 작업은 불을 지배하는 작업이면서, 그 불을 이용하여 세계와 물질을 변화시키는 특수한 종교적 행위였던 것이다.

그렇게 만들어진 물질은 연소, 즉 산화 작용을 거치면서 화학적 구조가 변한다. 그런 변화를 우리는 일정한 화학적 결합 공식으로 표현할 수도 있다. 하지만 그런 화학 공식으로 연금술사들의 신념, 그들의 종교적 태도가 다 설명되는 것은 아니다. 연금술사들 역시 자기들의 작업이 단순한 화학적 야금술로 오해될 수 있다는 사실을 잘 알고 있었다. 물론 그들은 물질의 화학적 구성, 물질 변화의 과학적 원리를 이해하지 못했을 수 있다. 하지만 그들이 중시한 것은 화학적 변화 과정이 아니라 물질 변화의 상징적 원리였다. 그 점에서만 보자면 그들을 실패한 과학자들이라고 부르는 것에 이의를 제기할 수 있다.

금단의 조제는 신성하고도 정결한sacred and pure 종교적 작업이다. 그 일을 실행하기 위해서는, 장소의 전환뿐 아니라 근원적인 인식의 전환, 금단 실행자의 전 인격의 전환 및 종교적 정화 활동이 요구된다. 의례는 신성한 영역의 경이를 맞이하고 그 신성한 영역에 노출되는 위험을 이겨내기 위한 의도적 행동이다. 금단을 만드는 자는 '재계齋戒'와 '기도祈禱', 그리고 신적 존재에 대해 드리는 '제사'를 통해 몸과 마음의 준비를 해야 한다.

'재계'는 낡은 세계에 속한 몸과 마음을 정화하는 행위, 즉 정결 의식 purification rites이다. 재계의 과정은 구체적으로 몸을 씻는 목욕沐浴과, 마음을 씻어내기 위해 과거의 잘못을 반성하는 회개, 참회, 범속에 물든 의식 태도를 부정하고 물리치는 근신勤愼, 마음의 번뇌와 번잡함을 정리하는 심재 등의 일련의 의례 행위로 구성된다. '기도'와 '제사'는, 경우에 따라 다르지만, 금단 수행을 방해하는 부정不淨과 악귀를 물리치기 위해 산신령 혹은 신선들에게 수행자의 경건한 태도를 드러내고 그들의 가호를 요청하는 내용으로 구성되어 있다.

갈홍은 신령에 대한 제사의 우위를 강조하는 초기 도교의 의례적 행태와 민중 신앙적 신앙에 대해서는 거리를 두면서, 상당히 비판적인 입장을 견지하고 있다는 것을 우리는 여러 차례 강조한 바 있다. 특히 갈홍은 당시 샤먼적 민중 신앙을 적극적으로 수용하여 도교적 종교 활동을 영위하는 수많은 도파를 음사 내지 요도라는 이름으로 비판했으며, 신령에 대한 기도 제사를 통해 신선이 되는 것을 추구하는 제사적 방술도 비판해 마지않았다. 갈홍은 정신 수행과 신체 수행, 선약 복용, 그리고 최고의 수단으로서의 금단 대약의 복용 이외의 방법에 큰 중요성을 부여하지 않지만, 그렇다고 해서 갈홍이 모든 의례적 행위와 방술을 부정한 것은 결코 아니다. 오히려 갈홍은 다양한 의례와 방술을 적극 활용한다. 선도의 보조 방법, 도교적 실천의 일부분으로서의 의례, 제사, 기타 방술은 갈홍의 도교 실천을 위해서는 빼놓을 수 없는 중요한 구성 요소였던 것이다. 보조적 수단으로서의 의례적, 방술적 활동은『포박자 내편』도처에서 강조되고 있다. 갈홍의 도교, 나아가 도교 그 자체는 궁극적으로 방술(도술)의 종교였던 것이다.

3. '금단'의 이론 전제: 금단의 상징성

연단술 이론의 바탕에는 기의 이론 및 기화氣化 사상이 자리 잡고 있다. 갈홍은 사물의 상호 전환을 인정하는 기화 사상을 근거로, 연단의 이론을 정리하고 있다. 물론 그 이론은 현대적인 의미의 과학적 이론과는 거리가 있다.16) 기화 사상은 만물은 모두 기氣로 구성되어 있다는 기론적 전제를 가지고 있다. 갈홍은 기氣가 변화함에 따라 참새가 조개로 변한다든가, 죽은 것이 다시 살아난다든가 하는 등 생명에 변화가 발생할 수 있다고 믿었다. 그러한 변화야말로 생명이 존재하는 방식의 하나라고 보았던 것이다.

사물과 사물 사이에 상호 변화가 가능하다는 믿음은 잘못된 관찰에서 비롯된 착오였지만, 달리 보자면 그것은 생명이 서로 연결되어 있다고 보는 유기적 생명관의 당연한 결과이기도 했다. 그 관점에 따르면, 기의 변화에 의해 생명이 태어나고 죽을 수 있듯이, 기의 변화에 의해 생명 상호 간의 전환 역시 가능하다. 갈홍은 기화의 사상을 근거로, 당시의 야금술, 도자술陶瓷術, 염색술 등의 수공업 기술을 수용한다. 그런 기술에 대해 풍부한 지식을 가진 갈홍은 신선 변화의 가능성을 논변하는 자리에서 그러한 지식들을 활용한다.

외국에서는 수정완水精䴥을 만들 때에 다섯 종류의 회灰를 이용한다고 한다. 교주交州[현재의 월남 지역]나 광저우 지역에서는 이 방법을 이용하여 수정을 만드는 사람이 많다. 이 사실을 속인俗人들에게 말해주어도 그들은 쉽게 믿으려하지 않는다. 그러면서 수정水精[水晶]은 원래 천연의 자연 물질로 옥석의 한 종류라고 생각할 뿐이다. 더

---

16) 연단술에 담긴 주술적, 상징적 사유의 흔적 때문에 그것을 '유사 과학pseudo-science'이라고 부를 수도 있을지 모르지만, 그러한 명칭 또한 완전히 적절한 것은 아니다. 왜냐하면 연금술사들은 물질의 화학적 조작 그 자체를 목표로 삼지 않았다. 따라서 우리는 그들의 작업을 실패한 과학 내지 전 과학pre-science이라고 부를 수는 없다. 하지만 그들이 예상한 것은 전혀 아니었지만, 결과적으로 그들의 사유와 실천이 근대과학을 예비하는 요소들을 가지고 있었다고 하는 평가는 가능하다.

구나 세상에 자연적인 황금이 있는데 그것을 만들어낼 수 있다는 사실을 속인들이 믿으려 하겠는가? 어리석은 사람들은 황단黃丹 및 호분胡粉은 주석鉛의 변화에 의해 만들어진다는 사실을 알지 못하고, 또 노새가 말과 나귀 사이에서 태어난 변종인 것을 모른다. 그러고는 만물은 원래 정해진 종種이 있다고 생각한다. 그렇다면 그런 물질들보다 더 이해하기가 어려운 일에 대해서는 말할 필요도 없을 것이다. 소견이 좁을수록 의심이 많은 것이 세상의 일반적인 상황이다.[17]

금단의 가능성에 대한 갈홍의 논변은 그의 신선 존재의 논변과 동일한 맥락에서 성립하는 신앙적 논리에서 나온 것이었다(이 책 「제1부 4장 신선의 존재증명론」 참조). 갈홍은 물질에 조작을 가하여 그 본래적인 속성을 변화시키거나 성질을 바꿀 수 있다는 경험적 사실에 근거하여, 그러한 변화를 적극적으로 이용한 연단, 연금이 가능하다고 믿는다.

사물을 만들거나 창조하는 일〔陶冶造化〕에 있어서 인간보다 위대한〔靈〕 존재는 없다. 그 제조의 수준이 낮은 단계에서는 만물을 지배할 수 있으며, 그 수준이 깊은 단계에 도달했을 때에는 장생불사〔長生鳩視〕할 수 있다.[18]

갈홍 이전에도 연금술사들은 연단 혹은 연금술을 시도하였으며, 그러

---

17) "外國作水精椀, 實是合五種灰而作之. 今交廣多有得其法而鑄作之者. 今以此語俗人, 俗人殊不肯信. 乃云水精本自然之物, 玉石之類. 況於世間, 幸有自然之金, 俗人當何信其有可作之理哉? 愚人乃不信黃丹及胡粉, 是化鉛所作. 又不信驢及駏驉, 是驢馬所生. 云物各自有種. 況乎難知之事哉? 夫所見少, 則所怪多, 世之當也."(「論仙」)
18) "夫陶冶造化, 莫靈於人. 故達其淺者, 則能役用萬物, 得其心者, 則能長生九視."(「對俗」)

한 조작의 경험을 기록해두었다. 갈홍은 그러한 기록들의 요점을 정리하여 인공적으로 황금, 단약을 만들 수 있는 가능성을 논변한다. 갈홍은 "진인이 금을 만드는 이유는 그것을 복용하여 신선이 되고자 하기 때문이지, 재산을 축적하려는 것이 아니"[19]라는 점을 분명히 밝힌 다음에, 연금술적 조작을 거쳐 제조한 황금은 자연의 황금보다 더욱 순수하고, 장생불사를 가능케 하는 힘을 지니고 있다는 사실을 강조한다. 갈홍은 인공적으로 금을 만들 수 있고, 그 제작된 금으로 장생불사를 얻을 수 있다고 믿었다. 은도 도움이 되지만, 당연히 금만큼 효과가 있는 것은 아니다.[20] 이어서 갈홍은 여러 연단 문헌을 인용하면서, 금은 만들어진다는 사실, 그리고 만들어진 금을 복용하고 신선이 될 수 있다는 사실을 강조한다.

> 만들어진 금은 여러 약의 정화로서 자연의 금보다 우수하다. 『선경』에서는 단(丹)의 정화(丹精)에서 금이 생긴다고 말하고 있는데, 이것으로 단에서 금이 만들어진다는 것을 알 수 있다. 따라서 산속에서 단사(丹砂)를 발견했다면, 그 아래에 금이 있는 경우가 많다.[21]

> 『선경』에서 말한다. 수은(流珠)을 아홉 번(九轉) 제련(煉成)하는 방법은 아버지가 아들에게도 말해주지 않는다. 그것이 변화하여 황금, 은이 만들어지는 것은 자연의 원리에 따른 것이다. 또 말한다. 주사(朱砂)가 변해서 만들어진 금을 복용하여 신선이 되면 그를 상사(上士)라고

---

19) "眞人作金, 自欲餌服之致神仙, 不以致富也."(「黃白」)
20) "經曰, 金可作也, 世可度也, 銀亦可餌服, 但不及金耳."(「黃白」)
21) "化作之金, 乃是諸藥之精, 勝於自然者也. 仙經云, 丹精生金. 此是以丹作金之說也. 故山中有丹砂, 其下多有金."(「黃白」)

부른다. 지초를 먹고, 도인을 실행하고, 행기를 통해 장생을 달성한 자를 중사中士라고 부른다. 초목약을 복용하여 천년 이상을 사는 자를 하사下士라고 한다.22)

단사丹砂에서 금을 만들어낼 수 있고 하거河車(수은)에서 은을 만들 수 있다. 올바른 방법을 실행하기만 하면 곧바로 그것들을 얻을 수 가 있으며, 그것은 참된 금과 은이 된다. 만일 그대가 이러한 도술을 장악하게 되면(得道), 스스로 신선이 될 수 있다.23)

이렇게 인공적으로 만들어낸 금과 금단은 제련 과정의 반복 횟수가 많아질수록 더욱 그 힘이 강화된다. "금단은 오래 태우면 태울수록 그 신비로움을 더해간다."24)는 것이다. 갈홍은 제련을 반복하는 횟수가 많아질수록 약을 복용해야 하는 기간이 줄어든다고 말한다. 제련 횟수와 복용 일수는 반비례 관계에 있다는 것이다. 가장 강력한 금단약은 아홉 번 제련하여 얻은 것이다. 변화를 거듭할수록 효과가 증대한다는 것에는, 파괴되고 재생하는 과정이 거듭될수록 더욱더 강력한 생명력을 얻는다는 주술적 사유가 작용하고 있다.

한 번 변화시킨 단약(一轉之丹)은 3년을 복용하면 신선이 될 수 있다. 두 번 변화시킨 단약(二轉之丹)은 2년을 복용하면 신선이 될 수 있다. 세 번 변화시킨 단약은 1년을 복용하면 신선이 될 수 있고, 네 번 변

---

22) "故仙經曰, 流珠九轉, 父不語子, 化爲黃白, 自然相使. 又曰, 朱砂爲金, 服之升仙者上士也. 茹芝導引, 咽氣長生者, 中士也. 餐食草木, 千歲以還者下士也."(「黃白」)
23) "丹沙可爲金, 河車可作銀. 立則可成, 成則爲眞. 子得其道, 可以仙身."(「黃白」)
24) "夫金丹之爲物, 燒之愈久, 變化有妙."(「金丹」)

화시킨 단약은 반년을 복용하면 신선이 될 수 있고, 다섯 번 변화시
킨 단약은 100일을 복용하면 신선이 될 수 있고, 여섯 번 변화시킨 단
약은 40일을 복용하면 신선이 될 수 있고, 일곱 번 변화시킨 단약은
30일을 복용하면 신선이 될 수 있고, 여덟 번 변하시킨 단약은 10일,
아홉 번 변화시킨 단약은 3일을 복용하면 신선이 될 수 있다.25)

가장 효과가 높은 '아홉 번 변화시킨 단약〔九轉之丹〕'은 흙으로 만든
화로 속에 약재를 넣고 진흙으로 입구를 봉한 후 은은한 불을 피운
다. 처음에는 약한 불로 나중에는 불을 점점 강하게 하여〔先文後武〕,
첫 번째 변화에서 아홉 번째 변화에 이르기까지 연성을 계속하여 만
들어낸다. 그때에 변화〔轉〕의 횟수가 작을수록 그 약의 효력은 떨어
지며, 약을 복용해야 하는 일수가 많아진다. 따라서 그 약을 복용하
고 신선이 되는 데 소요되는 시간이 길어진다. 변화의 횟수가 많아
질수록 약의 효력은 왕성해진다. 그렇기 때문에 그것을 복용하는 일
수가 적어도 되며, 더욱 빠르게 신선이 될 수 있다.26)

금은 변화하지 않는 속성을 지닌 우주 자연의 정화essence라는 것이 동
서고금을 막론하고 연금술사를 지배한 사상이었다. 도사들 역시 그런 신
념을 공유하고 있었다. 갈홍이 말하고 있는 것처럼, "황금은 불 속에 넣어

---

25) "一轉之丹, 服之三年得仙. 二轉之丹, 服之二年得仙. 三轉之丹, 服之一年得仙. 四轉之
丹, 服之年半得仙. 五轉之丹, 服之百日得仙. 六轉之丹, 服之四十日得仙. 七轉之丹, 服
之三十日得仙. 八轉之丹, 服之十日得仙. 九轉之丹, 服之三日得仙."(「金丹」)
26) "九轉之丹者, 封塗之於土釜中, 糠火, 先文後武. 其一轉至九轉, 遲速各有日數多少, 以此
知之耳. 其轉數少, 其藥力不足, 故服之用日多, 得仙遲也. 其轉數多, 藥力盛, 故服之用
日少, 而得仙速也."(「金丹」)

서 백 번을 제련해도 닳아 없어지지 않고, 땅 속에 묻어두면 세상이 다 끝나도록 썩어 없어지지 않는"[27] 자연의 정화다. 따라서 "그 두 물질[황금과 단약]이 신체에 들어가면, 그것을 먹은 사람은 불로불사할 수 있다."[28] 자연의 정화를 섭취함으로써 그러한 정화의 속성을 닮아간다는 것이 금단 복용의 종교적 전제였다. 그런 전제는, 접촉을 통해 하나가 다른 하나를 닮아간다는 원리, 학자들이 감염 주술contagious magic이라고 부른 그런 주술적 사유의 전형적인 예이다. 이처럼 불사를 지향하는 도사들이 온 힘을 쏟았던 연단술은 종교-주술적 사유로 무장되어 있는 상징의 문제였다는 것을 알 수 있다.

그것은 외부 물질의 힘을 빌려 자기 몸을 견고하게 만드는 원리다. 말하자면, 불길에 기름을 공급하여 불이 꺼지지 않도록 하고, 청동을 다리에 발라서 청동의 힘을 빌려 물에 들어가도 피부가 썩지 않게 막는 것과 비슷하다. 금단金丹이 몸 안에 들어가면 몸을 외부의 나쁜 기운[邪氣]으로부터 보호하는 영위榮衛의 기능을 강화시킨다. 그것의 효과는 청동이 겉을 보호하는 것을 훨씬 능가한다.[29]

갈홍은 이와 같이 금(황금 및 금단)의 불후不朽의 성질을 믿고 있었기 때문에 기타의 약물, 특히 초목약의 효과를 금단(단약)의 효과에 미치지 못하는 것이라고 판단할 수밖에 없었던 것이다. 금단을 신선 방술의 최고봉이라고 보는 갈홍의 신선 사상은 금단(황금)의 성질에 대한 종교-

---

27) "黃金入火, 百鍊不消, 埋之, 畢天不朽."(「金丹」)
28) "服此二物, 鍊入身體, 故能令人不老不死."(「金丹」)
29) "此蓋假求於外物以自堅固, 有如脂之養火而不可滅, 銅靑塗脚, 入水不腐, 此是借銅之勁, 以扞其肉也. 金丹入身中, 沾洽榮衛, 非但銅靑之外傅矣."(「金丹」)

과학적religious-scientific 이해에 근거하고 있었다.

4. 금단 대약의 종류와 효능

이 절에서는 갈홍이 알려주는 금단 대약의 종류와 제조법에 대해 알아본다. 「금단」에서 갈홍은 자신이 전수받은 최고의 금단 대약을 몇 가지 소개하고, 그 제조법의 핵심을 기록한다. 「금단」 안에서만 갈홍은 이십여 종류의 단약과 제조법을 소개하고는 있지만, 그중에서 가장 중요한 금단 대약은 '구정신단九鼎神丹'과 '태청신단太淸神丹'이다.

'구정신단'의 제조법은 『황제구정신단경黃帝九鼎神丹經』을 통해서 갈홍에게 알려졌는데, 갈홍은 그 경을 근거로 구정신단의 제조법과 효능을 설명하고 있다. 먼저 갈홍은 고대 중국의 신화적 인물인 황제가 그 신단을 먹고 곧바로 신선이 되어 하늘로 올라갔다는 전설을 전하면서 논의를 시작한다. 도인 체조, 호흡 방술, 초목약의 복용은 겨우 생명을 연장시키는 효과가 있을 뿐, 죽음을 면하게 해주지는 않는다. 오직 '구정신단'을 복용한 사람만이 무궁한 생명을 누릴 수 있고, 하늘과 땅과 더불어 영원히 살 수 있고, 구름을 타고, 용을 부릴 수 있고, 마음대로 태청의 하늘을 오르내릴 수 있다고 주장한다.[30]

그러나 그 단법은 아무에게나 전해질 수 있는 것이 아니다. 그 방법을 전수받을 수 있는 자격을 갖춘 사람이 아니면[非其人], 산처럼 많은 보물을 가지고 와도 그 도를 알려주어서는 안 된다. 그리고 신선이 될 수 있

---

30) "抱朴者曰, 按黃帝九鼎神丹經曰, 黃帝服之, 遂以昇仙, 又雲, 雖呼吸導引, 及服草木之藥, 可得延年, 不免於死也. 服神丹令人壽無窮已, 與天地相畢, 乘雲駕龍, 上下太淸."(「金丹」)

는 자질이 없는 자[無神仙之骨]는 이 도를 전수받을 수 없다. 금단의 조제법을 전수받는 사람은 그것을 실시하기 전에, 의례를 치러야 한다. 모든 도교 방술의 전수에서 정결 의식은 필요하지만, 특히 두 종류의 신단을 만들기 위해서는 더욱 복잡한 의례가 요구된다. 금인과 금어를 제물로 바치면서 신에게 맹세를 해야 하고, 세속의 의심과 눈길을 피해 명산으로 들어가야 하고, 100일 동안의 재계가 필요하고, 동반자는 세 사람을 넘어서는 안 된다. 그런 어려운 과정을 거쳐 일단 금단이 만들어지면, 도사 개인뿐 아니라 그의 온 가족이 모두 신선이 될 수 있다. 그렇게 일단 금단이 만들어지면, 다시 제물을 바쳐 신들에게 감사해야 한다. 그렇게 만들어진 신단(구정신단)은 장생을 가능하게 하는 신성한 물건이다. 갈홍은 그것의 신성성을 강조한다. "그것은 일반인이 모두 보고 들을 수 있는 평범한 물건이 아니다. 수천 수억에 달하는 세속의 인간은 어리석게도 부귀를 탐내는 것 이외에는 아는 것이 없다. 그렇다면 그들은 걸어 다니는 시체와 다름없는 것이 아닌가?"[31] 구정 신단은 아홉 종류의 단약으로 구성되어 있고, 각 단약 마다 효능과 복용법이 다르다.

  그다음으로 갈홍은 '태청신단'에 대해 말해준다. '구정신단'이 황제에게서 기원한 것이라면, '태청신단'은 노자의 스승이라고 하는 원군元君에게서 나왔다. '태청단법'은 원래 『태청관천경太淸觀天經』(9권)에 실려 있었지만, 상편 3권, 중편 3권은 전해지 않았고, 오직 하편 3권, 즉 『태청신단경太淸神丹經』(3권)만이 전해졌다고 한다. 그러나 그 경전을 바른 자격을 가진 사람이 아닌 사람에게 전하면 전하는 자도 화를 입을 수 있다.

  범속한 인간은 좋은 음식, 화려한 옷을 입는 것에만 관심을 가지고, 마

---

31) "九丹者, 長生之要, 非凡人所當見聞也, 萬兆蠢蠢, 唯知貪富貴而已, 豈非行尸者乎."(「金丹」)

음 가는 대로 욕망을 추구하기 때문에, 그런 사람에게 신단에 대해 알려주어서는 안 되는 것이다. 어리석은 인간은 신단의 효과를 믿지 않고, 비난하고, 오직 죽음을 향하는 일에만 관심을 가질 뿐이다. 그런 사람에게 억지로 생명의 길을 알려줄 필요는 없는 것이 아닌가?

그렇게 신중하게 태청신단의 조제에 성공하면, 신단만 완성되는 것이 아니라 황금도 함께 만들어낼 수 있게 된다. 그 결과 만들어진 금은 먼저, 신들에게 제사지내는 데 사용해야 한다. 금을 만드는 목적은 신선이 되는 데 있는 것이지, 재물을 획득하는 데 있는 것이 아니다. 그렇게 만들어진 금을 불사의 목적이 아니라 개인적, 세속적 용도로 함부로 사용하면 오히려 재앙을 입을 수 있다. 태청신단은 제련의 정도에 따라, 역시 아홉 종류로 나눌 수 있다. 제련의 횟수가 늘어남에 따라, 단약은 그만큼 효과가 좋아진다.[32] 예를 들어 일전단(한 번 변화시킨 단약)은 3년을 복용하면 신선이 될 수 있고, 이전단은 2년을 복용하면 신선이 될 수 있다. 삼전단은 1년, 사전단은 반년, 오전단은 100일, 육전단은 40일, 칠전단은 30일, 팔전단은 10일, 구전단은 3일을 복용하면 신선이 될 수 있다. 제련을 거듭할 수로 그 효능을 눈에 띄게 좋아진다.

위에서 말한 두 단약 외에도, 갈홍은 이십 여 종의 단법을 소개한다. 나아가 갈홍은 단법 이외에도 금액 조제법에 대해서도 알려준다. 만들어진 금액은 그 자체 단약과 마찬가지로 신선약으로서 효과가 있다. "금액은 태을이 그것을 복용하고 신선이 되었다. 그 효과는 구단에 뒤지지 않는다."[33] 금액을 복용하고 신선이 될 수 있는 이유는, 몸 안에 들어간 금

---

32) "其轉數少, 其藥力不足, 故服之用日多, 得仙遲也. 其轉數多, 藥力盛, 故服之用日少, 而得仙速也."(「金丹」)
33) "金液太乙所服而仙者也, 不減九丹矣."(「金丹」)

이 몸을 금의 성질로 변화시키기 때문이다.34) 전형적인 감염 주술적 변화 사상이다.

금액이 완성된 다음에는 한 냥을 복용하면 신선이 되어 승천할 수 있지만, 양을 줄이거나, 복용을 늦추고 지상에 머무는 시간을 연장할 수도 있다. 반량만을 복용하면 장생불사할 수 있고, 온갖 독물의 해악을 피할 수 있다. 나중에 승천하기를 원하면 다시 재계한 다음, 한 냥을 복용하면 곧바로 하늘을 날아오를 수 있다고 한다.

갈홍이 말하는 것처럼, 금단이나 금액을 복용하고 신선이 된다는 것은 그야말로 환타지 소설이나 영화에서나 나올법한 황당한 이야기로 들린다. 갈홍 당시에도 그런 신선 이론을 믿지 않는 사람이 많았다. 따라서 그의 금단 이론을 '몽매한 시대의 무지의 소치'라고만 말할 수는 없다. 그것은 계몽의 정도 문제가 아니기 때문이다. 갈홍을 비판하는 사람들은 금단약이 결국 수은 화합물에 불과하며, 그것을 복용하면 수은 중독에 걸려 목숨을 잃을 뿐이라는 사실을 지적한다. 대표적인 비판으로는, 금단을 만들어 먹고 신선이 될 수 있다는 주장의 허망함을 공격한 후한 시대의 왕충, 당시 중국에서 큰 세력을 확장하기 시작했던 불교 측에서의 비판을 들 수 있다. 갈홍보다 시대가 조금 뒤지지만, 견란甄鸞은『소도론笑道論』을 지어 도교 금단 이론의 허망함을 비판한다. 그는 "단을 태우면 수은이 만들어진다. 수은을 태우면 다시 단이 만들어진다. 그래서 환단還丹이라고 부르는 것이다."35)라고 말하면서, 금단이 결국 수은 화합물에 불과하다고 지적한다. 갈홍 역시 그런 비판에 대해 잘 알고 있었다. 그러나 갈홍은 역시 종교가의 입장에서, 그런 비판을 세상사에만 관심을 가

---

34) "金液入口, 則其身皆金色."(「金丹」)
35) "燒丹成水銀, 燒水銀成丹, 故曰還丹."(『廣弘明集』卷9)

지는 속인의 저열함 내지 신앙 없는 자의 폄훼에 불과하다고 치부하지 않겠는가? 그렇다면 우리는 갈홍의 신선 불사의 신앙과 그의 금단 이론을 어떻게 평가해야 하는가?

5. 갈홍의 불사 탐구는 헛된 것인가?

지금까지 우리는, 갈홍의 생각을 중심으로, 연단, 즉 도교 연금술의 이론과 종교적 입장, 나아가 단의 종류에 대해 간단하게 살펴보았다. 중국 연단술(연금술)과 도교 사상 사이에 존재하는 친연성affinity을 이해하는 것은 고대 과학의 종교적 기원, 근대 이전의 단계에서 종교와 과학의 불가분적 연관성을 이해하는 중요한 길잡이가 될 수 있을 것이다.

물론 중국에서의 과학과 종교, 특히 과학과 도교의 연관성에 대해서는 더욱 포괄적이고 체계적인 서술이 반드시 필요하다. 예를 들어 도교와 과학의 연관성은 여기서 말한 연단 연금술 등의 화학적 영역에 그치지 않는다. 약물에 관한 갈홍의 사상, 양생 및 의술 관련의 도교 방술론은 약학 내지 의학적 지식을 다루고 있다. 도교에서 중시하는 생명 및 우주 만물의 근원적 질료인 기에 관한 갈홍의 이론은 원자론 및 물질에 관한 과학적 이해 나아가 의학적 인체론과 연관될 수 있다.

기의 수련을 집중적으로 논하는 양생론은 생리학을 비롯한 인체의 과학, 넓은 의미의 의학과 연관되며, 우주 자연에 관한 도교의 이론적 관점은 현대의 천문 기상학적 지식과도 연결되는 지식 을 포함하고 있다. 이처럼 인간과 자연에 관한 도교의 사색과 연구는 현대적 의미의 과학적 지식으로 연결되는 중요한 지적 자원을 제공하고 있는 것이다.

하지만 앞에서도 말한 것처럼, 우리는 갈홍이 알려주는 신선 방술의

'과학적' 가치를 논하는 것에 관심이 없다. 그런 점에서 말하자면 갈홍의 생각은 실패한 과학, 아니 이제는 더 이상 관심을 가질 필요가 없는 낡은 사유의 표현일 뿐이다. 우리는 갈홍의 사유를 인격 완성을 향한 열정과 신앙이라는 관점에서 바라보아야 한다고 믿는다.

 죽음이라는 인간 최대의 난제를 앞두고 그 죽음을 극복하기 위한 종교적 열정이 갈홍을 움직인 동기였다. 그런 동기에서 출발한 갈홍은, 어떻게 살아야 하는가, 도와 하나가 된다는 것은 무슨 의미인가, 그리고 그런 도를 자기화하기 위해서는 어떤 삶의 태도를 유지해야 하는가, 자연을 어떻게 바라보아야 하고, 자연과 관계 맺는 올바른 방식은 무엇인가 등에 대해 진지한 질문을 던지고, 거기에 대해 나름대로의 답을 제시한다. 불사라는 목표를 일단 논외로 한다고 해도, 그가 제시하는 방술들은 우리가 추구해야 할 아름다운 삶을 만들어가는 데 있어 결코 무의미한 지침들이 아니다. 오히려 그것들은 오늘날 우리가 잃어버린 것을 회복하는 데 가장 필요한, 현대적 윤리의 핵심이라고 할 수 있을 정도다.

 외적 욕망에 휘둘리지 않고 내적 평정을 유지하기 위해 노력하라. 나의 생명을 아끼는 만큼이나 다른 생명에 대해서도 관심과 애정을 가져라. 자연을 파괴하지 말라. 너무 많이 먹지 말라. 욕망을 적절하게 조절하고 절제하는 것을 배우라. 정신의 안정을 취하기 위해 신체를 적당하게 움직이고, 깊은 호흡을 하고, 명상하면서 자기의 내면세계를 살피는 훈련을 하라. 신체적 건강과 정신적 건강은 함께 가는 것이니 그 둘 모두에 관심을 가져라. 과도하게 바쁜 일상에서 한 걸음 물러나 내적 세계에도 관심을 기울여라.

 이처럼 도교 수련 이론에 근거한 갈홍의 충고는 오늘을 사는 우리에게 너무도 절실한 제안이고, 의미 있는 권고로 가득하다.

 터무니없는 것으로 보이는 불사약, 혹은 금단 대약이라는 것 역시 사실은 오늘날의 우리에게 있어서도 중요한 탐색의 대상이 될 수 있다. 어차피 죽을 수밖에 없는 인간이지만, 그 죽을 수밖에 없다는 사실에 절망하지 않고, 도와 하나가 되는 목표를 버리지 않아야 하기 때문이다. 불사를 가능하게 만드는 금단 대약을 얻는다는 것은 자기에게 주어진 생명을 멋지게 완성하는 것을 의미하는 것이 아닌가? 그렇다면 도교적 의미의 불사는 죽지 않기 위해 발버둥치는 것이 아니라 바른 삶을 살아낸 결과 얻는 기쁨이고 자기의 존재 의미에 대한 깨달음이다. 그것은 삶을 잘 살아낸 사람에게만 주어지는 행운이다. 그것은 생물학적 의미의 죽지 않음이 아니라 정신적 의미의 죽지 않음이다. 금단 수련에서 요구되는 모든 기본적 과정을 완수한 사람은 세상을 '성공적'으로 살아낸 사람이고, 그에게 죽음은 삶과 다르지 않다.

과거에도 숱한 사람들이 그 불사를 문자 그대로 받아들이고, 수은 화합물을 불사약이라고 믿고 그것을 복용하여 목숨을 잃거나, 어리석은 화학 실험으로 생명과 재산을 탕진했다. 그리고 현대 과학은 불사약을 약속하면서 여전히 어리석은 자들을 현혹한다. 돈만 있으면 무엇이든 가능하다고 믿는 그들은 돈으로 영원한 생명을 구하려 한다. 그들에게 불가능은 없는 것처럼 보인다. 그러나 과연 그럴까? 갈홍이 경고했던 것처럼 '불사'는 '절대로' 돈과 권세로 살 수 있는 것은 아니다. 기껏 몇 년 아니 몇 십 년 생명을 연장해본들, 그들을 기다리는 것은 더 깊은 실망과 더 처절한 죽음뿐이다. 여기서 우리는 갈홍의 경고, 갈홍의 권유를 깊이 귀담아 들어야 한다. 우리가 새겨들어야 할 것은 그의 의도이고, 그의 말에 담긴 심오한 상징이다. 상징을 이해하기 위해서는, 언제나 자기의 모든 인격을 거는 해석의 노력이 필요하다.

결론을 말하자면, 갈홍의 종교적 시도의 가치를 과학적 성공 여부에 의해 평가할 수는 없다. 다양한 도교 방술을 종합하여 죽음을 극복하는 근본 과제에 응답하고자 했던 갈홍의 열정이 성공했는지 아닌지에 대해 함부로 말할 수는 없다. 그가 말하는 '불사'라는 것이 '어떤 성질'을 가진 것인지 손쉽게 말할 수 없기 때문이다. 모든 종교의 궁극적 지향점인 구원이라든지 진리, 혹은 영원한 생명에 대해 우리는 같은 말을 할 수 있다. '십자가에 달리신 예수를 본받아라.'라고 하는 종교적 권고를 진짜 십자가형을 받는 것으로 오해하는 사람은 없지 않은가? 그러나 '무거운 짐 진 자들아 다 내게로 오라.'라는 예수의 말에서 깊은 감동을 느끼지 않을 사람이 있는가?

현실에서 매일 경험하는 기성 종교의 뻔뻔스러움과 억지와 무지에 실망하지만, 그럼에도 불구하고 우리는 그 말의 진정성을 의심하지 않는다. 허망한 욕망의 노예가 되어 도와 하나가 되는 가능성을 포기하고 일상에 묻혀버린 삶을 살아가는 우리들이지만, 자연의 품으로 돌아가는 득도와 불사의 소망을 헛소리라고만 말할 수 없다. 득도의 수행 혹은 불사의 탐구란, 결국 종교적 언어를 어떻게 자기화하는가, 자기의 삶의 목표를 어디에 두고, 어떻게 살아가야 하는가, 나는 누구인가를 묻는 철저한 자기 탐색을 통해서만 해답을 얻을 수 있는 진실한 삶으로의 초대이다.

책을 마치며

1

이 책의 주제는 넓은 의미에서 '도교', 좁게는 중요한 도교 사상가의 한 사람인 포박자 '갈홍'의 사상이다. 나는 오랜 시간 도교 세계에 관심을 기울여왔다. 그렇다고 딱히 '도교'에 대해 깊은 이해를 가졌다고 자부할 만큼의 수준에는 아직 도달하지 못했다. 이 책의 서장에서도 고백했던 것처럼, '도교'가 무엇인지 여전히 잘 잡히지 않는다. 어느 친구에게 그 사실을 말한 적이 있다. 그는 이렇게 반문했다. 예술이 무엇인 줄 알고 예술하는 사람이 있느냐? 인생이 무엇인지 알고 사는 사람이 있느냐고? 듣고 보니 그렇다. 그의 격려가 고맙다. 그럼에도 미진하다. 여전히 내가 하는 일이 무언가 부족하다는 느낌이 들어 마지않는다. 학문은 무엇인가 명확하지 않은 것을 해명하는 행위 아닌가? 그 친구의 격려에도 불구하고, 내가 오랫동안 공부해온 것을 잘 모르고 있다는 사실이 부끄럽다. 학문은 무지와 부끄러움을 고백하는 행위인가? 그럴지도 모르겠다. 모르니까 알아야 하고, 알기 위해 공부해야 한다. 그것은 나의 개인적인 특수한 욕구가 아니라 인간의 근원적 욕망이다.

  도교에 관심을 가지면서, 여러 책과 여러 선생으로부터 많은 가르침을 받았다. 도교에 관심을 가졌던 초기에는 일본 학자들이 쓴 논문과 책에서 많은 것을 배웠다. 요시오카, 후쿠이, 쿠보, 아카츠카, 후쿠나가, 미우라 등등 기라성 같은 대가들의 글을 주마간산 격으로나마 읽었다. 그다음에는 여기서 이름을 다 거론하기도 힘든 수많은 중국학자, 예를 들어 쉬띠산, 칭시타이, 위엔커, 런지위, 꺼자오꽝, 왕카의 논문과 책을 통해 도교와 중국 문화에 대해 내가 도저히 다 기억할 수 없고, 완전히 다 소화할 수도 없는 엄청난 정보를 얻었다. 그러나 내가 본격적으로 도교 연구에 관심을 가질 수 있도록 이끌어준 분은 역시 쉬페르Kristofer Schipper 선생님이었다. 그리고 짧은 시간이나마 교류했던 스트리크만Michel Strickmann 교수는 그의 존재를 바라보는 것만으로도 공부하고 싶다는 의욕이 불타게 만드는 특이한 천재성을 가진 학자였다.

  나는 젊은 시절의 중요한 시기를 파리에서 보낸 적이 있다. 그때 우연히 쉬페르 선생님을 만났고, 그의 학생으로 도교 연구에 입문했다. 그분의 강의를 통해, 더 나아가 그분이 지도하는 소그룹의 세미나, 그리고 개인적인 면담을 통해 도교 세계의 깊이에 매료되었다.

  무지한 젊은이가 스스로 잘나서 어떤 학문에 관심을 가지는 경우는 거의 없을 것이다. 내 경우도 그랬다. 대학에 입학한 이래, 나는 기라성 같은 훌륭한 선생님들을 만났고 눈이 번쩍 뜨이는 경험을 여러 차례 했다. 그럴 때마다, 공부하고 싶다는 욕구가 샘처럼 솟아올랐다. 게으름과 무지함으로 인해 어떤 주제를 끝까지 탐색하지 못하고 중도에 그치기도 했지만, 공부 그 자체의 재미와 가치를 잊어버린 적은 없다. 그후 일본에서, 그리고 다시 그후에는 파리에서, 나중에는 중국에서, 훌륭한 학자들을 만나고, 그분들의 인격과 지식에 감화되어 공부를 포기할 수 없었던 것이다.

지금 생각하면 공부라기보다는 방황의 연속이었다고 말하는 것이 옳다. 하지만 공부의 세계에서 그리 멀어질 수는 없었다. 공부 이외에 할 줄 아는 일이 없어서기도 하지만⋯⋯ 그렇게 방황하느라 먼 길을 돌아오면서도, 나는 항상 공부에 대한 강박증을 버리지 못했던 것 같다. 누구나처럼 활력 넘치는 젊은이였던 나는 제법 진지하게 공부했던 것 같다. 그러나 항상 아쉬워했던 것은 그 선생님들의 가르침을 온전히 이해할 수 있는 '기본기'를 갖추지 못했다는 사실이었다. 언어적으로, 철학적으로, 문헌학적으로 소양이 부족했던 나는 한편으로 귀동냥하면서, 나 홀로 학습으로 부족한 부분을 메우면서 자존심을 지키기 위해 발버둥 쳤던 기억이 선하다.

파리에서 공부하던 시절 함께 공부했던 두 친구를 잊을 수 없다. 소련 아카데미에서 수학으로 박사를 하고 다시 중국 수학사를 연구하기 위해 파리에 와 있던 젊은 학자 알렉세이 볼코프 박사와 미국 대학의 박사 과정 학생으로 쉬페르 교수 밑에서 박사 논문을 준비하던 로웰 스카, 그리고 나, 세 사람은 거의 매일, 아침부터 밤까지, 도서관의 한 세미나실에서 쉬페르 교수와의 그룹 세미나 준비에 매진했다. 특히 로웰과의 교유交遊를 통해 미국 중국학의 수준을 짐작할 수 있었고, 그와 함께 공부하면서 커다란 자극과 도움을 받고 많은 것을 배웠다. 쉬페르 교수와 함께한 소그룹 세미나 주제는 "송대 강남의 도교 운동". 우리는 쉬페르 교수가 부과한 과제를 함께 공부하여 발표하는 방식으로 세미나를 진행했다. 우리가 준비한 것이 만족스러울 때 쉬페르 선생은 특유의 카리스마 있는 표정으로 콧수염을 매만지면서 칭찬을 해주었다. 그러다가 준비가 불충분하다고 여겨지면 냉혹한 악마처럼 날카롭게 꾸짖기도 했고, 우리가 공부한 것에 불만을 느끼거나 또 다른 이유로 기분이 나쁠 때는 오늘은 그

만하자면서 단호하게 세미나를 중단시키기도 했다. 그런 날은 우리는 최악의 기분이 되어, 공부를 접고, 퐁피두센터나 센 강변으로 산책을 나가 실컷 수다를 떨거나 걸쭉한 흑맥주를 마시면서 우울함을 달랬다.

보통은 수요 세미나가 끝나는 저녁에 중국학 도서관 앞의 모퉁이 카페에서 커피나 맥주를 마시면서, 그날의 세미나를 반추했다. 때로는 의기양양하게, 또 때로는 의기소침하여, 쉬페르 교수가 우리를 싫어한다, 우리가 너무 열심히 공부하는 것을 질투한다, 오늘 이런 부분에 대해 선생님의 지적이 잘못됐다, 아니 그것은 좋은 지적이었다, 역시 대가답다 등등 선생님을 비난하기도 하고, 또 감사하기도 하면서, 다음날을 기약했다. 그렇게 숱한 날들을 도교 문헌에 파묻혀 지내던 그 시절이 눈에 아른거린다.

2

도교 공부를 처음 시작할 때, 쉬페르 교수는 도교 연구를 한다면 구체적인 논문 주제와 상관없이 적어도 세 가지 영역에 대해 깊은 이해를 가질 것을 요구했다. 하나가 『노자』와 『장자』를 반복해서 읽고 역대의 주석서와 연구 성과를 점검하는 것이다. 더 나아가 그 문헌들은 철학적인 관점에서만이 아니라 세계 종교사의 넓은 지평 안에서 이해해야 한다는 사실을 강조했다. 둘이 『포박자 내편』을 반복해서 자세히 읽는 것이다. 쉬페르 교수 본인은 그 당시 이미 『포박자 내편』의 일자 색인과 많은 연구 논문을 발표하고 있었다. 그 연구와 색인을 참고하면서, 포박자의 내용을 숙지하는 것이 중요하다는 것을 거듭 강조한 것이다. 그 바탕 위에서 비로소 도교 사상의 전개와 도교 의례의 발전 상황을 거시적으로 이해할 수 있기 때문이다. 셋이 《무상비요》와 《운급칠첨》, 《수진십서》, 《상청영보대법》, 《도법회원》 등 도교의 유서類書, 총서류 문헌을 자주 들추어 보면서, 그 문헌들의 성격과 체계, 내용을 전체적으로 이해하는 것이다.

먼저, 세 번째 과제에 속하는 문헌들은 이름 자체만으로 신비감과 무게를 느끼기에 충분하지만, 내용적으로 한 사람이 일거에 다 읽기도 힘들고 그것을 마스터하는 것은 거의 불가능에 가까운 과업이다. 또 그 문서들 하나하나는 부피나 내용이 방대하여 들고 다니기도 쉽지 않다. 따라서 나는 그 여러 문헌의 세부 목차와 중간 중간에 딸려 있는 서문과 발문 등을 따로 복사하여 가지고 다니면서, 자주 읽고 메모하면서 전반적인 내용과 성격을 숙지하려고 노력했다. 그리고《운급칠첨》에 대해서는 쉬페르 교수 본인이 조력자들의 도움을 받아 만든 어휘 색인이 이미 출판되어 있었기 때문에, 그 색인을 적극 이용할 수 있었다. 도서관에는 중국 관련 원전 자료와 동서양의 현대적 연구서, 그리고 각국의 학술지가 거의 완벽에 가까우리만큼 잘 갖추어져 있었다. 그런 자료들을 참조하면서, 우리는 함께 공부와 세미나 준비를 해나갔다.

사실 세 번째 영역은 내가 공부하던 주제와도 직접 관련이 깊었을 뿐 아니라, 그들 총서(유서) 하나하나는 도교의 축약이라고 할 수 있을 정도로 중요한 문서들이라서 나는 특히 주의를 기울여 그 문서들을 공부했다. 지금 생각하면 쉬페르 교수가 나에게 권했던 것은 그 전체 내용을 훑어보고 의미를 파악하는 정도였을 것이라고 생각되지만, 그 당시 순진했던 나는 그 책을 다 이해하지 않으면 도교 연구를 할 수 없다는 것으로 착각했고, 몇 년 동안 그 책들을 공부하느라 진을 뺐던 기억이 새롭다.

쉬페르 교수가 요구한 첫 번째 과제인『노자』와『장자』공부는 도교(도가)를 공부하는 사람에게는 당연한 것이라서 별로 새로울 것도 없고, 그다지 어려울 것도 없는 것이라고 말할 수 있다. 문제는 그것을 종교사적인 맥락에서 이해하라는 주문을 어떻게 받아들이고, 그 주문에 따라 어떻게 공부하는가 하는 것이다. 그럼에도 불구하고 그것은 크게 어려운 과제는 아니다. 하지만 엄청나게 쌓인 선행 연구를 충분히 이해하고 새로운 길을 찾아가는 것은 역시 쉽지 않다. 그후에도 나는 시간 날 때마다, 또 기회가 될 때마다, 『노자』와 『장자』를 읽고 생각하고, 또 새로운 연구 성과를 이해하기 위해 노력하고 있다. 최근에 읽은 것으로, 베이징대학의 왕뽀王博 교수의 『장자철학莊子哲學』과 같은 베이징대학 이링李零 교수가 쓴 노자론, 『낮은 곳에 처하라人往低處走』가 인상에 남는다.

포박자의 도교 사상을 다룬 이 책은 쉬페르 교수가 요구했던 두 번째 영역, 즉 『포박자 내편』 공부에 대한 미숙한 결과물이다. 쉬페르 교수가 『포박자 내편』을 잘 읽고 이해할 것을 요구했던 것은 지금 돌이켜 보면 가장 정확한 공부 방향을 제시해준 것이라고 생각된다. 그후 나는 거의 항상 『포박자 내편』을 곁에 두고 살았다고 해도 과언이 아니다. 여기 발표하는 이 책은 내용적으로 본다면 내가 파리에 머물던 시절에 대충 형식을 갖추었다. 그후 영국에서, 그리고 그다음에는 중국에서, 내용을 보충했고 다시 손을 보았다. 그러나 그다음에 아무런 진척이 없이 원고는 거의 기억에서 멀어져 먼지 속에서 잠자고 있었다. 그후 여러 가지 일로 도교 공부에 관심을 갖지 못하고 많은 시간이 흘렀다. 그러던 중, 작년 연말 미국 대통령 선거 즈음에, 우연히 시카고에 가서 한 달간 공부할 수 있는 기회를 얻었다. 거의 완벽한 중국학 관련 문헌을 보유한 것으로 유명한 시카고대학의 레겐슈타인 도서관에서 공부할 수 있는 기회를 얻은 것에 감사하며, 나는 부족한 자료들을 보완하면서 잠자고 있던 이 책의 원고를 최종적으로 정리하고 수정하기로 결심했다. 그런 우여곡절 끝에 오래전 쉬페르 교수께서 내주신 과제의 일부를 얼렁뚱땅 마무리하여 제출할 수 있게 되었다. 저세상에 계시는 그분이 이 책에 어떤 점수를 주실까? 이제 인생의 후반에 접어들어 훌쩍 늙어버린 제자의 게으름을 나무라실까? 아니면, 오랜 시간 숙제를 제출해야 한다는 부담을 안고 살아온 제자의 어리숙함에 미소를 보내실까? 숙제를 마무리하면서 나는 여전히 선생님에 대해 미안함과 자괴감을 느낀다. 깨달음은 항상 한발 늦게 찾아온다고 하지 않았던가? 다음을 기약할 수는 없지만, 언젠가, 첫 번째 영역의 과제와 세 번째 영역의 과제의 일부도 마무리하여 선생님께서 내주신 숙제를 제출하고 싶다.

3

모든 종교는 초기에 설정된 종교적 지향과 경험을 반복하고 부연하면서 발전한다. 그런 점에서 모든 종교는 처음으로 되돌아가려고 하는 강한 회귀적 지향을 가진다. 그렇다고 해서 새로운 창조나 새로운 발전이 없다거나, 새로운 것이 무의미하다는 말은 아니다. 그러나 역사상 발생한 새로운 발전과 변화를 이해하기 위해서라도, 우리는 항상 초기의 종교적 경험과 지향으로 되돌아가 그 종교의 성격을 이해하는 것이 반드시 필요하다. 기독교를 연구하는 연구자라면 누구든 『신약성서』와 초기 교부들의 종교적 지향을 이해해야 할 것이고, 불교 연구자라면 붓다의 말씀을 중심으로 초기 불교사의 경험을 공부하는 것이 요구되는 것과 같은 이치다. 그렇다면 도교를 이해하기 위해서는 어떤 문헌을 공부해야 하는가? 도교의 종교적 지향과 사상의 원형을 담고 있는 문서가 무엇인가?

하지만 도교의 경우 그 물음에 답하는 것은 쉽지 않다. 왜냐하면 도교는, 기독교나 불교와 달리, 뛰어난 종교적 창조자나 개창자의 가르침이라는 것이 존재하지 않기 때문이다. 도교는 수천 년 동안의 종교적 경험이 겹겹이 쌓이고 변용되고, 거기에 새로운 내적·외적인 종교 경험과 종교적 사유가 부가되면서 변질되고 발전해온 종교이기 때문이다. 사실 그렇지 않은 종교가 없지만, 특히 기독교나 불교의 경우, 개창자의 창조적 사유가 미래의 방향을 결정하는 데 중요한 역할을 한다. 물론 그 경우에도 개창자가 등장하기 이전에 오랜 시간 동안 켜켜이 쌓여 있던 원초적 종교 경험의 배경을 무시할 수 없다. 그러나 도교는 아예 창교創敎 이전과 창교 이후를 구분할 수 있는 명확한 표지 자체가 존재하지 않는다. 언제 도교가 시작되었는지를 말하는 것이 쉽지 않다. 아니, 창교의 시점을 묻고 답하는 것 자체가 어리석은 것이 될 수 있다. 도교의 단일한 기원, 단일한 연원을 찾아내는 것은 불가능하다. 따라서 기독교의 『성경』이나 『신약성서』와 같은 비교적 '단원적'인 근거 문서라는 것 자체가 아예 존재하지 않는다고 말하는 것이 더 사실에 가깝다. 그런 모호함으로 인해 도교는 악명 높은, 아니 거의 불가능한 연구 영역으로 남아 있다. 그렇다고 아예 아무것도 없는 것은 아니다. 그래서 도교 공부는 시작이 쉽지 않고, 과정이 어렵고, 끝내기도 쉽지 않다고 말하는 것이리라. 도교 연구자는 항상, 내가 하는 것이 무엇인가, 내가 바른 것을 하고 있는가, 하는 의문으로 인해 발걸음을 내딛기가 두렵다.

당연히 도교 연구를 시작하는 초학자는 『노자』와 『장자』, 그리고 그 두 문헌의 중요 주석서를 중요한 사상적 근거로 보고 공부를 시작할 수 있을 것이다. 쉬페르 교수가 노장 및 노장 주석서를 중시했던 것도 그런 맥락에서였다. 그러나 잊지 말아야 할 것은, 『노자』와 『장자』가 중요하지만, 그것을 통해 종교로서의 도교의 총체를 이해할 수 있을 것이라고 기대해서는 안 된다는 사실이다. 노장의 틀을 통해 바라본 도교는 도교 전체의 극히 일부분에 불과하다. 『노자』와 『장자』는, 그 안에 담긴 사유의 위대함, 창의성에도 불구하고, 도교라는 하늘을 바라보는 대롱에 불과하다. 노장을 읽고 도교를 알았다고 주장하는 사람이 있다면, 그는 우물 안에 앉아서 하늘을 바라보는 것과 같은 어리석음을 범하게 된다. 더 나아가 『태평경』과 『포박자 내편』 역시 도교 공부를 시작하는 사람이 반드시 짚고 넘어가야 할 문헌이다. 그런데 『태평경』은 너무 방대하고, 손에 잡히는 체계를 갖고 있지 않을 뿐 아니라 문헌의 시기나 성격이 모호한 부분이 적지 않다. 그리고 후대의 도교사 전개를 고려한다면, 송대 초기에 편찬된《운급칠첨》에 담긴 여러 문헌의 중요성은 부정할 수 없다. 특히 상청파 도교를 도교의 중요한 한 전통이라고 본다면,《운급칠첨》은 『진고』를 비롯한 상청파 문서들과 더불어 절대적으로 중요하다. 한편 도교가 단순한 지식인의 사상, 철학, 사유의 전통이 아니라 민중적 삶의 여러 국면에 큰 관심을 기울이는 의례 전통이라는 사실을 고려한다면, 초기 도교 의례 문헌을 연구할 필요가 있다. 또한 현재 살아 있는 도교에서부터 거꾸로 도교에 접근해 들어간다면, 송대 이후의 도교 개혁의 결과 만들어진 새로운 도교 의례를 보여주는《도법회원》,《상청영보대법》등의 의례서를 공부하는 것이 필요하다. 물론 교단적 도교 체계를 더욱 중시하는 사람이라면, 각 종파의 중요 문헌을 연구하는 것도 가능하다. 내단이나 수련 전통을 중시하는 사람이라면,《수진십서》를 비롯하여 내단서, 방술서를 선택하여 그것을 출발점 삼아서 공부할 수도 있을 것이다. 도교와 중국 과학의 연관 관계를 탐구하려는 사람은 『주역참동계』를 비롯한 연금술 문서와 자연학적 지식 영역에 관심을 가지고 접근할 수도 있을 것이다. 하지만 그들은 하나같이 방대하고, 손에 잡히는 명확한 체계가 없다. 앞에서 언급한 문헌들은 하나하나가 평생 공부해야 할 주제이고, 또 그만큼 중요한 것들이지만, 도교에 대한 그림을 전반적으로 나아가 '집약적으로' 그려내고자 한다면 그 문서들을 읽는 것이 반드시 효과적이라고는 할 수 없다.

단 한 권, 사상과 의례의 복합체로서 도교의 종교적 특징을 파악할 수 있게 도와주는 책을 꼽으라고 한다면, 어떤 책을 꼽아야 할까? 모든 도교 서적이 다 불타 없어져도, 도교의 총체에 근접하는 문헌을 단 하나만 꼽으라고 한다면? 고민스런 질문이다. 오랜 숙고가 필요하겠지만 『포박자 내편』을 꼽아야 하는 것이 아닌가? 나는 쉬페르 교수가 『포박자』를 잘 읽고 이해해야 한다고 권했을 때, 그렇게 이해했다.

그 이후, 나는 여러 차례 『포박자 내편』을 들추어 보았다. 그렇다고 해서 『포박자』를 통해 도교에 대한 명확한 그림을 그릴 수 있었던 것은 아니다. 사실 『포박자』를 그 이전과 그 이후의 연결고리로서 파악하는 것은 쉬운 일이 아니라고 생각한다. 내 나름대로 그 문서의 성격을 '전반적'으로 이해했다고 자신할 수도 없다. 그러나 얼마간 시간이 흐르면서 그 책의 성격을 알 것 같다는 생각이 든 적이 있기는 하다. 그렇게 시간이 흐르고, 나는 그 사이 도교를 본격적으로 연구할 수 있는 시간적, 정신적 여유를 갖지 못했다. 선진 사상과 유학, 그리고 근대 사상에 더 많은 관심을 가지게 되었고, 도교 연구는 뒷전으로 밀려난 것이 사실이다. 그럼에도 도교가 중국, 더 나아가 동아시아인의 정신사의 중심, 동아시아 사상과 종교 세계를 이해하는 길목이자, 종착점이라는 생각을 버릴 수가 없었다.

선진 시대 이전의 모든 사상, 모든 종교적 실천은 도교라는 지중해 속으로 흘러들어간다. 불교가 유입되면서 중국 사상의 지형은 크게 변화하지만, 그 변화에 발맞추어 도교 역시 자기 변용을 겪고 독자적인 세계관을 발전시키면서, 중국인의 근원적 종교 경험으로서의 지위를 상실하지 않았다. 오히려 당대에서 송명 시대를 거치면서 도교는 더욱 깊이를 더해가고, 민중 종교 전통과 융합하면서 민중적 삶은 물론 지식인들의 생활세계 안으로 파고들었다. 도교는 분명 토속적이고 근원적인 무-샤면적 종교 실천에서 환골탈태하여 발전해 나온 것이다. 도교가 사상 및 종교적 신앙과 실천으로서 나름의 적당한 체계를 갖추어나가면서, 나중에는 다시 자신의 뿌리인 무-샤면적 종교가 발전하는 데 큰 영향을 끼친다. 종교사의 발전이란 그런 것이다. 한 종교의 영향을 받고 성장한 것이

나중에 다시 자기에게 영향을 준 종교에게 영향을 주면서 보답한다고나 해야 할까? 나중에 된 것이 더 크게 된다는 이치라고나 할까? 하여튼 도교는 동아시아의 보편 신앙, 동아시아 사람의 보편 사상-종교-신앙 복합체라고 규정할 수 있는 거대한 체계로 성장했다.

그 결과 우리는 도교를 논외로 하고서 동아시아의 민중적 신앙과 종교를 말할 수 없다. 더구나 도교를 무시하고서는 지식인의 사유 체계인 주자학의 성격과 발전에 대해 말할 수 없다. 도교를 무시하고 중국 불교를 충분하게 해명할 수도 없게 되었다. 중국 불교는 인도 불교와 '분명히' 크게 다르다. 중국과 인도, 그 둘을 갈라놓는 분기점이 다름 아닌 도교인 것이다. 『노자』와 『장자』를 논외로 하고 선불교를 이해할 수 없고, 도교의 방술을 무시하고 중국 의학을 말할 수 없다. 도교를 논외로 하면서 중국의 전통 과학에 대해 말할 수 없고, 도교를 무시하고서는 소위 동아시아의 기층 신앙인 무속 혹은 샤머니즘(만일 그것을 샤머니즘이라고 부를 수 있다면)을 이해할 수 없다. 나는 도교가 빠진 동아시아 샤머니즘 논의는 모래밭에 지어진 허구라고 믿는다.

겨우 20권으로 구성된 『포박자 내편』으로 도교 세계 전체를 포괄한다는 것은 무리다. 『포박자 내편』은 도교를 전부 담기에 턱없이 작은 책이다. 도교의 역사 전체, 그 도교적 종교 사상과 신앙의 한 부분을 집성한 것으로 알려진 《도장》의 방대함에 비해서 보아도(《도장》 문헌 자체가 도교 전체를 포괄할 수 없다는 것이 정설이다), 『포박자 내편』은 위진 시대를 살았던 도교 이론가 갈홍 '개인의' 정신세계를 표현한 개인 저작에 불과하다. 나는 갈홍을 도교의 대표자라고 말하지 않는다. 도교를 대표하는 한 권의 책, 한 사람의 사상가를 꼬집어 거론하는 것 자체가 어불성설이지만, 그럼에도 불구하고 『포박자』를 통해 우리는 도교라고 하는 복잡하고 혼돈스러운 종교의 중요한 한 단면에 다가갈 수 있다고 생각한다.

그냥 한 단면이 아니라 신앙적, 사상적 핵심에 다가갈 수 있다. 더 적극적으로 말하자면『포박자 내편』을 통해 우리는 동아시아인의 정신세계의 총체로 다가가는 통로를 발견할 수 있다. 그 작은 책 안에서 우리는 동양 사상의 거의 모든 주제를 다 만날 수 있기 때문이다. 그 점에서『포박자 내편』은 도교의 다이제스트일 뿐 아니라 중국 정신사의 개론서, 중국 종교와 중국 사상의 입문서라고도 볼 수 있다.

근대 이전의 종교란, 현대에서와 달리 문화의 한 섹터가 아니라 문화 그 자체이고, 삶의 총체를 다 담는다. 그 점에서 근대 이전의 종교와 근대 이후의 종교는 다르다. 근대 이전의 종교는 삶의 전체로서의 세계관이요, 인간관이요, 우주론이며, 정치론이었다. 인간과 우주의 의미, 삶의 가치와 의의를 탐구하는 포괄적 관심 속에서, 갈홍은 근대 이전 동아시아 지식인의 공통 관심사들, 공분모적 철학 주제들을 다룬다. 기의 문제, 도와 이와 기의 관련에 관한 문제, 도와 세계 창조의 문제, 영혼과 정신의 문제, 육체와 정신의 연관성 문제, 수양과 수행의 문제, 바른 삶의 방식과 건강한 삶의 탐구, 과학적 자연 탐구, 자연 속에서의 인간의 위치에 대한 사유, 인간의 완성에 대한 진지한 탐색, 그 모든 것이 고스란히 도교 사상가 갈홍 개인의 평생의 철학적 주제였고, 세계관이자 철학이자 종교로서의 도교의 주제였다. 그가 온 힘을 기울여 탐구하고 알려주고자 했던 신선됨의 길은 결국 '바른 삶'에 대한 한 뛰어난 도교 사상가의 해답이었다.

4

학문하는 사람은 논문과 책으로 자신의 '학문적' 삶을 표현한다. 논문과 책에는 글쓴이의 생각과 삶의 역사가 담겨 있다. 책이 그 사람 그 자체는 아니지만, 많은 경우, 책은 글쓴이의 삶의 태도와 지적 성숙도를 드러낸다. 미숙한 글은 그의 삶과 생각이 아직 여물지 못했다는 것을 보여주며, 성숙한 생각과 삶의 태도는 성숙한 글과 생각으로 드러날 것이다. 혀끝에서 맴돌던 숱한 말들은 글이라는 형태를 만나지 못하고, 순간순간 떠오르는 잡다한 생각은 글로 구체화되지 못하고 그냥 사라진다. 그렇게 사라진 말들을 내 생각이라고 믿는 치기어린 시절이 엊그제 같다. 이제는 나이도 어지간히 먹어서, 내가 힘들여 쓴 것만이 나의 생각이고, 또한 그 생각은 내 삶에서 구체화될 때 비로소 생명력을 가질 수 있음을 이제는 안다.

글을 한 편 쓰기 위해서는 많은 글을 읽어야 한다. 그냥 읽는 것이 아니라 읽은 것을 반추하고 내 생각과 비교하고 내 삶 안에서 소화하여, 마침내 내 안에서 녹아서 나의 글로 표현되어야 한다. 때로 남의 생각, 소화되지 않는 어설픈 정보와 치기 어린 감상이 미처 소화되기를 기다리지 못하고, 귓가를 떠도는 소음처럼, 소화불량에 걸려 헛배 부른 아이의 볼록한 배처럼, 우스꽝스런 모양을 하고 분주하게 내달리기도 한다. 그러나 누군가 고요히 앉아 그 글을 읽는 이가 있다면, 그이는 내가 쓴 글들이 미처 소화되지 않은 미숙한 정보의 잡동사니일 뿐인 것을 알아채지 않을까? 나는 항상 그런 두려움으로 글쓰기를 주저하고 미루고 회피해 왔다. 그리고 아직도 여전히 그 두려움을 이기지 못하고 있다. 그러면서도, 써야 하는 의무와 쓰고자 하는 욕구에 밀려, 몇 편의 논문을 써왔고 몇 권의 책을 발표했다. 그러나 여전히 두렵고, 어설프고, 어색하다.

논문과 책으로 자신을 표현하고 자기를 규정해야 한다는 업보로 인해, 적어도 내가 스스로 학문하는 사람임을 포기하기 전까지는 아무리 부족하고 또 미숙해도 무엇인가를 내놓아야 할 것이다. 그림을 그리지 않는 화가가 화가일 수 없고, 연주하지 않는 이가 음악가일 수 없듯이, 책을 쓰지 않는 자는 학자일 수 없기 때문이다. 나에게 학문은 공부하고 생각한 것을 나의 목소리로 전달하는 행위다. 그 이상도 그 이하도 아니다. 무언가 세상에 구체적으로 도움이 되는 것을 쓸 수 있다면 그것보다 더 기쁜 일이 없겠지만, 그렇지 못해도 어쩔 수 없다. 세상이 무엇을 원하는지 세상이 바라는 책이 무엇인지 알지도 못하고, 세상에 도움이 되는 지식이 무엇이라고 소리 높여 외칠 자신도 능력도 없다. 사실 그것을 알 수 있는 방법도 없다. 또 안다고 해도, 내가 이해하지 못하는 것이라면, 내가 해낼 수 없는 일이라면, 내 몫이 아니다. 억지로 공부하고 억지로 떠밀어댄다고 해서 좋은 결과가 나올 턱이 없다. 형식적으로 나쁘지 않다고 하더라도 내 삶 속에서 영글지 않는다면, 그것 또한 나에게는 의미 없는 헛된 일일 뿐이다.

　내가 좋아하는 책을 읽고 내가 할 수 있는 공부를 하고 내가 알고 이해한 것을 쓸 뿐, 다른 도리가 없다. 이해하지 못하는 것을 아는척하고 쓴다고 해도 예리한 눈을 가진 누군가는 그것이 사기이고, 거짓임을 간파한다. 굳이 남을 가르칠 필요도 없고, 내가 아는 것을 자랑할 필요도 없다. 그러나 완벽한 글을 쓸 수 없다고 해서, 대놓고 엉터리 거짓을 막무가내로 내놓을 수는 없다. 번역서이든 저서이든 책을 낼 때면 언제나 그렇지만, 이런저런 생각이 꼬리를 물고 지나간다. 언제나 만족할 수 있는 책을 써낼 수 있을까, 죽을 때까지 그런 책 하나를 쓰고 죽을 수 있을까? 쉬페르 교수는 입버릇처럼 백 년 가는 책을 써야 한다, 백 년 생명력을 가진 책을 쓰기 위해 공부해야 한다고 강조했다. 백 년 가는 책은 천 년도 갈 것이고, 그 이상 가치를 지닐 수도 있을 것이다. 그러나 나는 그런 욕심을 간직할 만큼 순수하지 않다. 그렇다고 영악하게 재주 부리는 인간이 되기를 바라지는 않는다. 포박자抱朴子 갈홍처럼, 단순함을 껴안고 단순함을 즐기면서, 책과 더불어 자연과 더불어 고요하게 살고 싶다.

　이번에도 책을 맡아주신 이학사에 감사한다. 매번 수고를 끼쳐 죄송하다. 어설픈 책을 출간할 수 있도록 지원해주신 한국간행물윤리위원회에도 감사드린다.

2009년 11월 5일

이용주

부록 1
연금술과 연단술:
불가능한 것을 꿈꾸는 '어둠'의 상상력

1. 연금술, 존재의 신비를 밝히는 철학

연금술錬金術alchemy은 고귀한 금속(황금)을 만드는 기술이다. 중국에서는 백은 혹은 황금을 만든다는 의미에서 황백술黃白術이라고도 했다. 불사를 가능케 하는 약물인 단丹 혹은 금단金丹을 만든다는 의미에서 연단술煉丹術, 혹은 금단술金丹術이라는 명칭이 사용되기도 했다. 연금술사들은 인공적으로 만든 황금이나 금단이 영원한 생명을 주는 힘을 가지고 있다고 믿었다. 그런 믿음은 동서양을 막론하고 널리 퍼져 있었다. 화학적 조작을 거쳐 만든 황금으로 부를 획득할 수도 있고, 생명의 영약인 엘릭시어elixir를 복용함으로써 영원한 삶을 획득할 수 있다고 믿었다. 황금을 만드는 기술을 연금술이라고 한다면, 금단 혹은 엘릭시어를 만드는 기술은 연단술이라고 불러야 할 것이다. 황금이나 금단을 만드는 사람들은 언제나 사람들의 의심과 시기, 질투를 받았다. 우리가 연금술을 몽매한 시대의 미신 혹은 미치광이들의 환상이라고 치부하는 것처럼, 과거에

도 연금술은 그런 비난을 받아왔다. 그럼에도 불구하고 시대의 최고 지성들이 온 정신을 쏟아 부으며 그 기술을 연마하기 위해 생명을 걸었다. 그 기술은 언제나 엇갈린 평가를 받았다. 연금술은 어느 시대에나 열렬한 찬성자와 반대자를 동시에 몰고 다니는 특수한 '기술'이었다. 현대적 의미의 '과학'과는 전혀 다른 의미를 가진 그 기술은, 단순한 과학이 아니었다. 그들이 추구한 지식은 과학적으로 해명할 수 없는 특수한 지식이었다. 그것은 오히려 종교적 기법이며, 근대인이 인정하지 못하는 특별한 진리를 탐구하는 '철학'이었다.

연금술은 자연을 능가하는 기술techne을 습득하는 철학적, 종교적 실험이었다. 대낮의 정신을 가진 사람들은 그것이 미치광이의 일이라고 비난했다. 그것은 어둠 속에서 비밀스럽게 수행될 수밖에 없는 '어둠 속의 작업Oeuvre au noire/Opus(Work) in the darkness'이었다. 연금술사들은 신(자연)이 우리에게 선물하지 않는 영원한 생명을 획득하는 것을 목표로 삼았다. 그러나 누구나 예상할 수 있는 것처럼, 그 일은 손쉬운 일이 아니다. 그 작업이 성공하기 위해서는 신적인 은총과 인간의 힘을 넘어서는 특수한 힘의 개입이 필요하다. 신의 비밀을 넘보는 그 기술은 언제나 이단적이다. 자연의 비밀을 훔치려는 그 작업은 인간적 오만의 극치를 보여준다. 그 작업이야말로 심오한 종교적 신앙을 요청한다. 두 얼굴을 가진 연금술은 오해와 박해의 눈총을 피해 어둠 속으로 파고든다.

"모호한 것은 더 모호한 것으로." 『노자』 제1장에 나오는 '현지우현玄之又玄'을 이보다 더 잘 설명하는 말이 있을까? 신비이기에 그것을 해소시키거나 풀어낼 것이 아니라, 더욱 깊은 신비로 그것에 다가가야 한다. 동서 연금술의 어둠과 모호함, 그리고 신비를 가장 잘 드러내는 말이다. 연금술은 불가능한 것을 꿈꾼다. 그러나 그 꿈은 천년왕국을 향한 꿈, 아니 모든 인간의 위대한 꿈과 마찬가지로, 인간을 위대하게 만든다. 신과 같이 되고자 하는 꿈, 자연에서 가장 고귀한 물질인 금을 만들고자 하는 꿈, 영원한 생명을 주는 영약(大藥)을 만들겠다는 꿈, 그 꿈은 상상력에 불을 지피고 인간의 문화를 살찌운다. 완전을 꿈꾸는 그 꿈은 인간을 위기로 몰아넣는 광기이기도 하다.

2. 불가능을 꿈꾸는 상상력

동서고금을 막론하고 황금은 특별하고 고귀한 금속으로 여겨졌다. 녹슬지 않고 찬란한 빛을 잃지 않는 금은 영원한 것의 상징, 절대적인 것의 상징이었다. 만물에 생명을 부여하는 태양의 상징으로, 태양의 권능을 지상에서 구현하는 파라오의 상징으로, 하늘의 권위를 대변하는 제왕의 상징으로, 우리의 시대에는 돈 그 자체로, 황금은 문화의 중심에 존재해 왔다. 나아가 황금은 인간적인 차원을 넘어서는 자연의 신비 그 자체의 상징이기도 했다.

언제부터인가 인간은 광물을 제련하여 금속을 얻는 기술을 획득한다. 길거리에 마구 널려 있는 비천한 광물을 제련하여 가장 고귀한 빛을 내는 위대한 물질인 황금과 은, 혹은 가장 단단한 금속인 쇠를 얻는 기술을 얻은 인간은 문명의 존재로 거듭난다. 그 기술을 습득한 인간은 자연에 굴복하는 자가 아니라, 자연계의 지배자로 우뚝 솟아오르기 시작한다. 그 기술을 장악한 사람들이 대장장이였다.

금속 제련의 기술은 신비한 기술이었다. 그 기술은 처음부터 비밀스런 지식이었기에 자격을 가진 사람에게만 전수되었다. 그 기술은 종교적 지식이었고, 비의적秘義的 지식이었다. 연금술은 대장장이의 기술에서 발전되어 나온다. 연금술의 핵심은 존재의 변용을 가능케 하는 불의 조작,

그 불에 의한 물질 조작에 있었다. 그 기술을 습득한 인간은 스스로의 힘에 도취되기 쉽다. 존재의 변용을 가능하게 하는 '우리'는 신(자연)과 대등한 창조자의 반열에 드는 것이 아닌가! 자연적 생명의 상징인 황금이나 영원한 생명을 보장하는 영약을 만들 수 있다!

이렇게 인간은 위대한, 그러나 과도한 꿈을 꾸기 시작한다. 대장장이들의 기술은 단순한 실용적 금속을 만드는 일에서 신(자연)이 되는 기술, 창조에 맞먹는 물질 창조의 작업으로 나아간다. 불의 조작에 기반을 둔 그 작업은 오늘날 말하는 화학적 조작을 포함한다. 그러나 그것은 현대적 의미의 '과학'의 한 분과로서의 화학이 '아니다'. 그것은 누구나 사용할 수 있는 고정된 매뉴얼에 따라 실행할 수 있는 일이 아니다. 언제 어디서든 누가 하든 동일한 결과를 가져다주는 공개된 일도 아니다. 그것은 '어둠 속에서' 실행되어야 하는 비밀스런 일이었다. 세상은 그들이 자연의 비밀, 신의 비밀을 습득하는 것을 쉽게 허락하지 않았다.

나중에 밝혀진 것이지만 그들은 불가능한 일을 꿈꾸었다. 그렇다고 해서 그들의 꿈 자체가 미친 짓거리이거나, 아무런 가치도 없는 것은 아니다. 그들의 꿈이, 어둠 속에서 행해진 그들의 작업이, 나중에 과학으로 나아가는 길을 열어주었기에, 과학의 전사에 해당되는 것이기에, 그나마 가치 있는 것으로 평가되어야 하는 것은 아니다. 그들은 과학의 선구자가 되기를 소망하지 않았다. 그들은 결과적으로 불가능한 것으로 밝혀진 그 꿈을 실천하면서, 자연의 비밀을 거머쥔 신과 같은 존재, 영원한 생명을 얻은 존재가 되기를 소망했다. 그들은 실패한 과학자가 아니라 자연과 신의 비밀에 동참하는 종교가였으며, 자연과 하나됨을 꿈꾸었던 '심리학자'들이었다. 그들이 굳이 미래의 '과학'을 위해 존재했다고 평가해야 한다면, 그들은 화학의 선구자가 아니라 심층심리학의 방법을 미리 실천한, 심리학의 선구자라고 불러야 할 것이다. 그러나 더 정확히 말하자면 그들은 종교가였고, 철학자였다. 근대적 의미의 철학이 성립하기 이전의 철학, 이성의 실천을 통해 자연의 비밀을 밝히고자 했던 근본적인 의미의 철학자들이었다.

3. 불의 상징과 비의의 실천

연금술은 불가능한 것을 꿈꾼다. 금을 만드는 꿈, 불사의 영약을 만드는 꿈은 신과 같이 되고자 하는 꿈이며 자연의 비밀을 해독하려는 꿈이다. 천기누설天機漏泄이라는 말이 있다. 자연의 비밀을 훔친다는 말이다. 금을 만들기 위해서는 물질 창조의 비밀을 훔쳐야 한다. 그것은 일반적인 지식으로는 불가능한 일이지만, 종교적 상상의 차원에서는 불가능하지 않다. 연금술은 물리적, 화학적으로 불가능한 것을 상상력의 차원에서 실천한다. 상상력의 차원이라고 해서, 그것을 골방 안에서의 명상과 동일시하는 하는 것은 오산이다. 연금술사들은, 그들의 원조인 대장장이가 그랬던 것처럼, 화로火爐 앞에서 타오르는 불을 응시한다. 그 불에 의해 녹아서 형태가 사라지고, 새로운 형태로 거듭나는 물질의 변용을 응시한다. 죽고 살기를 반복하는 물질의 변용 과정, 무한한 시간을 필요로 하는 우주적 자연의 숙성 과정이 화로 안에서는 단시간에 압축적으로 실행된다.

화로는 작은 우주였다. 그 우주 안에서 물질은 변용되고 재창조된다. 불은 물질을 파괴하고 변용시키고 다시 태어나게 만든다. 그 불은 태양과 동일시되고, 그 불을 응시하는 연금술사는 자신을 그 태양 혹은 조물주와 동일시한다. 화로는 대자연의 시간과 공간의 축소판이다. 인간의 몸이 그런 것처럼, 화로 역시 '축소된 우주le monde en petit/the world in a miniature'였던 것이다.

　반짝이며 부드럽고 위험하고도 성스러운 그 금속을 얻는 기술은 자연의 비밀을 이해하는 자에게만 주어지는 행운이다. 그 성스러운 기술을 얻은 인간은 자연의 비밀을 이해한 자이고, 그 자연의 비밀을 얻은 자는, 마치 조물주가 그런 것처럼, 존재의 외적 모습과 내적인 질을 변화시킬 수 있다. 연금술은 존재물의 '근본적 변용'을 가능케 하는 일이다. 비금속을 정련시켜 귀금속으로 만드는 작업, 불순물이 많은 철광석을 정련시켜 순수한 철을 만드는 작업, 모든 '근본적 변화'를 추구하는 작업이 연금술이다. 연금술은 처음부터 단순히 기술적인 작업이 아니라 상징적이며 종교적인 실천과 결부되어 있었다. 그것은 '범속한' 인간을 단련시켜 '성스러운' 인간으로 변화시키는 것을 목표로 삼고 있었다.

　연금술사는 화로 속에서 발생하는 물질의 변용 과정을 투시하며, 그 물질 변용을 통해 자기 존재의 변용을 체험한다. 그 체험은 물리적 체험이 아니라 정신적 체험이고, 상상력의 작동에 의한 자기 변용transformation of the self의 체험이다. 그 경우 물질의 변용은 인격 변용의 상징이 된다. 결국 연금술에서의 물질의 변용은, 창조의 비밀에 참여하는 자의 정신적-종교적 변용이며, 자기 인격의 총체적 변용의 상징이었다. 불의 조작에 의한 정신의 변용을 추구한다는 점에서 연금술사는 대장장이의 실용적 목적을 뛰어넘어, 정신적·종교적 모험으로 나아간다. 그러나 그 모험은 누구도 성공을 보장하기 어려운 차원에서 이루어진다.

　누구도 성공을 보장할 수 없다는 것은 그것이 누구에게나 전수할 수 있는 기술이 아니라는 의미이다. 연금술은 정해진 매뉴얼을 반복하는 기계적인 작업이 아니다. 개인의 인격 전체를 투사해야 하는 지극히 주체적이고 경험적인 그 작업은 신비적 몽환을 수반한다. 다른 누구도 그 일을 대신해줄 수 없다. 연금술을 실천하기 위해서는 지력 혹은 경제력이라는 일반적 능력 이외의 특별한 정신적 자질이 필요했다. 신비를 수용하고 그 신비를 감내하고 그 신비를 실천할 수 있는 능력이 요구되었다. 연금술은 특별한 자격을 가진 특정한 부류의 사람들에게만 열려 있다는 의미에서 비의mystery였으며, 그런 지식을 탐구하는 학문을 우리는 비의학秘儀學 esoterism이라고 부른다. 연금술은 일상적 인식이나 이성적 인식의 차원을 넘어서 있다는 의미에서 신비였으며, 공개되지 않고 닫혀 있다는 의미에서 비의秘儀였다. 물질의 전환을 꿈꾸는 연금술사들은 그들이 추구하는 지식이 세상의 일반적인 지식과 다르다는 사실을 처음부터 알고 있었다.

그들은 그들의 작업이 밝은 세상과 단절된 영역에서 비밀스럽고 신비롭게 실천되어야 하는 '어둠 속의 작업'이라는 사실을 알고 있었다. 중국 연금술의 대가 갈홍은 연금술의 실천에 적합하지 않는 '속물〔非其人〕'에게 그 기법을 전수하는 자는 하늘의 벌〔天罰〕을 받는다고 경고한다. 그 작업은 마음이 작은 인간, 조급한 인간, 세속적 성공을 뒤쫓는 속물에게 알려져서는 안 된다. 그들은 죽었다 깨어나기 전에는 그 신비에 마음을 열 수 없다. 더구나 그들이 자기가 이해할 수 없는 것에 겸허하게 머리를 숙일 리 없다. '어두운 것은 더 어두운 것으로'라는 연금술의 명제, 소털만큼이나 많은 사람이 그것을 시도하지만 결실을 맺는 사람은 소뿔보다 적다는 갈홍의 말은 연금술의 신비와 고난을 웅변한다.

4. 역행의 사유, 물질과 정신의 변용

신비에 이르는 길은 고난의 길이다. 신비이기에 상징으로밖에 말할 수 없는 그 작업은 외형적으로만 보면 의외로 단순하다. 그러나 그 단순함은 깊이를 알 수 없는 심오함의 다른 모습이다. 그러나 척박한 상상력과 천박한 머리를 가진 자에게 그 심오한 단순함은 언제나 오해를 불러일으킨다. 원리를 아는 사람은 간단히 큰일을 해낸다. 그러나 '누구나' 그렇게 할 수 있는 것이 아니다. 연금술은 그 단순함이 지극히 심오한 신비의 다른 모습이라는 역설을 이해하는 자에게만 문을 연다. 연금술사들은 물질 변용과 인간존재 변용의 신비에 이르는 고난의 길을 간단하게 몇 단계로 정리해서 알려준다. 서양과 중국의 연금술에서 그 과정은 주로 네 단계로 이야기되어왔다. 그러나 그 네 단계가 번잡하다고 여기는 사람은 하나 혹은 둘을 생략하기도 한다. 단계를 밟아가는 것 자체가 목표가 아니기 때문이다. 연금술의 신비성을 강조하는 사람에게 단계론 자체가 너무 번잡하게 생각될 수 있다. 그러나 그것은 나름대로의 편리함과 효용성을 가지고 있다. 넷은 지나친 단순함과 지나친 복잡함을, 넷은 총체적 하나로부터 구체적인 존재물의 탄생 과정을 알려주는 숫자이다.

그러나 단계론의 숫자에 너무 집착해서는 안 된다. 그것은 어디까지나 상징일 뿐이다. 복잡한 세계, 미지의 세계를 이해할 수 있고, 통제할 수 있는 것으로 보여주기 위한 상징일 뿐이다. 넷은 복잡함과 단순함을 중화시키는 의미가 있다. 연금술사들은 구체적 세계의 존재 과정을 이해하는 것이 곧 창조의 비밀을 이해하는 것이라고 믿었다. 창조의 비밀을 이해한 자는 영원한 물질인 황금을 만들 수 있다. 창조 과정이 넷으로 되어 있기 때문에, 그 창조를 모방하는 연금술 역시 네 단계로 구성된다는 것이다. 연금술의 네 단계는 그런 의미의 넷이다. 만일 창조를 일곱 단계로 본다면, 연금술 역시 일곱 단계를 갖는다고 말할 수 있다. 실제로 창조가 수만 단계라고 한다면 그 과정도 수만 단계일 것이다. 그러나 그래서는 이론이 성립할 수 없다. 몇 단계인가는 사실 궁극적으로 중요한 것이 아니다. 가장 단순하지만 가장 심오한 연금술의 일면을 여기서 볼 수 있다. 너무 복잡해도 안 되고 너무 단순해도 안 된다. 신비에 이르는 길은 항상 이렇게 이중적이다.

가장 완전한 것은 아무것도 없는 무無다. 존재하는 것은 무엇이든 불완전하다. 연금술사들이 황금을 추구한 이유는, 그것이 불완전한 세계에서 절대적 완전함을 상징하는 물질이기 때문이다. 아무것도 태어나지 않고 아무것도 파괴되지 않는 상태, 비존재의 완전함의 상태를 지칭하기 위해, 우리는 무無 혹은 허虛라는 말을 사용한다. 무 혹은 허는 존재하는 모든 것, 눈에 보이는 한정적 존재 세계로부터의 초월(넘어섬)을 지시하기 위해 동원된 상징이다. 미분화된 우주로서의 혼돈, 세상이 창조되기 이전의 텅 빔, 이 우주가 발생하기 이전의 카오스가 그것이다.

무가 유로 전개된 다음, 태초의 완전함을 표현하는 숫자가 하나(一)이다. 하나는 존재하는 우주 그 자체의 상징이다. 그것은 존재도 아니고 비존재도 아닌 어떤 접점이다. 그러나 아직 구체적인 존재물은 드러나지 않는다. 연금술의 상징에서 그것은 둥근 원으로 표현된다. 자기 꼬리를 물고 있는 우루보로스 뱀은 둥근 것, 완전한 것, 하나인 우주를 상징한다.

중국에서도 마찬가지다. 그 하나는 태일이거나 태극으로 표현된다. 때로 그것은 남녀의 성이 나누어지지 않은 자웅동체의 인간androgyne으로, 동서남북이 분화되기 이전의 혼돈으로 이야기되기도 한다. 그것은 모든 존재의 근원이라는 의미에서 태초太初이며, 도道이며 태일太一이다. 그 미분화된 우주에서 하늘과 땅이 열린다. 그것은 둘(二, 兩)이라고 표현된다. 그것은 크게는 하늘과 땅이며, 작게는 태양과 달, 더 작게는 여자와 남자이다. 하늘과 땅은 음陰과 양陽, 건乾과 곤坤이라는 대립의 원리로 표현된다. 서양에서 역시 그 대립의 원리는 창공과 대지, 태양과 달, 왕과 왕비, 오라비와 오누이 등의 대립의 계열적 상징으로 표현된다. 연금술에서 무수하게 등장하는 대립의 계열적 상징은 세계의 대립적 현실을 말하는 것이면서 동시에 그 대립을 극복하는 통합을 지향한다.

하늘과 땅의 둘은 이어서 더 구체적인 시간과 공간인 사계절, 동서남북으로 발전한다. 사계절, 동서남북의 시공간이 만들어진 다음 그 공간을 채우며 시간의 흐름 속에서 살고 죽는 생명들이 탄생한다. 하늘인 양陽과 땅인 음陰, 음양陰陽이 분화되어 사시四時로, 사방四方으로, 사상四象으로 전개된다는 『주역』의 사유는 우주의 전개 과정을 미학적으로 표현한 것과 마찬가지다. 사방, 사시로의 분화는 사실 위에서 본 대립물의 미세한 분화 과정을 더욱 자세하게 말하고 있는 것이다. 둘에서 넷으로의 전개는 하나에서 둘로의 전개를 부연한 것이다. 음과 양이 분화되어 양양陽陽, 양음陽陰, 음양陰陽, 음음陰陰으로 전개된다. 그래서 넷, 사상四象이다. 레비스트로스Lévi-Strauss가 신화적 사유의 핵심이라고 본 이원적 대립의 사유가 우주의 생성 분화를 설명하는 『주역』의 세계 창조의 도식 안에서 작동하고 있는 것이다. 하나는 둘로, 둘은 넷으로 넷은 여덟으로, 여덟은 열여섯으로, 열여섯은 서른둘로, 서른둘은 예순넷으로, 예순넷은 백스물여덟로, 그렇게 우주는 분화되어간다. 그 분화 과정을 계속해보면 무한에 이른다. 그 무한한 존재자를 만물이라고 표현한다.

그 만물을 다시 넷으로 둘로 하나로 모아가는 것이 '철학적' 사유가 아닐까? 그 철학적 사유 안에서 우리는 연금술적 상상력이 꿈틀거리는 것을 발견한다. 구체를 존중하는 사람에게 모든 추상은 환원이며, 참을 수 없는 인식적 폭력이다. 절대 틀린 말은 아니지만, 사실은 틀린 말이다. 모든 것에 대해 '완전한' 앎을 획득하는 것은 불가능하다. 그런 절대적이고 완전한 앎은 존재하지도 않고 존재할 수도 없다. 그 방법은 앎 아닌 앎[非知]의 방법일지언정, 앎[知]의 방법은 아니다. 철학은 다양한 구체를 통합하는 추상, 다양성을 가로지르는 하나[一者]의 사유이다. 그 하나의 사유가 때로 폭력적 지식이 되는 것을 경계해야 하지만, 그 하나의 사유를 부정하고서 앎은 불가능하다.

연금술은 다양성의 세계를 넘어서서, 궁극적이고 전일적인 세계를 지향하는 사유이다. 구체적으로 분화된 무수한 다양성의 세계를 넘어 창조의 궁극적 근원인 하나의 세계에 도달하고자 하는 실험이다. 그 연금술의 과정은 간단히 말하면 우주의 창조 과정을 역행하는 원리를 발견하여 근원적인 하나에 이르는 길을 모색한다. 하나에서 둘이 둘에서 넷이 그리고 그 넷에서 만물이 전개되어 나오는 것이 창조의 과정이라면, 그 과정을 거슬러 올라가서 궁극적인 하나의 세계에 도달하는 것이 가능하지 않겠는가?

중국적 형이상학을 표현하는 도식으로 유명한 '태극도설太極圖說'은 우주 창조의 과정을 도식화한 것이며, 동시에 그 창조 과정을 역행하는 연금술적 상상력을 표현한 것이기도 하다. (서양에서도 비슷한 생각은 있었지만, 태극도설 같은 명확한 도식으로 우주 창조를 설명하는 것은 없다. 카발라에서 발전한 세피로트의 나무는 유사한 창조의 과정을 도식화한 것이다.) 우리는 그런 연금술의 사유를 '역행의 사유'라고 말할 수 있다. 그 역행의 사유는 우주 창조를 '일-이-사-만물'이라는 네 단계로 크게 나누어본다. 그렇다면 그 역행 과정 역시 '만물-사-이-일'이라는 네 단계로 설명될 수 있을 것이다. 연금술 과정의 네 단계는 그런 사유의 결과물이다.

5. 연금술의 네 단계

서양 연금술에서는 그 역행의 과정, 황금 제조의 과정을 색깔 이미지로 표현한다. 먼저 일상적인 물질(인간)이 파괴되는 처음 단계는 검정색 이미지(=니그레도nigredo)로 표현된다. 검정 단계는 사실은 대단히 복잡한 여러 작은 과정으로 구성된다. 다른 단계들 역시 마찬가지다. 검정은 연금술적 어둠을 표현하는 색이며, 부패와 죽음을 상징한다. 그것은 연금술 작업의 기초 단계로서 가장 고통스럽고 가장 긴 시간이 필요한 과정이기도 하다. 첫발을 내딛는 것의 어려움이다. 그다음 단계는 죽은 다음 다시 태어난, 낮은 차원의 재생을 거친 인간이 다시 더 높은 차원을 향해 나아가는 하얀색 단계(=알베도albedo)이다. 죽음을 통해 낡고 저속하고 조잡한 속성을 벗어던진 물질(인간)은 순수한 백색의 차원으로 나아간다. 그 단계는 금속으로 말하자면 은의 단계이다. 백색은 순수함, 어린이, 새로움, 정결함을 상징하는 색깔 이미지가 아닌가. 그러나 그 순수함에 머무르는 것만으로 충분하지 않다. 성숙함을 향한 훈련과 고난을 거치지 않은 순수함은 나약하다. 연금술의 색깔 이미지는 그런 성숙화의 과정, 승화의 과정을 보여준다. 그다음에 나아가는 단계가 노란색 단계, 즉 시트리니타스citrinitas이다. 백색은 궁극적으로는 붉은 색을 향해 나아간다. 노랑 역시 순수함을 상징하는 색이지만, 어린이의 순수가 아니라 초보적 욕망과 고뇌를 가진 성숙한 청년의 순수 이미지이다. 그러나 그 열정과 고뇌는 세상의 더러움에 물든 결과가 아니라 더 완전한 인간이 되고자 하는 순수한 욕망이고 열정이며, 그로 인한 좌절과 고뇌이다.

 그다음으로 나아가야 하는 단계가 빨강이다. 빨강은 모든 것을 불사르는 그러나 스스로는 불살라지지 않는 뜨거운 열정, 창조의 근원, 생명의 근원으로서 태양의 상징이다. 노랑이 달의 단계라면 빨강은 태양의 단계이다. 그 단계는 완성의 단계, 초월의 단계, 그리고 금의 단계이다. 그러한 연금술의 상징은, 죽었다가 재생하고 궁극적으로 신적 존재로 승천하는 영웅의 일생을 표현하는 것으로 읽을 수도 있다. 실제로 연금술의 문헌은 네 단계 중에서 셋째 단계를 생략하는 경우도 있다.

 중국의 연금술에서는 존재의 궁극에 도달하는 역행의 과정을 '태극도'의 역행 과정으로 설명한다. 금속 변용의 상징을 이용하는 정신적 연금술인 내단 이론에서는 그 과정을 '(연기축기煉己筑基→)연정화기煉精化氣→연기화신煉氣化神→연신환허練神還虛→환허합도還虛合道'의 네 과정 혹은 다섯 과정으로 표현한다. 축기筑基를 기초적 준비 단계로 보면 네 단계가 될 것이다. 연신환허와 환허합도를 같은 것이라고 보면 그 두 과정은 하나로 볼 수 있고, 그런 입장에서는 축기를 첫 번째 단계로 인정할 수도 있을 것이다.

축기는 연금술의 실천을 통해 변용되어야 할 기초적 물질을 정비하는 과정이다. 변용되어야 할 것이 자기의 인격 전체라고 한다면, 그 기초는 당연히 개인의 신체가 될 것이다. 범속한 인간의 신체는 더 성숙하고 완성된 성스러운 신체로 변용되기 위해서 기초적인 훈련을 거쳐야 한다. 먼저 범속한 신체의 세속성을 벗어던져야 한다. 단단한 집을 짓기 위해서 기초를 만드는 것과 같은 원리이다. 그다음으로 모든 물질과 생명, 정신의 근거가 되는 기氣를 다듬는 단계가 뒤따라야 한다. 인간의 생명 역시 예외가 아니다. 특히 인간의 생명을 구성하는 기는, 그 기의 순화 단계에 따라 정精과 기炁(炁는 기氣와 같지만, 특별히 생명 원리를 지칭하기 위해서 炁라는 글자를 사용한다)와 신神이라고 하는 특수한 생명 원질로 구성되어 있다. 이 부분은 대단히 이해하기 어렵다. 서양의 생명 인식으로 이해하기 어려운 그 지점이 바로 중국적 생명 사유의 핵심이다. 정, 기, 신은 인간 생명을 구성하는 생명 원질인 기氣의 여러 양상이다. 그것을 생명의 근본이라는 의미에서 삼보三寶라고도 부른다. 그냥 단순히 기라고만 말하면 무언가 부족하다. 기 개념만으로 우주 안에서 특별한 존재인 인간의 생명 활동, 인간의 정신 활동을 포괄하기에는 무언가 부족하다. 그래서 인간을 구성하는 기를 정과 기와 신으로 다시 구분하는 것이리라.

인간은 물질적 존재[氣]이지만, 생명적 존재[精]이고, 더 높은 차원의 순수한 삶을 지향하는 존재[炁]이고, 정신적 존재, 신적 존재[神]가 아닌가? 그런 생명, 정신으로 인해 인간은 자기의 범속한 조건을 뛰어넘어 완전한 존재로의 변용을 꿈꾸는 것이 아닌가? 그래서 중국 연금술, 특히 정신적 연금술에서는 기(氣)가 인간의 육체, 생명 전체를 구성하는 기본 원질이라고 말하면서도, 그 기를 세분하여 정, 기, 신으로 나누어본다고 해석할 수 있다. 그리고 그 정, 기, 신은 인격의 완성 단계에 따른 상승적 고양의 의미를 내포한다.

축기 다음에 계속되는 연정煉精, 연기煉氣, 연신煉神은 그런 인간 완성의 단계 상승에 대응하는 물질(인간) 변용의 단계를 보여준다. 그리고 궁극적으로 물질(인간)은 우주의 근원이자 신비 중의 신비인 도에 도달한다. 연금술적 역행의 사유는 구체적인 현실(그것은 물질의 현재 상태이거나 인간의 현실이다)에서 출발하여, 원리적인 차원으로 물질이 전환하는 것을 발견하려 한다. 인간의 경우, 그것은 정신과 육체가 함께 통합된 완전한 인간으로 거듭나는 것을 의미한다.

6. 새로운 문화 코드로서의 연금술

물질 변용의 상징적 조작을 통해 인간의 변용을 추구하는 연금술은 무지한 연금술사들의 미신적 몽환이며, 과학의 시대를 사는 우리와는 무관한 사라진 과거의 유산이 아닌가? 과연 그런가? 그러나 사실을 말하자면 그렇지 않다. 연금술은 오늘 우리의 삶 속에서 생생하게 살아 있다. 어느 시대이고 인간은 변용을 꿈꾸기 때문이다. 우리는 거의 잊어버리고 있었지만, 연금술은 예술 작품을 통해 여전히 중요한 문화 현상으로 살아 숨

쉰다. 특히 문학의 세계에서. 문학이야말로 인간을 변화시키는 것을 목표로 삼는 언어의 '기술' 아닌가. 위대한 문학은 인간을 '근본적'으로 '변화'시킨다. 그런 점에서 문학은 '연금술' 바로 그 자체이다. 연금술은 동서를 막론하고 문학 작품의 중요한 주제가 되어왔다.

문학에서 연금술의 계보는 유장하다. 손오공이 등장하는 『서유기』, 노발리스의 『푸른꽃』, 괴테의 『파우스트』를 거쳐, 프랑스의 여류 작가 유르세나르의 『어둠 속의 작업Oeuvre au noire』 및 최근에 세계적 베스트셀러가 되고 있는 코엘료의 『연금술사』에 이르기까지, 연금술 내지 연금술적 변용을 주제로 삼는 문학 작품의 계보를 추적하는 일, 그 자체가 하나의 중요한 연구 테마가 될 정도로 만만치 않은 일이다. 연금술을 직접 주제로 삼지는 않지만, 연금술의 모티브를 이용하는 작품까지 고려한다면, 거의 모든 뛰어난 문학 작품은 연금술적이라고 할 정도로 그 목록은 무한히 확장될 수 있다.

이처럼 변용을 추구하는 연금술적 주제는 인간 문화의 중요한 상상력의 자원이 되어 있지만, 정작 연금술 그 자체는 그다지 알려져 있지 않다. 왜 그런가? 연금술은 낡아빠진 옛 노래 정도로 치부되고 있기 때문이리라. 바쁜 세상에 알아야 하고 보아야 할 것도 많은데, 그저 그런 허망한 허구에 매달릴 여유를 우리는 도대체 가지지 못한다. 우리의 삶이 바빠지기 시작한 근대 이래로, 논리적, 이성적, 체계적 해설의 대상이 되지 못하는 지식은 의미를 가진 화려한 지식의 무대 뒷전으로 밀려났다. 그 뒷전으로 밀려난 지식은 이성적 사유에 의해 파악할 수 없는 것이기 때문에 무가치하다는 판정을 받은 지 오래다. 이성의 견지에서 가치 있는 지식은 과학이라는 이름으로 모든 영예를 독차지한다. 그렇지 못한 것은 미신이거나, 잘해야 신앙이고, 신비거나 신화다. 신비 혹은 신앙은 이성으로 도달할 수 없는 영역이다. 그것은 논리적으로 검증할 수 없는 영역이다. 이성과 논리의 바깥에 놓여 있는 연금술은 서양의 지식 체계에서는 '비의mystery' 내지 '비의학'으로 치부되었다. 그리고 마침내 근대적 학문, 근대적 지식의 전당인 상아탑에서 밀려났다. 학교나 대학에서 배울 가치가 없는 지식은 적어도 상식적으로라도 알아야 할 필요가 있는 지식은 아니지 않는가? 요즘 시대가 많이 바뀌어 지식 권위로서, 지식 표준으로서의 학교나 대학의 위상이 많이 추락했지만, 그럼에도 불구하고 아직은 대단한 위세를 떨치는 대학의 존재를 무시하지 못하는 우리는, 대학에서 배제한 그 지식에 선뜻 마음을 열어놓기가 쉽지 않다. 평범한 우리는, 다른 사람이 다 지나간 길, 그래서 모든 안전이 완전히 확보된 길이 아니면 섣불리 걸어볼 용기를 내지 못한다. 돌다리도 두드려 가며 건너라는 옛 지혜의 충실한 실천자가 된 것이다.

그러나 대학에서는 가르치지 않지만, 그리고 권위 있는 종교 단체나 정통적 지식인들이 상영 금지까지 시키려고 했던 '비의'를 다룬 이야기들이, 예술이라는 이름으로, 허구라는 이름으로, 그리고 강력한 새로운 문화 코드로서 우리의 일상적 삶의 세계, 우리의 상상 세계 안으로 파고 들어오는 것은 무슨 일인가? 우리의 근대적 삶이 배제한 그 신비, 신화의 영역이 목소리를 높이며 우리의 안정된 삶을 교란하는 이 사태를 우리는 어떻게 받아들여야 하는가? 정말 세상이 어지러우니까 별별 해괴한 것이 다 날뛰는 것인가, 정말 우리는 말세를 살고 있는 것인가? 아니면, 우리가 당연한 것으로 믿어 의심치 않았던 정통적 가치와 그럴듯한 것으로 믿어왔던 지식 혹은 삶의 태도가 새로운 세계의 도전에 직면하고 있는 것은 아닌가? 그런 비의적 현상의 부활 내지 재등장은 우리가 믿고 있는 것, 우리가 당연시하고 있는 것의 근본적 수정 내지 반성이 필요하다는, 멀리서 들려오는 신호가 아닌가?

그것의 정체는 누구도 모른다. 그것이 신호인지, 아니면 그냥 스치고 지나가는 바람소린지. 그냥 소음인지, 비밀스럽고 신비한 코드인지. 그 소리는 아직은 미미하다. 그 소리를 보내는 발상지 또한 아직은 멀리 떨어져 있다. 그러나 분명한 것은 그 신호가 점점 강해지고 있다는 것이다. 이제부터라도 우리는 그 새로운 신호의 의미를 다시 평가해야 하지 않겠는가?

부록 2
갈홍의 저술 목록

갈홍의 저술 목록은 무엇보다 갈홍 본인이 쓴 「자서」(『포박자 외편』)에 근거한다. 그리고 육조 말 진陳나라의 마추馬樞가 편찬한 『도학전道學傳』 속의 갈홍 전기에서도 그의 저서 목록이 제시된다. 『진서』 「갈홍전」은 이 『도학전』에 근거하여 갈홍의 저술 목록을 만들고 있다.

1. 「자서自敍」의 목록

『포박자 내편抱朴子內篇』 20권(『抱朴子內篇』, 王明 校釋, 中華書局)
『포박자 외편抱朴子外篇』 50권(『抱朴子外篇』, 中華書局)
『비송시부碑頌詩賻』 100권
『군서격이장표전기軍書檄移章表箋記』 30권
『신선전神仙傳』 10권
『은일전隱逸傳』 10권
『병사방기단잡기요兵事方伎短雜奇要』 310권

2. 『진서晉書』의 목록 보충

『금궤약방金匱藥方』100권
『옥함방玉函方』100권
『주후요급방肘後要急方』4권(「雜應」의 『救卒方』3권; 현재 《道藏》正一部 『肘後備急方』8권)
『양리전良吏傳』10권
『집이전集異傳』10권

3. 『수지隋志〔『隋書』「經籍志」〕』 및 『신당지新唐志』, 『구당지舊唐志』, 기타의 목록 보충

『신선복식약방神仙服食藥方』10권(『隋志』)
『태청신선복식경太淸神仙服食經』5권(『新唐志』)
『복식방服食方』4권(唐, 法琳「辨正論」卷9에 언급)
『옥함전방玉函煎方』5권(『隋志』)
『흑발주방黑髮酒方』1권(「崇文總目」;「通志略」)
『혼천론渾天論』(『晋書』「天文志」)
『병법고허월시비요법兵法孤虛月時秘要法』1권(『新唐志』)
『음부십덕경陰符十德經』1권(『新唐志』)
『포박자군술抱朴子軍術』(嚴可均, 『全晋文』輯錄 42條)
『금목만영결金木萬靈訣』(「通志略」; 《道藏》洞神部)
『태청옥비자太淸玉碑子』(「宋志」; 《道藏》洞神部)
『대단문답大丹問答』1권(《道藏》洞神部)
『환단주후결還丹肘後訣』3권(《道藏》)
『포박자양생론抱朴子養生論』1권(《道藏》洞神部)
『치천진인교증술稚川眞人校證術』1권(《道藏》洞神部)
『신선금작경神仙金汋經』3권(《道藏》洞神部)
『요용자원要用字苑』1권(「舊唐志」;「安氏家訓」「書證篇」)
『사기초史記鈔』14권(『新唐志』)

『한서초漢書鈔』 30권(『隋志』)

『후한서초後漢書鈔』 30권(『舊唐志』)

『서경잡기西京雜記』 6권(『舊唐志』)

『한무제내전漢武帝內傳』 1권(《道藏》洞眞部)

『노자도덕경서결老子道德經序訣』 2권(『舊唐志』)

『수찬장자修撰壯子』 17권(法琳「辨正論」에 언급)

『상복변제喪服變除』 1권(『隋志』)

『둔갑주후입성낭중비遁甲肘後立成囊中秘』 1권(『隋志』;「登涉」에 보이는 『囊中成立』)

『둔갑반복도遁甲返覆圖』 1권(『隋志』)

『둔갑요용遁甲要用』 4권(『隋志』)

『둔갑비요遁甲秘要』 1권(『隋志』)

『삼원둔갑도三元遁甲圖』 3권(『舊唐志』)

『구결龜決』 2권(『隋志』)

『주역잡점周易雜占』 10권(『隋志』)

『포박군서抱朴君書』 1권(『隋志』)

『서방내비술序房內秘術』 1권(『隋志』, 葛氏撰)

『태일진군고명가太一眞君高命歌』 1권(『宋志』)

『포박자별지抱朴子別旨』 1권(『通志略』;《道藏》太淸部)

『태식요결胎息要訣』 1권(『通志略』)

『오금용호가五金龍虎歌』 1권(『崇文總目』)

『오악진형도문五嶽眞形圖文』 1권(『崇文總目』)

『노자계경老子戒經』 1권(『通志略』)

『관중기關中記』 1권(『宋志』)

『마음이군내전馬陰二君內傳』 1권(『宋志』)

『음륜잡결陰淪雜訣』 1권(『宋志』)

『원시상진중선기元始上眞衆仙記』 1권(『宋志』)

부록 3
도교 관련 도판

〈도교기 수련의 지침서〉

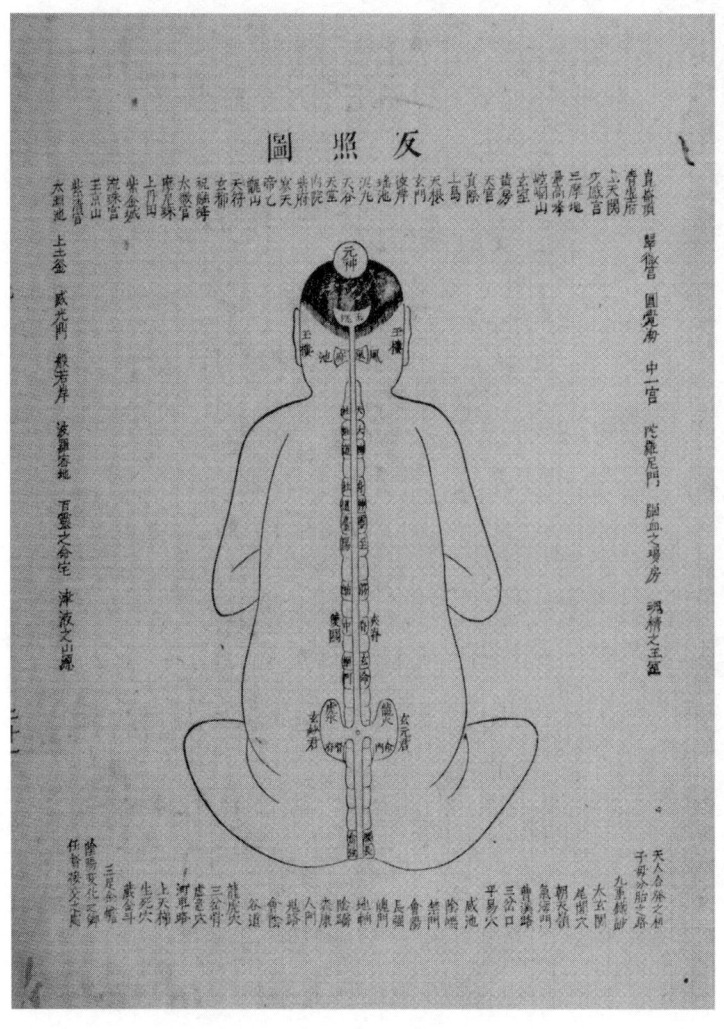

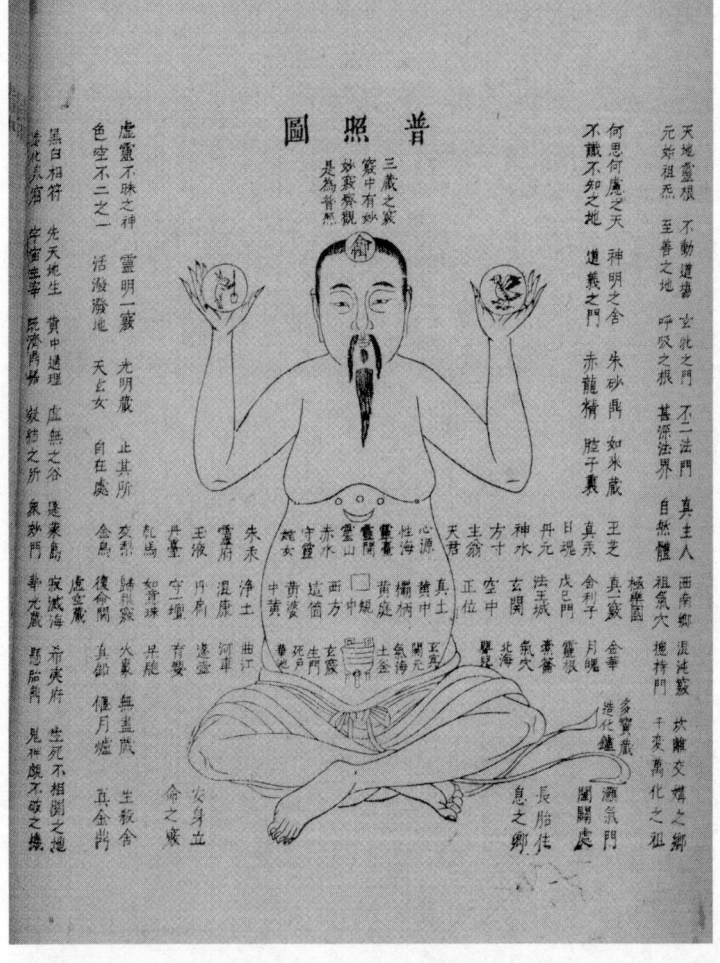

〈도교 의례〉

궁궐에서의 도교 의례

박산로(도교 의례에 사용되는 향로)

〈우보법〉

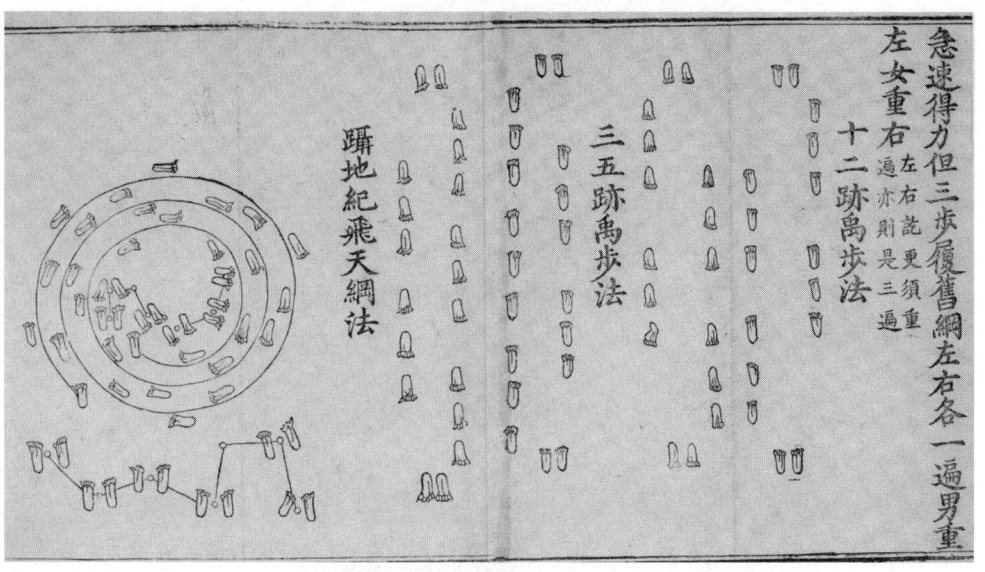

'우보법' 부분(15세기 작품)

〈다양한 도교 부적〉

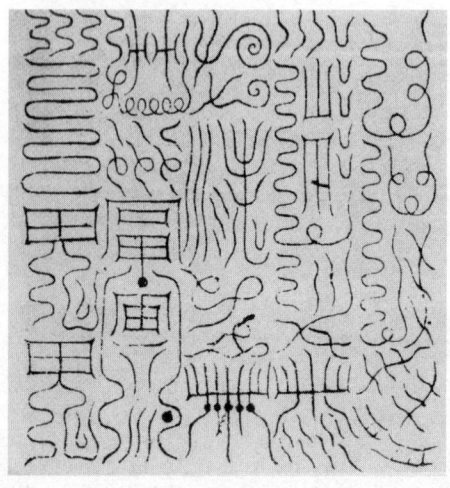

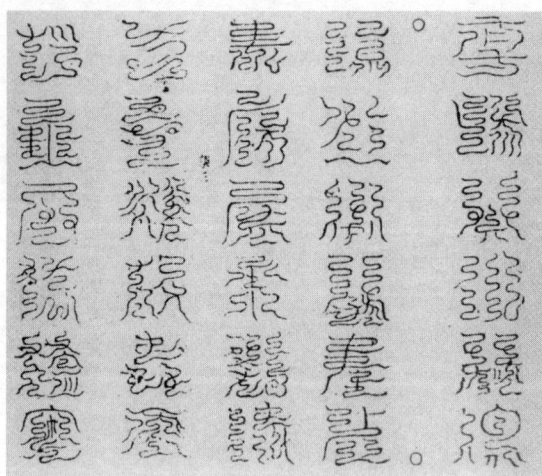

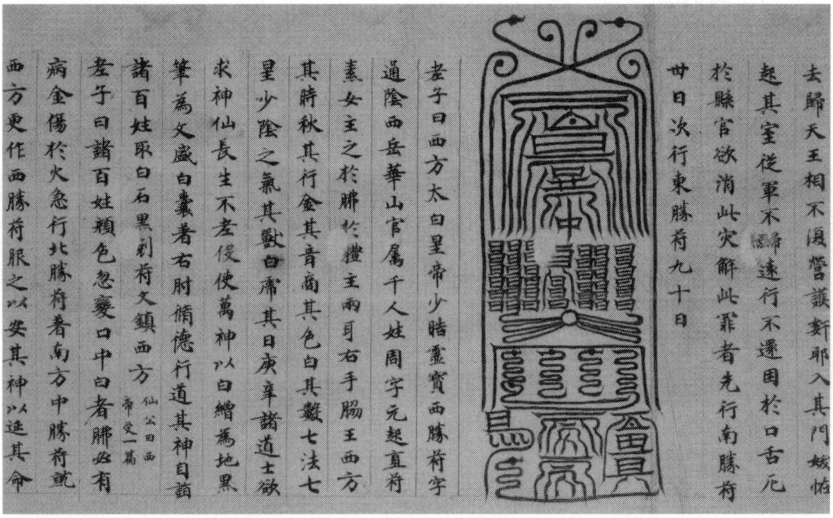

【上圖】

去歸天王相不復營護姦邪入其門妖怪
起其室從軍不歸遠行不還困於口舌厄
於縣官欲消此災解此罪者先行南勝符
廿日次行東勝符九十日

老子曰西方太白星帝少皓靈寶西勝符字
通陰西岳華山官屬千人姓周字元起直符
素女主之於肺於體主兩耳右手腸王西方
其時秋其行金其音商其色白其數七法七
星少陰之氣其獸白虎其日庚辛諸道士欲
求神仙長生不老役使萬神以曰繒為地黑
筆為文盛取白囊著右肘俯德行道其神曰詣
諸百姓取白石黑刻符文鎮西方　仙公曰西
　　　　　　　　　　　　　　　帝受一篇
老子曰諸百姓頰色急變口中曰者肺必有
病金傷於火急行北勝符者南方中勝符號
西方吏作西勝符眼之以安其神以延其命

【下圖】

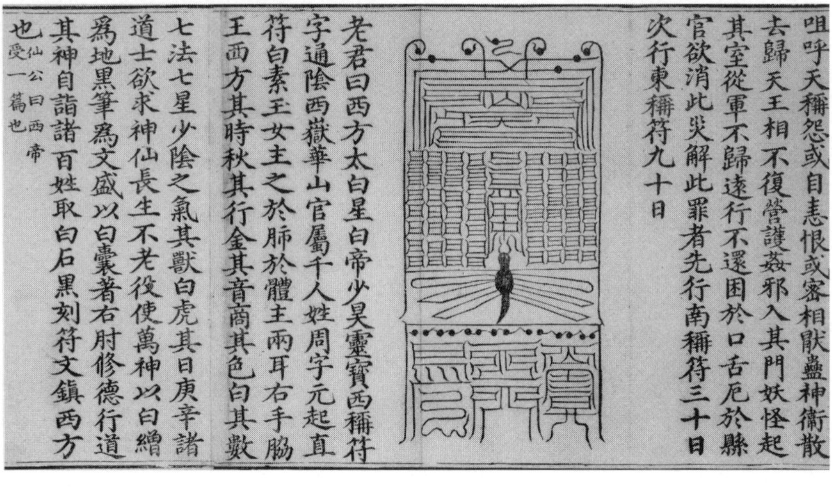

咀呼天稱怨或自恚恨或審相獸蠱神衛散
去歸天王相不復營護姦邪入其門妖怪起
其室從軍不歸遠行不還困於口舌厄於縣
官欲消此災解此罪者先行南稱符三十日
次行東稱符九十日

老君曰西方太白星白帝少昊靈寶西稱符
字通陰西嶽華山官屬千人姓周字元起直
符白素王女主之於肺於體主兩耳右手腸
王西方其時秋其行金其音商其色白其數
七法七星少陰之氣其獸白虎其日庚辛諸
道士欲求神仙長生不老役使萬神以曰繒
為地黑筆為文盛以白囊著右肘修德行道
其神自詣諸百姓取白石黑刻符文鎮西方
也　　　　　　　　　　　　仙公曰西帝
　　　　　　　　　　　　　　受一篇也

〈도교의 검(칼)〉

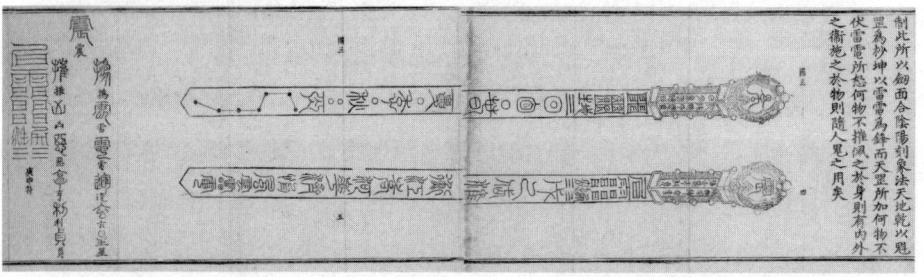

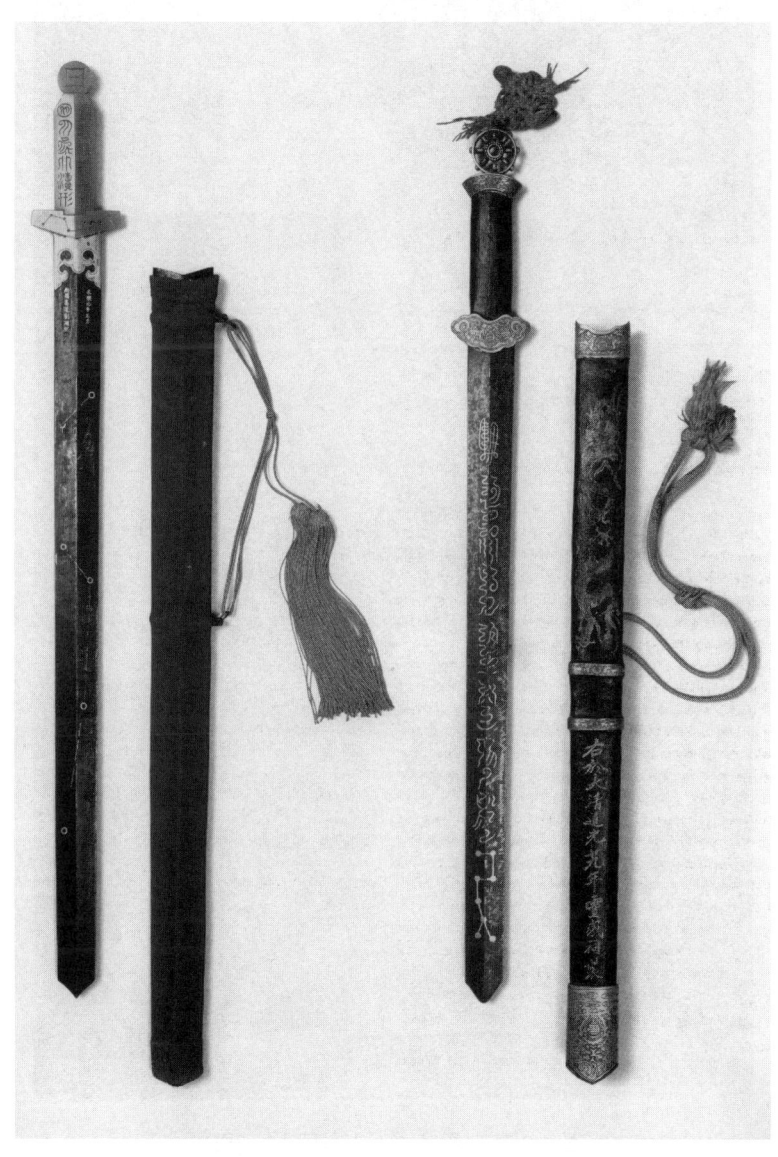

부록3 도교 관련 도판

신선 이철괴, 칼을 벼리다(황제黃濟 그림)

〈도교의 경(거울)〉

〈금단 제조〉

금단을 제조하는 도사(왕세정王世貞 그림, 16세기 작품)

'봄 새벽' 부분(문백인文伯仁 그림, 16세기 작품)

〈다양한 버섯〉

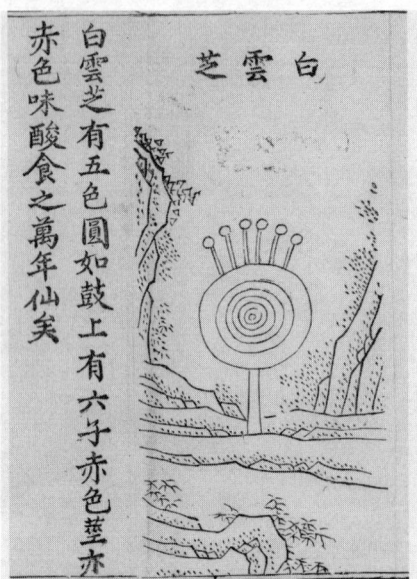

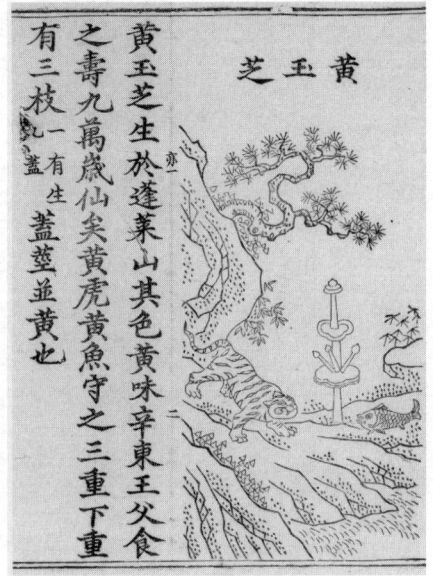

金精芝

金精芝味甘木刀採食之千歲仙矣陰乾百日食之五段似火焰起朱色一朱蓋朱莖一蓋如初生月莖青色

赤精芝

赤精芝之赤色炎起味甘鐵刀採之陰乾百日食之二千年仙矣二人守之似火炬樣莖炎俱赤

〈신선들〉

종리권鍾離權
(조기趙麒 그림, 15세기 말 작품)

여동빈呂洞賓
(13세기 말~14세기 초 작품)

장과로張果老(15세기 작품)

유해섬劉海蟾(안휘顔輝 그림, 13~14세기 작품)

참고 문헌

1. 원전

『抱朴子內篇』; 『抱朴子外篇』
《正統道藏》; 《萬曆續道藏》; 《藏外道書》; 《中華道藏》; 《雲笈七籤》
『史記』; 『漢書』; 『晋書』; 『句容縣志』
『神仙傳』; 『逸人傳』(孫盛); 『逸民傳』(張顯); 『高士傳』(黃甫謐)
『老子』; 『莊子』; 『論衡』; 『老子河上公注』; 『淮南子』; 『太平經合校』(王明);
「養生論」(嵇康, 『嵇中散集』); 『眞迹經』; 『道迹經』; 「吳太極左仙公葛公之碑」(陶弘景);
『眞誥』(陶弘景); 『登眞隱訣』(陶弘景); 「眞系」(李渤, 《雲笈七籤》에 수록);
『太上靈寶五符序』; 『通典』(杜佑); 『顔氏家訓』(顔之推);
『經典釋文』(陸德明); 『悟眞篇』(張伯端); 『玉淸金笥靑華秘文(金寶內煉丹訣)』(張伯端);

2. 연구 문헌

卿希泰 主編, 1988, 『中國道敎史』第一卷, 成都: 四川人民出版社.

卿希泰 主編, 1992,『中國道敎史』第二卷, 成都: 四川人民出版社.

卿希泰 主編, 1993,『中國道敎史』第三卷, 成都: 四川人民出版社.

구보 노리타다, 2000,『도교사』, 최준식 옮김, 왜관: 분도출판사〔窪德忠, 1977, 『道敎史』, 山川出版社〕.

吉岡義豊, 1951,『道敎の硏究』, 東京: 法藏館.

吉岡義豊, 1970,『永世への願い: 道敎』, 東京: 淡交社.

吉川忠夫 外, 2006,『眞誥校註』, 朱越利 譯, 北京: 社會科學出版社.

吉川忠夫, 1986,『六朝精神史硏究』, 京都: 同朋社.

楠山春樹, 1969,『老子傳說の硏究』, 東京: 創文社, 1969年).

大淵忍爾, 1991,『初期の道敎』, 東京: 創文社.

大淵忍爾, 1997,『道敎とその經典』, 東京: 創文社, 1997年).

大淵忍爾編, 1983,『中國人の宗敎儀禮: 佛敎·道敎·民間信仰』, 東京: 福武書店.

车鐘鑒·胡孚琛·王葆玹 主編, 1991,『道敎通論: 兼論道家學說』下編, 山東: 齊魯書社.

白川靜, 1972,『孔子傳』, 東京: 中央公論社.

福井康順, 1987,『道敎の基礎的硏究』, 東京: 法藏館(初版 1952).

砂山稔, 1990,『隨唐道敎思想史硏究』, 東京: 平河出版社.

徐儀明 外, 1998,『人仙之間: 抱朴子與中國文化』, 開封: 河南大學出版社.

石田秀實, 1987,『氣: 流れる身體』, 東京: 平河出版社.

石井昌子, 1980,『道敎學の硏究』, 東京: 國書刊行會.

小林正美, 1990,『六朝道敎史硏究』, 東京: 創文社, 1990年).

小林正美, 1993,『六朝佛敎思想の硏究』, 東京: 創文社.

小林正美, 1998,『中國の道敎』, 東京: 創文社.

스트리크만, 미셸, 1978,「茅山における啓示: 道敎と貴族社會」, 酒井忠夫編,『道敎の總合的硏究』, 東京: 國書刊行會.

엘리아데, 1992,『샤마니즘』, 이윤기 옮김, 서울: 까치〔Mircea Eliade, *Le chamanisme et les techniques archaïques de l'extase*, Payot, 1961(1974)〕.

엘리아데, 2006,『세계종교사상사』1, 이용주 옮김, 서울: 이학사〔Mircea Eliade, *Histoire des Idées religieuses*, Payot, 1976〕.

王右三 主編, 1991,『中國宗敎史』, 山東: 齊魯書社.

饒宗頤, 1991,『老子想爾注校牋』, 上海: 上海古籍出版社〔香港·龍門書店, 1956年 初版〕.
劉固盛 外編, 2006,『葛洪硏究論集』, 武漢: 華中師大出版社.
劉枝萬, 1983,『中國道敎の祭りと信仰』, 東京: 櫻楓社.
李遠國 編著, 1991,『中國道敎氣功養生大全』, 成都: 四川辭書出版社.
任繼愈 主編, 1990,『中國道敎史』, 上海: 上海人民出版社.
장징, 2004,『사랑의 중국 문명사』, 이용주 옮김, 서울: 이학사〔張競,『戀の中國文明史』, 筑摩書房, 1993〕.
酒井忠夫編, 1978,『道敎の總合的硏究』, 東京: 國書刊行會, 1978年).
陳國符, 1964,『道藏源流攷』, 北京: 中華書局.
陳國符, 1983,『道藏源流續攷』, 台灣: 明文書局.
津田左右吉 編輯, 1953,『東洋思想硏究』第五.
許地山, 1934,『道敎史』, 上海: 上海書店.
胡孚琛, 1989,『魏晉神仙道敎: 抱朴子內篇硏究』, 北京: 人民出版社.
澤田瑞穗, 1968,『地獄變: 中國の冥界說』, 東京: 法藏館.
麥谷邦夫, 1985,「老子想爾注」のついて」,『東方學報』第五十七冊.
アンリ·マスペロ, 1983,『道敎の養生術』, 持田李未子 譯, 東京: せりか書房.

Bokenkamp, Stephen R., 1983, "Sources of the Ling-pao Scriptures", *Tantric and Taoist Studies in Honour of R. A. Stein 2*, Brussels: Institut Belge des Hautes Etudes Chinoises.

Ehrman, Bart, 2005, *Lost Christianities: The Battles for Scripture and the Faiths We Never Knew*, Oxford University Press.

Kaltenmark, Max, 1960, "Ling-pao靈寶: Note sur un terme du taoisme religieuse", *Mélanges publiés par l'Institut des Hautes Etudes Chinoises* 2: 559-88, Paris: Institut des Hautes Etudes Chinoise, Collège de France.

Mollier, Christine, 1990, *Une Apocalypse taoïste du Ve Siècle: Le Livre des incantations divines des grottes abyssales*, Paris: Institut des Hautes Etudes Chinoises.

Robinet, Isabelle, 1984, *La révélation du Shangqing dans l'histoire du taoïsme.* 2 volumes, Paris: Publications de l'École Française d'Extrême-Orient, Volume

CXXXVII.

Robinet, Isabelle, 1997, *Taoism: Growth of a Religion*, Stanford: Stanford University Press.

Schipper, Kristofer, 1982, *Le Corps taoïste*, Paris: Fayard.

Schipper, Kristofer, Fransicus Verellen (eds.), 2007, *Taoist Canon*, Chicago: Chicago University Press.

Strickmann, Michel, 1981, *Le Taoïsme du Mao Chan: Chronique d'une révélation*, Paris: Presses Universitaires de France.

찾아보기

[ㄱ]

갈선공葛仙公 46, 319
갈소보葛巢甫 46~47, 64~67
갈씨도葛氏道 46~48, 50
갈현葛玄 45~53, 55~56, 66~67, 69~70, 115, 318~319
갈홍葛洪 "전반에 걸쳐 나옴"
「갈홍전葛洪傳」 47, 49, 74
감염 주술 335, 339
견귀술 306~307
견란甄鸞 339
경세학 89
계몽주의 23, 38, 40, 85, 206
고어誥語 63
고환顧歡 63
과의科儀 64, 106, 108, 111
곽상郭象 25

구겸지 59, 61, 228
구실九室 295
구전금단 50
귀물 308
그윽한 어둠[玄] 166~168, 182
금단 46~47, 50, 54~57, 61, 74, 91, 106, 109~110, 126, 144~145, 152, 188, 191, 194, 196~198, 214~216, 223, 225, 242, 248, 250, 260, 272~274, 284, 288~292, 294~296, 298~299, 304, 311, 315, 318~329, 331, 333, 335~337, 339~342, 361
금단도 47, 50, 106, 115, 126, 188, 318
금단술 47, 50, 58, 191, 216, 222, 272, 311, 317~318, 361
『금단지경金丹之經』 55
기거起居 200, 248~250

찾아보기 407

기론 116~117, 172, 177, 179, 194, 241, 275~277, 330

[ㄴ]

나부산羅浮山 58, 300, 321
남녀 교구 230
내관 289
내단학 256, 178
내시內視 285, 289
내시반청 280~282
『노자』 24~25, 35, 83, 101~102, 164, 169, 238, 277~279, 348~350, 352, 355, 362
『논형論衡』 51, 138, 142, 161
능서能書 63
니그레도 371

[ㄷ]

단곡 129, 200, 205, 212~213, 215
『단금액선경丹金液仙經』 50
단약 47, 152, 296, 316~318, 328, 332~338
단전 282, 287~289, 291~292
도가 12, 16, 23~25, 35~41, 69~71, 81~84, 86~101, 103~105, 107~108, 110, 115, 124, 162, 172~173, 191, 202, 205~206, 220, 277, 349
도가/도교의 이분법('도가/도교' 이분법) 35, 41
도관道官 59

도교 의례 61, 64, 106, 108~115, 228, 307, 313, 348, 353
도기론 177, 180~182, 187, 252, 270~271
도론 118, 162, 172~173, 261
도술 36, 39, 47~56, 58, 64, 73, 86, 90, 115, 120~121, 123~124, 126, 139, 189~190, 198~199, 212, 329, 333
도인導引 128, 188, 205, 248~250, 333, 336
《도장道藏》 21~26, 32~33, 39, 76, 355
도홍경陶弘景 58, 61, 63~64, 66, 75~76, 317~318
두광정杜光庭 168

[ㄹ]

레비스트로스Lévi-Strauss 370
루쉰魯迅 135

[ㅁ]

마단임馬端臨 25~26
《만력속도장萬曆續道藏》 33
맹약盟約 49, 53~54, 101, 110
멸천리 281
명사明師 53~54, 159, 297
명사정군明師鄭君 56~57
모산파茅山派 58, 62
무巫shaman 62, 115, 118, 122, 128
무욕無欲 105, 119, 236, 261, 263~265, 267, 282

『문자文子』 173

[ㅂ]

반고盤古 166, 168
방사方士 37, 47, 138, 206, 210, 301, 316
방술 47~48, 50~56, 63, 68, 70, 73~74, 76~77, 86, 106, 109, 111, 115, 120~121, 123~125, 128~129, 134~136, 138, 140, 167, 176~178, 188~192, 194~197, 199, 206, 212, 214~217, 219~220, 222, 225, 228, 230, 232, 242, 248~250, 261, 270~273, 275, 283~286, 288~290, 292, 296~297, 301, 307~310, 313, 315, 329, 335~337, 340~341, 343, 355
방술학方術學 53, 69
방외지사 47
방중 191, 197, 220~221, 248, 290
방중술房中術 76~77, 188, 192, 194, 196, 217, 219~220, 222~225, 227~233, 249, 284, 288, 290~291
백가도帛家道 51, 126
백관百官 161, 238
백옥섬白玉蟾 145
범속profane 149, 193~194, 201~203, 206~208, 258, 324~325, 328, 337, 366, 373~374
벽곡辟穀 110, 129, 197~198, 200~206, 208~216

변화metamorphosis/transformation 193
보정寶精 191~192, 194, 196, 217, 219~220
복대약服大藥 191, 196
본말 92
부록符籙 128
비의/비의성秘儀性 53, 222, 228~229, 365, 367, 376
비의학秘儀學esoterism 367, 376

[ㅅ]

사기邪氣 114, 298, 326
『사기史記』 35, 49, 86, 90, 93~94, 205
사도邪道 79, 103, 115, 125
사마천司馬遷 35~37, 86, 91, 93~95, 100
사매邪魅 308
산악신앙 298~299, 312
삼장三張 45
삼청신 175
『삼황내문三皇內文』 55, 310~312
《상청경上淸經》 46, 59, 61, 65
상청파 47~48, 58~63, 75, 126, 210~211, 236, 251, 280~281, 283, 286~287, 290~291, 303, 317~318, 353
샤머니즘[巫] 14, 60~61, 355
샤먼shaman 62, 119~125, 210, 313, 329, 354
서구 중심주의 41, 107
『서유기』 375

선도仙道 12, 39, 47, 86, 129, 137, 139,
　　150, 152, 163, 172~173, 175~178,
　　189, 193, 220, 228, 248~249, 271,
　　283, 301, 318, 325, 329
선진先秦 35~37, 39~40, 49, 83~84,
　　86, 93, 118, 151, 251, 354
섭생 200, 248~250
성명쌍수 183
성인가학론 144, 146, 155
성인생지설 153, 155
『소도론笑道論』 339
소선옹小仙翁 46
속신俗神 60~61, 104, 115, 118~119,
　　122~123, 125~126, 128, 266
송경誦經 318
수술數術 52
수양론〔養生〕 96, 100, 102, 114, 118,
　　142, 145, 150, 263, 281
수진守眞 265
수행 45, 47, 52, 58, 62~63, 90, 101,
　　106, 109, 112~114, 130, 152, 156~
　　160, 163, 172, 176~178, 182, 189,
　　192, 194~196, 199, 202, 205, 208,
　　210, 216, 219~220, 231~232,
　　251~252, 254, 260~261, 265,
　　268, 270~271, 279, 282, 287~
　　288, 290, 292, 325, 329, 343, 356
술수術數 52, 71, 73~74, 120
쉬페르Kristofer Schipper 24, 33, 346~
　　350, 352, 354, 358

스트리크만Michel Strickmann 61, 65, 346
시트리니타스citrinitas 372
시해선尸解仙 271~273
신령 50, 54, 106, 109, 113~114, 118~
　　119, 139, 180~181, 257, 284, 293~
　　294, 296, 298, 302~306, 312, 324~
　　325, 329
신명 110, 114, 181, 214, 277, 279
신선 사상 35, 39, 70, 130, 136, 149,
　　162, 194, 318, 335
신선가학 144, 152, 155, 271
신선가학론 130, 143~148, 151, 153,
　　155~156, 159~160, 163
『신선전神仙傳』 73, 116, 156~157, 319
신성sacred 109, 130, 133~134, 139,
　　149~150, 155, 170, 181, 193~195,
　　201, 237, 245, 257, 261, 264, 279,
　　286, 293~294, 296~297, 299, 301,
　　303~305, 308~310, 314, 323, 325,
　　327~328, 337
신인神人 116, 121, 205~206, 271
신천사도新天師道 61, 228
신체신 259, 286
실체주의 종교관 31
심재 145, 202~203, 251, 328

[ㅇ]
알베도 372
양사禳邪 105, 110~111, 114
「양생론養生論」 142~143, 148, 153, 252

양신養神 198, 203, 251
양재 109~111
양형養形 198, 252
양희楊羲 62~63
『어둠 속의 작업Oeuvre au noire』 375
엘리아데Mircea Eliade 119, 131
여관제주女官祭酒 60
역의 합일 233
역장법歷臟法 280
연금술 50, 91, 232~233, 289~291, 316, 318, 331~332, 340, 353, 361~363, 365~376
연금술사 38, 327~328, 330~331, 334, 362, 365~369, 374
『연금술사』 375
연기煉氣 50, 118, 260, 374
연기축기煉己築基 373
연기화신煉氣化神 373
연단술 46, 299~300, 316~318, 320~321, 329~330, 335, 340, 361
연신煉神 260, 374
연신환허煉神還虛 373
연정煉精 260, 374
연정화기煉精化氣 373
영명靈明 170, 181
영보靈寶 65~66
《영보경靈寶經》 46~47, 59, 65~66, 305
『영보오부靈寶五符』 63, 67
영원회귀 131

「예문지藝文志」 48
오경 52, 71, 78, 135, 137
오규 소라이荻生徂徠 146
오균吳筠 144~145
오두미도五斗米道 29, 45~47, 50, 59
오신五神 277~278, 304
『오악진형도五嶽眞形圖』 310~312
오장신五臟神 276~278, 280, 282
『오진편』 53, 260
『오편진문五篇眞文』 67
왕충王充 36, 51, 86, 138~139, 142, 161~162, 205~206, 339
왕필王弼 25
왕희지王羲之 63
요도 32, 48, 51~52, 60, 103~104, 106, 115, 117~118, 125~129, 224, 297, 329
요매妖魅 109, 302, 306
요사妖邪 104
요위妖僞 104
우루보로스 뱀 369
우보禹步 110, 309, 313
우주 기원론 164~165
《운급칠첨雲笈七籤》 62~63, 66, 91, 149, 168, 348~349, 353
위부인魏夫人 62~63
위화존魏華存 60~62, 318
유교의 '국교화state religion' 68, 85
유박劉璞 62~63
「육가요지六家要旨」 90, 93~95

육수정陸修靜 59, 61
육해六害 242
율력律曆 52, 74
음사 32, 60~61, 104, 106, 114~115,
　　117~119, 123, 125, 297, 329
음사 비판 115, 118~119, 227
음식남녀飮食男女 199, 221, 233
음양 조화/음양의 조화 204, 224, 230~
　　233
음양가 37, 93
이가도李家道 51, 126~128
이관李寬 127~128
이팔백李八百 127
입문의례 53~54
입산 방술 275, 297, 301, 313

[ㅈ]

자기 변용 354, 366
자웅동체의 인간 369
장도릉張道陵 45~46, 50
장로張魯 45, 59
장릉張陵 59, 66
장빙린章炳麟 135, 151
장생불사 98, 118, 136, 141, 157, 187,
　　201, 212~214, 231, 250, 266, 268~
　　269, 280, 290, 331~332, 339
『장외도서藏外道書』 33
『장자』 24~25, 35, 86, 116, 118, 120,
　　123~124, 166, 173, 198, 202, 205,
　　207, 213, 218, 232, 251, 285, 348~

　　350, 352, 355
장형張衡 45
전천리全天理 281~282, 288
절곡絶穀 200, 215
점복 74, 128
정결 의식 328, 337
정사원鄭思遠(정은鄭隱) 48, 50~58,
　　68, 70, 74, 90, 115, 213, 274, 298,
　　311, 318~321
정실靜室 64, 295, 324
정액精液 191, 217~219, 221~222
정일교正一敎 30
정일파 31~32, 34, 54, 59, 108
정통orthodox 13, 31~34, 47, 51~52,
　　60, 87, 103~105, 115, 136, 227~
　　228
《정통도장正統道藏》 33
정통론 31~32, 51, 104 124~126, 268
제주祭酒 59~60
존사存思 73, 188, 200, 258~259, 261,
　　270~273, 275~276, 282, 284~286,
　　288~291, 318
존상存想 270
존천리存天理 281
종교 "전반에 걸쳐 나옴"
종교 회심religious conversion 60
『종려전도집鍾呂傳道集』 149, 181, 209,
　　260
좌망 145, 202~203, 251, 285
좌자左慈 48, 50, 52~53, 115~116,

298, 318~321
『주역』 98, 131, 169, 229~230, 232, 258, 279, 317, 370
『주역참동계周易參同契』 232, 316~317, 353
주자朱子(주희) 39, 53, 69, 106, 118, 138, 146, 150, 317
《중화도장中華道藏》 33
지괴志怪 135
지기地祇 306
지선 73, 270~273, 300~301
진경眞經 62
「진계眞系」 62~63
『진고眞誥』 58, 61, 63, 353
진량陳亮 146
진인 62, 200, 205~206, 271, 332
진적眞迹 63
집대성 22, 25, 47, 55, 172, 214

[ㅊ]

천사도天師道 29~32, 34, 46~47, 50, 59~62, 126, 128, 206, 228, 236, 300, 318
천선天仙 271~273
철학/종교 이원론 40
철학자의 돌 38
청약화淸約化 60~61
체내신 236, 258~259, 270~271, 275~277, 279~281, 286~287
축소된 우주 365

치국 96, 101
치복致福 122
치신 96, 101
72복지 299~300, 319
『침중오행기枕中五行記』 55, 311

[ㅋ]

칼텐막Kaltenmark 64
코바야시 마사요시小林正美 30~31, 34~35, 45

[ㅌ]

태극도설 371
태상도군 165, 168
태청단법 337
『태평경太平經』 177, 206~208, 210, 213, 275~279, 287, 352
통방신洞房神 290
통천복지洞天福地 299

[ㅍ]

『파우스트』 375
평유란馮友蘭 23~24
펠라기우스주의 145
포고鮑姑 58
포공鮑公 58
포박抱朴 78
『포박자』 "전반에 걸쳐 나옴"
『포박자 내편』 "전반에 걸쳐 나옴"
『포박자 외편』 "전반에 걸쳐 나옴"

포일抱一 280~281
포정鮑靚 58, 70
『푸른꽃』 375

[ㅎ]
하거河車 330
하상공河上公 39
『한서漢書』 36~37, 48~49, 91, 94~95, 97
합조산閤皁山 50
핵귀술劾鬼術 307, 309
행기 116, 128~129, 188, 191~194, 196~197, 200, 214~216, 220, 248~250, 275~276, 292, 295, 333
허매許邁 58, 60
허밀許謐 62~64
허조許朝 64
허황민許黃民 64
허홰許翽 62, 64
혜강嵇康 141~144, 147~148, 153, 252
호교론 111, 130, 133
혼돈[玄] 168, 171, 182, 369
혼백 190
혼합syncretism 55
환정보뇌還精補腦 77, 152, 192, 220, 242, 288
환허합도還虛合道 373
황로 12, 36, 39, 86, 93~95, 99, 150

황백술 320, 361
『황정내경경黃庭內景經〔황정경〕』 61, 213, 280~281, 283, 286~287
『회남자』 36, 87, 91, 166, 172~173, 218
후스胡適 23
후위候緯 52, 74